HORST BECKER

PARADEN RICHTIG REITEN

Das Mysterium der Hilfengebung

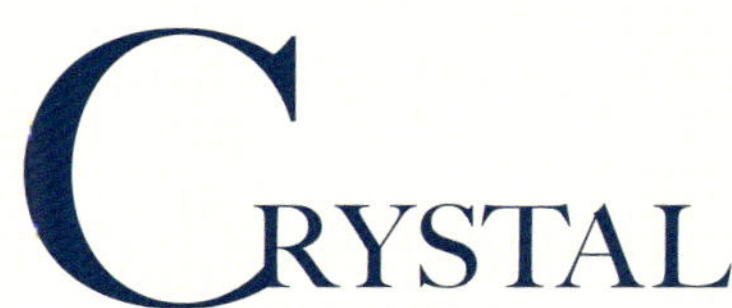

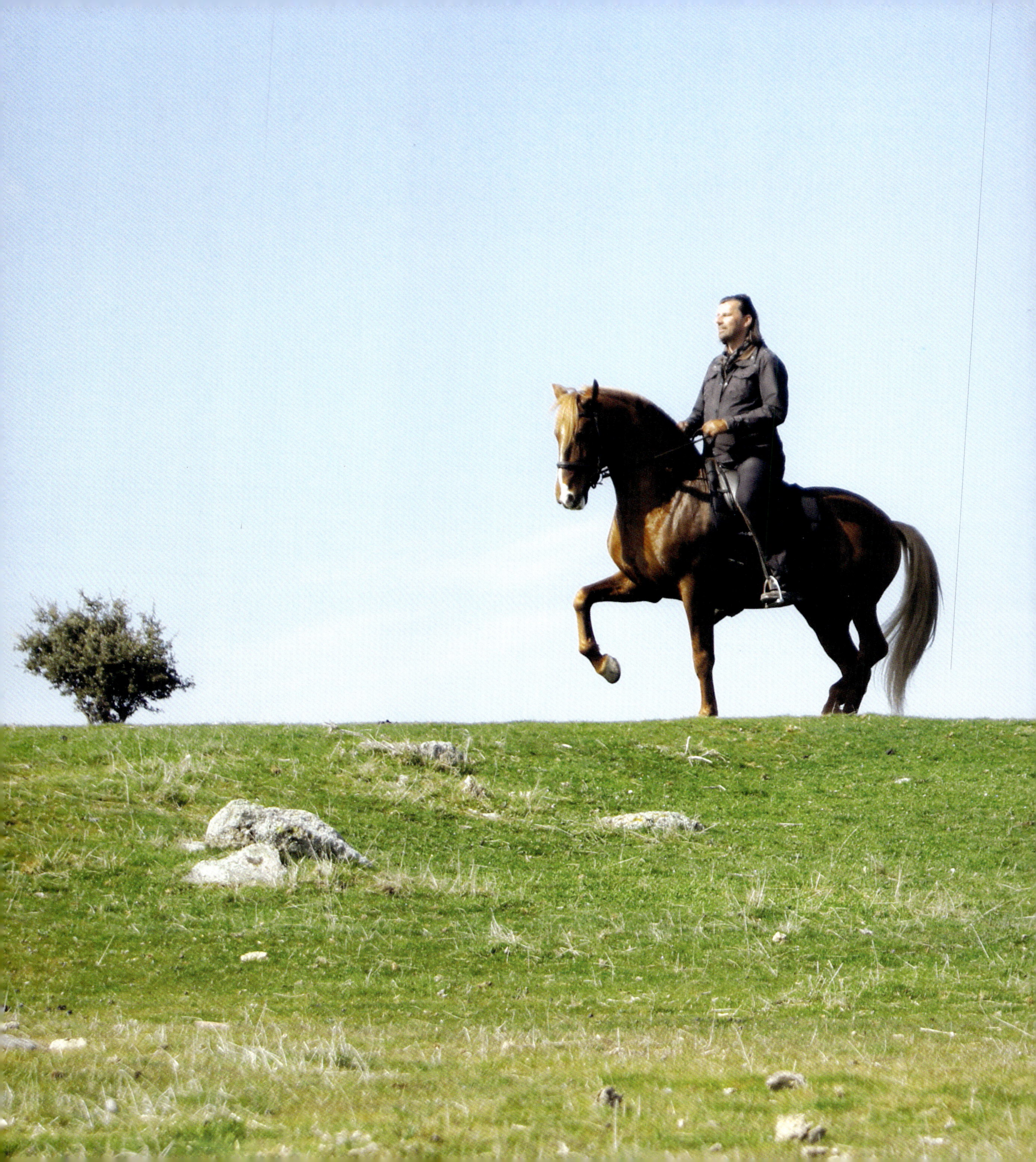

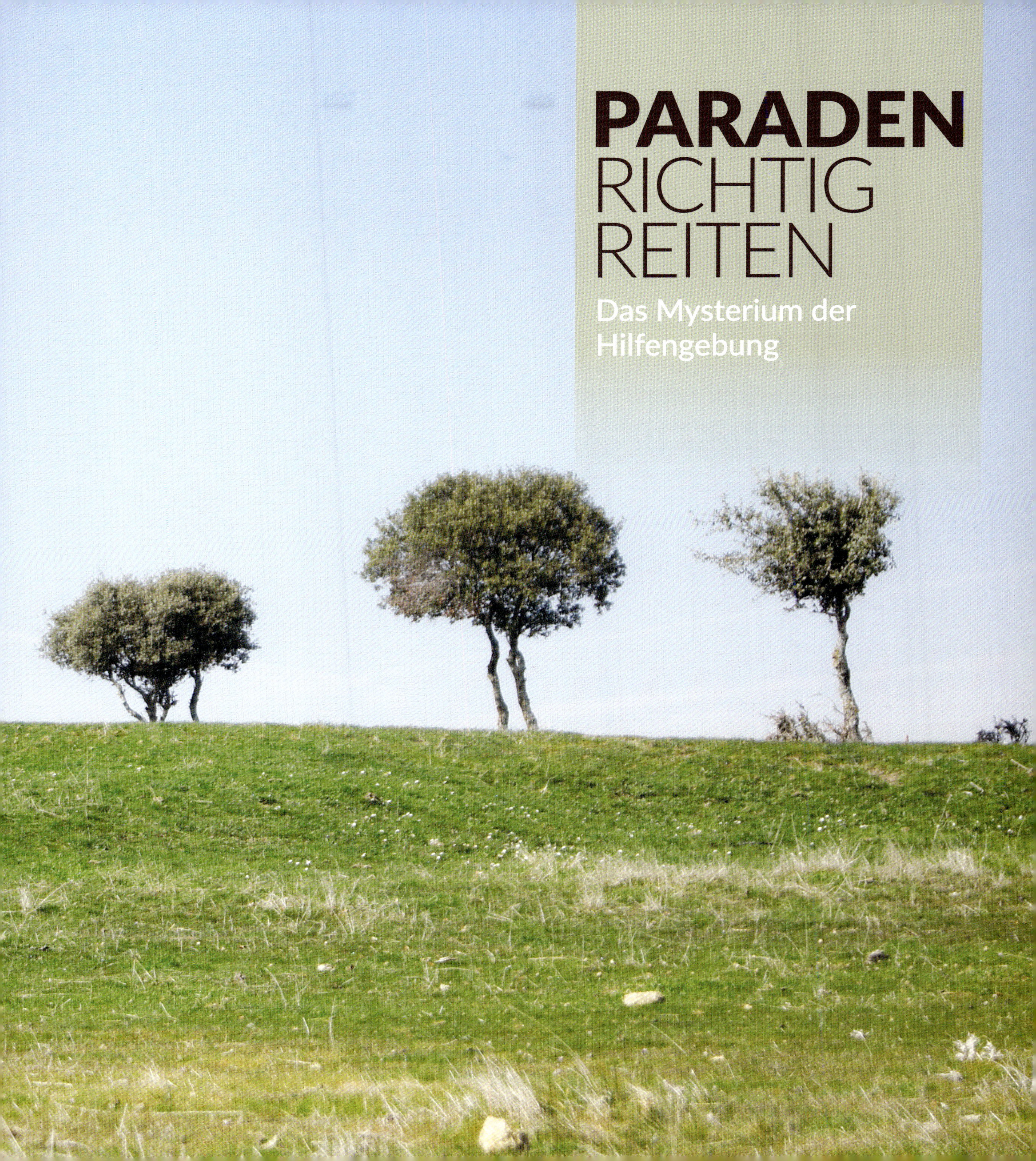

PARADEN RICHTIG REITEN

Das Mysterium der Hilfengebung

Haftungsausschluss
Autor und Verlag haben den Inhalt dieses Buches mit großer Sorgfalt und nach bestem Wissen und Gewissen zusammengestellt. Für eventuelle Schäden an Mensch und Tier, die als Folge von Handlungen und/oder gefassten Beschlüssen aufgrund der gegebenen Informationen entstehen, kann dennoch keine Haftung übernommen werden.

Gestaltung und Satz: Johanna Böhm, Dassendorf
Titelfoto: Gina Mazza
Fotos im Innenteil: Horst Becker, Jürgen Börger, Christina Bötzel, Leonie Bühlmann, Karin Creutzig, Katharina Dick, Haus der Dressur, Gina Mazza, Yeguada la Perla
Lektorat: Alessandra Kreibaum
Druck: Westermann Druck Zwickau GmbH, Zwickau

Deutsche Nationalbibliothek – CIP-Einheitsaufnahme
Die Deutsche Nationalbibliothek verzeichnet diese Publikation in der Deutschen Nationalbibliografie; detaillierte bibliografische Daten sind im Internet über http://dnb.ddb.de abrufbar.

Printed in Germany

ISBN: 978-3-95847-002-6

Inhalt

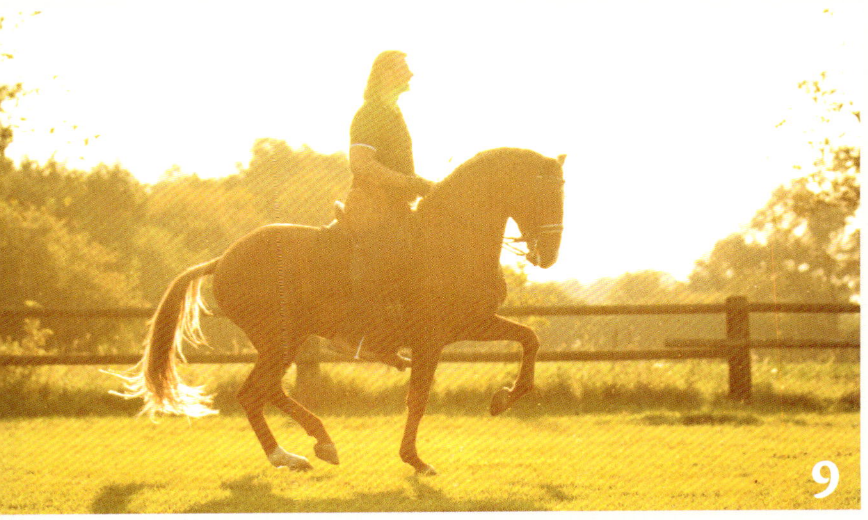

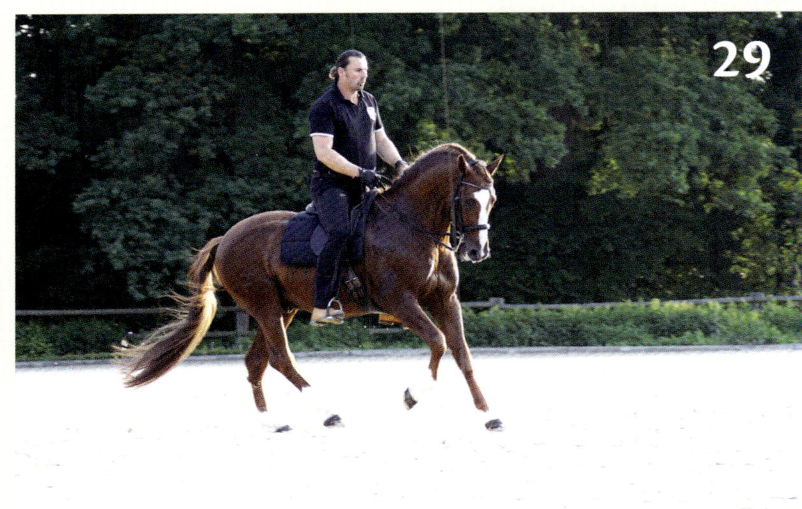

Vorwort 9

Das Mysterium Parade 13

Vorwärts in die Hand treiben 15
Die Position des Pferdekopfes 17
Die feine Zügelverbindung 18
Das Treiben 19
Der Takt 23
Die Magie der Parade 24

Vom Bein zur Hand – nicht umgekehrt 29

Durch die Hand treiben 31
Gegen die Hand treiben und warten 31
So entsteht die vorwärtsgerittene Parade 32
Die Parade innerhalb des Gangs 33
Die Parade zwischen den Grundgangarten 33

Wie helfen Paraden und Arrêts in den Lektionen? 35

Was ist ein Arrêt? 37
Regel vom inneren Schenkel zum äußeren Zügel 37
Regel der Hilfenminimierung 41

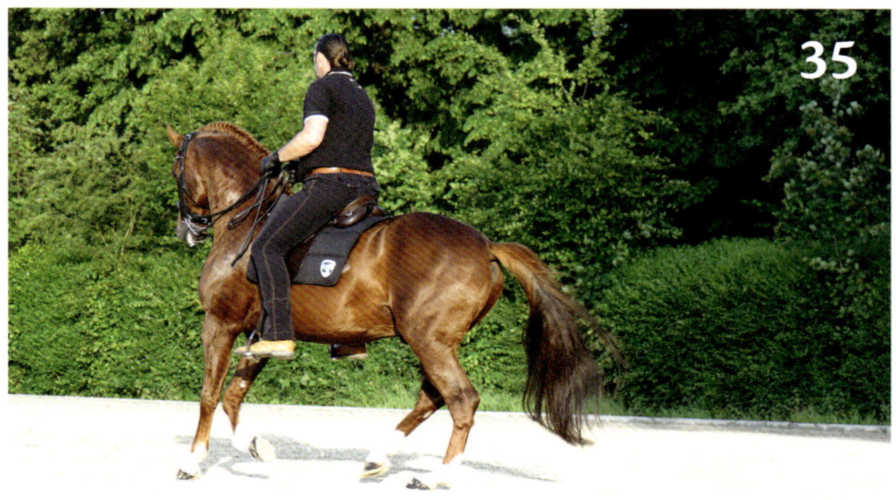

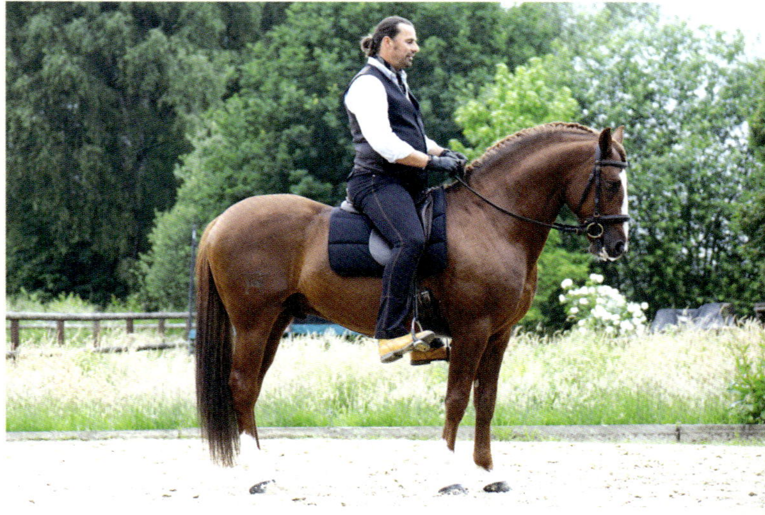

Voraussetzungen für gute Paraden und Arrêts 43

Was ist Takt überhaupt? 43
Aus dem Takt entsteht Anlehnung 49
Aus Takt und Anlehnung entsteht Losgelassenheit 50

Der Beginn 53

Der Appell, die Basis einer perfekten mentalen Verbindung 57
Outdoorarbeit an der Longe 58
Longen-ABC für Vertrauen, Kraft und Balance 60
Kraft und Balance, die Rückenschule an der Longe 64

Psychische, mentale, emotionale Seite der Hilfengebung 67

Auch an Sie persönlich stellt die Parade Anforderungen 67
Der innere Spiegel 70
Die Fitness des Reiters 75
Die inneren Bilder 75

Voraussetzungen im Sitz des Reiters oder „die lockere Stabilität des Sitzes“ 79

Geschichtlicher Hintergrund – die Erfindung des Steigbügels 79
Aus der Mitte 84
Vom Bein zur Hand... nicht umgekehrt...!“ 84
Der Sporen ist zum Bremsen da 84
Vorwärtsgang in der klassischen Bedeutung 85
Aus der Praxis 86

Was ist eine Parade und wie funktioniert sie? .. 97

Der Unterschied zwischen einer halben und einer ganzen Parade 98

Die Schaukel 101

Zum Halten – und noch nach vornweg oder zurück 102
Die Schaukel in der modernen Sportreiterei 107

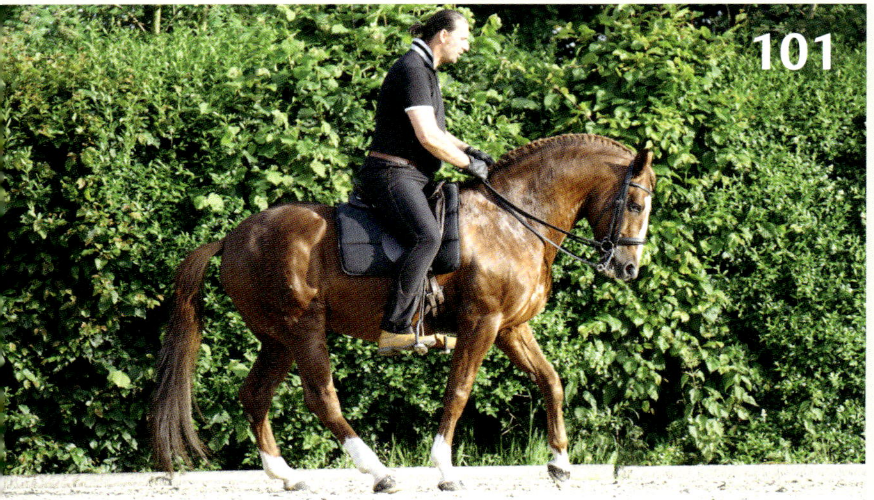

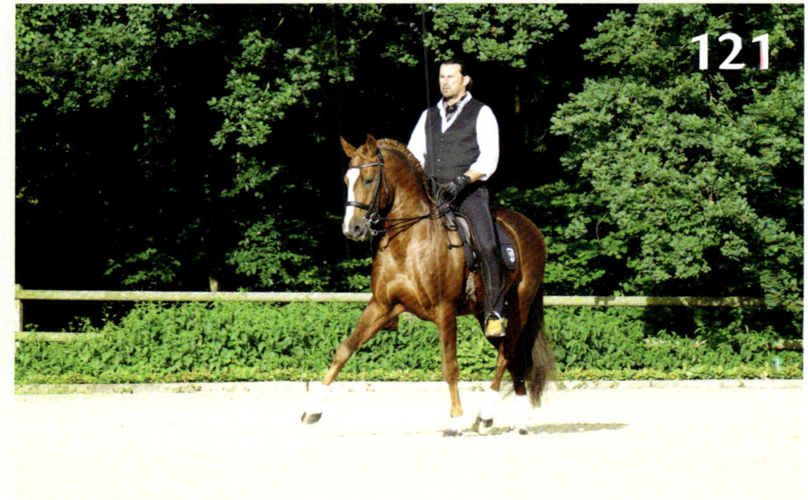

Die Galopparbeit 109

Das Angaloppieren an der Longe mit Arrêt 110
Am Beispiel Angaloppieren unter dem Sattel mit Arrêt 110
Galopptraining 113
Galopp verbessern durch die Schaukel 113
Galopp und Piaffearbeit 114
Piaffetraining an der Hand von Leonie Bühlmann 116

Die Seitwärts-Arrêts sind keine halben Paraden: Travers, der Glanz der Traversalen und Pirouetten 121

Travers, die Traversale 123

Die Ausbildungsskala der Lektionen und Übungen: Wie sie aufeinander aufbauen und sich gegenseitig beflügeln 127

Gymnastische Linien nach Wiener Art 127

Die Zirkelarbeit 133

Der erste Hufschlag ist nicht dein Freund! 133
Schlangenlinien 134
Überteten auf dem Zirkel 134

Trainingsleitfäden 137

Für Lockerheit, Anlehnung und Takt 137
Die Verstärkung der Gänge 142
Bis zur Traversale und Pirouette 145
Über das Arrêt angaloppieren für bessere Galoppwechsel 148
Über die Parade zu mehr Aufwärtsgalopp 149
Höhere Versammlung bis Piaffe und Passage 150

Nachwort 157

(Foto: Gina Mazza)

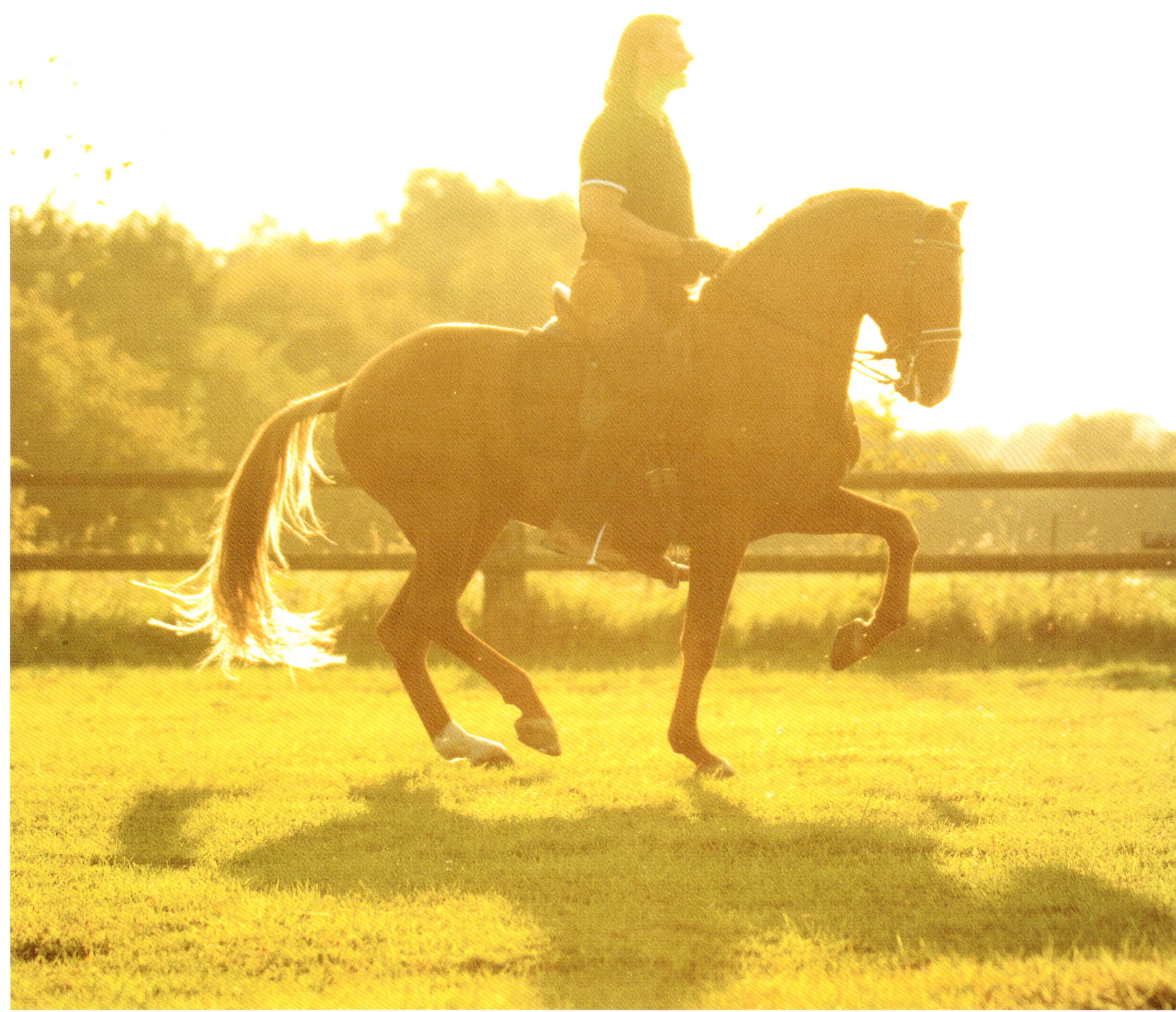

Vorwort

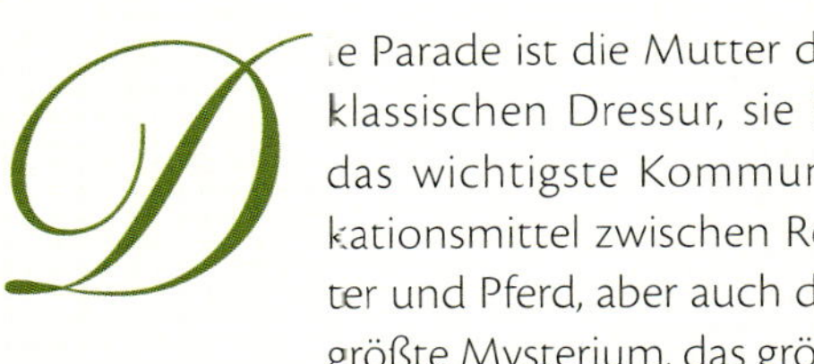

Die Parade ist die Mutter der klassischen Dressur, sie ist das wichtigste Kommunikationsmittel zwischen Reiter und Pferd, aber auch das größte Mysterium, das größte Geheimnis. Neunzig von hundert Reitern sind nicht in der Lage, korrekt zu beschreiben, was eine Parade ist und was sie handwerklich tun müssen, um eine Parade zu reiten. Oft gilt noch die traurige Philosophie: An einem Zügel ziehen ist eine halbe Parade, an zweien ziehen ist eine ganze …

Bereits im Mittelalter bildete man Kampfpferde im klassischen Kreuz aus: Man sollte sein Pferd sicher, verlässlich und elastisch vorwärts-, rückwärts- und seitwärtsreiten können. So stand schon damals das Balancieren eines Pferdes mit den Hilfen im Fokus der Ausbildung.

Wenn man sein Pferd in der Parade balancieren kann, ist der Weg offen für die Schaukel: das Rückwärts- und Vorwärtsreiten zuerst im Schritt, dann in den einzelnen Grundgangarten und über die ganze Bandbreite der Gangarten hinaus. So schafft der Reiter das Verschmelzen mit dem Pferd. Diese Einigkeit und Einheit, diese unsichtbare Leichtigkeit der reiterlichen Kommunikation und der lockeren Stabilität von Reiter und Pferd und die unbändige Kraft und elegante Balance verschmelzen zu einem faszinierenden Gesamtkunstwerk: zur Magie der klassischen Reiterei.

Aber auch Western- und Gangpferdereiter werden sich in diesem Buch wiederfinden. Denn ein kraftvolles, aber lockeres Pferd mit einem balancierten Reiter, der sein Pferd an leichten Hilfen in Harmonie führt, wird in jeder Disziplin brillieren.

In der geschriebenen Lehre führt eine ganze Parade immer zum Halten, egal ob aus dem Schritt, Trab oder Galopp. Diese Beschreibung verunsichert viele Reiter. Denn die nächste Frage, die sich daraus ergibt, ist: Was ist dann eine halbe Parade? Handwerklich gesprochen, ist der Unterschied zwischen einer halben und ganzen Parade nur der Zeitraum, also wie lange ich die Parade wirken lasse. Das heißt konkret, ob ich die Parade so lange wirken

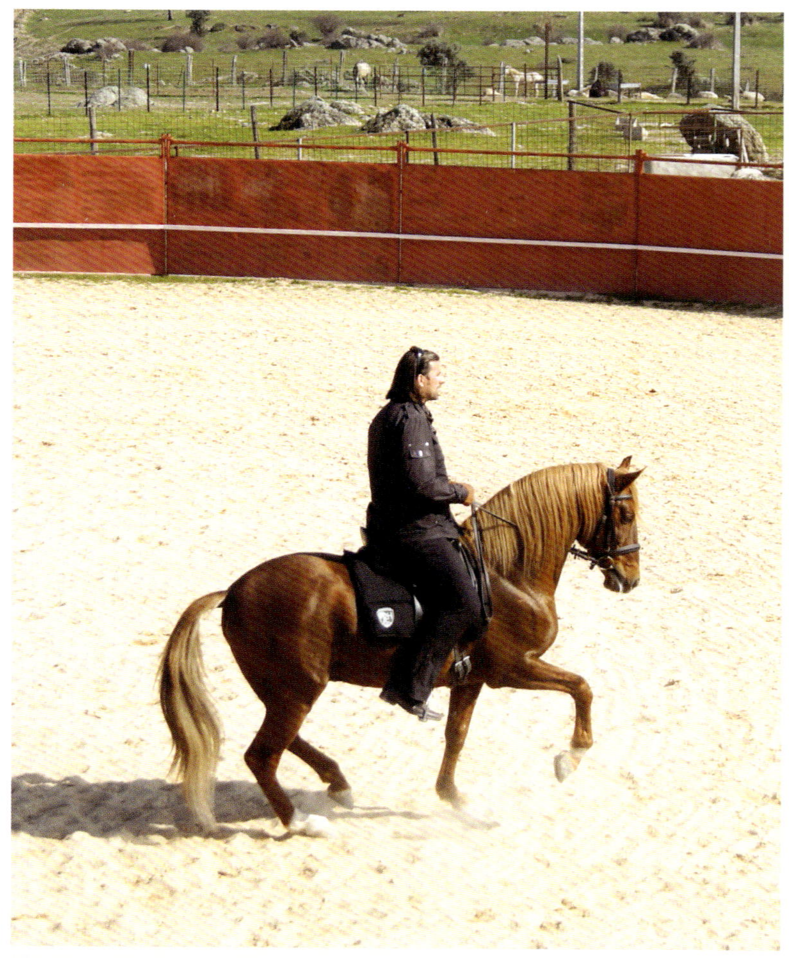

Piaffe in der Stierkampfarena auf Xinfrim, Zuchthengst des Gestüts Yeguada la Perla in Spanien. (Foto: Leonie Bühlmann)

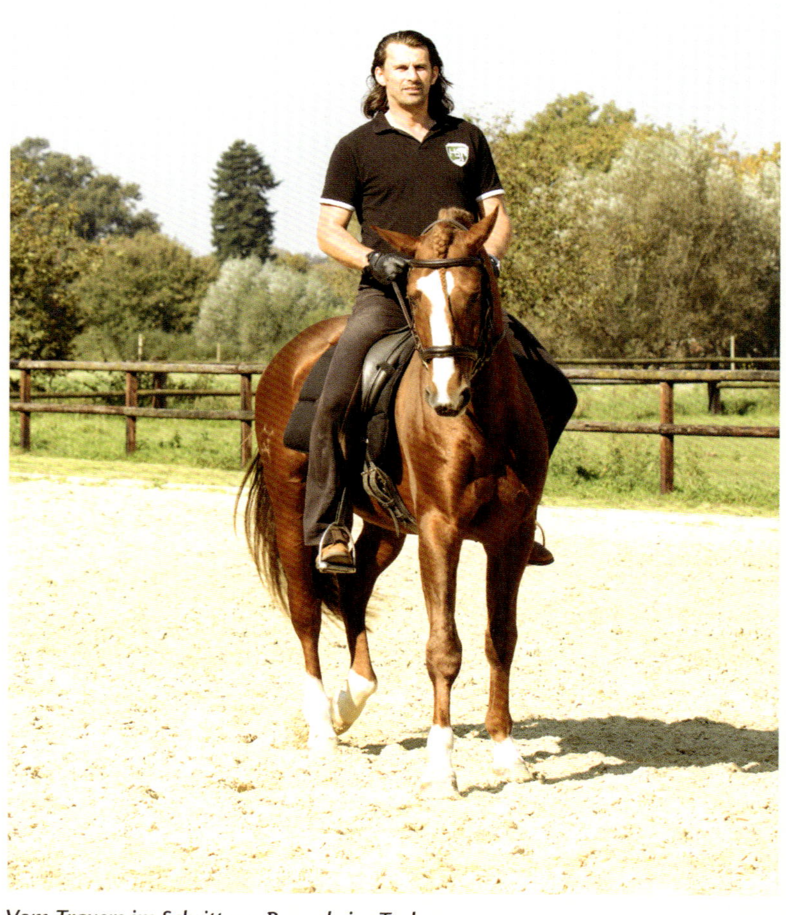

Vom Travers im Schritt zur Passade im Trab zur Pirouette im Galopp. (Foto: Gina Mazza)

lasse, dass das Pferd vom Galopp zum Halten kommt oder sich nur versammelt und langsamer galoppiert oder zum Trab durchpariert.

Paraden reiten ist das feine Spiel der Balance in den Bewegungen, das Schaukeln zwischen verhaltenden und treibenden Einwirkungen. Oder anders ausgedrückt: das unterschiedliche In-die-Hand-, Gegen-die-Hand- oder Durch-die-Hand-Treiben und Loslassen.

Dieses Buch versucht, Licht ins Dunkel zu bringen. Es will den Reiter aus seinen Irrwegen herausführen, ihm klare Strukturen und Anleitungen geben, wie Parade, Arrêt und andere reiterliche Einwirkungen miteinander zusammenhängen. Es möchte die handwerkliche wie auch philosophische, mentale und emotional gefühlte Seite der Parade beleuchten. Es will die Entwicklung vom Schritt zur Piaffe und die Verwandtschaft der Lektionen aufzeigen. Es will helfen, die Reihenfolge der Lektionen zu entwickeln, und erkennbar machen, wie man sie richtig in den Grundgangarten platziert und wie man ein Pferd sinnvoll ausbildet und trainiert. Es möchte Ihnen auch erklären, was biomechanisch dabei im Pferd vorgeht.

Ich möchte Sie in das Erlebnis der feinen Reiterei entführen, Sie fühlen und verstehen lassen, wie Sie die Kraft, Motivation und Balance Ihres Pferdes zum Vorschein bringen und verbessern können. Aber ich bitte Sie auch: Geben Sie sich und Ihrem Pferd die Zeit, die Sie beide brauchen, fordern Sie sich und Ihr Pferd, ohne Sie beide zu überfordern! Der Weg ist das Ziel! Gehen Sie den Weg, zelebrieren Sie jeden Schritt! Und Sie werden Seiten an Ihrem Pferd finden, die Sie nie vermutet hätten.

Auch an Sie persönlich stellt die Parade Anforderungen! Der innere Spiegel des Reiters wirkt sich sowohl positiv wie auch negativ auf das Pferd im Allgemeinen und in den Paraden aus. Die Einwirkung hat sehr viel mit dem innerlich spürbaren Glück und der Zufriedenheit des Reiters zu tun. Und nicht zu vergessen: Auch der Reiter braucht Fitness, konzentrierte Koordination und Balance sowie eine disziplinierte lockere Stabilität des Körpers in der Bewegung.

Bauen Sie eine Käseglocke um sich und Ihr Pferd! Die Parade ist die Chance, in Dialog mit Ihrem Pferd zu gehen und sich auch psychisch mit ihm zu verbinden und zu einen. Seien Sie für Fehler dankbar und nehmen Sie sie als Aufgaben an, um sie durch bessere Führung zu korrigieren. Nehmen Sie Fehler nicht persönlich, Pferde sind nicht emotional und taktisch, sie haben kein Unrechtsbewusstsein. Es gilt der Spruch: „Man wächst an seinen Aufgaben." Nehmen Sie die Herausforderung an zu wachsen. Doch beschreiten Sie den Weg mit viel Geduld.

„Leichtigkeit beginnt mit Leichtigkeit." Das bedeutet: feine Verbindung, leichte Einwirkung, gutes Timing mit viel Geduld, aber auch mit feiner, leiser Konsequenz. Je sanftmütiger, desto näher am Pferd wird der Reiter sein. Sprechen Sie leise!

Konzentrieren Sie sich darauf, den ersten Schritt perfekt auszuführen, begnügen Sie sich am Anfang mit einem oder zwei guten Tritten und starten dann neu. Das ist besser, als sich zehn Schritte vorzunehmen, von denen der erste harmonisch und gut ist, alle anderen danach aber nur noch durch Druck und Zug das Pferd in der Lektion halten. Außerdem haben Sie so nur einen guten und neun schlechte Schritte trainiert. Sie trainieren das, was Sie tun, nicht das, was Sie sich wünschen.

Ob Sie Erfolg haben, ist eine Frage der Grundhaltung. Oder wie Nuno Oliveira zu sagen pflegte: *„Verlangen Sie viel, geben Sie sich mit wenig zufrieden und loben Sie oft."*

Die wahre Kunst der Parade liegt in der Ruhe der Ausführung, im Abwarten und Geschehenlassen, in der Verschmelzung. Darin, dass Sie ganz für sich in der Stille die Kraftwelle auslösen und geschehen lassen, die Nerven behalten, die Parade nicht auf halbem Weg zu stören, sondern zuzulassen, zu ihrer Vollendung kommen zu lassen.

Oder um noch einmal Nuno Oliveira zu zitieren: *„Das Geheimnis des guten Reitens ist, wenig zu tun. Je mehr du tust, desto weniger Erfolg wirst du haben."* Und genau da liegt eine der Hauptschwierigkeiten: wenig zu machen, die Hilfen zu minimieren, nicht zu stören, sondern zuzulassen und die Geduld zu bewahren!

„Der Weg ist das Ziel", oder, wie mein Lehrmeister Fredy Knie sen. immer sagte: *„Jeden Tag einen Millimeter ergibt in einer Woche einen Meter."*

Und vergessen Sie eines nicht: Das Pferd ist nicht zum Reittier geboren! Sie, die Reiterin, der Reiter, sind der Coach. Sie müssen dem Pferd helfen, diese Aufgabe „Reitpferd" zu meistern und sich dafür zu begeistern. Sie geben ihm auf dem neuen Weg Sicherheit. Sie coachen das Pferd, damit es seinen Körper richtig trainiert, um keinen Schaden zu nehmen, die an sich gestellten Anforderungen erfüllen zu können und Freude an der Arbeit zu finden. Die Verantwortung liegt bei uns, bei jedem von uns Reitern! Nehmen wir diese Verantwortung an, dann schenken uns die Pferde so viel!

Fredy Knie sen. sagte: *„Dressur ist sichtbar gemachte Liebe."* Wenn Sie den Pferden Liebe schenken, kommt sie in Form von Vertrauen, Ausdruck und stolzem Glanz vervielfacht zurück!

Gemeinsam Berge erklimmen bringt Vertrauen. (Foto: Leonie Bühlmann)

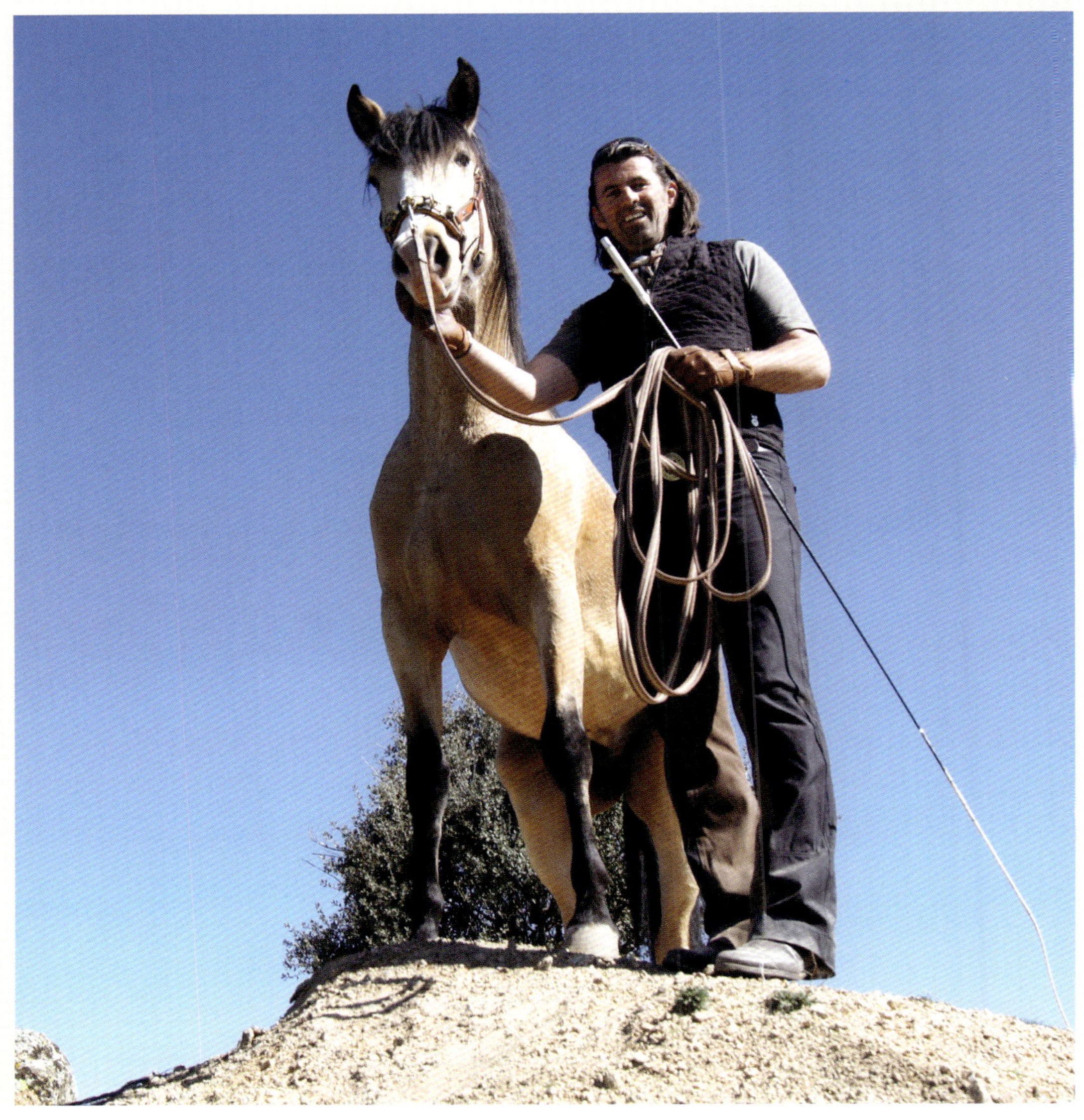

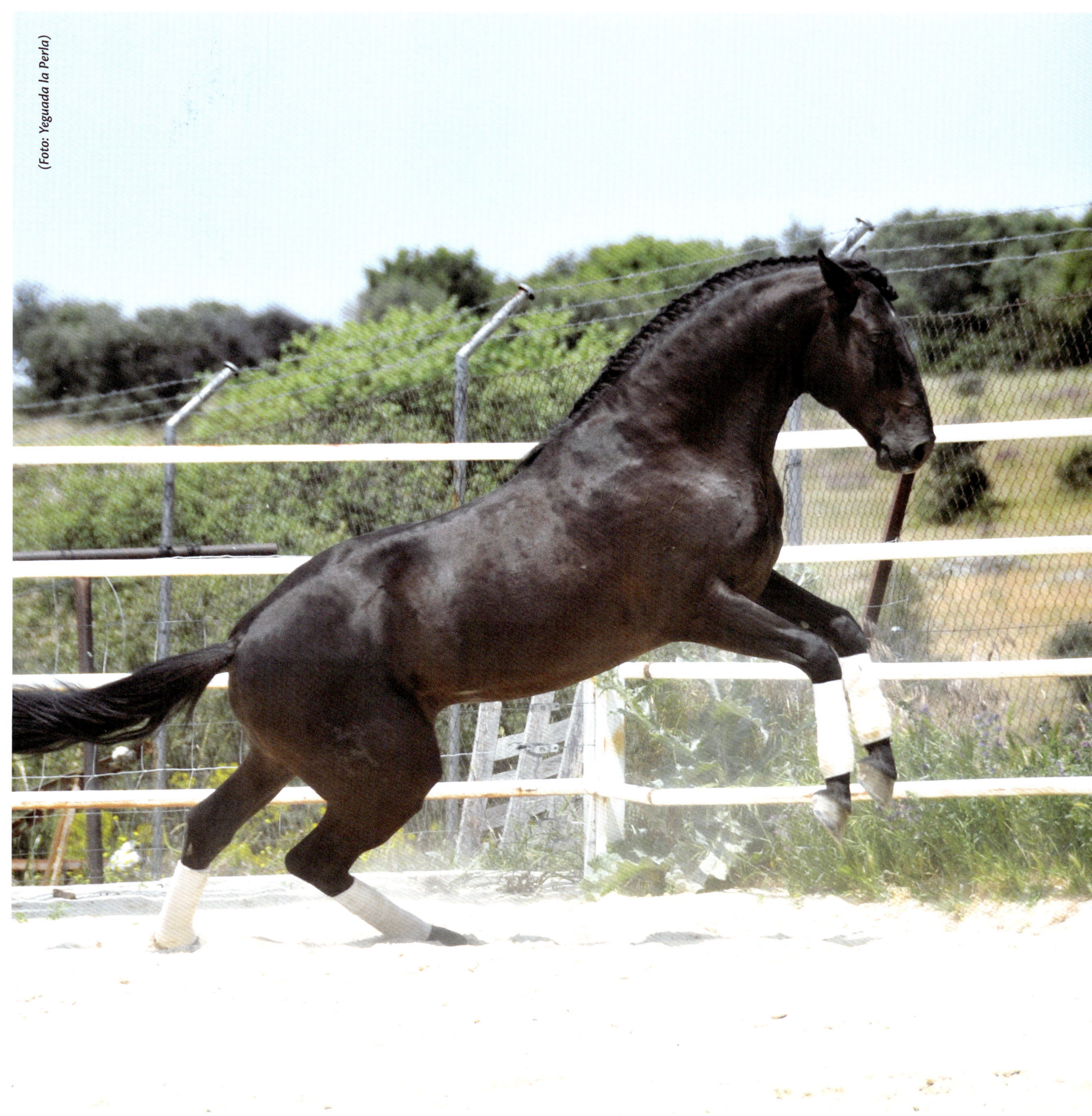
(Foto: Yeguada la Perla)

Das Mysterium Parade

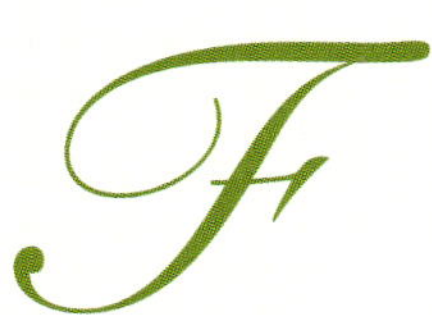

ragt man die Reiterwelt, was eine Parade ist, so tut es jeder, aber kaum einer kann erklären, was er da tut!

Um zu verstehen, was eine Parade ist und wie sie funktioniert, müssen wir die vielen kleinen Zustände und Möglichkeiten der Einwirkung richtig anschauen.

Zu der Frage: Was ist eine Parade und wie funktioniert sie?, kommen hier zunächst verschiedene Stimmen zu Wort:

Oberst a. D. Kurd von Ziegner: *„Für den Laien besteht eine Parade zunächst einmal darin, am Zügel zu ziehen, weil damit das Tempo verlangsamt werden kann. Je mehr am Zügel gezogen wird, desto wirkungsvoller erscheint diese Bremse. Ein Blick in die Natur zeigt, dass das so jedoch nicht richtig sein kann. Pferde auf der Koppel, die im gestreckten Galopp heranstürmen und kurz vor dem Zaun mit einer Vollbremsung ‚parieren', greifen mit den Hinterbeinen weit unter ihren Körper. Bei diesem Bremsmanöver, das manchmal aussieht, als würde sich das Pferd auf sein Hinterteil setzen, ist die Vorhand erhoben, das Genick ist der höchste Punkt, der Hals aufwärtsgewölbt. Das Pferd setzt seine natürliche ‚Bremse' ein, die weit untergeschobene Hinterhand.*

Die klassische Reitlehre leitet sich bekanntlich aus dem Verhalten der Pferde in Freiheit ab und hat zum Ziel, dieses Verhalten auch jederzeit im Gehorsam unter dem Reiter abrufen zu können. Wirkt der Reiter also mit einer Parade ein, sollte er dieses Bild des frei stoppenden Pferdes vor Augen haben. Das Durchparieren ausschließlich mit Zügelanzug verbietet sich dadurch von selbst."

(Dressur Studien Nr. 01/11: Interview mit Oberst a.D. K. von Ziegner „Universalwerkzeug Parade".

Anja Beran: *„Keine Parade kann ohne einen guten Sitz geritten werden. Erst das Zusammenspiel der Hilfen aus einem gefühlvollen Sitz heraus wird den gewünschten Erfolg erbringen."*

(Feine Hilfen 5, Anja Beran: „Parade". Cadmos. März 2014)

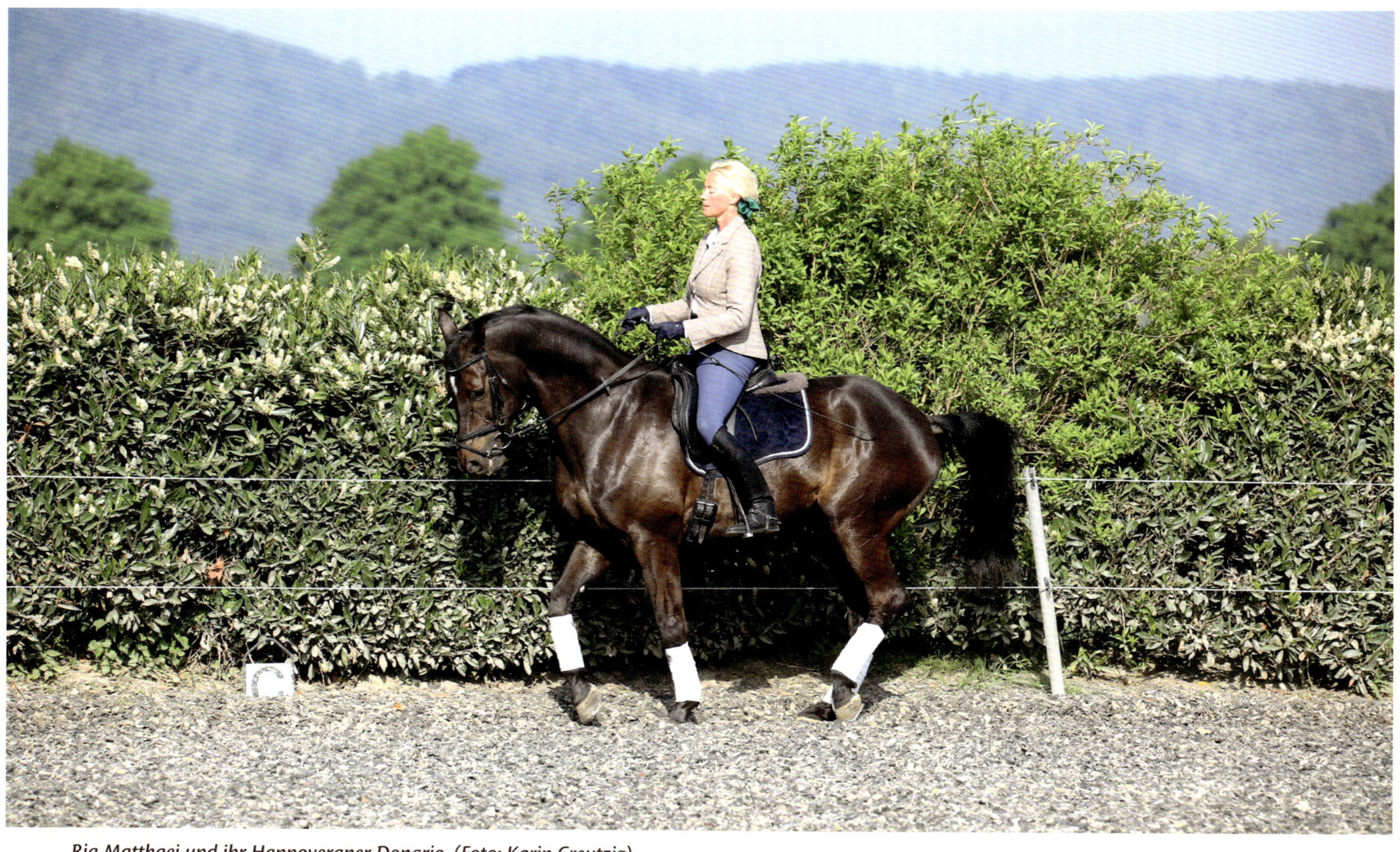

Ria Matthaei und ihr Hannoveraner Donario. (Foto: Karin Creutzig)

Zitate meiner Schüler:

Ria Matthaei, Osteopathin und Dressurreiterin: *„Die reiterliche Durchführung der ganzen Parade und die sich daraus entwickelnde Piaffe verlangt, dass der Reiter eine harmonische Änderung der Mobilitätsrichtung des Pferdes herbeiführt. Aus der schwungvollen Vorwärtsbewegung des Pferdes richtet sich zunächst die Aufmerksamkeit des Reiters auf ein schwingendes Miteinander von Reiter und Pferd.*

Bei der Durchführung der ganzen Parade erfolgt im ersten Schritt ein beidseitiger sanfter Schenkelschluss mit Unterschenkel und Wade in vortreibender Bewegungsrichtung bei gleichzeitiger vertiefter Einatmung des Reiters."

Der Schenkelschluss und die vertiefte Körperatmung bewirken eine Bremswirkung des Pferdes und zusätzlich eine Mobilitätsrichtungsänderung. Das tiefe Einatmen des Reiters durch die Nase bewirkt eine fächerartige Entfaltung des Zwerchfellmuskels mit gleichzeitiger Senkung in die Körpertiefe. Dieses verspürt das Pferd im Rücken als Aufforderung zum Halten.

Durch die tiefe Einatmung richtet sich der Reiter auf. Das Brustbein hebt sich, die Schultern senken sich und die Arme und Handgelenke stehen in leichter Außenrotation. Das Kinn des Reiters hebt sich an. In diesem Fluss der Bewegung bewegen sich die Unterarme und Handgelenke kaum sichtbar vor.

In der Folge setzt ein erneuter Energiefluss vom Pferd, ausgehend durch den Reiter, nach oben ein. Harmonie ist hier aber nur dann gewährleistet, wenn auch das Pferd im Moment des Haltens mit der gewünschten Lastenverteilung für die nachfolgende Piaffe den Zwerchfellmuskel in die Tiefe öffnet. Diese Tiefenatmung des Pferdes ermöglicht ihm, sich in seinen Achsen und Ebenen in eine Aufrichtung zu begeben und sich somit für die nachfolgende Piaffe zu öffnen.

Zu Beginn der Piaffe sind Reiter und Pferd kompatibel energetisch im neuen Bewegungsfluss verbunden. Nur daraus kann sich die Reitfigur Piaffe in optimaler Form und Ausdrucksstärke mit gesetzter Hinterhandaktivität entwickeln."

Anette Prugger, Westernreiterin: *„Die Definition und Erklärung einer Parade verwirrt immer wieder in der Reiterei, egal in welcher Reitweise. Dabei ist sie unerlässlich für ein harmonisches und gefühlvolles Reiten. ‚Gebe ich* *die Parade mit der rechten oder mit der linken Hand?', ‚Brauche ich eine Parade auch beim Westernreiten?' Diese und andere Fragen kennt jeder, der schon mal unterrichtet hat. Dabei sind die Paraden ein wichtiger Schlüssel in der Ausbildung von Pferd und Reiter. Durch korrekte Paraden erreiche ich mehr Aufmerksamkeit beim Pferd und eine aktivere Hinterhand. Langfristig bekomme ich ein Pferd, das an Kraft und Kadenz gewinnt und dadurch erst in der Lage ist, Lektionen oder Manöver korrekt und in einer guten Qualität auszuführen.*

Die korrekte Ausführung und das Gelingen einer Parade will verstanden und gelernt werden. Wie komplex dieses Thema ist, zeigt, dass der Stoff ein ganzes Buch füllen kann.

Wer sich mit diesem Thema auseinandersetzt und wem es gelingt, die Paraden korrekt zu reiten, wird durch ein Pferd belohnt, das freudig, entspannt und willig bereit ist, sich selbst zu tragen, und sich damit auch gesund erhält. Denn: Zerrende Reiterhände und auf der Vorhand laufende Pferde wollen wir in keiner Reitweise sehen.

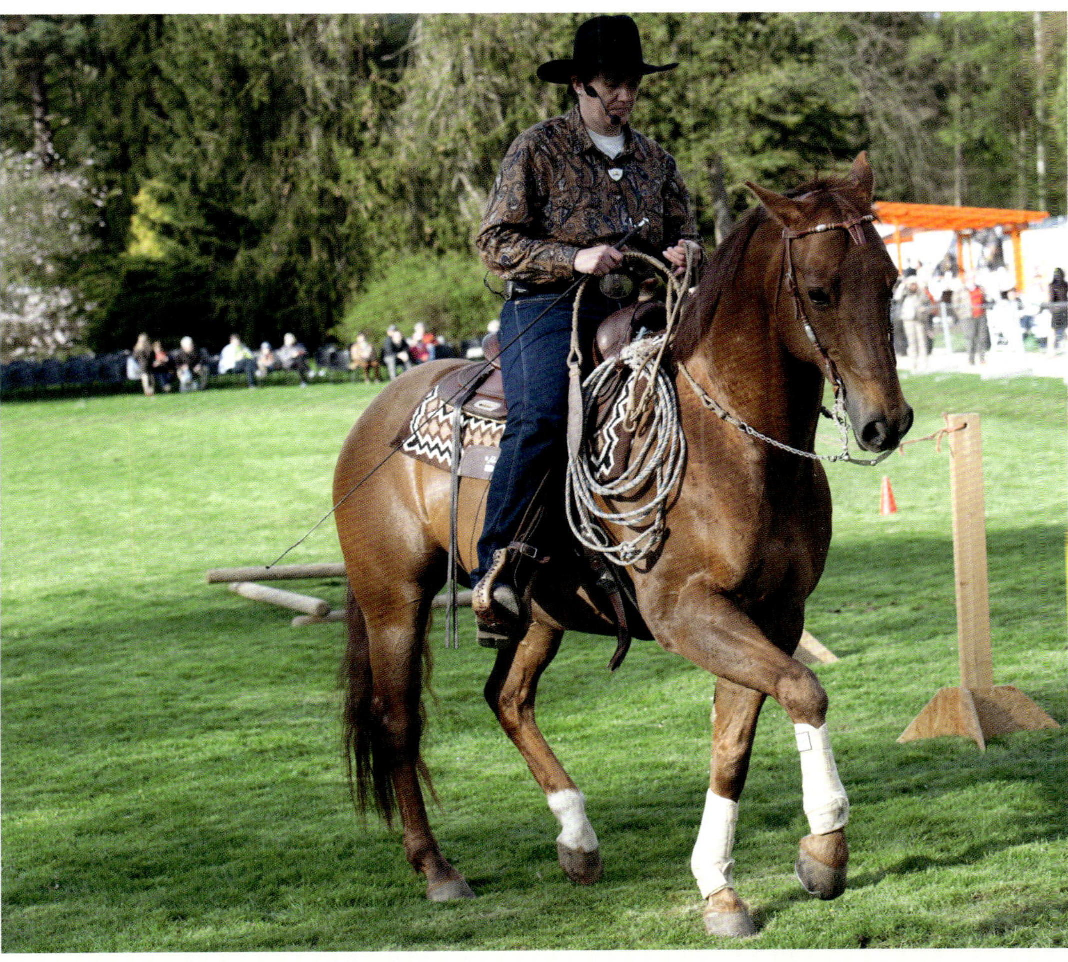

Anette Prugger mit ihrem Quarter Horse Nic in einer schönen Piaffe (Foto: Jürgen Börger)

Vorwärts in die Hand treiben

Alles wird vorwärtsgeritten, jede Lektion, auch das Rückwärts oder Seitwärts, aber was bedeutet „vorwärts" eigentlich?

In der klassischen Dressur bezieht sich der Begriff „vorwärts" auf das feine Treiben vom Bein zur Hand. Doch in der heutigen Zeit, im heutigen Reitunterricht, bezieht sich der Begriff leider eher auf Kilometer pro Stunde. Man jagt das Pferd vermeintlich spektakulär ganze Bahn nach vorn und nennt das ausdrucksstarke Bewegung. Aber in Wirklichkeit sind es Fliegkräfte, spannige Tritte, meist auf der Vorhand, ohne Hinterhandaktivität und mit verspanntem Rücken.

Stellen Sie sich vor, Sie gehen morgens joggen. Springen Sie hektisch aus dem Bett und in die Klamotten, stürzen aus dem Haus und rennen wie verrückt los, um gut und sinnvoll zu trainieren? Vermutlich nicht. Warum

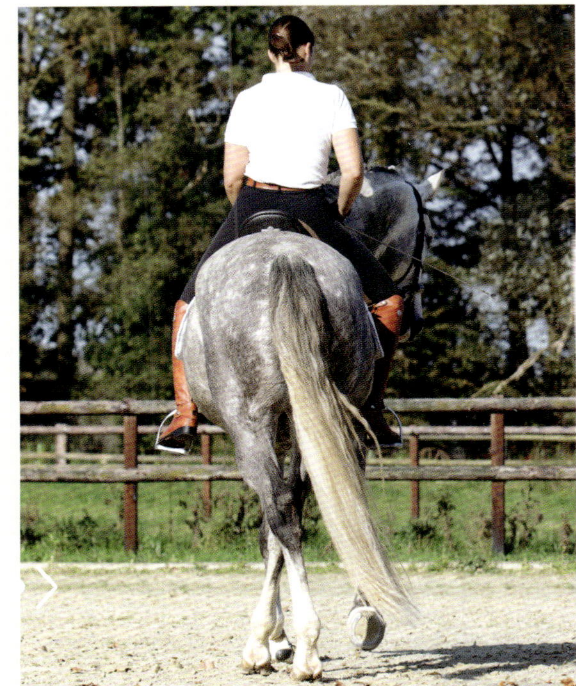

„Vorwärts" heißt „vom Bein zur Hand" – auch in den Seitengängen. (Foto: Gina Mazza)

sollte es bei einem Pferd gelingen? Die Muskulatur eines Pferdes reagiert wie die eines Menschen. Ausschlaggebend für den Erfolg ist das persönlich machbare Tempo. Wenn Sie über Ihrem persönlichen Tempo, also schneller, laufen, verspannt sich als Erstes der lange Rückenmuskel, Sie bekommen Seitenstechen, müssen anhalten und verschnaufen. Der einzige Unterschied beim Pferd ist, dass es als Fluchttier auch aus einer körperlichen Situation, in der die Muskulatur verspannt oder übersäuert ist, noch wegläuft. Das Pferd läuft also trotz verspannter (Rücken-)Muskulatur weiter. So möchten wir aber weder uns noch das Pferd trainieren. Für ein sinnvolles Training müssen wir dies immer berücksichtigen!

Fredy Knie sen. sagte: *„Das Pferd geht im Schenkel und am Zügel."* Als ich diesen Ausspruch das erste Mal hörte, verstand ich ihn nicht und dachte, er hätte sich versprochen. Doch er meinte das lockere Verschmelzen des Schenkels mit dem Pferd. Weiter unten werde ich das noch ausgiebig erklären.

Das Problem in der heutigen Zeit ist, dass vor allem der sportorientierte Reiter seinen Fokus immer auf die ausdrucksstarke Bewegung richtet und nicht auf das sinnvolle Training und die Gymnastizierung des Athleten Pferd. Ein Marathonläufer läuft nicht jeden Tag einen Marathon, ein Leichtathlet springt nicht jeden Tag über vier Meter, sondern macht Ausgleichssport, trainiert seine Grundfitness, Kraft, Beweglichkeit und Ausdauer. Vom Pferd wird aber verlangt, dass es jeden Tag Trabverstärkungen trainiert und Höchstleistung bringt. Wenn man ein hohes Haus bauen möchte, ist es wichtig, dass das Fundament und die Mauern stabil sind und nach und nach aufgebaut werden, bis

Das Fluchttier Pferd läuft auch trotz verspannter Muskulatur weiter. (Foto: Christina Bötzel)

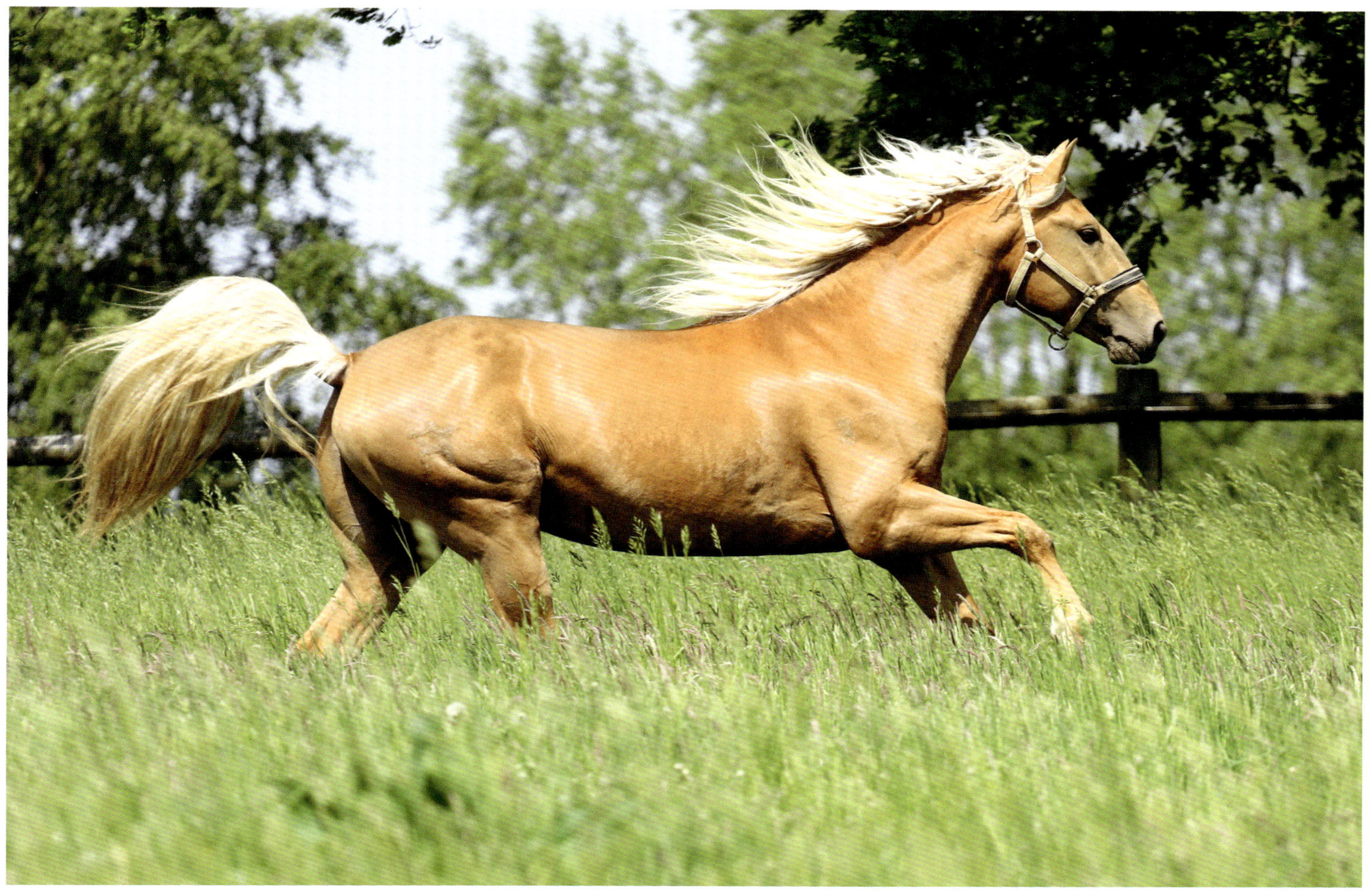

das Dach aufgesetzt wird. Wer möglichst schnell das Dach aufsetzt und sich dann wundert, dass das Haus nicht groß und schön geworden ist, hat die Basis vernachlässigt. Das ist beim Reiten nicht anders. Wenn die Basis – die Grundfitness, die Beweglichkeit, Kraft und Ausdauer – stimmt, sind die hohen Lektionen nicht mehr schwierig und in erreichbarer Nähe.

Die Position des Pferdekopfes

Viele Reiter machen ihr Seelenheil an der Position des Pferdekopfes fest. Er darf sich nicht zu tief oder zu eng, aber auch nicht zu hoch und zu offen befinden. Wenn ich aufs Pferd steige, ist es mir am Anfang total unwichtig, wo das Pferd den Kopf hat, ob zu tief, zu eng, zu offen oder zu hoch. Die Position des Pferdekopfes sagt mir etwas über den Trainingszustand des Pferdes, ist aber nicht das Problem, das es zu beheben gilt. Die Ursachen liegen an anderer Stelle. Wenn zum Beispiel ein junges Pferd die Tiefe sucht und hinter der Senkrechten geht, hilft es nicht, den Kopf manuell hochzubekommen. Im Gegenteil: Wir müssen uns fragen, weshalb es diese Position einnimmt. Ein möglicher Grund ist, dass sein Rücken noch zu wenig stark, zu wenig trainiert ist. Wenn Sie sich nach vorn beugen und einen runden Rücken machen, den Rücken rund lassen und dann den Kopf nach oben heben, spüren Sie selbst, dass sich die Rückenmuskulatur anspannt.

Stellen Sie sich vor, das alles passiert in der Bewegung und Sie haben noch ein mehr oder weniger gut ausbalanciertes Gewicht auf dem Rücken, das dies noch erschwert. Wenn Ihre Rücken- und vor allem Bauchmuskulatur gut trainiert sind, können Sie diese Spannung halten. Das Ziel ist, dass Sie sogar locker bleiben und anmutig tanzen können, während die Rücken- und Bauchmuskulatur arbeitet. Sonst führt dies eher zu Verspannungen. Ein junges Pferd, das also mit dem Kopf die Tiefe sucht und hinter die Senkrechte kommt, kann diese Spannung noch nicht halten.

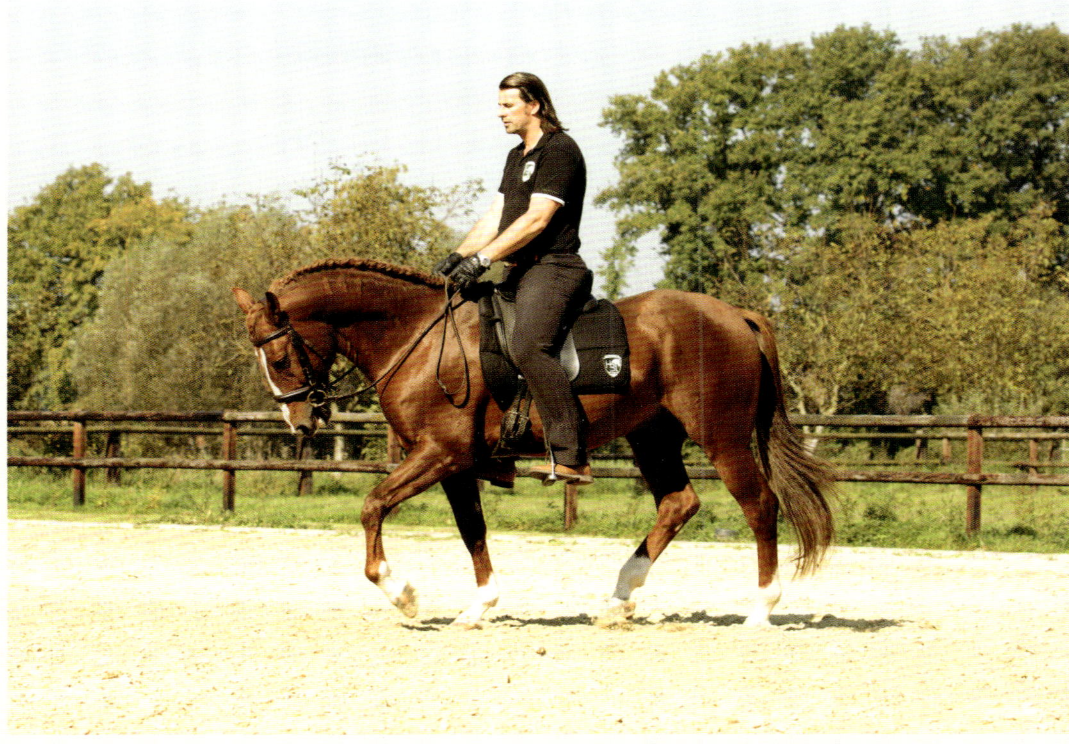

Der sechsjährige Lusitanohengst Espartaco läuft entspannt über den Rücken. Um sein Genick gleichzeitig am höchsten Punkt zu haben, braucht er noch mehr Muskulatur, die er im Lauf seiner weiteren Ausbildung bekommen wird. (Foto: Gina Mazza)

i

ANEKDOTE: G. ARMANIS ERSTE REISE MIT DEM LKW

Im Sommer 2014 reiste Armani mit acht weiteren Hengsten vom spanischen Gestüt La Perla nach Münster ins Haus der Dressur. Die erste Etappe der Reise führte von Segovia bis fast nach Paris. Als wir am Abend am Zwischenziel ankamen und alle Pferde ausluden, bekamen wir einen Schreck. Armanis Kopf, die Ganaschen und der Halsansatz waren dick geschwollen. Er hatte sich die ganze Fahrt über ausbalanciert, indem er die Nase knapp über den Boden gesenkt hielt, obwohl unser Fahrer sehr ordentlich fuhr. Armani kannte das Lkw-Fahren nicht und versuchte so, mit der Situation klarzukommen. Als wir alle Pferde ausgeladen hatten und wieder nach Armani sahen, war die Schwellung schon fast komplett zurückgegangen. Am nächsten Morgen stieg er problemlos wieder ein, und als wir in Münster ankamen, war die Schwellung nicht zu sehen. Er hatte gelernt, sich auch mit erhobenem Kopf auszubalancieren, und senkte am zweiten Tag der Reise den Kopf nicht mehr.

Das ist ein klares Zeichen dafür, wie Pferde Balanceprobleme regeln, und somit muss man eine tiefe Nase und einen tiefen Hals in einer Reitsituation sehr differenziert bewerten.

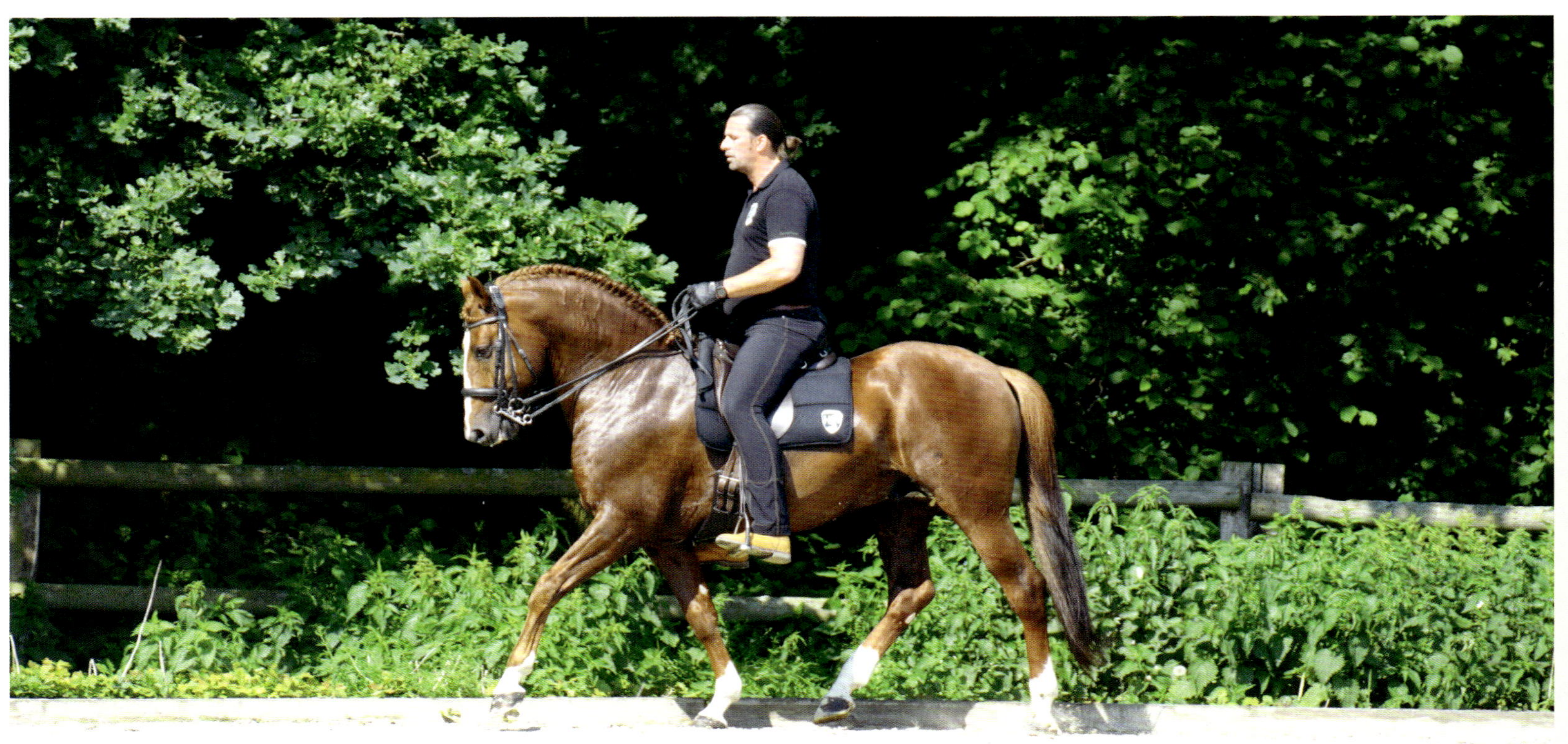

Der hier siebenjährige Espartaco hat mehr Kraft bekommen und kann sich nun in höherer Aufrichtung tragen. (Foto: Leonie Bühlmann)

Hilft es dem Pferd, wenn wir nun den Kopf manuell hochholen? Wäre das die korrekte Lösung? Oder sollten wir uns eher mit der Stärkung der Bauch- und Rückenmuskulatur im Speziellen und der Kraft und Ausdauer im Allgemeinen beschäftigen? Wohl eher das Zweite!

Deshalb ist es mir am Anfang unwichtig, wo sich der Kopf des Pferdes befindet. Ich beschäftige mich eher mit allem anderen, und wenn das stimmt, wird der Kopf sowieso an der richtigen Stelle sein.

Die feine Zügelverbindung

Wichtiger ist mir eine feine Zügelverbindung, einen feinen Zug in die Hand zu bekommen – egal, wo sich der Kopf befindet. Ich muss mich sozusagen vom Pferd mitziehen lassen können, ganz fein, aber immer in Verbindung mit dem Pferdemaul. Das Pferd muss durch seinen ganzen Körper gehen, mit seinem Körper arbeiten. Es muss die Bewegung in der Hinterhand erzeugen und dann durch die Lende und den vorderen Rücken über den gesamten Hals bis zum Gebiss durchlassen. Eben durchlässig sein. Ich sage immer: Der Reiter sollte die Tritte der Hinterhand in seiner Hand spüren. Das Pferd sollte also mit den Hinterbeinen durch den ganzen Körper durchtreten, und dies sollte als feiner Zug nach vorn in der Hand spürbar sein.

Auch die psychische Sicherheit holt sich nicht nur der Reiter, sondern auch das Pferd aus der elastischen Verbindung zur Hand. Ein Reiter sollte sich natürlich nie am Zügel festhalten, aber wir wissen alle, dass dies leider doch häufig passiert, und zwar genau aus dem Grund: Sicherheit zu finden. Diese Sicherheit sollte aber natürlich kein sich Festhalten sein! Doch im Grundprinzip stimmt es, dass die Zügelverbindung Sicherheit gibt – gerade einem jungen, noch unerfahrenen Pferd. Ganz wichtig ist dabei, dass die Verbindung zwischen Pferdemaul und Reiterhand berechenbar und fein ist. Sie würden sich auch nirgendwo vertrauensvoll anlehnen, wo Sie vielleicht fallen gelassen oder grob behandelt werden. Stellen Sie sich vor, es nimmt Sie jemand bei der Hand, um Sie an einen Ihnen unbekannten Ort zu führen. Wenn derjenige Sie grob führt, mal unsicher ist, mal unsensibel an Ihnen zieht, gehen Sie dann vertrauensvoll und ruhig mit? Wohl eher nicht. Wenn Sie aber jemand an der Hand nimmt und Sie sanft, liebevoll und doch bestimmt führt, gehen Sie gern mit und haben Vertrauen. Das ist beim Pferd nicht anders.

Es gibt drei verschiedene Arten des Händedrucks: Jemand presst Ihnen die Hand so zusammen, dass es schmerzt; jemand gibt Ihnen eine feuchtwarme, lasche Hand, oder jemand gibt Ihnen einen trockenen, angenehmen Händedruck, nicht zu fest und nicht zu weich.

Welcher Händedruck ist am angenehmsten? Welchem Händedruck vertrauen Sie am meisten? Wir sind uns wohl alle einig, dass dies der dritte ist. Für das Pferd und die Verbindung zum Pferdemaul gilt dasselbe: Weder ein festes Ziehen noch eine zu labberige Zügelverbindung ist angenehm, berechenbar und schafft Vertrauen! Die Verbindung sollte immer weich und elastisch, aber doch gleichmäßig und bestimmt sein.

Auch Pferde, die immer wieder spaßig sind und sich durch äußere Einflüsse ablenken und stressen lassen, genießen eine schön und fein erarbeitete Anlehnung an die Zügelhand und lassen sich davon in die Sicherheit und die Konzentration lenken. Die Verbindung zwischen der Reiterhand, dem Schenkel und dem Gebiss ist etwas Meditatives und sollte auch ein bisschen so zelebriert werden.

Das Treiben

Durch das Treiben kann ich im Allgemeinen alles und im Speziellen auch die vorher angesprochene Position des Kopfes korrigieren. Denn mit dem Schenkel spreche ich die Hinterhand und die Bauchmuskulatur des Pferdes an. Aktiviert und spannt sich diese, hebt sich der Rücken an, der Zug geht aus dem Nackenband, das Pferd lässt den Halsansatz fallen, es lässt sich in den Zügel, in die Anlehnung fallen und beginnt meist zu kauen.

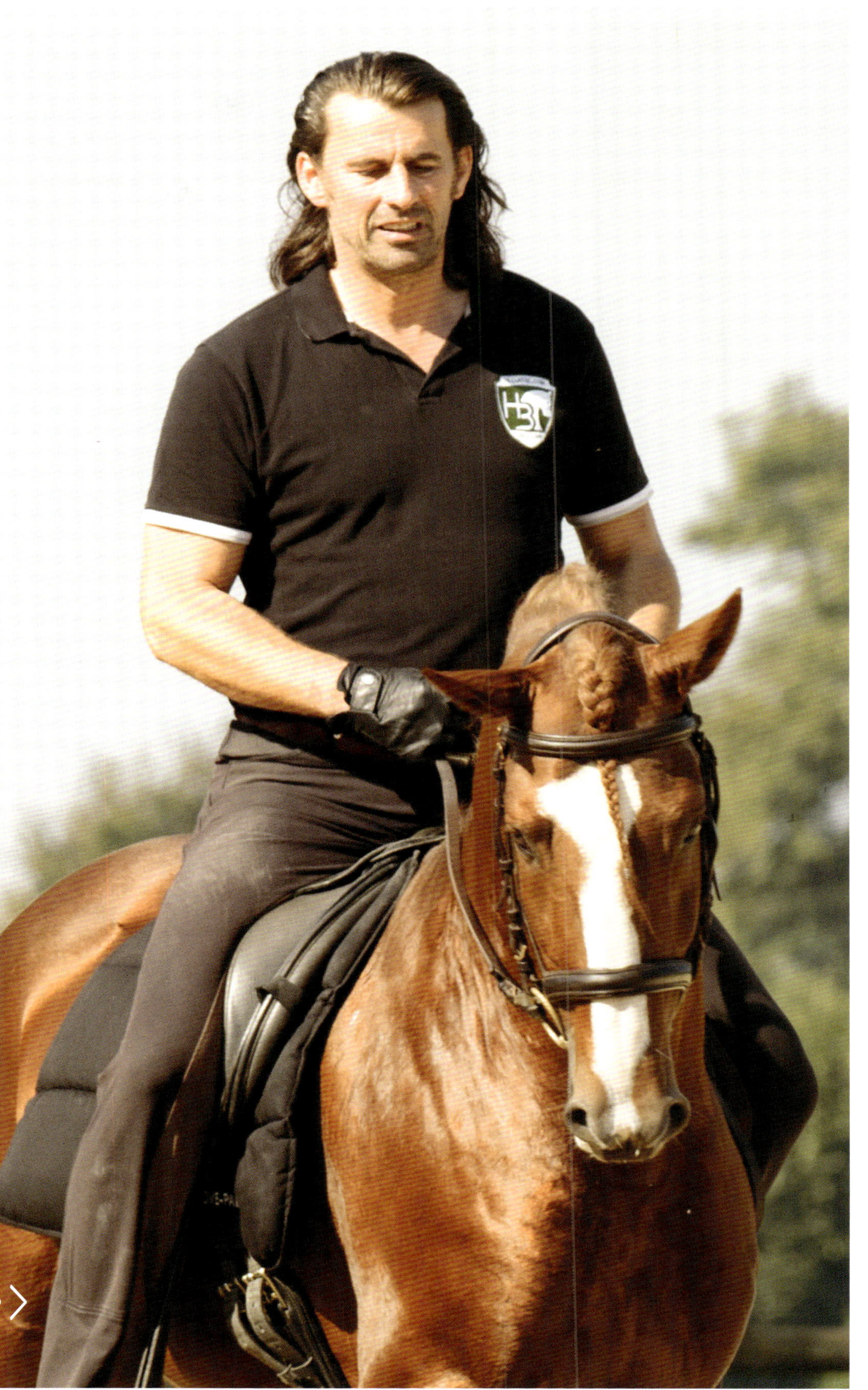

Bei einer korrekten, feinen Verbindung fühlt sich der Zügel elastisch an. (Foto: Gina Mazza)

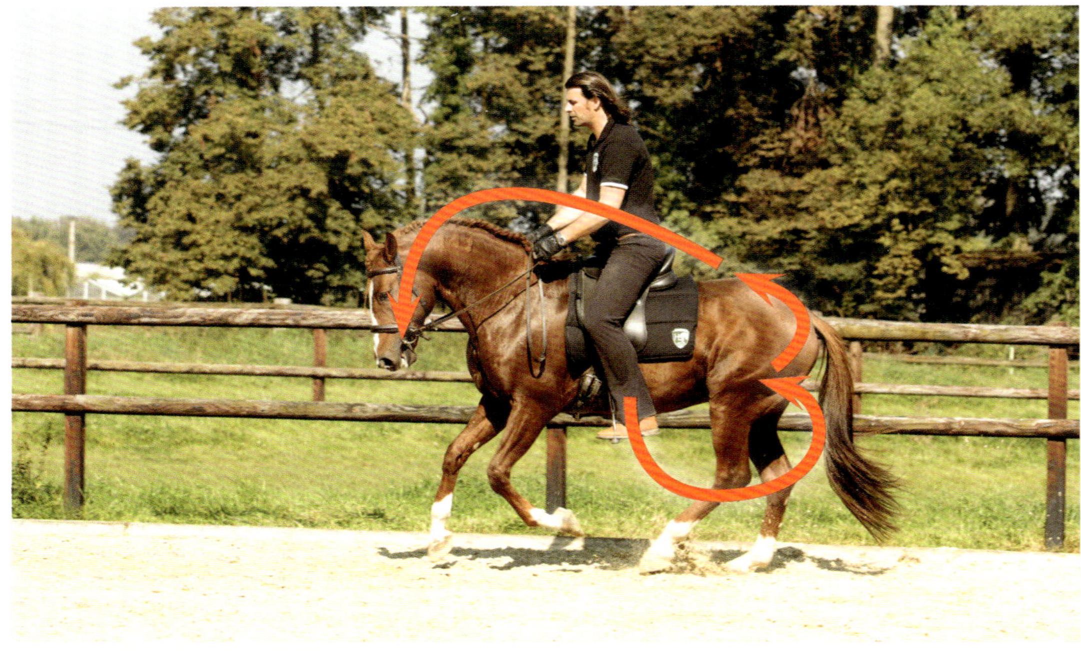

Körperliche Reaktion des Pferdes auf korrektes Treiben. (Foto: Gina Mazza)

In der Praxis bei Knie war eine Aufgabe im Unterricht, das Pferd mit dem Schenkel zum Abkauen zu bringen – also vom Schenkel zur Hand zu treiben und diese so wichtige Verbindung herzustellen. Dazu versucht man, eine weiche, fast zärtliche Verbindung mit beiden Waden aufzubauen, aber ohne zu klemmen. Gleichzeitig baut man eine elastische Verbindung zum Pferdemaul auf, aber ohne zu ziehen.

Schickt man nun einen ruhigen, wellenartigen Druck mit dem Bein durch den Körper des Pferdes bis zum Pferdemaul, sodass man dieses Treiben, diese Wellen immer wieder in der Hand spürt, beginnt das Pferd zu kauen, zu nicken und lässt sich meist auch schon beim ersten Mal in die Anlehnung fallen. Wenn dies gelingt, ist das ein tolles Gefühl und das Pferd ist wortwörtlich durchlässig. Wenn es nicht gelingt, muss man sich in Geduld üben und immer wieder in konsequenter Disziplin nicht mehr tun oder mehr einwirken, sondern die Einwirkung genauso ruhig und wellenartig wiederholen. In solchen Fällen gilt wie so oft in der Reiterei: Mehr Einwirkung hilft nicht mehr, sondern stört, stresst und verkrampft.

Auch das Maß der Zügelverbindung ist entscheidend. Wenn die Verbindung zu fest ist, geht das Pferd dagegen an. Wenn sie zu locker ist, hat das Pferd kein Ziel, gegen das es sich dehnen kann. Ist die Zügelverbindung zu fest, wird das Pferd sich nicht daran anlehnen, sondern seine erste Energie gegen den Druck am Zügel verwenden – also gegen mich als Reiter ankämpfen.

Aber ohne ständige, gleichmäßige Zügelverbindung hat das Pferd keinen Gegendruck, in den es sich fallen lassen kann. Das ist das Spezielle am Reiten. Das Pferd will eine Verbindung, es läuft gegen den Druck, sofern er nicht eckig und fest, sondern weich und elastisch ist. Das Pferd zieht die Reiterhand leicht mit. Viele Reiter lassen den Zügel los, wenn sich das Pferd gut anfühlt, um es zu loben. Nur ist das kein Lob, sondern das Pferd verliert seine Stabilität, seinen Rahmen, seine Sicherheit. Ein weiches Entspannen, ohne loszulassen, ist ein besseres Lob.

Um zu testen, was und wie viel die richtige Verbindung ist, vibrieren Sie mit einem Zügel. Fühlen Sie diese Vibration eins zu eins in Ihrer anderen Hand, ist die Verbindung perfekt. Denn Ihre kleinen Rucke, Ihr Vibrieren, gehen

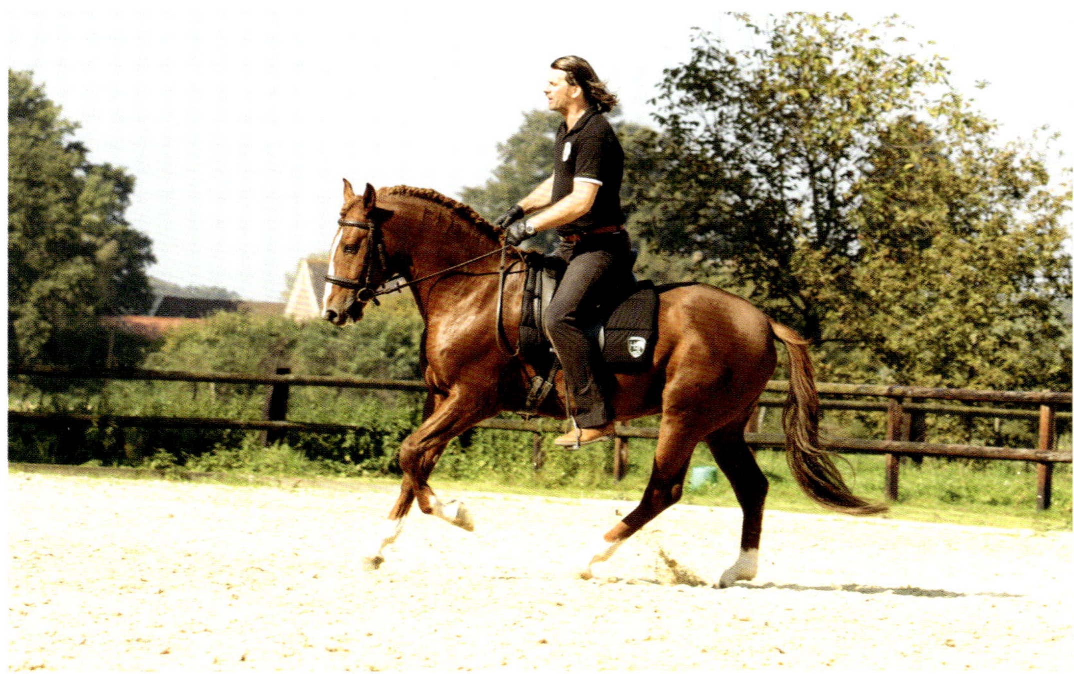

Der hier fünfjährige Espartaco zieht im Galopp leicht in die Hand. (Foto: Gina Mazza)

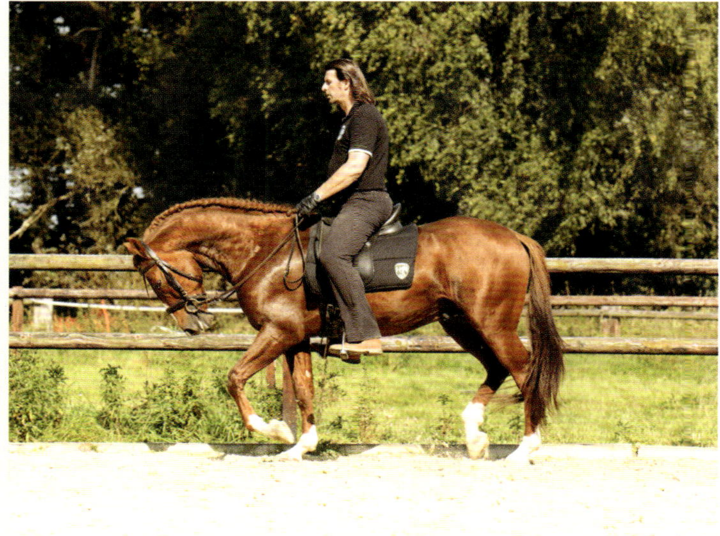

zum Beispiel von der linken Hand durch den Zügel, durch die Trense, durch das Pferdemaul, in den anderen Zügel in Ihre rechte Hand. Sind Sie zu fest, hängt die Trense zu fest an der Unterkieferlade und im Mundwinkel, und das feine Vibrieren Ihrer linken Hand wird nicht durch das Maul auf den rechten Zügel übertragen, das Pferd macht sich im Maul fest. Sind Sie zu locker, wird das Vibrieren Ihrer linken Hand zwar auf den linken Zügel übertragen, aber ohne Spannung wird das Vibrieren von ihm geschluckt und überträgt sich nicht auf die Trense und auf den anderen Zügel.

Vergessen Sie nie, dass Ihre beiden Hände durch das Pferdemaul miteinander verbunden sind und deshalb perfekt zusammenspielen sollten.

Erstes Problem: Das Pferd wird zu eng, es rollt sich ein ...

In der heutigen Zeit der Rollkur hat sich, vor allem im Amateur- und Freizeitbereich, eine große Unsicherheit bei den Reitern entwickelt. Sobald ein Pferd hinter die Senkrechte kommt, wird der Reiter sofort kritisiert und teilweise sogar böse angesprochen.

Wichtig: Entscheidend ist nicht, dass ein Pferd hinter der Senkrechten ist, sondern wie es dahin gekommen ist. Man muss genau unterscheiden können, ob ein Pferd sich zu eng macht ...

- weil es nicht genügend durch den Körper läuft, nicht gelernt hat, durch die Hand zu laufen und leicht in die Hand reinzuziehen,

oder

- weil es nicht genügend Kraft im Bauch und der Rumpfmuskulatur hat und den Hals und Kopf so als Hebel benutzt, um sich zu helfen und den Rücken zu heben,

oder

- ob ein grober Reiter das Pferd mit Kraft und Kampf zusammenzieht.

Mit oder ohne Hilfsmittel ist egal, darauf kommt es dann auch nicht mehr an.

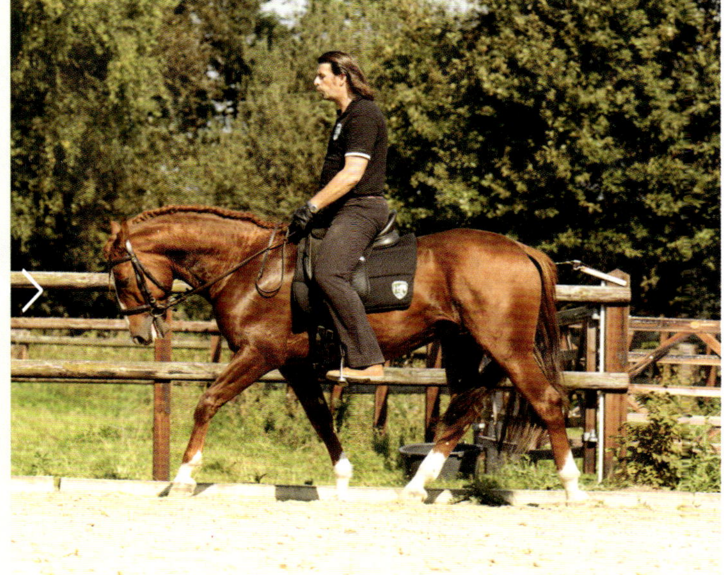

Espartaco rollt sich ein, die Verbindung muss zuerst wiederhergestellt werden, damit er wieder zur Hand zieht. (Fotos: Gina Mazza)

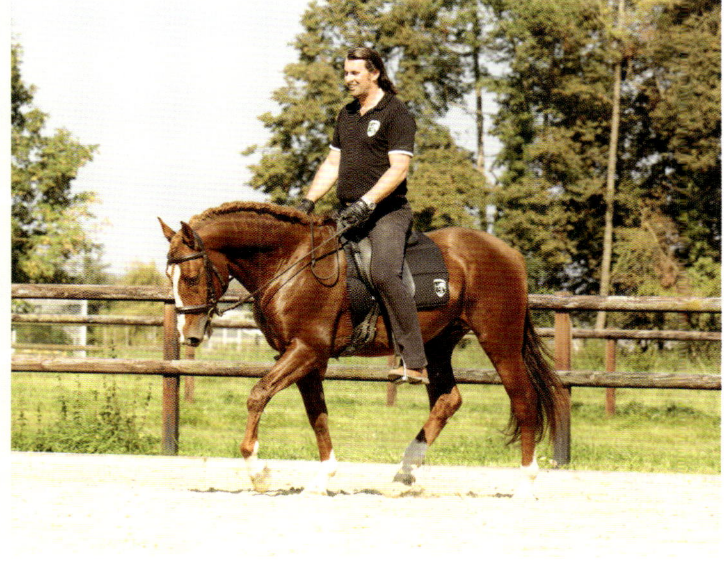

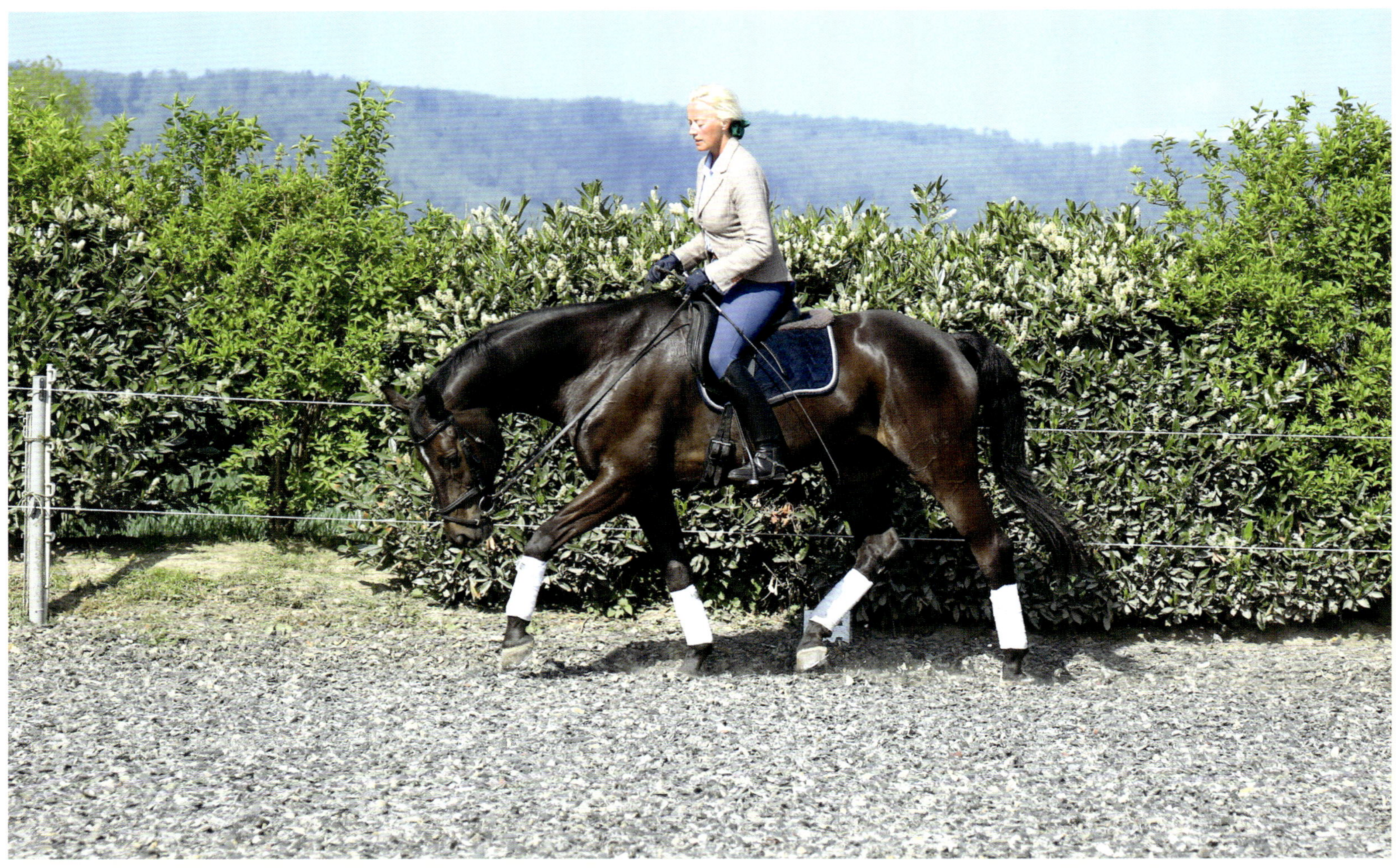

Das Pferd zieht auch beim Vorwärts-abwärts in die Hand rein. Dies ist deutlich auch an der aktiven Hinterhand und am schön aufgewölbten Rücken zu sehen. (Foto: Karin Creutzig)

Was oft vergessen wird: Auch ein zu schnell gerittenes Pferd kann sich nach hinten in die Enge im Hals dem Zügel entziehen und stützen, weil es durch das Über-Tempo-Reiten auf die Vorhand fällt. Dann gilt auch die Beschreibung im nächsten Absatz.

Ich bin kein Freund von schneller Verurteilung aus einem Moment heraus oder aufgrund von einem Foto. Natürlich meine ich nicht die offensichtlich groben, tierschutzrelevanten Bilder, die wir leider immer noch auf den verschiedenen Trainings- und Abreiteplätzen sehen müssen. Sondern ich meine vielmehr das Gros der Reiter, die ihre Pferde lieben, aber nicht wissen, was sie machen müssen, damit sie ihre Pferde sauber an den Zügel reiten können. Auch auf die Gefahr hin, dass ich mich wiederhole: Der große Fehler im System ist, dass immer die Kopfhaltung des Pferdes im Fokus steht. Das ist der große Unterschied zwischen einem guten Profi und den meisten Amateuren.

Wenn ein guter Profi aufs Pferd steigt, ist ihm die Kopfhaltung des Pferdes zunächst egal. Sein erster Fokus liegt darauf, dass das Pferd überhaupt in den Zügel läuft und einen feinen Zug zur Hand aufbaut. Denn dann kommt er zum Treiben und durch das Treiben lässt sich im Endeffekt eine zu tiefe Nase nach oben und eine zu hohe nach unten korrigieren. Dafür braucht es keinen Schalter, kein Tool und keinen Hebel, vielmehr nur die Erkenntnis, dass nicht spektakuläres Reiten nach vorn, sondern taktmäßiges Arbeiten in die Hand dem Pferd die Möglichkeit gibt, in seinem persönlichen Takt und Tempo sein persönliches Am-Zügel-Gehen zu entwickeln.

Und auf Druck reagiert das Pferd mit Gegendruck. Das wird oft als negativ eingestuft – ist es aber nicht. Wenn ich feinen elastischen Zug von der Hand auf die Trense gebe, reagiert das Pferd mit Gegendruck. Tut das Pferd das nicht, werde ich die Verbindung und den Zug langsam steigern, bis eine Reaktion kommt – aber fein!

Das bedeutet für unser zu enges Pferd, dass ich auch hier die Verbindung zum Maul aufnehme, auch wenn das Pferd erst mal noch enger wird. Der feine elastische Zug wird so lange gesteigert, bis das Pferd mit Gegenzug reagiert. Dann kann ich zum Treiben kommen und die Nase nach vorn aus der Enge treiben. Das bedeutet, wir nehmen an, ich habe beispielsweise eine Verbindung von dem Wert 5 in der Hand. Treibe ich nun mehr mit dem Bein, wird sich der Druckwiderstand des Pferdes in der Hand erhöhen, zum Beispiel auf 7. Diesem erhöhten Widerstand gebe ich nach vorn nach, ohne die Verbindung, den feinen Zug von 5, letztlich aufzugeben. Das Pferd wird sich um diese 2 in die Hand dehnen. Dieser zusätzliche Druck macht unsere Zügel sozusagen zu Stäben, mit denen wir das Pferdemaul von uns wegschieben können. Und so wiederholt man diesen Prozess so lange, bis das Pferd die gewünschte Weite in Hals und Genick hat.

Aber man darf nicht vergessen, dass auch jede Form des Sich-zu-eng-Machens, die nicht vom Reiter kommt, eine Form von Schonhaltung ist und bedeuten kann, dass etwas kompensiert wird. Beim Dehnen, beim In-die-Hand-Strecken, werden Körperpartien belastet, die beim Engmachen entlastet werden. Damit ist klar, dass man diese Weite immer nur partiell abfragen kann und das Pferd zur Entlastung und zum Ausruhen durch ein Aufgeben der Verbindung und des Zuges am Zügel auch immer wieder in die Enge entlässt. Sonst wird die Muskulatur des Pferdes überstrapaziert. Mit der Zeit, mit besserem Trainings- und Bemuskelungszustand, wird das Pferd die Dehnung am Zügel durch Treiben immer länger halten können.

Ein langer, schlapper, wackelig ruckender Zügel bringt kein Vorwärts-abwärts, sondern lässt das Pferd auf die Vorhand und auseinanderfallen. Das Pferd braucht den sanften Druck, um sich hineindehnen zu können.
Wir alle kennen den Satz: *„Wir reiten unser Pferd vorwärts-abwärts mit Nase vor der Senkrechten ...", aber wer kennt den zweiten Teil dieses Satzes? Der geht nämlich so weiter: „... zur Überprüfung der Ausbildung."*

Für unsere Arbeit bedeutet das: Wir reiten so an den Zügel, wie dies das Pferd annimmt und sich treiben lässt. Auf dem Höhepunkt der Stunde treiben wir das Pferd so weit wie möglich in die Dehnung, solange es den Takt, Rhythmus und die Balance halten kann und eine spürbare Verbindung zum Maul erhalten bleibt. Je weiter ich das Pferd dehnen kann, je besser ist sein Trainingszustand. Doch danach nimmt man das Pferd wieder auf und arbeitet weiter. Dieses Vorwärts-abwärts-dehnen-Lassen ist also nur eine Überprüfung der Arbeit und kein Selbstzweck. Das Ziel ist nicht, dass das Pferd vom Anfang bis zum Ende einer Trainingseinheit so läuft. Viele Reiter, die denken, sie würden ihren Pferden damit einen Gefallen tun, lassen die Pferde ungewollt so auseinandergefallen auf der Vorhand laufen, dass dies eher schädlich als nützlich für das Pferd ist.

Zweites Problem: Das Pferd spannt sich, hebt sich heraus ...

Grundsätzlich gilt dieselbe Herangehensweise wie oben beschrieben, allerdings mit mehr Fokus auf Tempo und Takt. Die viel hinterfragte Ausbildungsskala sagt dazu: Erst Takt, dann Anlehnung und korrektes Durchs-Genick-Gehen ergibt Losgelassenheit.

Der Takt

Und was bedeutet Takt? Nicht Geschwindigkeit. Wir kennen alle den Satz: „Richte dein Pferd gerade und reite es vorwärts." Leider ist heute die moderne Interpretation von vorwärts meistens Kilometer pro Stunde. Es ist ein Märchen, ein großer Irrglaube, dass das Pferd besser geht, wenn man schneller reitet. Es mag auf den ersten Blick spektakulärer aussehen, aber das sind Flieg- und Schleuderkräfte, die nichts mit einem Schub durch den Körper zu tun haben. Oder rennen Sie beim Joggen schneller, um locker zu werden? Oder wenn Sie in der Tanzschule die Schritte nicht geregelt bekommen und der Tanzlehrer sagt „Schneller", würden Sie es dann besser schaffen? Und warum soll das Pferd besser werden, wenn man es hetzt?

Takt vor Anlehnung, das ist der Weg, der nachhaltig zum Erfolg führt. Das besagt auch die viel zitierte Ausbildungsskala. Und das beginnt schon im Schritt. Der Schritt ist ein Viertakt, das Pferd hat vier Beine, also sollten Sie auch vier Beine spüren. Oder genauer: jedes Auffußen mit der jeweiligen Pause dazwischen. Überprüfen Sie das, wenn Sie das nächste Mal auf Ihrem Pferd sitzen und Schritt reiten. Spüren Sie die vier Beine nicht, wenn Sie mit Ihrem Pferd Schritt reiten, dann verlangsamen Sie das Tempo über eine in die Hand getriebene, erhöhte Anlehnung. Es spielt in dem Moment keine Rolle, wo Sie diese Anlehnung finden. Egal, ob das Pferd zu hoch oder zu eng ist. Nur der Takt ist wichtig. Das Pferd sollte einen schönen Viertakt schreiten und nicht unter Ihnen hinweggleiten. Wenn Sie nur zwei Beine spüren oder sich das Pferd wie ein Tausendfüßler anfühlt, sind Sie zu schnell.

„Wir reiten unser Pferd vorwärts-abwärts mit Nase vor der Senkrechten ...", aber wer kennt den zweiten Teil dieses Satzes? Der geht nämlich so weiter: „... zur Überprüfung der Ausbildung."

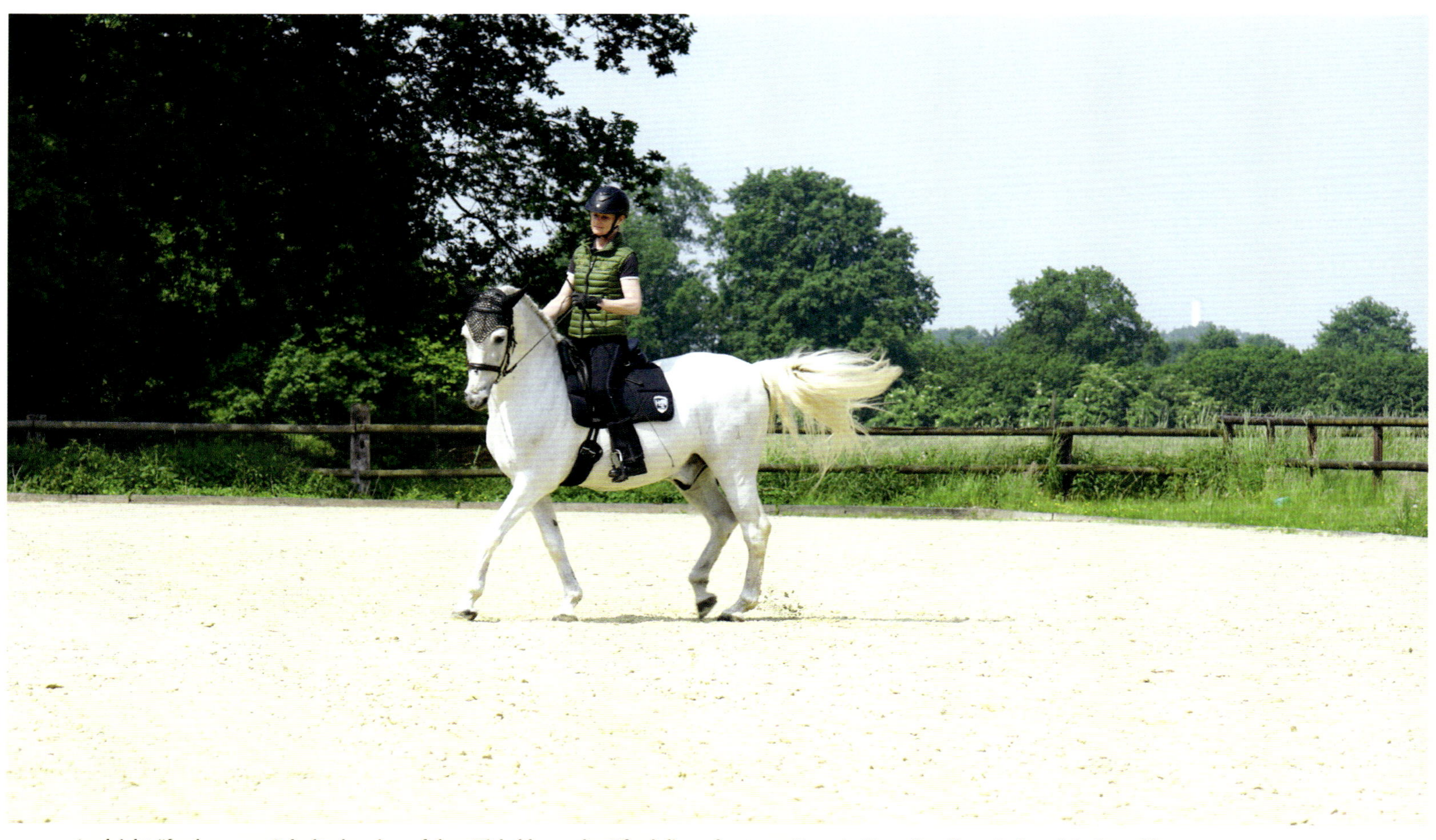

Im leicht überbogenen Schulterherein auf dem Zirkel kann das Pferd die aufgestaute Energie über die offene äußere Schulter abbauen. (Foto: Leonie Bühlmann)

Wenn Sie nun so langsam reiten, dass Sie vier Beine spüren, wird das Pferd in der Oberlinie loslassen, kauen und sich in die Hand fallen lassen. Je lockerer und je aufgewärmter das Pferd in der fortschreitenden Stunde oder dem fortschreitenden Training und der Ausbildung ist, desto schneller können Sie reiten, desto höher darf der Rhythmus sein – während Sie immer noch den Viertakt spüren. Verlieren Sie dieses Gefühl wieder, sind Sie wieder zu schnell respektive das Pferd ist noch nicht aufgewärmt oder trainiert genug, um in diesem höheren Rhythmus locker zu bleiben.

Dieses langsame Schrittreiten ist schwieriger und anstrengender, als es am Anfang erscheinen mag. Beginnt das Pferd unzufrieden zu werden, versuche ich es in einem leichten Schulterherein auf dem Zirkel zu reiten, vielleicht sogar leicht überbogen. So bleibt das Pferd im Modus, aber die aufgestaute Energie wird durch die dann offene Schulter abgebaut.

Was passiert durch diese Arbeit im Pferd? Durch das vorsichtige Verlangsamen des Tempos und das Erreichen eines Viertaktes lässt der lange Rückenmuskel los, die Spannung auf das Genick lässt nach und das Pferd lässt sich fallen. Aber bitte beachten Sie auch hier, dass dies für das Pferd eine ungewohnt anstrengende Haltung ist. Denn es hat sich mit dem kurzen, gespannten Rücken und der hohen Haltung arrangiert. Die Veränderung, sich fallen zu lassen und loszulassen, ist erst mal belastend, anstrengend und nur bedingt entspannend. Sie müssen das Pferd also mit Konzept so trainieren, es fordern, ohne zu überfordern, dass die Muskulatur optimal aufgebaut wird und das Pferd schlussendlich locker gehen kann.

Wird das Pferd zu schnell geritten, kann es auch abtauchen und zu eng werden. Sind Sie dann wieder im Viertakt, werden Sie spüren, wie das Pferd sich aufrichtet.

Die Magie der Parade

Auch eine Rückwärtsparade wird vorwärtsgetrieben. Rückwärts ist wie vorwärts, nur in die andere Richtung. Oder reiten Sie seitwärts so viel anders als vorwärts?

Die wichtigste Regel in der Reiterei: Das Pferd stößt sich an der Hand ab oder geht

AUS DER PRAXIS

Ich sitze auf dem sechsjährigen Lusitanohengst Espartaco im lockeren Vorwärtstrab mit einer schönen, leichten, elastischen Verbindung mit dem Zügel. Nun drehe ich meine Fußspitzen leicht nach außen und fühle dadurch das Pferd mehr an den Waden. Mit diesem leichten, erhöhten Druck an den Waden treibe ich es mehr gegen die Hand und fühle auch, wie der Widerstand am Zügel etwas zunimmt. Der Hengst setzt sich etwas in der Hinterhand, pariert durch in den Schritt. Meine Zügelverbindung fühlt sich an, als ob der Zügel aus Gummi wäre, alles schwingt mit. Meine Hand ist elastisch, ebenso das Genick und der Hals des Pferdes, der elastisch den Widerstand der Hand sucht.

Eine stehende Hand steht nicht im Universum oder relativ zur Umgebung, sondern elastisch am bewegten Zug des Zügels, also fein am Maul des Pferdes, sodass man die Mundwinkel spürt, aber nicht die Kieferlade.

Ich wiederhole das Prozedere im Schritt und treibe ihn nochmals mit den Waden gegen die Hand. Ich spüre, wie der Hengst sich wieder etwas mehr gegen den Zügel legt, sich setzt und dann am Zügel erneut leicht wird und steht.

Ich behalte diesen Druck in der Hand und treibe leicht weiter, sodass die aufgestaute Energie aus dem Durchparieren zum Halten bestehen bleibt. Der Hengst versucht vorsichtig, durch meine Hand nach vorn zu gehen. Ich schließe meine Hand ein wenig fester, sodass sich der Gegendruck am Zügel erhöht, ohne dass ich ziehe. Der Hengst verzögert, ich spüre, wie er in der Hinterhand kleiner wird, noch ein-, zweimal in sich zurück- und wieder vorschaukelt. Ich merke, wie er sich setzt und sich etwas anspannt. Es fühlt sich an wie auf einem Schaukelstuhl, auf dem man nur ein ganz klein wenig hin- und herschaukelt. Ich warte und lasse ihm Zeit. Er wird noch ein bisschen kleiner und geht dann ganz langsam und sehr konzentriert wie aus Geisterhand zurück. Es ist ein erhebendes Gefühl, aber auch magisch, denn ich spüre genau: Würde ich mehr treiben, würde er mehr rückwärtsgehen und sich noch mehr setzen.

Nun öffne ich meine Hand etwas, entspanne die Finger, ohne den Kontakt und die kleine Spannung des an die Hand herantretenden Hengstes zu gefährden beziehungsweise zu verlieren. Der Hengst geht weiter zurück. Ich hebe meinen Kopf etwas rückwärts, ohne mich im Körper rückwärtszukippen. Der Hengst wird motivierter und gesetzter im Rückwärtstreten. Das ist die Magie feiner Dressur und die wichtigste Übung in der Ausbildung eines Pferdes. Nun öffne ich die Waden etwas und der Hengst steht aus dem Rückwärtsrichten. Die leichte Verbindung an der Hand ist noch fühlbar, ebenso wie die gesetzte Vorwärtsspannung im Pferd. Ich richte mich leicht nach vorwärts auf, ziehe meinen Körper ein klein wenig am Zügel nach vorn und mit einem kleinen, schnellen, lockeren Druck an der Wade ist der Hengst wieder im Trab und das Spiel kann von Neuem beginnen. Im Fluss und ohne Halten ausgeführt, nennt man diese Übung die Schaukel.

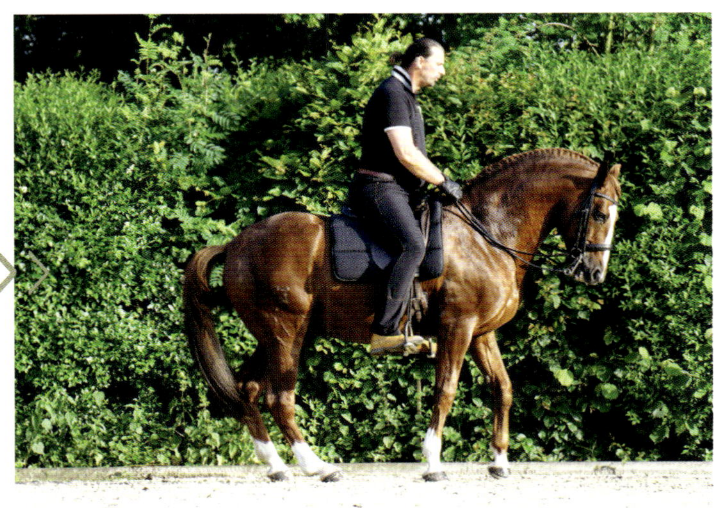

Espartaco setzt sich, wird in der Hinterhand klein und fängt an zurückzugehen.

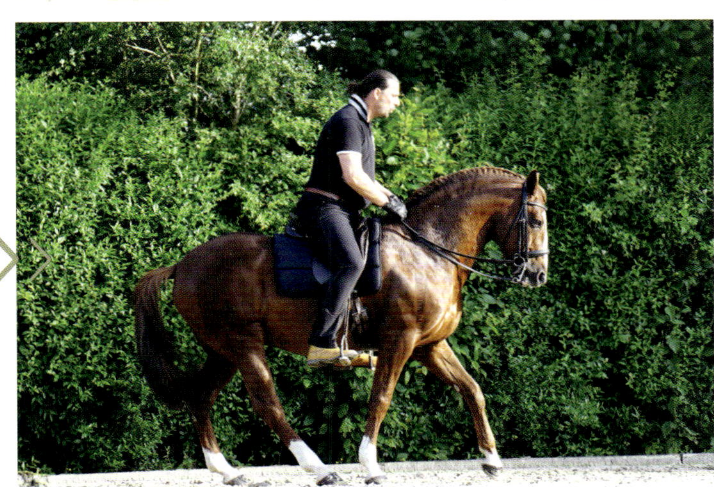

Beim sanften Gegen-die-Hand-Treiben versammelt sich Espartaco, die Tritte werden kürzer, bis er zum Anhalten kommt und zurückgeht. Beim jungen Pferd öffnet man ein wenig den Sitz, um ihm das Rückwärtsrichten zu erleichtern, wie der Reiter hier deutlich demonstriert. (Fotos: Leonie Bühlmann)

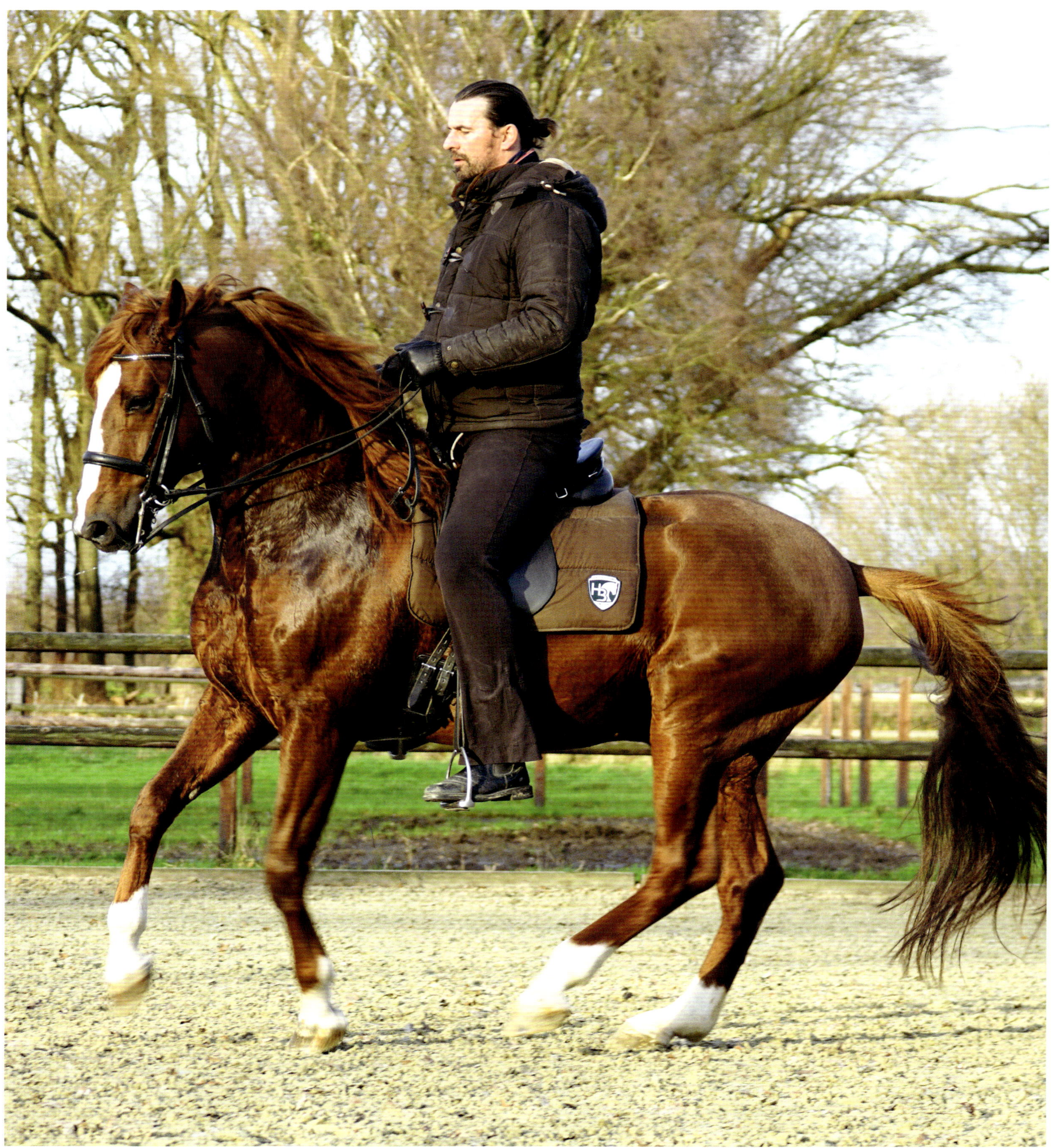

Das Sitzfundament ist der Steigbügel. Der Rücken wird entlastet und Espartaco versammelt sich im Gleichgewicht. (Foto: Leonie Bühlmann)

„Der Sitz bleibt balanciert, das Sitzfundament ist der Steigbügel, nicht der Sattelsitz."

willig weich durch die Anlehnung hindurch und wird nicht durch die Hand zurückgezogen oder blockiert.

Eine korrekt vorwärtsgerittene, aufnehmende Parade fühlt sich an, als ob man das Pferd in ein quer gespanntes Gummiband reitet: Das Gummiband fängt das Pferd langsam ab, nimmt die Energie auf und entlädt sie am Ende wieder, indem es das Pferd etwas zurückschiebt. Das heißt, das Pferd läuft gegen das Gummiband, das Gummiband spannt sich immer mehr, bis das Pferd nicht mehr nach vorn gehen kann, und das so gespannte Gummiband schiebt das Pferd dann zurück.

Die Hilfen sind wie ein liegendes U angeordnet, in das das Pferd hineingeht und nur noch rückwärts wieder herauskann. Und genau so treibt man auch zum Beispiel vom Trab in den Schritt und ganze Parade ins Halten. Erhält man nun die kleine Gegenspannung durch das feine Gegen-die-Hand-Treiben aufrecht, geht es weiter ins Rückwärtsrichten. Es ist immer der gleiche Gefühlszustand, den man mit dem Treiben erzeugt.

Stellen Sie sich vor, das Pferd ist eine Ziehharmonika mit einer Sprungfeder von hinten nach vorn. Indem Sie fein gegen die Hand treiben, wird die Ziehharmonika zusammengeschoben und die Sprungfeder spannt sich. Diese Spannung fühlen Sie leicht als Zug in der Hand und auch im ganzen Pferdekörper. Es ist eine positive Spannung, eine lockere Stabilität, vergleichbar mit der Körperspannung einer Balletttänzerin, die schwerelos und mühelos zu tanzen scheint. Genauso soll sich das Pferd unter dem Reiter bewegen. Dieses Gefühl, viele Hundert Kilos in Leichtigkeit unter sich versammelt zu spüren, ist magisch!

Der Sitz bleibt balanciert, das Sitzfundament ist der Steigbügel, nicht der Sattelsitz. Wir sitzen eher ganz leicht vorlastig, sodass wir spüren, wie durch unser leichtes Aufrichten im Körper bei gleichzeitiger minimaler Vorlast mehr Druck auf den Bügel kommt. Der Sitz muss so sein, dass er in sich im Gleichgewicht ist und das Pferd nicht stört. Stellen Sie sich vor, die Balletttänzerin hätte einen „Piloten" auf dem Rücken. Wenn der klammert, drückt und zieht, wird sie wohl kaum so schön tanzen können, als wenn er ruhig im Gleichgewicht sitzt, feine Hilfen zur Verständigung gibt und nicht stört.

Im Moment des Durchparierens atmen wir tief, aber langsam durch die Nase ein. So atmen wir mehr in den Brustkorb ein, was uns in die richtige Körperspannung bringt. Und die daraus resultierende Beckenposition stabilisiert den Reiter für das Parieren des Pferdes. Beim Anreiten würde man langsam durch den Mund einatmen.

Auf keinen Fall würde man rücklastig mit dem Kreuz einwirken und dabei vielleicht sogar noch am Zügel ziehen. Das würde das Pferd zwar auch durchparieren, aber es würde dabei den Rücken wegdrücken und sich aus der Anlehnung heben, weil wir das Pferd direkt in seiner Physiognomie behindern und den Move abwürgen. Natürlich hält das Pferd an beziehungsweise wird langsamer, aber nicht schön, sondern auseinandergefallen. Und es gibt auch Pferde, die gegen den Druck angehen, den Rücken wegdrücken und sich eher nach vorn zu entziehen versuchen, als wirklich anzuhalten. Was zur Folge hat, dass der Reiter noch mehr zieht und noch mehr mit dem Kreuz nach hinten einwirkt. Es ist vergleichbar mit einem Stock, den man ins Rad eines Fahrrads steckt: Das Fahrrad stoppt, aber wie?

Erst wenn man das Pferd absolut vor den Hilfen hat und das Pferd immer über eine sehr gute Oberspannung bei gleichzeitig gut gesetzter Hinterhand verfügt, setzt man in den rückwärtswirkenden Paraden etwas Kreuz ein. Dies ist aber ein sehr scharfes Messer, das sehr gefühlvoll geführt werden will.

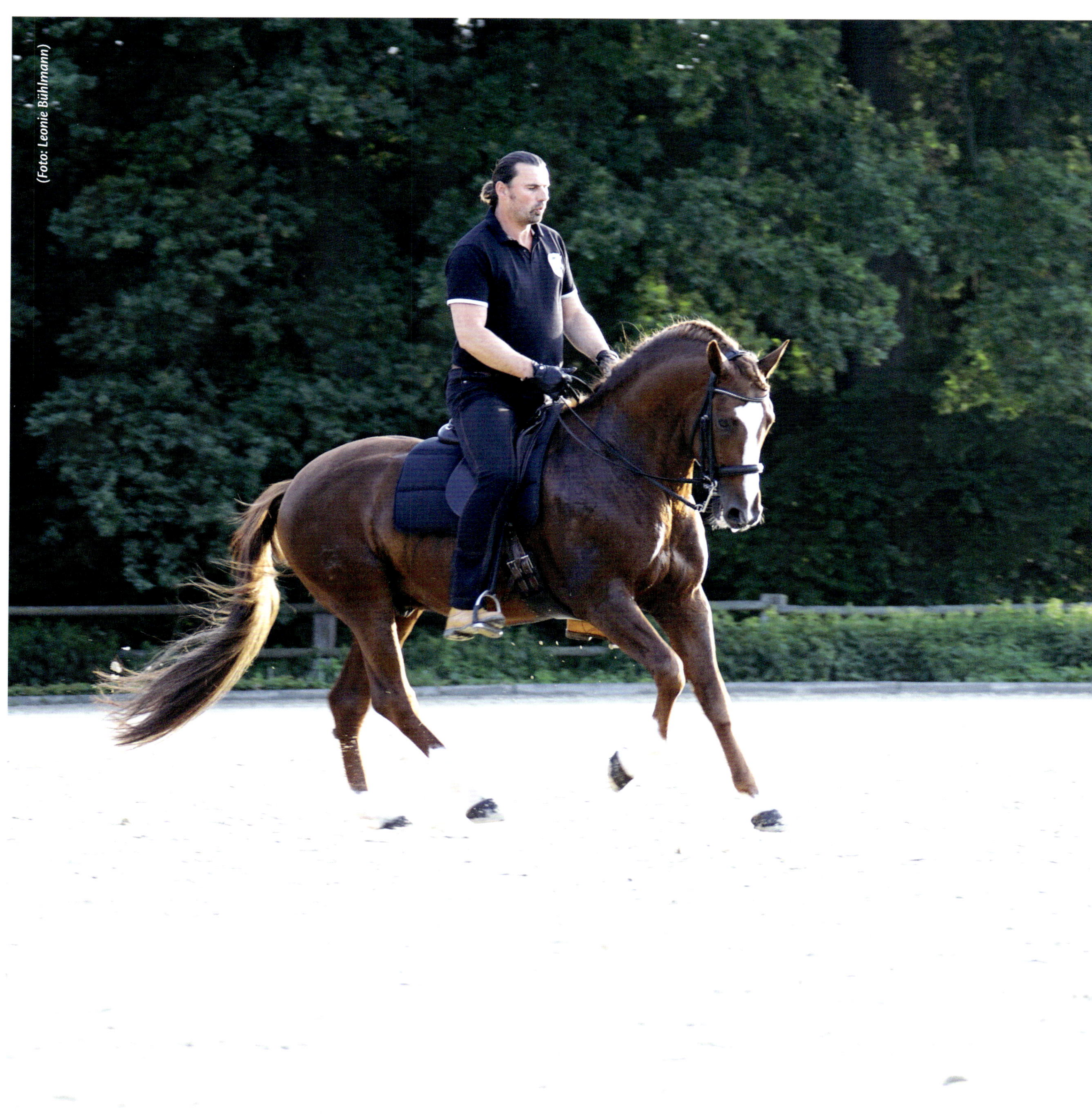
(Foto: Leonie Bühlmann)

Vom Bein zur Hand – nicht umgekehrt

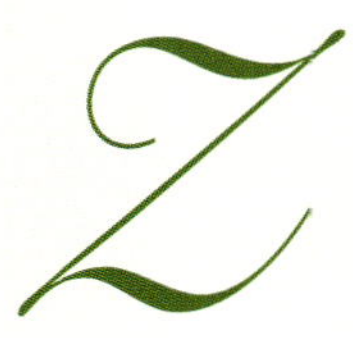

Zu den grundsätzlichen Gedanken zum Handling und zu dem, was wir fühlen sollen, zunächst ein Zitat Egon von Neindorffs: *„Die Hand fängt nur auf, hält niemals zurück, denn haushoch, nein, ich verbessere mich, turmhoch über den verhaltenden Hilfen stehen die treibenden Hilfen."*

Wir Menschen sind sehr handgesteuert, im Leben steuern wir unser Fahrrad von frühester Kindheit mit der Hand, später das Auto oder das Motorrad. Wenn wir etwas nicht verlieren wollen, halten wir es fest; wenn wir uns von etwas lösen, lassen wir los. Wir geben Gas, wenn wir schneller sein wollen, und bremsen oft – gleichgesetzt mit Ziehen ... wie die Handbremse.

Wenn wir Angst haben, machen wir uns klein, ziehen die Beine an in die Embryohaltung und schließen den Unterleib. Dadurch liegt aber der Schwerpunkt des Reiters höher und er fällt auch leichter vom Pferd.

Nun steigen wir aufs Pferd und alles ist anders! Ist das Pferd zu schnell, sollen wir loslassen. Ziehen wir am Zügel, wird es schneller. Ein Effekt, den wir uns in der Trabverstärkung zunutze machen. Aber dazu später mehr.

Es bedarf auch von einem geübten Reiter bewussten Handelns, um zum Bremsen nicht zu ziehen. Vom ungeübten Reiter braucht es dafür viel Mut. Hinzu kommt noch, dass der

„Die Hand fängt nur auf, hält niemals zurück, denn haushoch, nein, ich verbessere mich, turmhoch über den verhaltenden Hilfen stehen die treibenden Hilfen."

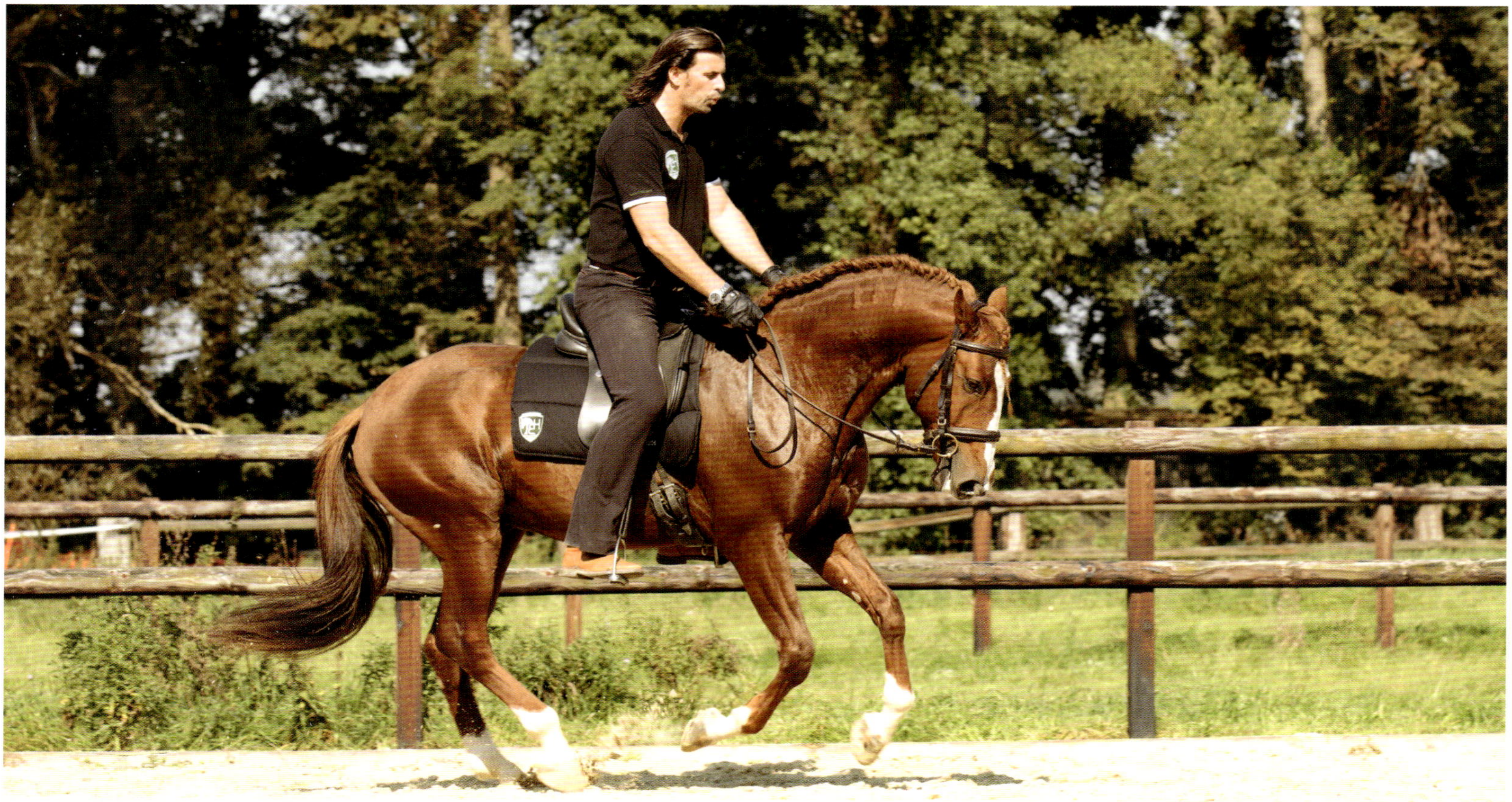

Bewusst loslassen in allen Gangarten sollte man immer wieder üben. So überprüft man die Qualität seiner Arbeit mit dem Pferd. (Foto: Gina Mazza)

Amateurreiter oft nach der Kopfhaltung seines Pferdes bewertet wird, und sich selbst dann auch so bewertet. Und auch in den Unterrichtstunden geht es leider oft viel zu früh um die Form des Pferdes beziehungsweise die Position des Kopfes anstatt um das feine, richtige Handling der Verbindung zwischen Reiter und Pferd. Manchmal ist man geneigt zu glauben, der Sinn der Reiterei sei es, den Kopf des Pferdes zu kontrollieren.

In meinem Training merke ich immer wieder, wie festgefahren, wie tief einprogrammiert diese Abläufe sind. Es bedarf vieler Wiederholungen und vieler Stunden mühevoller Arbeit und Selbstdisziplin, diese Dinge aufzulösen. Und manchmal ist auch der Mut notwendig, sich nicht auf die Kommentare der Zuschauer auf der Galerie zu konzentrieren, sondern auf die innersten und feinen Abläufe zwischen Reiter und Pferd. Man muss sich von dem Gedanken lösen, ein Pferd in Form ziehen zu können. Auch wenn ich einen Hilfszügel verwende, bedeutet das nicht, dass ich damit den Kopf in die Position schnüre, in der ich ihn haben will. Vielmehr wird die Länge des Hilfszügels immer so gewählt, dass das Pferd ihn gerade erreicht, das heißt, es sich daran dehnen kann.

Wenn Sie sich das Pferd noch einmal als Ziehharmonika mit Sprungfeder vorstellen, dann treiben Sie das Pferd immer mit dem Bein zur Hand. Durch dieses Treiben erhalten Sie Druck und Zug in die Hand. Das Pferd, die Ziehharmonika, schiebt sich durch das Treiben von hinten etwas zusammen. Die Sprungfeder wird auch etwas zusammengeschoben, und das spüren Sie als Druck, als Zug im Zügel. So betrachtet ist die Ziehharmonika mit der Sprungfeder durch das Treiben hinten etwas zusammengeschoben und kürzer und hat eine leichte Spannung nach vorn. Wenn Sie

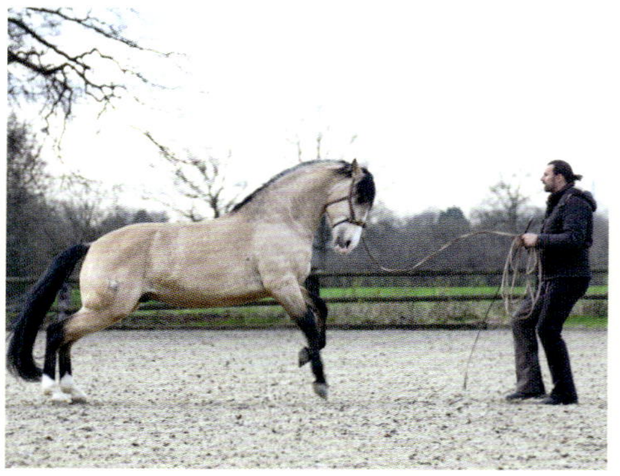

Hier sieht man deutlich, wie Armani mit Schub aus der Hinterhand nach vorn durch den Körper schiebt. Stellen Sie sich den nächsten Moment nach dem Foto vor – und auch, dass jemand am Zügel zieht. Das Pferd könnte sich im nächsten Moment nicht ausbalancieren und der Schub könnte nicht durch den Körper gehen. Als Folge davon würde die Hinterhand nicht untersetzen, sondern nach hinten weggehen. (Foto: Leonie Bühlmann)

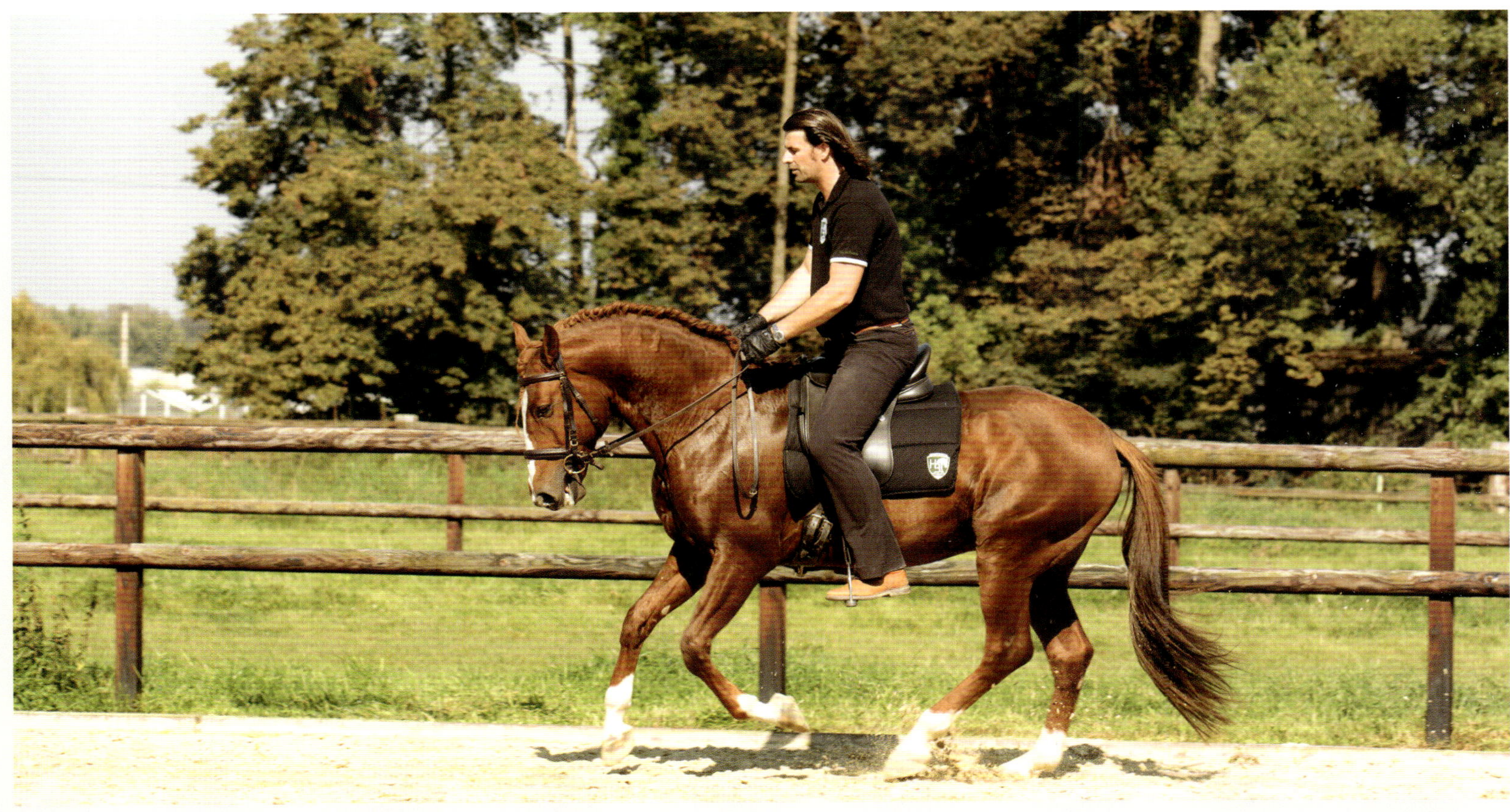

Der fünfjährige Espartaco zieht schön mit aktiver Hinterhand in die Hand hinein. (Foto: Gina Mazza)

das nun umdrehen und vorn ziehen, anstatt hinten zu treiben, dann ziehen sich die Ziehharmonika und die Sprungfeder vorn zusammen anstatt hinten. Es ist offensichtlich, dass so keine Versammlung, kein Schub aus der Hinterhand und keine positive Spannung entstehen können.

Durch die Hand treiben

Durch die Hand treiben ergibt vorwärts mit feinem Zug zur Hand, der durch den Körper des Pferdes hindurchgeht – bis zur absolut momentan möglichen Dehnung. Nur solange das Pferd leichten Zug am Maul spürt, wird es sich gegen den Zügel dehnen und in Richtung vorwärts-abwärts arbeiten. Unterbricht die Verbindung am Zügel, hebt das Pferd sich wieder heraus. Abholen in der Anlehnung muss der Reiter das Pferd im Zügelmaß dort, wo es sich abholen lässt. Es gilt die Grundregel: Ein junges Pferd reitet man vom kurzen Zügel zum langen. Denn das junge Pferd, das noch nicht gut ausbalanciert ist und Mühe hat, sich selbst zu tragen, geschweige denn den Reiter auszubalancieren, braucht einen klaren, aber feinen Rahmen, in dem es sich bewegen kann. Das Bestreben des Reiters ist es, das Pferd durch feines Treiben im Hals und Kopf mehr nach vorn und rund durchs Genick zu arbeiten. Der Reiter bestimmt also mit einer feinen Balance zwischen treibenden Einwirkungen am Bein und fein ziehendem Kontakt zum Zügel das Maß der Dehnung des Pferdes. Mehr Zug bedeutet mehr vorwärts und mehr Aufrichtung. Mehr Nachgeben in der Hand, also weniger Zug, bedeutet, dass es im Tempo eher zurückkommt und sich in Hals und Kopf mehr fallen lässt.

Gegen die Hand treiben und warten

Gegen die Hand treiben und warten, innehalten statt ziehen zum Versammeln, zurücknehmen und letztlich durchparieren …

Diese reiterliche Einwirkung entspricht so gar nicht unserer Natur, ist aber die wichtigste. Denn vor allem das Entwickeln der Versammlung, also der Tragkraft, ist der wichtigste Ausbildungsschritt. Ja, die ganze Ausbildungsskala spitzt sich darauf zu. Es ist schon richtig, dass ein Pferd durch Erhöhung des Zuges am Maul durchpariert wird beziehungsweise im Körper verkürzt und in der Hinterhand mehr gesetzt wird. Aber dieser Zug wird nicht durch eine ziehende Hand oder einen ziehenden Zügel erreicht. Vielmehr erhöht sich der Druck am Zügel, wenn der Reiter mit dem Bein mehr und ruhig treibt. Das Pferd pariert

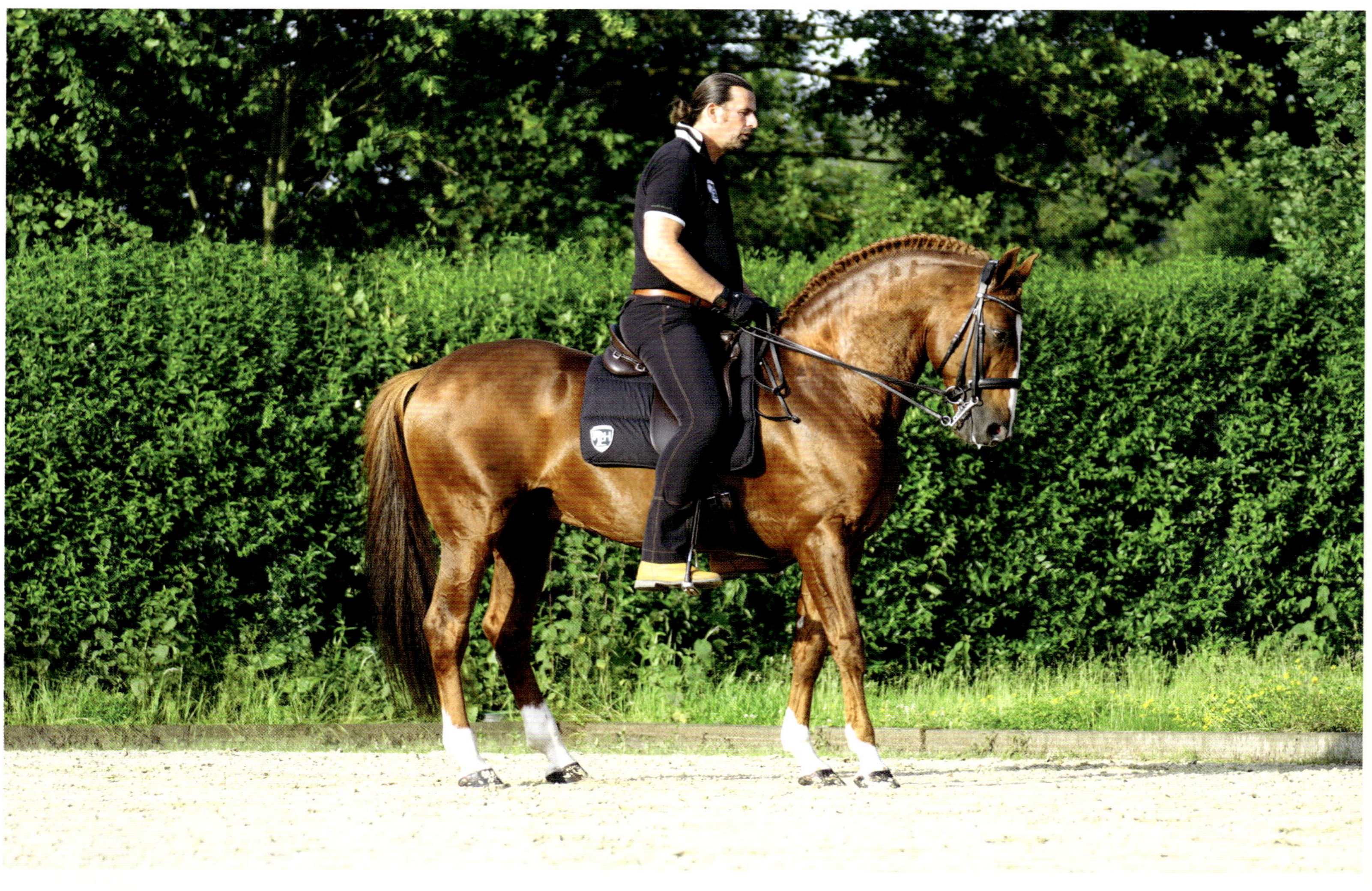

Treibt man das Pferd leicht gegen die Hand, werden die Tritte kürzer, das Pferd versammelt sich, die Zügelverbindung ist weiterhin fein. (Foto: Leonie Bühlmann)

sich sozusagen selbst. Der Reiter treibt es gegen das quer gespannte Gummiband. Erst vom Galopp zum Trab, dann vom Trab zum Schritt, dann vom Schritt zum Halten und in letzter Konsequenz vom Halten zum Rückwärts. Möchte der Reiter wieder vorwärtsreiten, entspannt er die Beine, treibt also nicht mehr. Somit baut sich in der Zügelanlehnung kein erhöhter Druck mehr auf, sondern der Druck baut sich etwas ab, ohne dass die Verbindung verloren geht, und so geht das Pferd wieder nach vorn.

Jetzt kann der Reiter wieder mit leichtem Treiben durch die Hand nach vorn reiten, indem er dem durch das Treiben in der Hand ankommenden Gegendruck nachgibt, ohne die Grundverbindung zu verlieren.

Oder der Reiter treibt leicht mit dem Bein nach vorn und lässt den aufkommenden Gegendruck in der Hand nicht nach vorn, sondern behält ihn in der Hand: Das Pferd stößt sich wieder am Zügel ab und geht einige Tritte zurück. So entsteht die Schaukel – das gleichmäßige, flüssige Vorwärts- und Rückwärtsreiten ohne Stocken und ohne Unterbrechung. Eine der wichtigsten Übungen in der Ausbildung eines Pferdes, die uns in diesem Buch noch einige Male begegnen wird.

So entsteht die vorwärtsgerittene Parade

Haltung und Spannung – und doch nur die Tür öffnen, statt das Pferd hindurchzuquetschen.

Angeritten wird, indem der Reiter sich im Körper aufrichtet, leicht nach vorn beugt, somit spürbar mehr Druck in den Steigbügel bekommt, den Sattel im hinteren Bereich etwas entlastet und durch die aufgerichtete Körperhaltung die Schenkel etwas am Pferd hat, ohne zu klemmen. Vom Gefühl her ist diese Einwirkung und Körperspannung beim Reiter zu vergleichen mit jemandem, der mit einem Einrad vorwärts losfährt – oder mit einem Skifahrer, der auf einer leicht abschüssigen Piste entspannt und locker losfährt. Sollte das Pferd dieser Aufforderung nicht nachkommen, so wird nicht die Spannung und der Druck am Bein erhöht, sondern das Pferd mit der Gerte nach vorn touchiert. Aber bitte nur touchieren und nicht emotional vorwärtsschlagen!

Zu diesem Thema erinnere ich mich an eine Begebenheit in der Zeit, als ich bei Fredy Knie sen. ritt. Es war ihm sehr wichtig, dass man ein Pferd nur touchierte, aber niemals schlug. Dies war ein ungeschriebenes Gesetz im Schweizer Nationalzirkus Knie. In einem von Mut und Leichtsinn gepaarten Moment, in dem ich nicht mehr weiterwusste, erwiderte ich ihm: „Aber was soll ich denn tun, wenn touchieren nicht hilft und nicht reicht?" – „Herr Becker", sagte er frech grinsend in seiner unnachahmlichen Art, „dann müssen Sie mehr touchieren, aber nicht schlagen!"

Wenn Sie Ihr Pferd touchieren, dabei auch mal deutlicher werden müssen und es Ihnen danach besser geht, sind Sie auf dem falschen Weg. Sie sollten das Touchieren absolut emotionslos, so bestimmt und lange wie nötig, aber so wenig wie möglich einsetzen. Wenn Sie nur ein bisschen touchieren und aufhören, bevor das Pferd die von Ihnen gewünschte Reaktion zeigt, nehmen Sie dem Pferd einerseits die Chance zu begreifen, was Sie von ihm möchten. Andererseits erziehen Sie Ihr Pferd dazu, Sie zu ignorieren. Denn es weiß, dass Sie sowieso damit aufhören, bevor es irgendwie reagieren muss. Der richtige Einsatz des Touchierens erfordert viel Konsequenz und Gefühl für den richtigen Moment und den Bewegungsablauf des Pferdes. Und man muss sich sehr bewusst sein, was man damit erreichen möchte, und im richtigen Moment wieder damit aufhören. Nur so erzielt man einen Lerneffekt beim Pferd und nur so arbeitet es weiterhin motiviert mit. Man sollte dieses Hilfsmittel immer gerecht und innerhalb der Möglichkeiten des Pferdes einsetzen. So macht es zum Beispiel keinen Sinn, ein Pferd so lange zu touchieren, bis es piaffiert, wenn es noch gar nicht piaffieren kann. Das mag einleuchtend erscheinen, wird in der Praxis aber leider häufig genug anders umgesetzt.

Die Parade innerhalb des Gangs

Sie bringt Kadenz und Ausdruck, aber auch lockere Stabilität und Flexibilität.

Hier beginnt sich die konsequente Mühe in der Kommunikation zwischen Bein und Hand auszuzahlen und Spaß zu machen. Stellen Sie sich vor, Ihr Pferd läuft locker nach vorn, Sie schließen etwas das Bein und fühlen eine leichte Erhöhung des Zügelzugs, das Pferd kommt zurück und wird langsamer. Nun öffnen Sie das Bein wieder, der Zügelzug verringert sich etwas und Ihr Pferd geht wieder mehr nach vorn.

Die Parade zwischen den Grundgangarten

Das Prinzip der Schaukel macht den Punktgehorsam mit versammeltem Effekt und verstärkender Energie. Gerade für behäbige Pferde oder Pferde, die durch erhöhtes Gewicht oder schlechten Trainingszustand keine gute Kondition haben und somit nicht so gern laufen, wirkt das Schaukeln zwischen den Grundgangarten Wunder, um das Pferd zu motivieren und lauffreudiger zu machen. Genau diese Pferde werden oft missverstanden. Der Reiter interpretiert die fehlende Lauffreude als persönlichen Angriff und wertet es als Ignoranz.

Mit der Konsequenz, dass er versucht, das Pferd stetig in hohem Tempo nach vorn durch die Halle zu jagen, oder bis unter die Zähne bewaffnet mit aller Kraft einwirkt. Um diesen Fehler noch fataler zu machen, beginnt der Reiter mit Sporen zu reiten, zieht die Absätze hoch, um noch besser einwirken zu können. Das Pferd beginnt sich zu spannen, hält oft die Luft an und geht noch weniger nach vorn. Dies ist bestimmt kein sinnvolles Gymnastizieren und Trainieren eines Pferdes. Von einer aufkommenden Arbeitsfreude beim Pferd durch die schmerzvolle Einwirkung ganz zu schweigen. Und Sporen sind zum Bremsen da! Aber dazu später mehr.

Das richtige Antouchieren bringt mehr Aktivität. Hier ein Übergang von der Piaffe auf der Stelle in eine Vorwärtspiaffe als Vorbereitung für die Passage an der Hand. (Foto: Haus der Dressur)

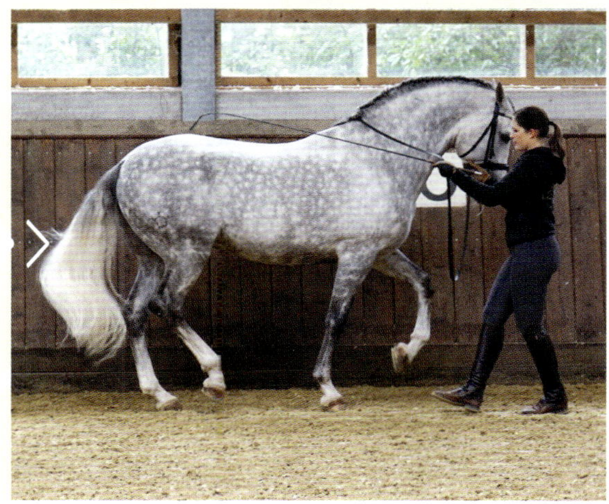

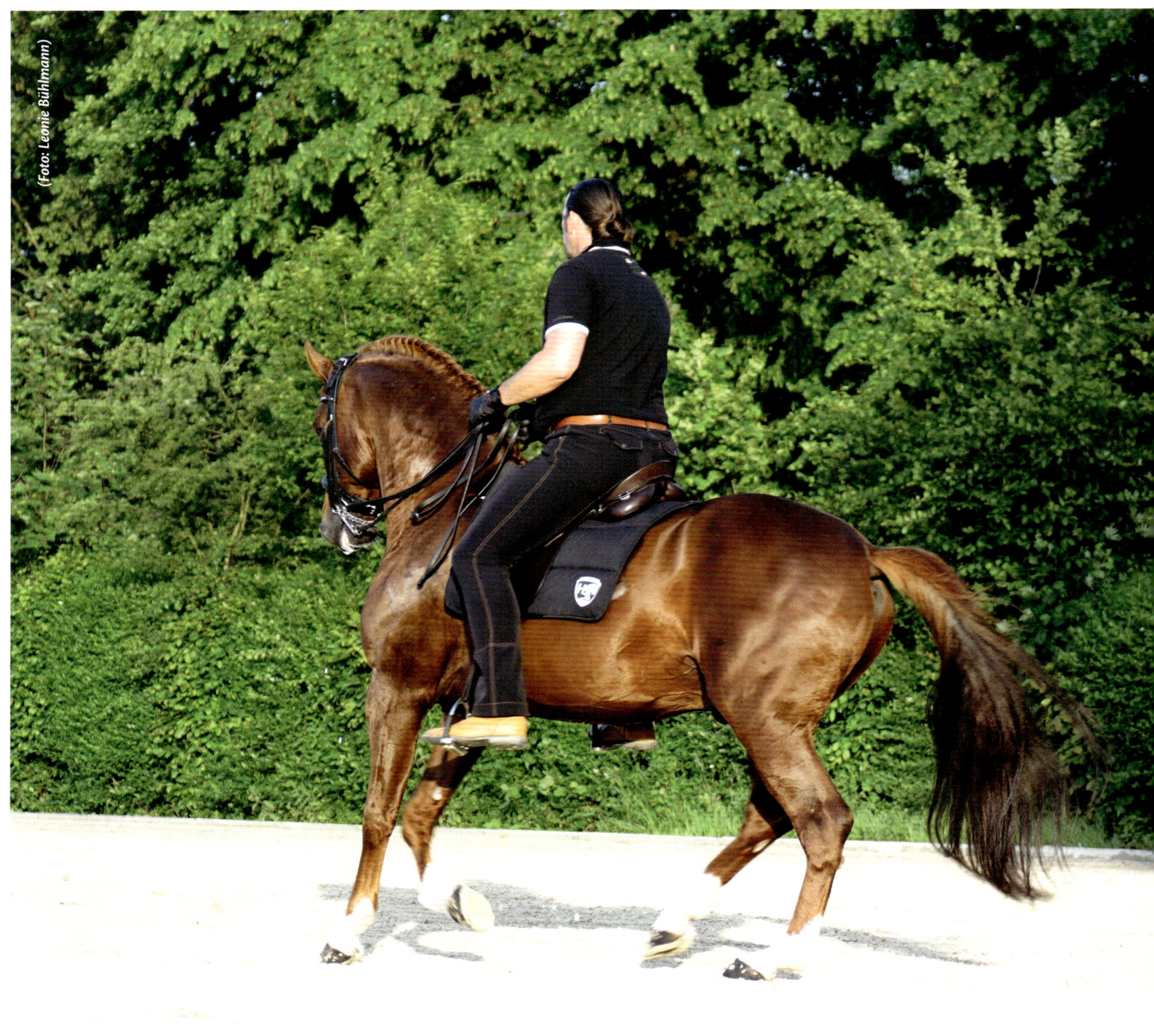
(Foto: Leonie Bühlmann)

Wie helfen Paraden und Arrêts in den Lektionen?

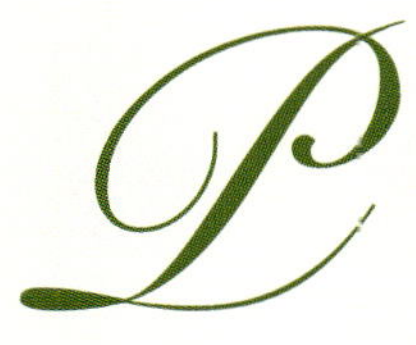

Paraden helfen indirekt über die Versammlung und Kadenz der Grundgangarten. Oder, anders gesagt, durch das Reiten von Paraden schließt man den Körper des Pferdes, man setzt sie mehr aufs Hinterbein und zugleich entwickelt man Energien, man baut positive Spannung auf. Aber ohne zu stressen! Es entwickelt sich eine gute Dynamik. Man trainiert mit dem Pferd und lehrt es, seine Energie und Kräfte zu sammeln, auf den Punkt einzusetzen und wieder zurückzunehmen. Wendet man dieses Prinzip konsequent an, so motiviert man das Pferd, immer mehr Energie, Balance und Takt zu entwickeln.

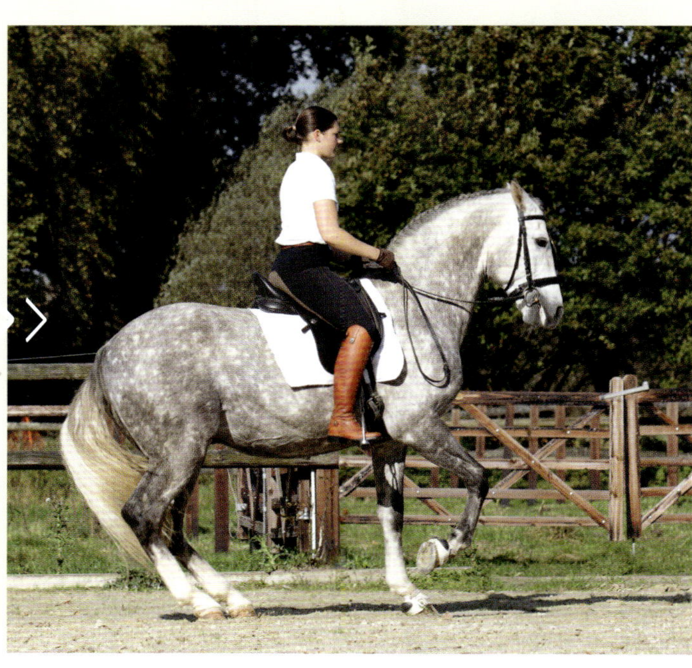

Durch die Parade schließt sich das Pferd deutlich und beugt die Hanken. (Foto: Gina Mazza)

DIE GRUNDGANGARTEN

Wenn wir über die Grundgangarten reden, sprechen wir über Schritt, Trab und Galopp und meinen damit, dass der Schritt die langsamste Gangart und Galopp die schnellste ist. In der Reiterei orientieren wir uns aber nicht an Geschwindigkeit, sondern an Rhythmen. Schritt ist ein Viertakt, Galopp ein Dreitakt und Trab ein Zweitakt. Unter diesem Gesichtspunkt betrachtet, ist Schritt immer noch die langsamste Gangart, aber dann kommt der Galopp, und die schnellste Gangart ist der Trab. Demzufolge wird der Rhythmus langsamer, wenn das Pferd vom Trab zum Galopp geht. Und wenn das Pferd vom Galopp zum Trab geht, wird der Rhythmus schneller.

Fast jeder Reiter hat Mühe, im Übergang vom Galopp zum Trab korrekt zu sitzen, und die meisten Reiter haben am Anfang ihrer reiterlichen Karriere große Mühe mit dem korrekten Angaloppieren.

Da wir von Schritt, Trab, Galopp in dieser Reihenfolge sprechen, meinen wir, dass das Pferd langsamer wird, wenn es vom Galopp zum Trab geht. Gedanklich bremsen wir und oft tun wir das auch wirklich, indem wir am Zügel ziehen und uns schwer hinten in den Sattel setzen. Das Pferd hingegen muss in diesem Übergang den langsamen Galopprhythmus in einen schnelleren Trabrhythmus umbauen. Richtig wäre es also, wenn wir vom Galopp zum Trab mit dem Bein zur Hand treiben, vorwärtstreiben und nach vorn reiten. Diesen Übergang finden wir sogar in Prüfungen der Klasse S wieder. Damit wird deutlich, dass dies gar nicht so selbstverständlich und einfach ist.

Und wir meinen, das Pferd wird schneller, wenn wir vom Trab zum Galopp übergehen. In der Realität nimmt sich das Pferd vom Trab zum Galopp zurück. Es stellt sich auf ein Hinterbein, trägt dort die Last, springt dann mit dem inneren Hinter- und Vorderbein nach vorn-oben und setzt sich gleichzeitig mehr auf das äußere Standbein. Also das Pferd sammelt seine Kraft auf einen Punkt und verlangsamt den Rhythmus. Und was machen wir? Häufig sitzt der Reiter tief nach hinten gelehnt, so als ob er das Pferd anschieben wollte. Dies hat zur Folge, dass das Pferd sich beim Angaloppieren nicht setzen kann. Denn es kann den Rücken nicht aufwölben, da ihm der Reiter im Weg sitzt.

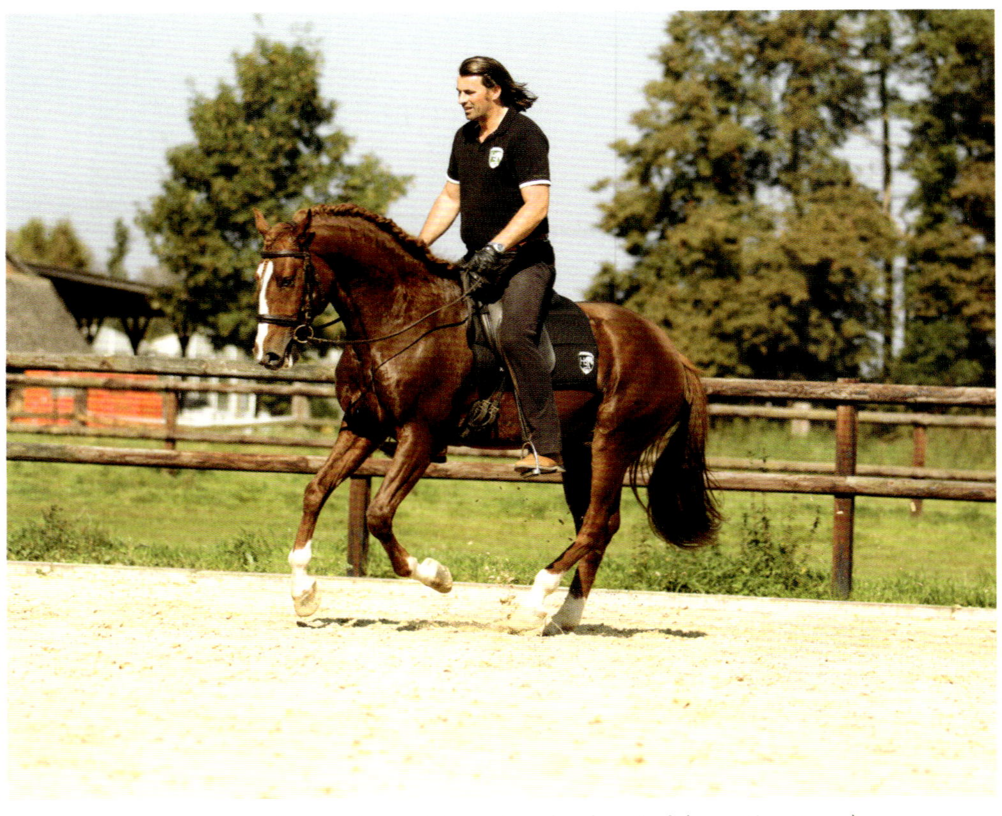

Ein schöner, versammelter Aufwärtsgalopp – hier am hingebenden Zügel. (Foto: Gina Mazza)

Gleichzeitig gibt der Reiter nicht nur gedanklich Gas, sondern auch in der Realität: Mit klopfenden bis klemmenden Galopphilfen, schlagenden Gerten und schnalzenden Zungen wird das Pferd zum Vorwärts angetrieben und beschleunigt, als ob eine Boeing 707 zum Start ansetzt. Und das zu einem Zeitpunkt, in dem das Pferd verzweifelt versucht, sich zu versammeln, zurückzunehmen, zu setzen – ohne seine Balance zu verlieren. Gerade junge Pferde verlieren diesen Kampf um die Balance meistens, wenn sie noch nicht stabil genug sind, um dieser ganzen Ansammlung von Einwirkungen zu trotzen und dennoch langsam und gesetzt anzugaloppieren. Sie rennen im Trab nach vorn, bis sie nur noch galoppieren können. In Folge gerät der Reiter oft genug in Wohnungsnot und hat somit seinerseits keine Freude am Galopp. Außerdem resultiert aus diesem Renntrab auch ein Renngalopp und kein gesetzter, schön versammelter Galopp.

Was ist ein Arrêt?

Das Pferd tritt gegen die Hand, der Zug am Zügel motiviert das Vorwärts. Damit haben wir uns bereits beschäftigt. Eine Arrêt ist ein kleiner Ruck, meistens am äußeren Zügel, der immer in der feinen Verbindung, während das Pferd in den Zügel zieht, erfolgt. Warum im Zug? Wenn Sie den Ruck am durchhängenden Zügel geben, springt dem Pferd im wahrsten Sinn des Wortes die Trense ins Gesicht und es blockiert, erschrickt und flieht vor der Hand.

Kommt der feine Ruck hingegen innerhalb des dynamischen Zugs zwischen Hand und Pferdemaul, aktiviert dieser Ruck verschiedene Abläufe im Pferdekörper: Erstens begrenzt ein Ruck am äußeren Zügel die äußere Schulter, was zur Folge hat, dass die innere Schulter vorspringt und das innere Vorderbein aktiver nach vorn tritt. Man kann das mit einem Menschen vergleichen, der zum Beispiel im Wald mit dem rechten Bein über eine Wurzel stolpert. Er wird dann sehr schnell und ganz automatisch versuchen, sein linkes Bein vorzusetzen, um das Hängenbleiben mit dem rechten Bein auszugleichen. So kann man sich die Reaktion in der Vorhand vorstellen.

Das Arrêt holt das Hinterbein

Auf den Ruck am äußeren Zügel reagiert das innere Hinterbein ebenfalls mit Beschleunigung, weil das Pferd gegen die Hand tritt und der Zügel diagonal wirkt.

Wenn also der Ruck am äußeren Zügel das innere Hinterbein beschleunigt, gleichzeitig die äußere Schulter blockiert wird und das innere Hinterbein aktiv nach vorn tritt, haben wir den Bewegungsablauf des Galopps. Und genau das ist das erste und wichtigste Anwendungsgebiet eines Arrêts: das Angaloppieren.

Unter dem Sattel am Beispiel Angaloppieren

Genau hier beim Angaloppieren bringt das Arrêt in der Ruhe die Kraft auf den Punkt. Vielleicht galoppiert das Pferd über das Arrêt nur einen oder zwei Sprünge an, die sind aber in Ruhe und kraftvoll. Danach setzt der Reiter nicht nach, sondern nimmt das Pferd wieder zurück in einen ruhigen, gleichmäßigen Trabrhythmus und galoppiert erneut über das Arrêt an. So wird immer guter Galopp trainiert. Und je besser das Pferd in der Balance ist und je mehr Kraft es hat, desto mehr gute Galoppsprünge nacheinander schafft es. Denken Sie immer daran: Ein junges Pferd muss Zeit haben, die Grundgangart zu ändern. Stellen Sie sich vor, Sie sind im Tanzunterricht und machen sich gerade Knoten in die Beine, weil Sie die Schrittfolge noch nicht beherrschen. Würde es dann helfen, wenn Ihr Tanzlehrer sagt: „Schneller", und Sie hetzt?

Der große Unterschied ist, dass eine Parade ihren Ursprung im treibenden Bein des Reiters hat. Ein Arrêt hingegen wirkt direkt auf die Bewegung des Pferdes zum Angaloppieren ein oder steigert eine gerade gerittene Lektion.

Regel zum inneren Schenkel und äußeren Zügel

Grundsätzlich sagt man in der klassischen Dressur: Jede Lektion lässt sich durch inneren Schenkel und äußeren Zügel steigern. Wir wollen uns das noch einmal am Beispiel Galopp anschauen und benutzen das Arrêt zum Angaloppieren.

Im Galopp treibe ich jetzt etwas mit dem inneren Schenkel und gleichzeitig gebe ich im Rhythmus des Galopps kleine Arrêts. Das Pferd wird sich im Körper verkürzen und setzen sowie mit mehr Kadenz aufwärtsgaloppieren. Gebe ich diese Einwirkung zu lange, versammelt sich das Pferd so sehr, dass es letztlich steht oder in den Trab fällt. Wichtig ist: Das Arrêt lässt sich in der Einwirkung nicht steigern, indem man kraftvollere oder schnellere Rucke gibt. Sondern der Wirkungsgrad des Arrêts wird gesteigert, indem man zum Beispiel in der Traversale mehr Seitwärtstendenz zu erreichen sucht. Stellt und biegt man das Pferd mehr in Bewegungsrichtung und treibt mehr nach vorn, wird die äußere Schulter mehr geöffnet und theoretisch würde mehr Bewegungsenergie durch diese offene Schulter gehen. Diese trifft jetzt auf das Arrêt. Das Arrêt verdoppelt und spiegelt nun diese Bewegungsenergie, die somit in Bewegungsrichtung umgeleitet wird.

Grundlage dieses Effekts ist, dass ein Pferd normalerweise nicht seiner Nase nachläuft, sondern über die offene Schulter. Deshalb gilt in der Reiterei die Gesetzmäßigkeit, dass man vom inneren Schenkel zum äußeren Zügel reitet. Man stellt sich das Phänomen vor wie ein Zug, der auf eine Weiche zufährt. Das Vorwärts des Zugs ist die Energie des vorwärtstreibenden Schenkels. Trifft der Zug auf die Weichen, verändert der Wagen seine Richtung,

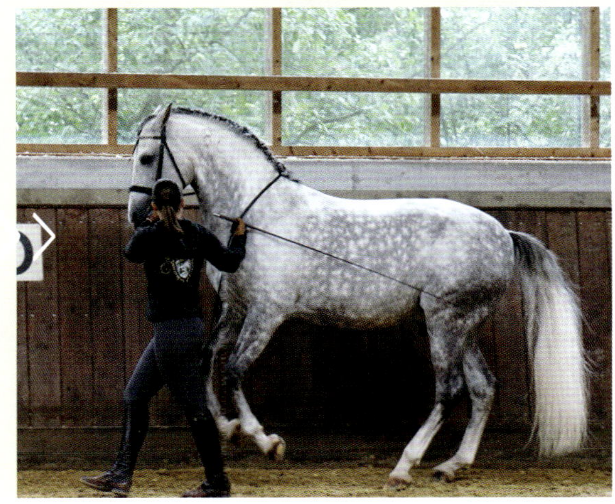

Mit feinen Arrêts versammelt sich Boogie so sehr, dass er sogar locker an der Hand galoppiert. (Foto: Haus der Dressur)

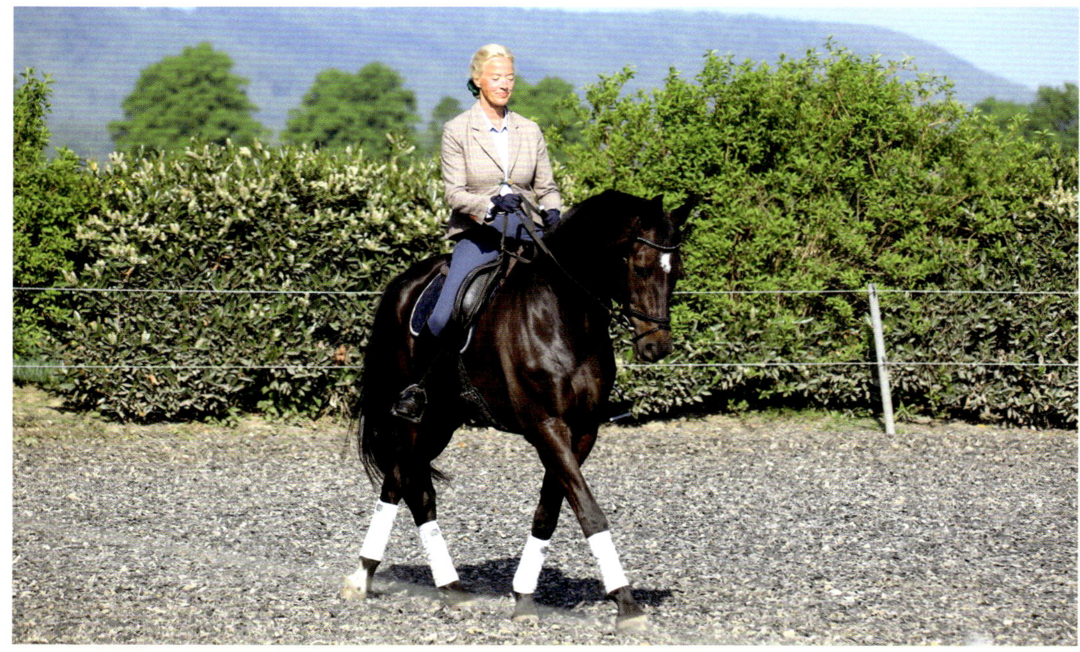

Durch mehr Biegung und Arrêts am äußeren Zügel kann die Traversale noch gesteigert werden. (Foto: Karin Creutzig)

er weicht auf ein anderes Gleis. Die Weiche ist die Einwirkung des Arrêts. Entscheidend dafür, was das Arrêt steigert, ist der Sitz des Reiters und Biegung und Stellung des Pferdes. Der Reiter gibt die Grundenergie.

Es beginnt schon an der Longe!

Wir verwenden das Arrêt zum Angaloppieren bereits am Kappzaum in der Basisarbeit zum Anreiten. Aus dem ruhigen Trab geben wir einen dynamischen Ruck an der Longe oder auch mehrere rhythmische im Takt. Das Pferd springt an, macht ein paar Sprünge und fällt wieder aus. Ich beruhige es so weit, dass es wieder rund, harmonisch und taktmäßig trabt, dann wiederhole ich die Einwirkung an der Longe. Das wird in der täglichen Arbeit so lange wiederholt, bis das Pferd einen runden, ruhigen Galopp gehen kann. So vermeiden wir die allgemein übliche anfängliche Rennerei in den Galopp an der Longe. Das Pferd lernt von Anfang an, sich vom Trab in den Galopp ruhig und gelassen zurückzunehmen, also anzuspringen. Eine der wichtigsten Voraussetzungen unserer Arbeit in der Ausbildung des Pferdes: der ruhige, ausbalancierte Galopp. Möchte ich beispielsweise von der Traversale in die Pirouette reiten, steigere ich eigentlich nur die vorhandene Bewegungsenergie mit dem inneren Schenkel und dem Arrêt am äußeren Zügel. Zuerst reite ich auf eine gebogene Linie auf den Zirkel, dann sitze ich ein kleines bisschen mehr außen, treibe etwas mehr mit dem inneren Schenkel, stelle das Pferd mehr und wiederhole das alles so lange, bis die Vorhand mehr seitwärts um die Hinterhand läuft und so den Zirkel verkleinert.

Die halbe Parade

Eine halbe Parade ist nicht, an einem Zügel zu ziehen, und auch kein Arrêt! Wenn eine ganze Parade nach der Lehre immer zum Halten führt, dann ist das Zurücknehmen innerhalb einer Grundgangart eine halbe Parade. Fragt man in der Reiterwelt, was eine Parade ist, bekommt man die unglaublichsten Beschreibungen. Fragt man, was man faktisch tut, um eine Parade zu reiten, werden die Beschreibungen noch schräger. Mit dem Handling der ganzen Parade haben wir uns schon beschäftigt. Für die halbe Parade ist es im Grunde identisch. Der Unterschied ist nur die Zeit, also wie lange man die Parade wirken lässt. Ich schließe das Bein, treibe gegen die Hand, das Pferd reagiert und wird langsamer. Ich öffne das Bein wieder, weil ich nicht will, dass es durchpariert, sondern sich nur innerhalb der Gangart zurücknimmt und versammelt. Dann bin ich eine halbe Parade geritten. Es ist weder schwierig noch kompliziert, ein Pferd über Paraden zu leiten. Es ist eine Frage der Konsequenz, die jemand in erster Linie an sich selbst stellen muss. Die Konsequenz, die Einwirkung auf das Pferd immer wieder zu überprüfen und zu entwickeln. Wie so oft in der Reiterei ist es die Vorbereitung, die über den Erfolg entscheidet. Damit wollen wir uns in den folgenden Kapiteln beschäftigen.

Die hohe innere Hand zum Biegen

Sie macht den Weg frei für eine Parade, öffnet den Weg zur und durch die äußere Schulter. Es wird viel diskutiert über den Einsatz der hohen Hand. Die einen sagen, es sei ein scharfes Werkzeug, mit dem man ein Pferd zu eng einstellt. Die anderen sagen, es wäre ein feines Werkzeug, um mehr Aufrichtung zu produzieren. Ich für meinen Teil halte mich aus diesen Glaubensfragen weitgehend heraus. Denn für mich ist relevant, was dem Pferd auf dem Weg seiner Ausbildung hilft. Diesen Weg möchte ich zusammen mit dem Pferd mit Respekt und Feingefühl und Geduld gehen.

Vom Travers zur Traversalen und in die Pirouette mit der gleichen Bewegungsenergie durch die leichte Veränderung des Sitzes und ein Arrêt am äußeren Zügel. (Foto: Gina Mazza)

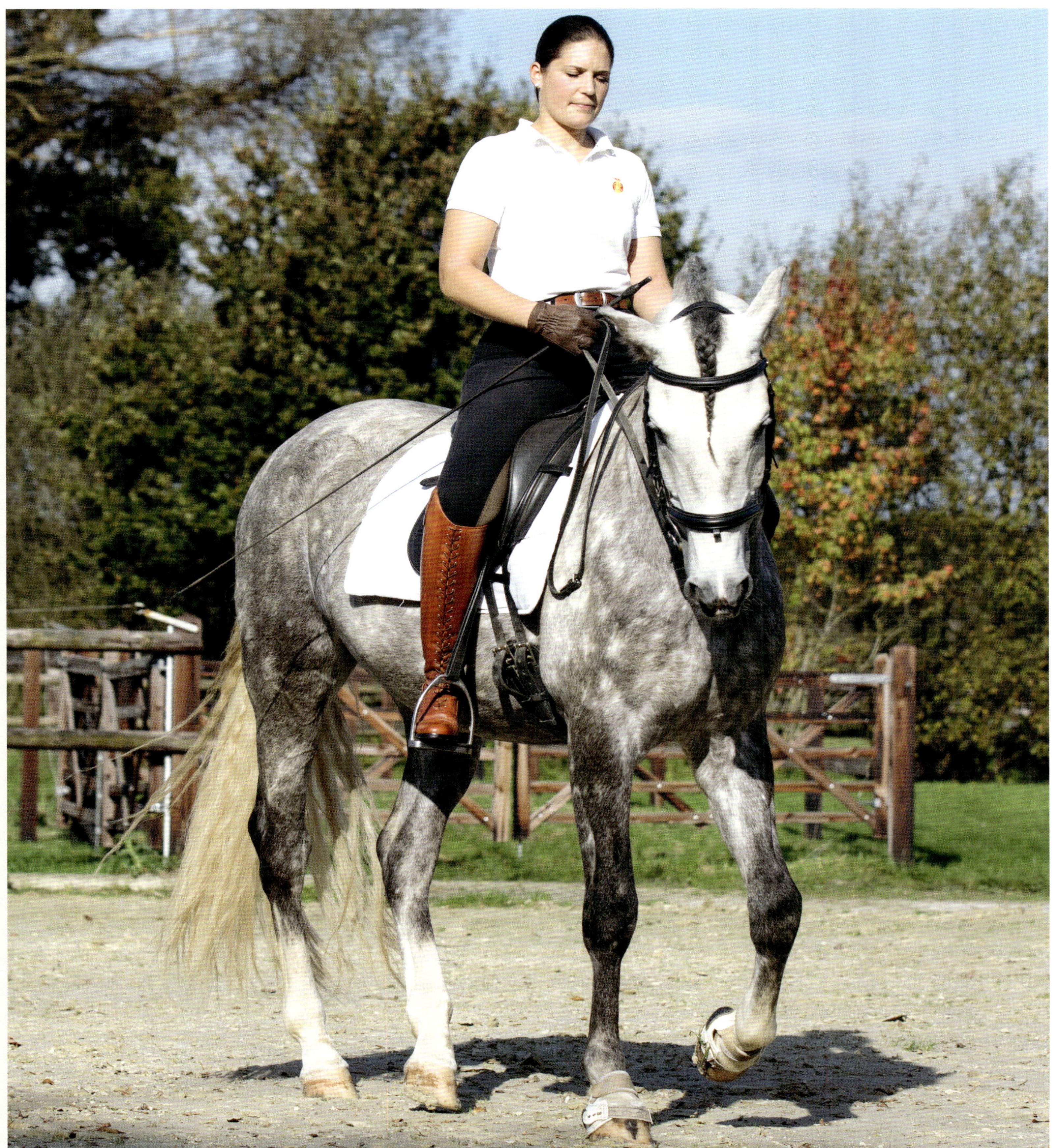

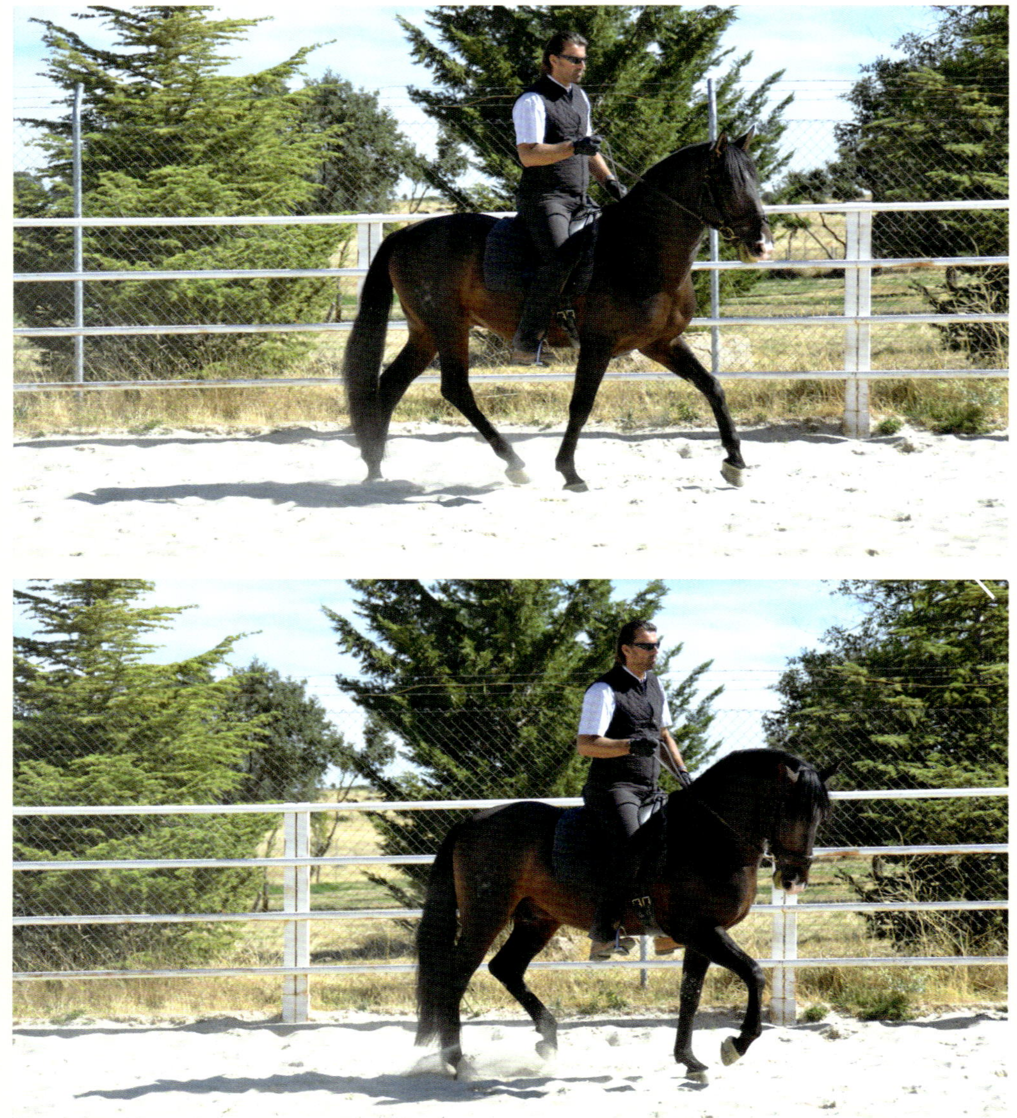

Durch die feine Einwirkung der hohen Hand fängt das Pferd an zu kauen und lässt sich fallen. (Fotos: Leonie Bühlmann)

Gerade da erweist sich die hohe Hand als ein äußerst effektives, pferdegerechtes und freundliches Mittel, das zum einen das Pferd im Genick locker macht und zum anderen dem inneren Hinterbein hilft, den Weg zur äußeren Schulter zu finden. Und das ist der wichtigste Effekt in der Ausbildung eines Reitpferdes. Deshalb reiten wir ja auch vom inneren Schenkel zum äußeren Zügel. Die hohe innere Hand, sprich die Einwirkung des inneren Zügels auf die Mundwinkel, ist aber keine Legitimation von Horst Becker zum Reiten am inneren Zügel. Es ist vielmehr ein Mittel, das kurzzeitig angewandt wird, um das Pferd vom Genick bis zur inneren Hüfte zu biegen und zu öffnen, sodass der Schub des inneren Hinterbeins am äußeren Zügel ankommt.

Gerade diese Wege durch den Pferdekörper sind in der Ausbildung eines Reitpferdes sehr wichtig. Es kommt nicht nur darauf an, das Pferd in Dehnungshaltung zu reiten, sondern es kommt vor allem darauf an, das Pferd dann zu schließen und den Rücken zu stärken, indem man die Bauchmuskulatur aktiviert. So wie das Arrêt, am äußeren Zügel gegeben, das innere Hinterbein beschleunigt, so kann mir die innen eingesetzte hohe Zügelhand in der Traversale helfen, die Biegung und Stellung zu behalten und zu verbessern. Indem die hohe Hand vom Genick bis zur inneren Hüfte biegend und stellend wirkt, behält und verbessert sie auch den Vorwärtsschub, der gerade in der Traversale und Pirouette besonders wichtig ist.

Wenn sich das Pferd nicht biegen lässt und sich nicht nach unten in die Hand fallen lässt, dann neigt der Reiter dazu, mit einer tief geführten inneren Hand dies kraftvoll durchzusetzen. Die Folge ist, dass das Pferd sich genauso kraftvoll dagegen wehrt. Druck erzeugt Gegendruck: In dieser Situation ist das ein negativer Effekt. Jetzt reagiere ich in der gleichen Situation mit einer hohen inneren Hand. Ich hebe sozusagen fein und wiederholt mit dem Zügel über die Grenze die Mundwinkel des Pferdes an. Vorausgesetzt, das Reithalfter ist nicht zu fest zugezogen, wird das Pferd zu kauen beginnen und das Maul etwas öffnen. Durch das Kauen entspannen sich die Ganasche und das Genick, und das Pferd lässt sich mehr fallen. In der Wiederholung dieses Effekts löst sich das Pferd vom Genick bis zur Schweifrübe. Da wir mit dem Zügel fein nach oben ziehen, machen wir uns das Gesetz von Druck und Gegendruck zunutze. Das Pferd wird auf den leichten Aufwärtszug des inneren Zügels mit Gegendruck nach unten reagieren. Also in der Folge genau dahin, wo wir uns seine Reaktion wünschen: nach innen-unten. Und dann können wir wieder mit gezieltem Treiben die Tiefe der Kopfhaltung korrigieren und bestimmen. So sind wir wieder im korrekten System reiterlicher Einwirkung: Ein feiner Zug am Zügel löst einen feinen Gegendruck des Pferdes aus und über das Treiben mit dem Schenkel stabilisieren wir die Verbindung. Aber bitte versuchen Sie nicht, durch mehr Aufwärtsziehen mehr Abwärts vom Pferd zu bekommen. *„Mehr Einwirkung bringt nicht gleichzeitig mehr Ergebnis!"* Dabei gilt mein oft wiederholter Leitspruch: *„Bitte ersetzen Sie Einwirkung durch Geduld!"*

Die Reaktionen auf diese feinen Schenkel- und Zügeleinwirkungen sind in der Natur des Pferdes gegeben, müssen aber trotzdem viele Male wiederholt werden, bis sich daraus stabile dynamische Prozesse entwickeln. Der Pferdekörper muss ja mit den reiterlichen Anforderungen mitwachsen können, sonst kippt die Aktion ins Negative.

Regel der Hilfenminimierung

Mehr Einwirkung bringt nicht mehr Ergebnis. Die Intensität der Hilfe darf die lockere Stabilität des Reiters nicht gefährden.

Ein häufiger Fehler ist, dass der Reiter versucht, mit all seinen Möglichkeiten und körperlichen Kräften auf das Pferd einzuwirken. Dabei ist es egal, ob er es bewusst oder unbewusst macht. Er verliert seine lockere Stabilität und seine Übersicht und oft genug verkrampft sich der Reiter dabei. Es ist unwichtig, ob es sich bei der Einwirkung um eine Sitzeinwirkung, eine Schenkeleinwirkung oder eine Handeinwirkung handelt. Ist die Einwirkung zu stark, wird das Pferd seine Energie nicht dafür einsetzen, die Hilfe umzusetzen, sondern es wird sich sozusagen verteidigen und gegen die Einwirkung vorgehen.

Der zweite große Fehler, der oft gemacht wird, ist, dass der Reiter nicht nur maximal in der Intensität, sondern auch zu lange einwirkt. Dies hat wieder zur Folge, dass das Pferd ebenfalls mit Gegendruck reagiert und sich festmacht.

Eine reiterliche Hilfe, eine reiterliche Einwirkung sollte immer so stark sein, dass das Pferd sie wahrnimmt, aber so fein, dass das Pferd seine Energie dafür verwendet, sie zu verstehen und umzusetzen, und nicht, um dagegen anzugehen. Es ist viel effektiver, fein und kurz einzuwirken, statt eine reiterliche Hilfe lange wirken zu lassen. In dem Moment, in dem man spürt, dass das Pferd die Hilfe nicht annimmt, sondern sich eher dagegen anspannt, sollte man loslassen. Somit lässt auch das Pferd los und man kann die feine Einwirkung wiederholen.

„Mehr Einwirkung bringt nicht gleichzeitig mehr Ergebnis!"

Dieses Prozedere wiederholen Sie einige Male und Sie werden spüren, dass das Pferd von Mal zu Mal positiver auf die Einwirkung reagiert und Ihre Hilfe immer besser annimmt. Dazu kommt, dass Sie körperlich locker bleiben und selbst nicht verkrampfen oder klemmen. Auch das Abstumpfen des Pferdes auf reiterliche Einwirkungen wird dadurch deutlich gemindert und meist ins Gegenteil gekehrt. Das Pferd wird sensibler und weicher, Widerstände lösen sich auf und es wird mehr mitarbeiten.

Viele Reiter haben sich auch angewöhnt, ständig und rhythmisch fast automatisch auf das Pferd einzuwirken, um es vorwärtszutreiben, oder ständig kleine Rechts-links-Bewegungen mit den Händen oder mit den Zügeln auf das Pferdemaul zu geben, um es beigezäumt zu halten. In meinen Kursen passiert es häufig, dass der Reiter, auf seinem Pferd sitzend, auch wenn dieses neben mir steht und er sich mit mir unterhält, so unbewusst auf sein Pferd einwirkt. Fasst man in den Zügel oder an den Hals des Pferdes, so spürt man, wie zäh und fest es ist. Pferde reagieren auf solche Einwirkungen mit einer Art muskulärem Schutzpanzer Der Reiter erreicht also genau das Gegenteil von dem, was er erreichen möchte. Eine lockere, feine Einwirkung bringt ein lockeres, feines Pferd hervor, eine kraftvolle und zähe Einwirkung wird das Pferd zäh festmachen.

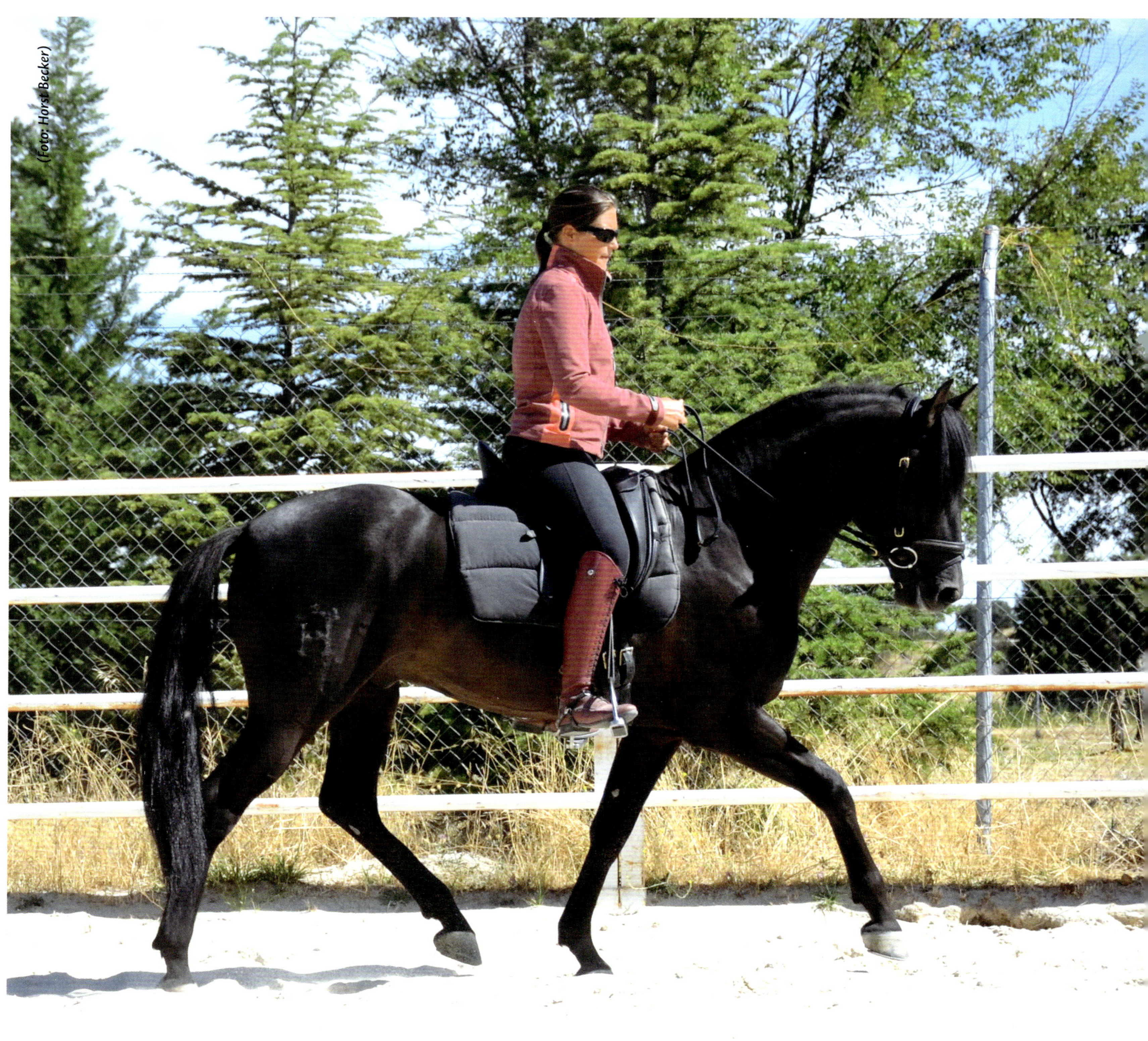

(Foto: Horst Becker)

Voraussetzungen für gute Paraden und Arrêts

Was ist Takt überhaupt?

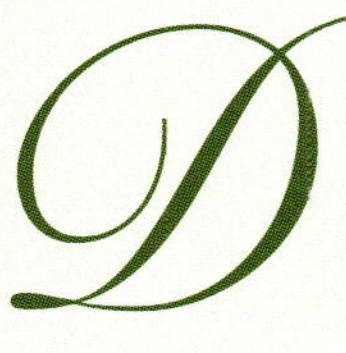
ie physikalische Beschreibung ist: Takt ist ein Gleichmaß der Bewegung in Raum und Zeit. Diese Beschreibung beinhaltet schon alles, was wir für die übungslogische Interpretation von Takt benötigen.

Im 19. Jahrhundert gab es fast einen Krieg in der Reiterei zwischen dem militärischen Reiter Steinbrecht und dem klassisch künstlerischen Baucher. Jeder handelte aus seiner Sicht zum Wohl des Pferdes. Steinbrechts Ziel in der Ausbildung eines Pferdes war es, militärisch gleiche Kreaturen zu schaffen. Jeder Soldat sollte jedes Pferd reiten und bedienen können. Die Ausbildung des Pferdes und die Hilfengebung waren standardisiert. Die Leistung des einzelnen Pferdes rückte genauso in den Hintergrund wie die Leistung des einzelnen Reiters. Egal, ob er fein- oder grobmotorisch war, musste er sich dem großen Ziel, dem Gleichmaß der Truppe, anpassen.

Fairerweise muss man dazu sagen, dass man die Pferde speziell für diese Aufgabe gezüchtet hat und aus den Produkten dieser Zucht die Geeignetsten aussuchte. Mir steht es nicht zu, zu bewerten, welches System besser ist. Alles hat seine Vor- und seine Nachteile. Aber sicherlich ist die Kultivierung der Parade und die Entwicklung des Wissens darum ein Verdienst der militärischen Reiterei. Ich möchte es an dem Beispiel Leichttraben beziehungsweise Englischtraben darstellen. Wir kennen es alle so: Man steht auf, wenn sich der äußere Vorderfuß nach vorn bewegt. Doch die wenigsten wissen, dass diese Art des Leichttrabens eine Erfindung des preußischen Militärs ist.

Der Ursprung des Leichttrabens ist der erleichterte Trab nach englischer Manier, bei dem man aufstand, wenn das innere Vorderbein vorgeht. Würde man aber im starken Trab im Leichttraben nach englischer Manier durch eine Ecke reiten, würden die meisten Pferde angaloppieren, weil der Reiter beim Traben nach englischer Manier das innere Hinterbein

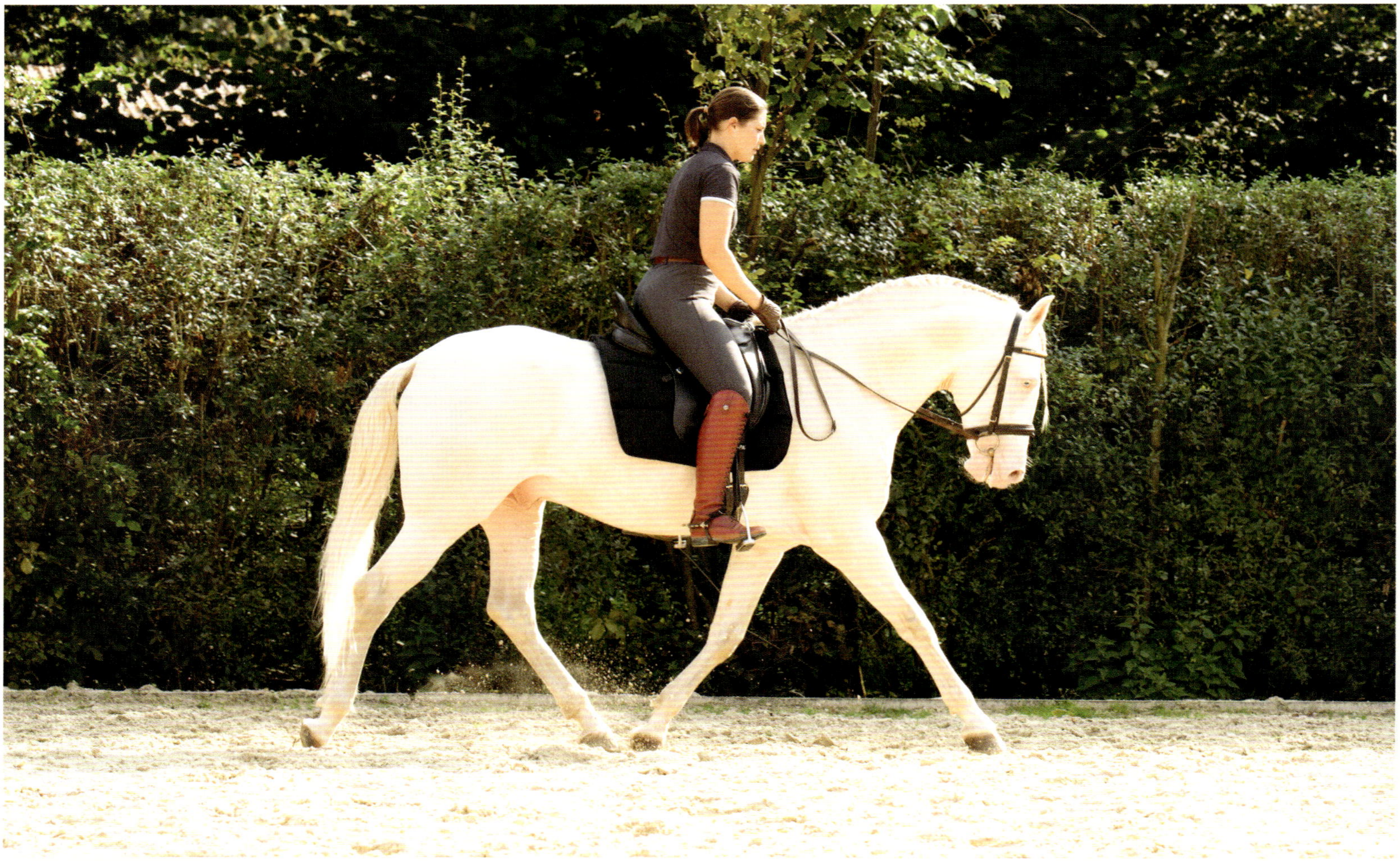

Das Leichttraben, so wie wir es kennen, nach preußischer Art. Die Reiterin steht im nächsten Moment mit dem Vorgehen des äusseren Vorderbeins wieder auf. (Foto: Gina Mazza)

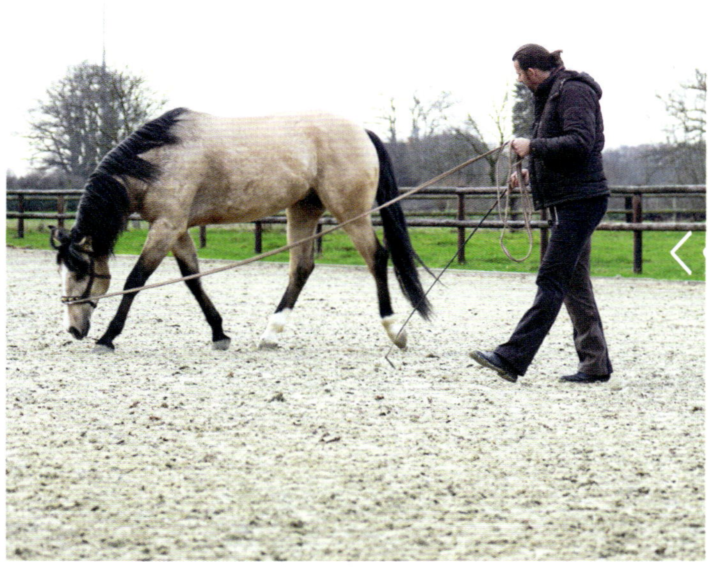

Der Takt ist schon an der Longe wichtig! (Foto: Leonie Bühlmann)

unterstützt. Die Preußen, die im Stechtrab zu viert nebeneinander in der Kavallerie exerzierten und so auch durch Ecken ritten, hatten das Problem, dass zumindest die äußeren Pferde versuchten anzugaloppieren. Dies störte das Gesamtbild enorm. Deshalb haben die Preußen aus dem englischen Trab das Leichttraben auf dem anderen Fuß gemacht. Sie haben es so manifestiert, dass wir beim Leichttraben vom richtigen Fuß und in der ursprünglichen englischen Version vom falschen Fuß sprechen, auf dem wir traben.

Baucher hat eher die einzelne Kreatur betrachtet, ähnlich wie ein Bildhauer, der einen einzelnen Felsen betrachtet, mit seiner künstlerischen Kreativität die Statue darin entdeckt

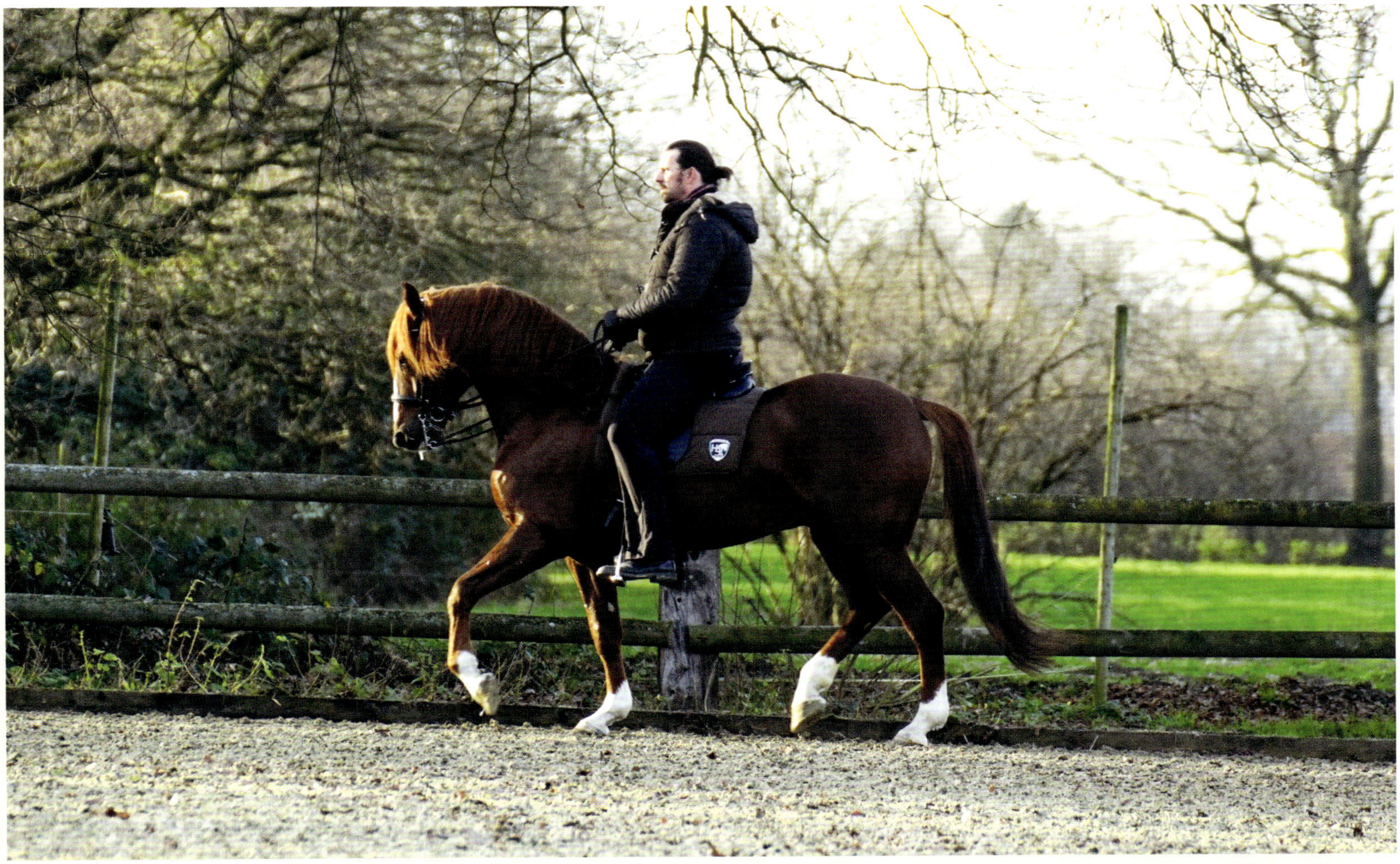

In einem ruhigen Trab in korrektem Takt kann das Pferd locker gehen. (Foto: Leonie Bühlmann)

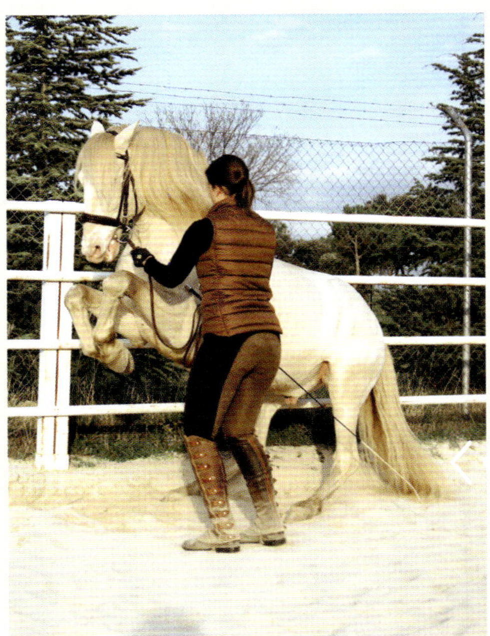

Laut Baucher sollte jedes Pferd in seinen speziellen Stärken gefördert werden. (Foto: Horst Becker)

und sie herausarbeitet. So erkannte der Reiter Baucher die Möglichkeiten des einzelnen Pferdes und suchte Wege, sie herauszuarbeiten.

Aber die doch so unterschiedlichen Ausbilder hatten eines gemeinsam – obwohl deren Nachfolger so verschieden sind: einerseits die Militärreiterei, aus der unsere heutige Sportreiterei hervorging, und andererseits die baucheristische Reitkunst, die man heute eher als moderne klassische Dressur bezeichnen kann. Aber die Gemeinsamkeit ist, dass beide den Takt des Pferdes in der Arbeit als erstes Ziel und als roten Faden in der Ausbildung setzten.

Zu keiner Zeit hat man ausdrucksstarke Gänge, die aus Verspannung und Geschwindigkeit bestehen, positiv bewertet – außer heute, in unserer ach so modernen, belesenen Zeit!

In meinen Kursen treffe ich immer wieder auf die gleichen Probleme: Das Pferd lässt sich nicht fallen, hebt sich heraus und hält den Rücken fest, so die Beschreibung des Reiters. Lasse ich den Reiter nun so arbeiten, wie er gewöhnlich für sich zu Hause arbeitet, stellt sich für mich schnell heraus, dass er nur von Symptomen gesprochen hat, aber nicht die Ursache erkannt hat. In 90 Prozent der Fälle sind die Reiter viel zu schnell unterwegs und vernachlässigen einen korrekten Takt.

Natürlich spielen auch ein korrekter Sitz, ein nicht klemmendes Bein und eine feine Hand eine wichtige Rolle. Aber oft bedingt das eine das andere: Läuft das Pferd nicht locker, sitzt der Reiter nicht locker und bedient sein Pferd nicht locker und fein. Zu Hand und Schenkel des Reiters kommen wir in einem späteren Kapitel genauer. Es gibt aber auch viele Ausbilder, die ihre Lehre auf dem Sitz des Reiters aufbauen und sagen, dass, wenn der Reiter korrekt sitzt, auch das Pferd korrekt läuft. Dieser Meinung könnte ich folgen, wenn Reiten für ein Pferd etwas Natürliches wäre. Aber wenn wir ehrlich sind, ist das Gerittenwerden für ein Pferd fast so unnatürlich, als würde sich eine Kuh mit Fahrradfahren beschäftigen. Und deshalb bin ich der festen Überzeugung, dass wir zuerst die Funktion des Pferdes verstehen müssen. Wir müssen es so trainieren, dass es locker, kraftvoll und in seinem Takt arbeiten kann. Dann wird es den Reiter leicht tragen können und der Reiter wird auf runden, gleichmäßigen Bewegungen besser sitzen können.

„Richte dein Pferd gerade und reite es vorwärts", ist einer der am meisten missverstandenen Leitsätze in der Reiterei. Denn viele Reiter ziehen folgendes Fazit aus diesem Satz: Sie reiten am ersten Hufschlag der Bahn geradeaus und erhöhen ihr Tempo, wenn das Pferd nicht zur Hand oder nicht durchs Genick an den Zügel geht.

Leider unterstützen auch viele Ausbilder diese Ansicht und Interpretation, indem sie ihre Reiter immer wieder dazu antreiben, ihr Pferd noch mehr nach vorn zu reiten, noch schneller mit noch mehr Druck, um mehr Ausdruck aus dem Pferd herauszujagen. Betrachtet man bei einem so gearbeiteten Pferd die Vorderbeine, dann scheint die Philosophie auf den ersten Blick aufzugehen, weil das Pferd mehr Ausdruck zu bekommen scheint.

„Richte dein Pferd gerade und reite es vorwärts", ist einer der am meisten missverstandenen Leitsätze in der Reiterei.

Der Preis dafür ist aber sehr hoch, denn das Pferd hält sich im Rücken fest. Und wenn der Rücken fest ist, sind auch der Hals und das Genick fest. Nun begibt sich der Reiter endgültig auf den falschen Weg, wenn er beginnt, mit übermäßiger Schenkel- und Handeinwirkung das Genick und den Hals zu biegen. Hyperflexion, wie es in der modernen Reiterei heute genannt wird. Statt die Ursachen des Problems zu suchen, nämlich die zu hohe Geschwindigkeit und den Verlust des Taktes, wird versucht, das Symptom zu bekämpfen.

Ich möchte die auftretende Problematik der Geschwindigkeit in der Reiterei einmal aus einem anderen Gesichtspunkt beleuchten.

Das Pferd ist wie der Mensch ein Säugetier und besteht aus einem Skelett, das durch Muskeln und Bänder gestützt, fixiert und bewegt wird. Betrachten wir einmal einen Jogger. Wenn Sie selbst laufen gehen, wissen Sie, dass Sie ein persönliches Lauftempo haben. Wenn Sie etwas über diesem persönlichen Tempo laufen, werden Sie schnell Ihren Takt, Ihre Balance und vor allem Ihre Leistungsfähigkeit verlieren, denn Sie bekommen Seitenstechen

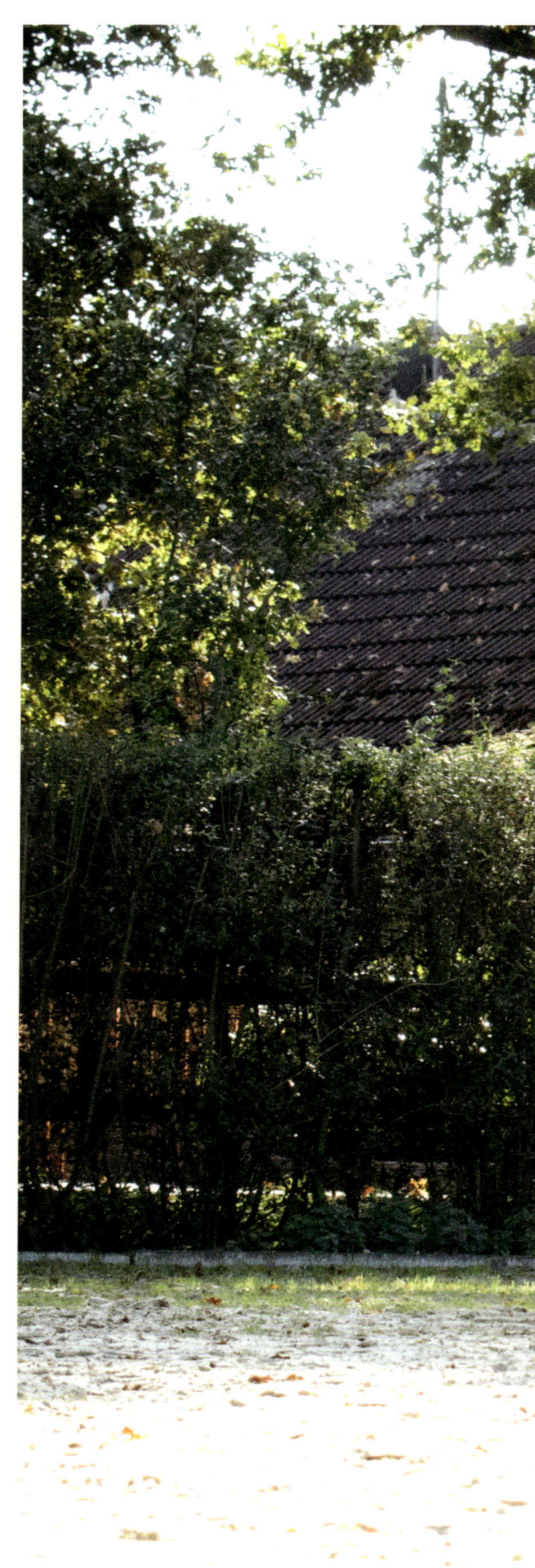

Auch beim Einleiten einer Verstärkung, hier im Leichttraben, ist der Takt wichtig, und vor allem ist wesentlich, dass das Hinterbein mitarbeitet und das Pferd nicht nur eine spektakuläre Vorhandbewegung zeigt. (Foto: Gina Mazza)

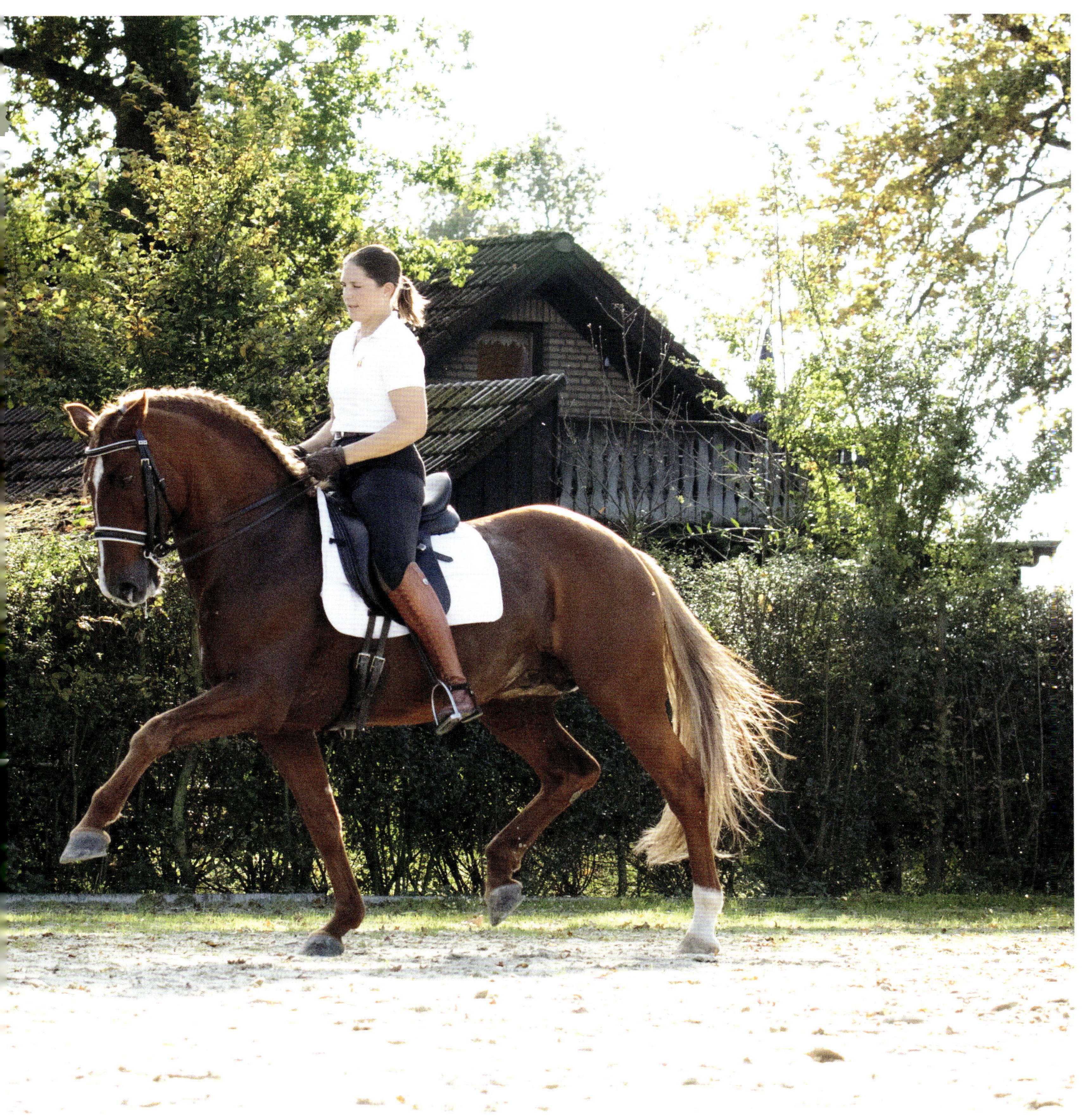

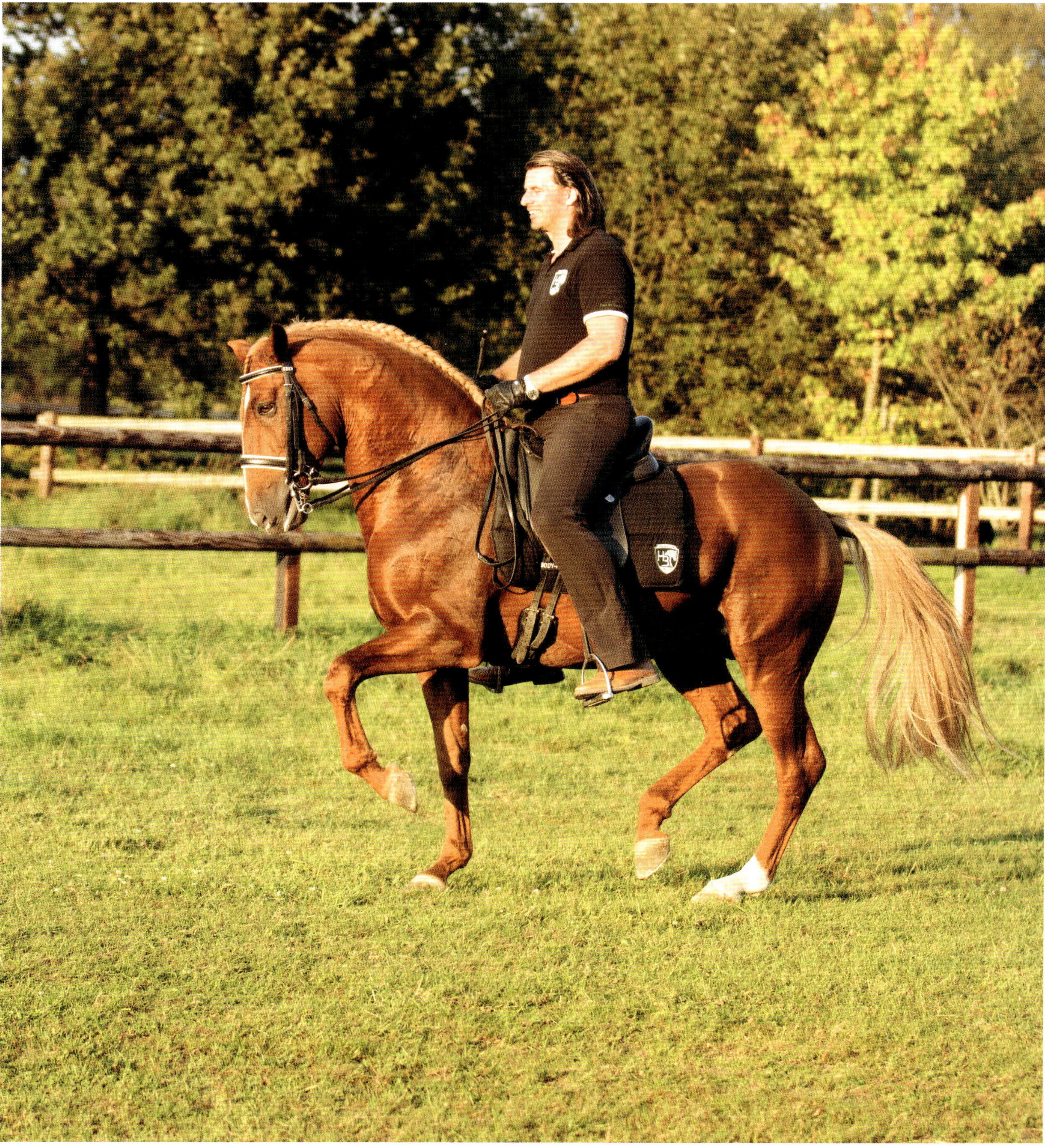

Ein Pferd, das sich in seinem Takt und seinem Gleichgewicht befindet, beginnt unter einem ausbalancierten Reiter zu tanzen. (Foto: Gina Mazza)

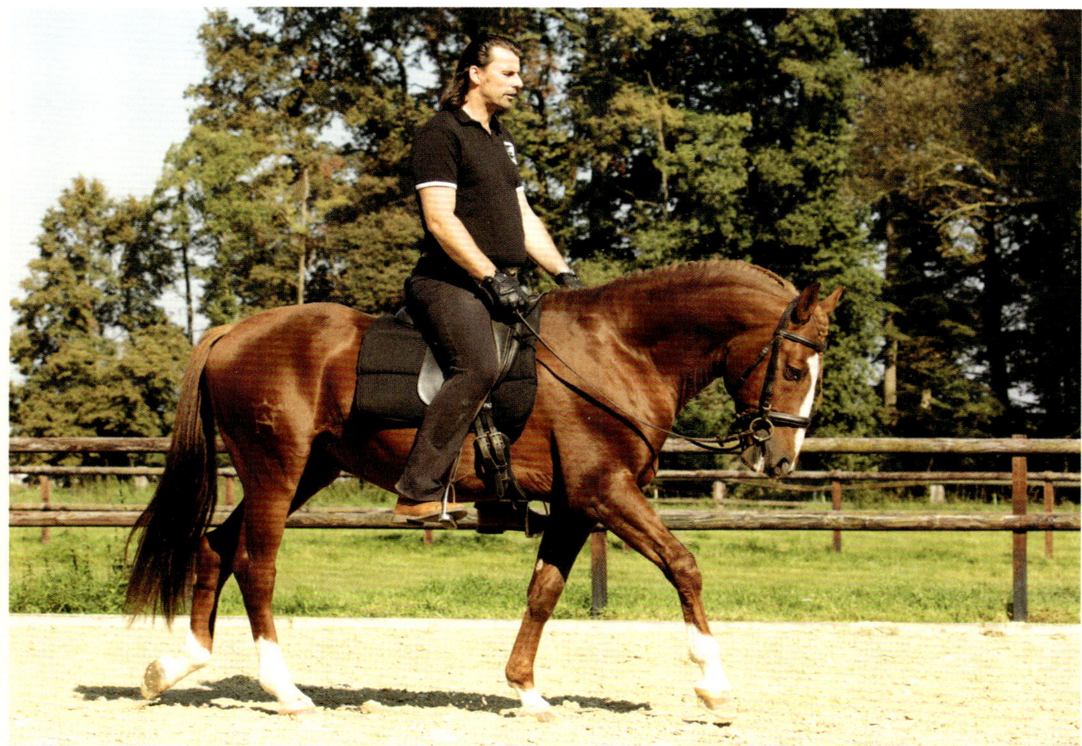

Ein Pferd, das in seinem Schritt gehen kann, lässt sich meistens von allein fallen, ohne dass man händisch einwirken muss. (Foto: Gina Mazza)

und Ihnen geht die Puste aus. Der Grund dafür ist, dass sich durch das erhöhte Tempo der Takt erhöhen muss, wenn der Raumgriff der einzelnen Schritte nicht mehr ausreicht. Erhöht sich der Takt, also die Frequenz, können Sie diesen Takt nicht mehr locker mitgehen und die Muskulatur beginnt zu verspannen. Zuerst verspannt sich der lange Rückenmuskel, beim Pferd der Muskel, auf dem Sie sitzen. Beim Jogger hat ein verspannter Rückenmuskel die Folge, dass sich der Brustkorb überdehnt, die Atmung eingeschränkt wird, die Sauerstoffversorgung der Muskulatur nicht mehr zu 100 Prozent gewährleistet ist, die Muskulatur sozusagen übersäuert und fest wird. Ihr Lauf ist zu Ende.

Wenn Sie ein Bewusstsein für Ihr persönliches Lauftempo entwickelt haben, dann werden Sie im ersten Teil des Laufes Ihr Tempo etwas langsamer halten. Sie laufen also unter Tempo, wie man als Reiter sagen würde. Das erleichtert Ihnen den Einstieg in den Lauf und gibt der Muskulatur die Möglichkeit, den Takt zu finden. Es ist weniger belastend, somit kommen Sie nicht sofort konditionell an Ihre Grenzen. Sie finden locker und entspannt Ihr persönliches Lauftempo, können mit Ihren körperlichen Ressourcen haushalten, eine lange Strecke in positiver Energie zurücklegen und sich vielleicht sogar am Ende noch steigern. Genau das Gleiche gilt für ein Pferd. Die Muskulatur eines Menschen unterscheidet sich grundsätzlich nicht von der eines Pferdes. Ein weiteres Beispiel, das ich Ihnen geben möchte, über das es sich lohnt nachzudenken, ist folgendes: Sie sind in einer Tanzstunde und kämpfen mit der richtigen Schrittfolge im Takt der Musik. Würde es helfen, wenn der Tanzlehrer eine schnellere Musik auflegt und Sie dazu animiert, die Dinge in höherer Geschwindigkeit zu tun? Wahrscheinlich nicht! Das Erste, was Sie dann verlieren, ist ihre Lockerheit und Ihre Balance, vom Takt ganz zu schweigen. Und genauso geht es Ihrem Pferd, wenn Sie es schneller reiten als in dem Takt, in dem es locker und balanciert laufen kann.

Aus dem Takt entsteht Anlehnung

Doch warum ziehen alle?

Kommen wir wieder zurück zu meinem Reiter aus dem Kurs, der über Anlehnungsprobleme klagt, die er mit erhöhtem Tempo beseitigen möchte, was ihm aber nicht gelingt.

ne er spürt. Theoretisch, da der Schritt ein Viertakt ist, sollte der Reiter die vier Beine seines Pferdes gleichmäßig spüren. In der Realität spürt er aber meist nur zwei; lasse ich ihn schneller reiten, wird der Takt noch diffuser. Das Pferd gleitet unter ihm hinweg und fühlt sich eher wie ein Tausendfüßler an. Lasse ich ihn jedoch das Pferd vorsichtig und langsam im Tempo zurücknehmen, findet er den Viertakt und spürt alle vier Beine und die Pausen zwischen den einzelnen Tritten. Das Erste, was der Reiter dann meist beobachtet beziehungsweise spürt, ist, dass sein Pferd kaut und sich in der Folge in den Zügel fallen lässt. So entsteht eine gleichmäßige Anlehnung, ohne dass der Reiter diese mit großen händischen Einwirkungen durch Biegen und Stellen forciert hat.

Was ist im Pferd passiert, in dem Moment, wo der Viertakt entstanden ist? Die Hinterhand steht im Gleichtakt zur Vorhand. Dadurch lässt der lange Rückenmuskel los und

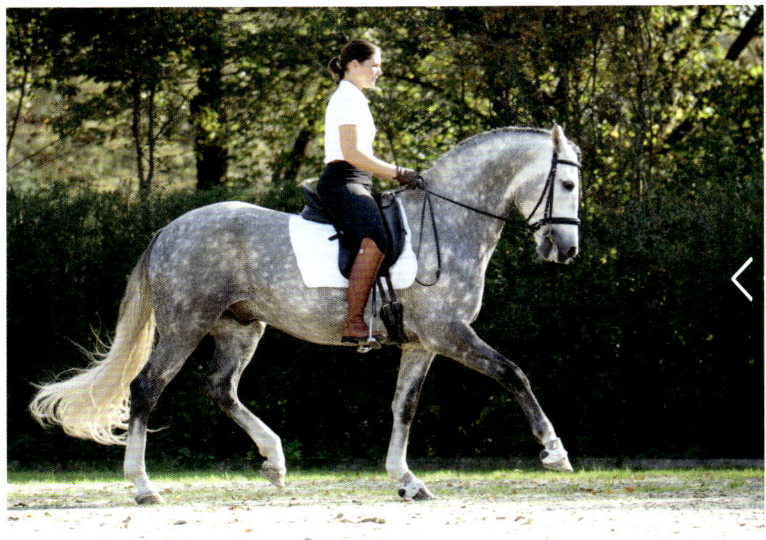

Boogie im versammelten Trab und ...

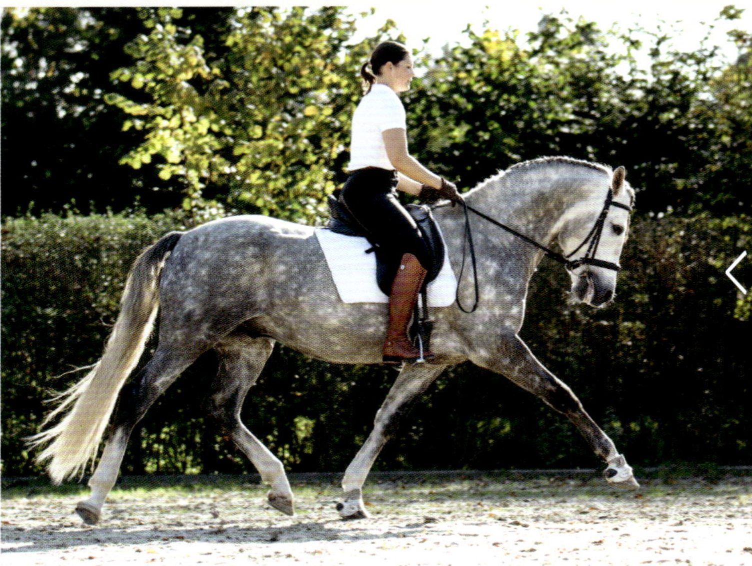

... mit mehr Raumgriff in der Verstärkung.

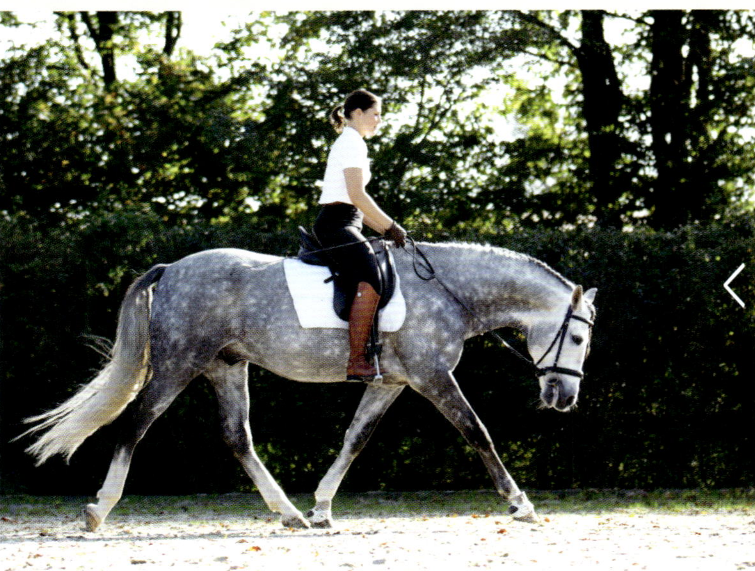

Nach versammelter und verstärkter Arbeit muss das Pferd sich wieder zufrieden in die Hand dehnen. (Fotos: Gina Mazza)

beginnt zu schwingen, die Spannung auf Hals und Genick lässt nach, das Pferd fühlt sich wohl und beginnt zu kauen. Jetzt können wir durch feines Treiben vom Bein zur Hand hin sogar im Stand die Anlehnung verbessern und stabilisieren.

Aus einem solchen lockeren viertaktischen Schritt entsteht ein Trabtempo, in dem sich das Pferd fallen lässt und locker bleibt. Reitet man wieder zu schnell, lösen sich die Anlehnung und die Lockerheit wieder auf.

Die Erhöhung der gefühlten Geschwindigkeit des Reitens entsteht durch den größeren Raumgriff und nicht durch Takt- oder Frequenzerhöhung.

Aus Takt und Anlehnung entsteht Losgelassenheit

Und warum biegen, schieben und drücken so viele?

Aus dem richtigen Takt und der daraus entstandenen Anlehnung ergibt sich ein Prozess. Die Bewegungsenergie schwingt nach vorn in die Hand und daraus wieder zurück in den Körper. Das ist vergleichbar mit dem Licht, das sich in einem Spiegel reflektiert. So spiegelt sich eine gute Anlehnung aus der Bewegung wider. Dadurch, dass sich das Pferd dann wohlfühlt und sich konzentriert in seinem Takt bewegt, hole ich mir auch die geistige Energie des Pferdes in die Arbeit. Es ist sozusagen körperlich und geistig versammelt und nur so kann es sich losgelassen bewegen.

Das Training eines Pferdes baut immer auf verschiedenen Dimensionen auf, durch die die Bewegung gesteuert wird.

Die eine Dimension ist das Vorwärts – die Bewegung, die von den Hinterbeinen gerade aufs Vorderbein und weiter zur Hand geht. Und auch das vorwärtsgerittene Rückwärts, in dem ebenfalls die Energie von den Hinterbeinen zu den Vorderbeinen und so weiter zur Hand geht, durch die Anlehnung reflektiert wird und so das Pferd zum Rückwärtstreten animiert. In dieser Dimension wird in erster Linie die Oberlinie, also der Rücken, der Hals und das Genick gelöst und bewegt.

Die zweite Dimension ist das Arbeiten über die Diagonalen des Pferdes – vom inneren Hinterbein zum äußeren Vorderbein durch die äußere Schulter. Oder vom äußeren Hinterbein zum inneren Vorderbein durch die innere Schulter.

Der effektivste Weg ist das Arbeiten vom inneren Hinterbein zum äußeren Vorderbein, durch die äußere Schulter am Boden an der Longe oder zum äußeren Zügel unter dem Sattel oder an der Hand gearbeitet.

Diese Dimension spricht eher sowohl die gerade als auch die schräge Bauchmuskulatur an und löst dabei auch den Rücken. Sie hebt so den Rücken an und schließt das Pferd in eine bessere Balance und Versammlung.

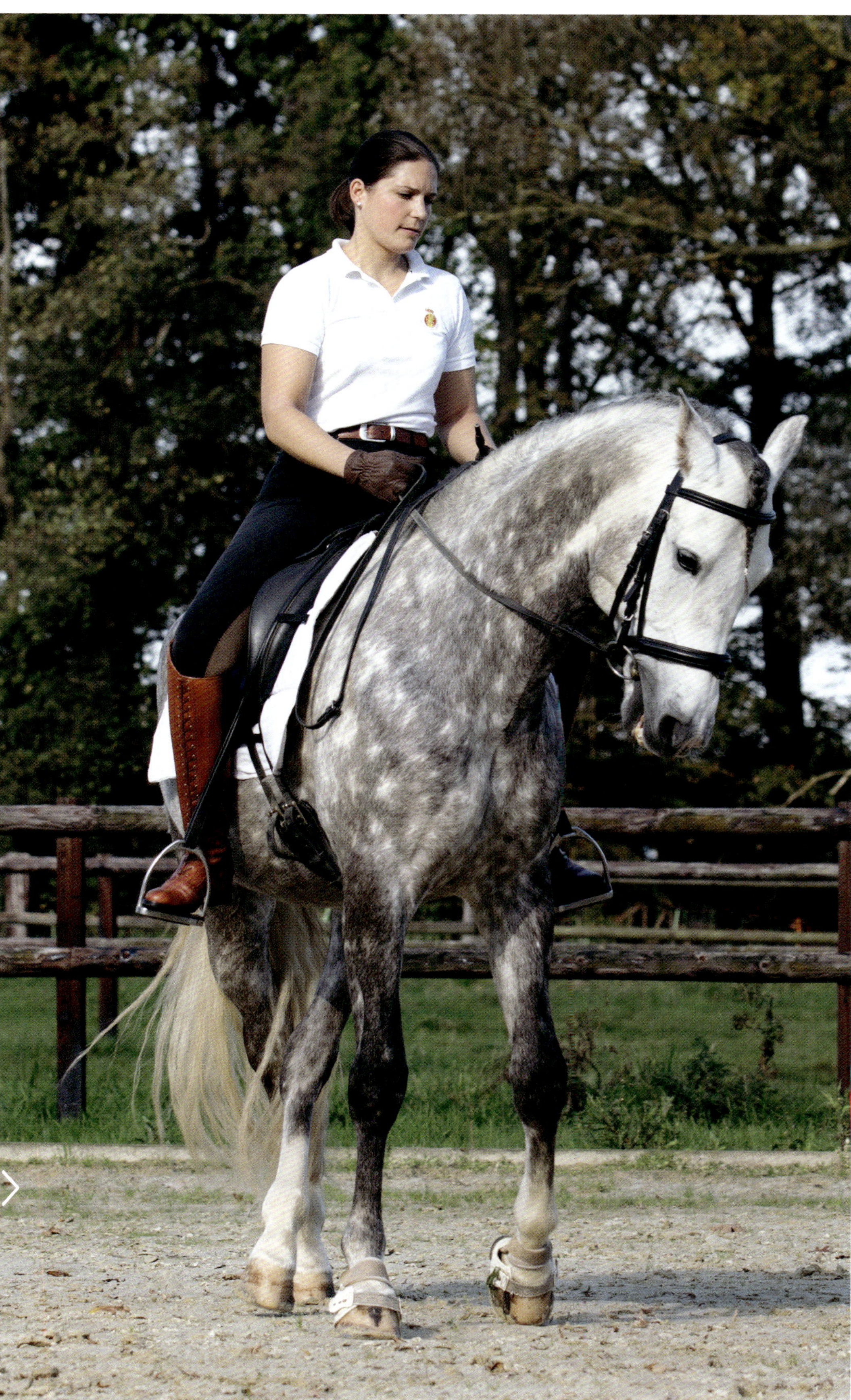

Übertreten unter dem Sattel. (Foto: Gina Mazza)

(Foto: Leonie Bühlmann)

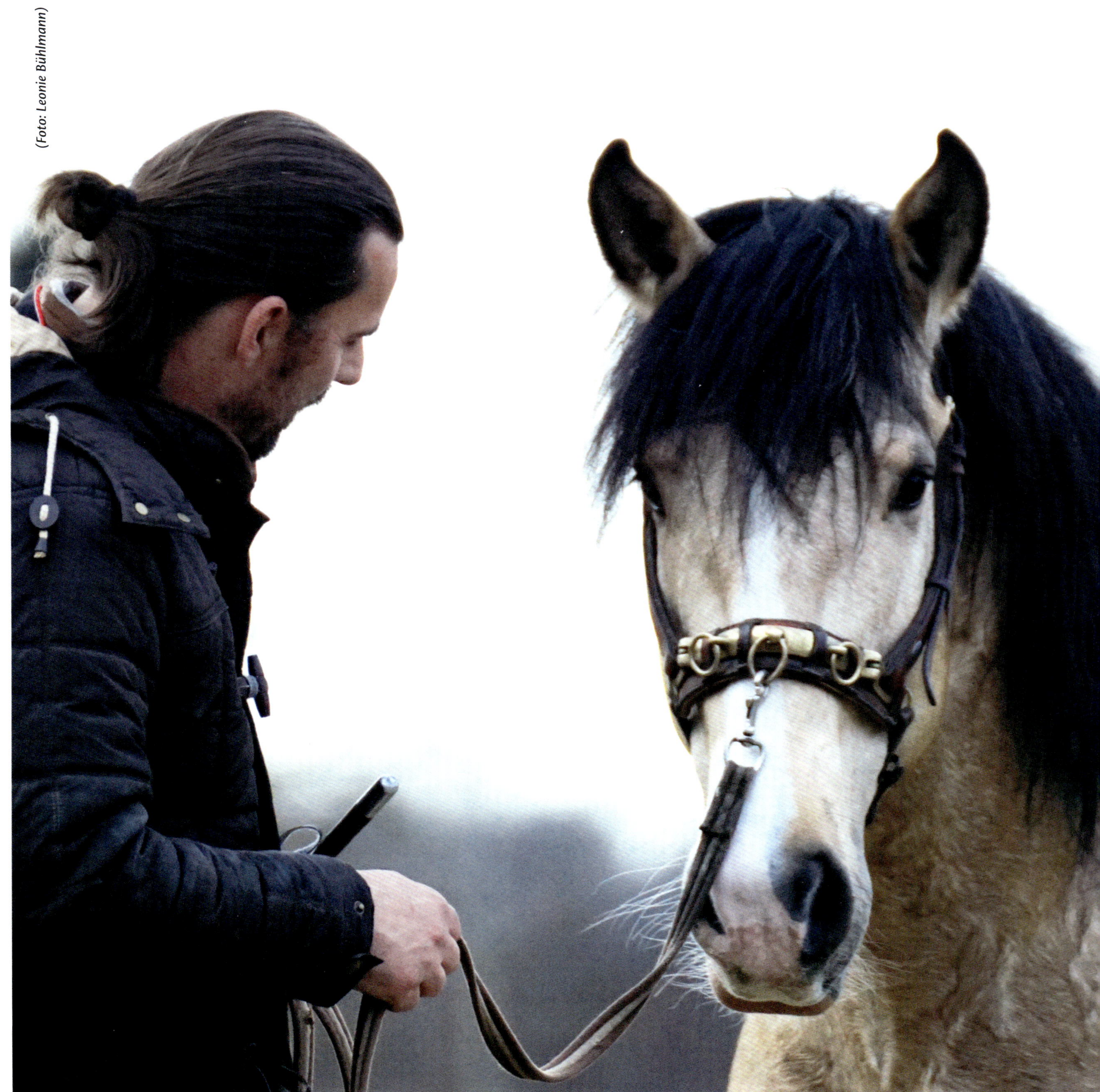

Der Beginn

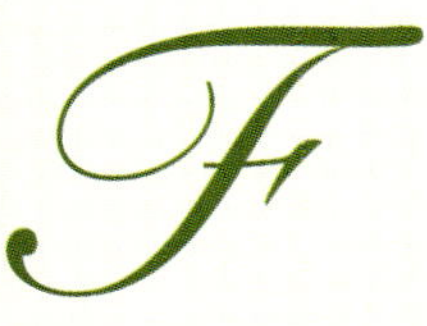

Für einen guten, vertrauensvollen Start sind Horse Sense, Liebe, Strenge, aber auch Geduld und Selbstdisziplin beim Menschen notwendig.

Horse Sense ist ein großes Wort und in Zeiten Hunderter selbst ernannter Pferdeflüsterer genauso belastet wie der Begriff der klassischen Dressur. Es gibt Pferdemenschen und Menschen mit Pferden. Und das meine ich nicht abwertend oder böse, sondern es ist wichtig zu erkennen, in welcher der beiden Gruppen ich mich sehe und wohin ich gehöre. Man hört oft, dass früher alles besser war und dass früher die Menschen mehr Verstand für Pferde hatten. Ich bin mir nicht sicher, ob das stimmt.

Am Anfang meiner Karriere zum Ausbilder las ich ein Buch von einem texanischen Cowboy. Es war eine Art Tagebuch, in dem er beschrieb, was am Tag passiert ist, welche Herausforderungen er bestehen musste, welche Entscheidungen er getroffen hatte, und manchmal schrieb er über seine Gedanken und Gefühle. Ich konnte herauslesen, dass der Mann in seiner Stadt und in seiner Region ein, heute würde man sagen, Pferdeflüsterer war. Wenn jemand Schwierigkeiten und Mühe mit seinem Pferd hatte, dann suchte er den Rat dieses Mannes, der freundlich und devot und ohne Arroganz half. Eines Tages schrieb er in sein Tagebuch, dass er sich für einen Rinder-Trail von Texas nach Kalifornien eingeschrieben hatte. Eine Reise von vielen Monaten mit vielen Gefahren und Strapazen. Aber es gab ihm die Chance, mehr von Amerika zu sehen und an Orte zu kommen, an denen er noch nie war. Er beschrieb die Vorbereitungen und die Entscheidungen, welche seiner Pferde er mitnehmen würde und wie er sie auf die lange Reise vorbereitete.

Ich fand es bemerkenswert zu lesen, dass ein Cowboy vor fast 200 Jahren in Texas sich Gedanken über das Training seiner Pferde machte. Er versuchte, sich speziell auf die vorliegende Aufgabe vorzubereiten, sofern es seine Zeit neben der normalen täglichen Arbeit erlaubte.

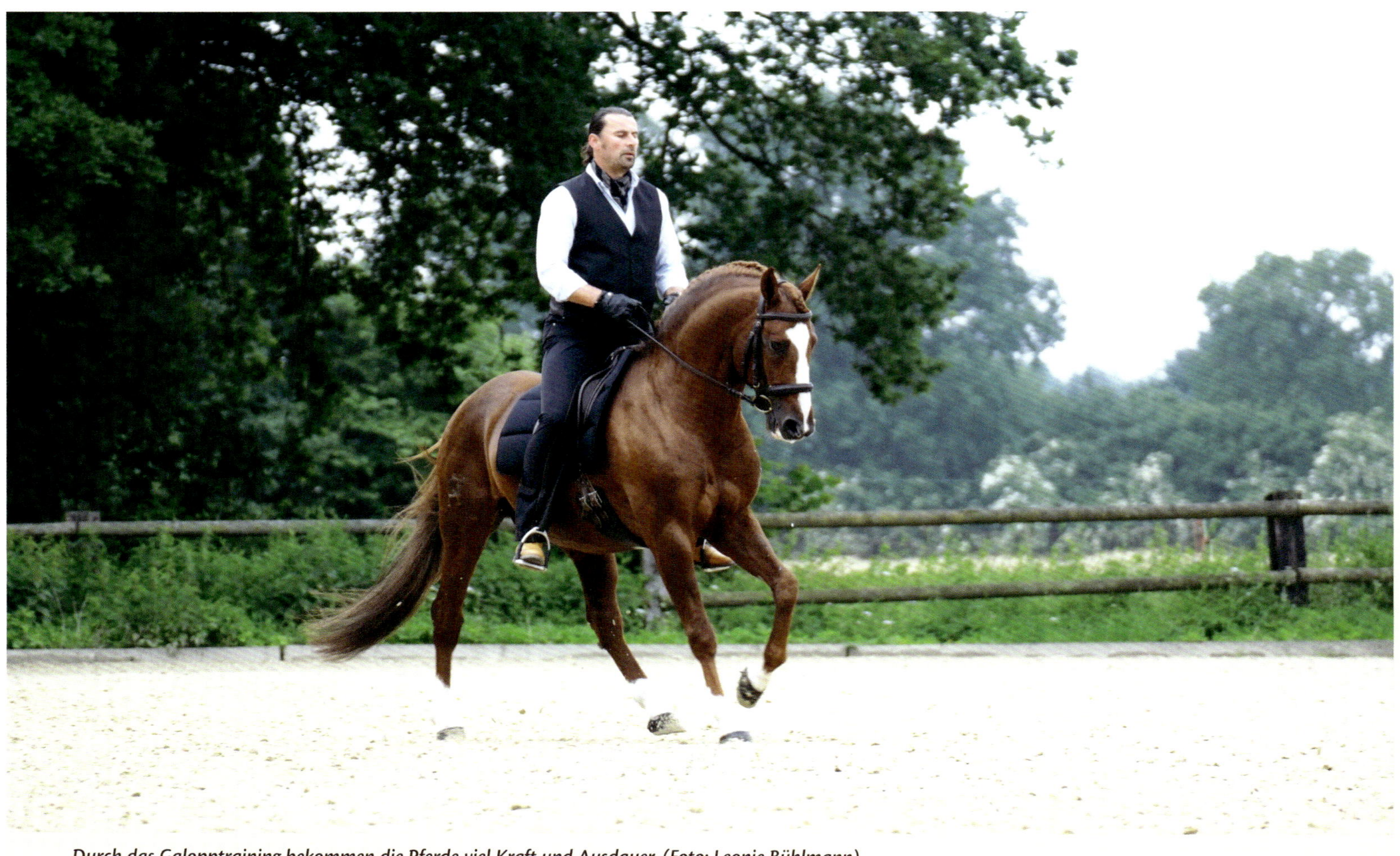

Durch das Galopptraining bekommen die Pferde viel Kraft und Ausdauer. (Foto: Leonie Bühlmann)

Weiter im Buch beschreibt er den Tag, an dem die kalifornischen Vaqueros, die den Texanern entgegengeritten sind, eintreffen. Er ist fasziniert von den Pferden der Kalifornier. Sie sind viel runder und sie bewegen sich geschmeidig wie eine Katze. Dadurch können seiner Meinung nach die Vaqueros viel entspannter und geschmeidiger auf dem Pferd sitzen. Er beschließt, die Vaqueros zu fragen, ob er eines ihrer Pferde reiten dürfe, um zu erfühlen, wie sich diese Pferde bewegen.

Einige Tage später schreibt er in sein Tagebuch: „Habe mich mit den kalifornischen Pferden beschäftigt und einen ganzen Tag mit ihnen gearbeitet. Und ich habe eine schreckliche Feststellung gemacht: Es sind dieselben Pferde, die wir haben. Sie sind einfach nur besser geritten." In den nächsten Tagebucheinträgen liest man viel darüber, wie sehr es ihn beschäftigt, dass der reiterliche Unterschied von Kalifornien zu Texas so groß ist. Er schreibt in den Briefen an seine Frau über seine Erfahrungen und seine Gedanken.

Einige Tage später schreibt er in sein Tagebuch: *„Habe heute eine Entscheidung getroffen und einen Brief nach Hause geschickt. Ich werde noch einige Monate hierbleiben und mir auf einer Ranch in Kalifornien Arbeit suchen. Ich möchte reiten lernen ...!"*

Dieser Satz und die Gedanken dieses Cowboys haben mich vor 20 Jahren sehr beeindruckt. Ein in seiner Region und in seiner Stadt angesehener Pferdeausbilder und Cowboy stellt fest, dass jemand die Dinge anders macht und, schlimmer noch, besser macht als er! Und er verurteilt es nicht, sondern er geht mit 45 Jahren nochmals in die Lehre, weil er lernen möchte, wie dieses System funktioniert.

Genau diese devote, offene und wertfreie Art, die Dinge anzugehen, unterscheidet einen Pferdemenschen von einem Menschen mit Pferden. Ich bin der Meinung, dass man Horse Sense, den Sinn für Pferde, erlernen kann. Und oft ist der Pferdemann nicht der große Pferdeflüsterer mit spektakulärer Website, vielen Zeitungsartikeln und Ruhm und Ansehen, sondern das kleine Mädchen, das sich jeden Tag intensiv mit seinem Pony beschäftigt. Aus spielerischer Kommunikation heraus studiert es auf einmal die verrücktesten Dinge mit dem kleinen Kameraden ein. Das Pony macht

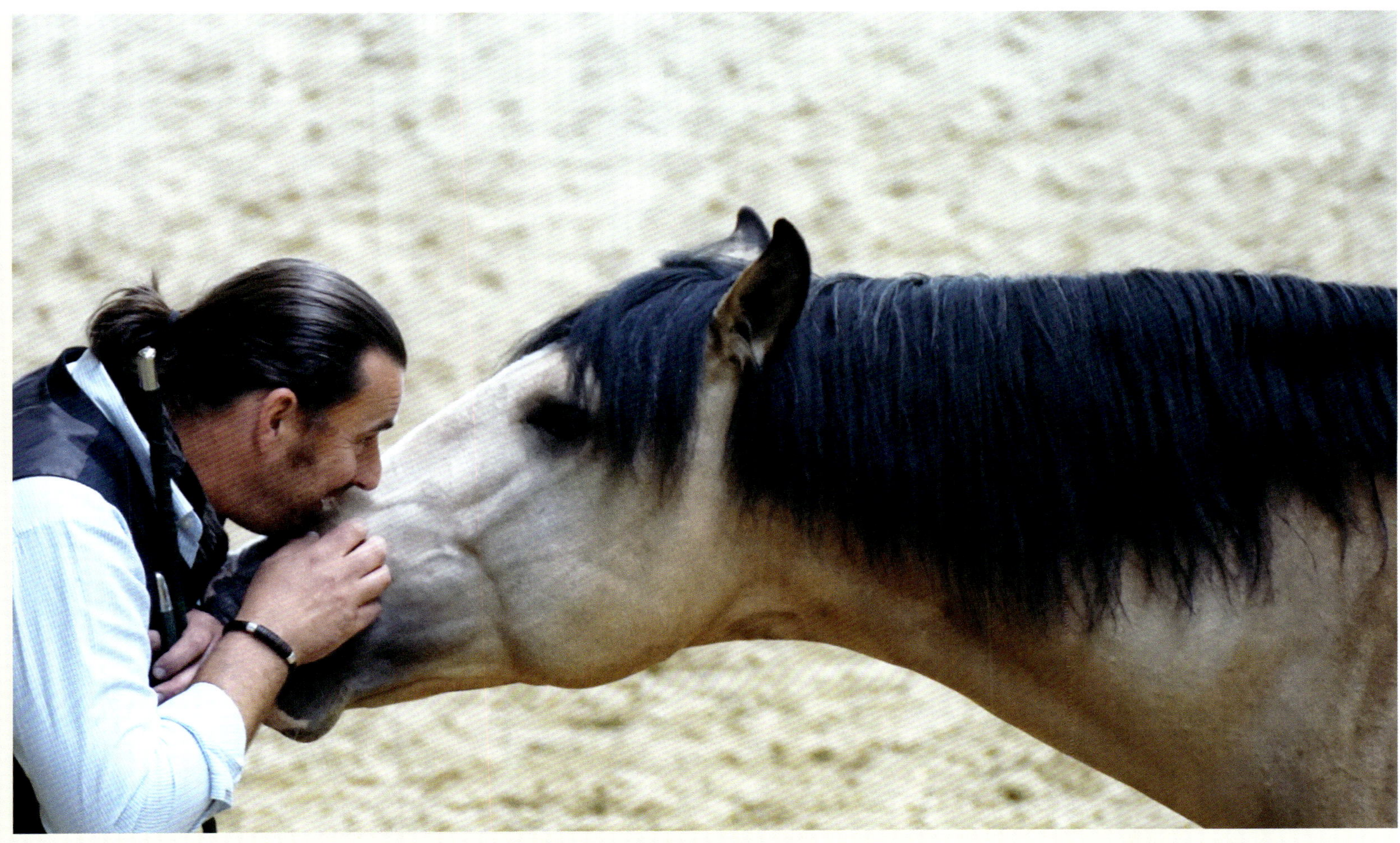

Führung, Fürsorge und Hingabe. Armani ist zufrieden – trotz oder gerade wegen der anstrengenden, aber guten Arbeit, die er gerade hinter sich hat. (Foto: Leonie Bühlmann)

zwar mit Begeisterung mit, hinterfragt aber auch immer wieder das System, sonst wäre es ja kein Pony. Aber das kleine Mädchen führt mit kindlich einfacher Konsequenz, Liebe und Freude das Pony in die gewünschte Richtung. Das macht einen Pferdemenschen aus!

Und das kann man lernen, auch vom eigenen Pferd – wenn man lernt, hinzuschauen, zu fühlen, sich selbst hinterfragt und über das Gesehene nachdenkt. Einerseits ist es wichtig, dass man ein klares Ziel vor Augen hat, und andererseits den Weg dahin mit dem Pferd zusammen entwickelt. Und das meine ich auch so: Es ist wichtig, nicht nur den Weg zusammen zu gehen, sondern ihn auch zusammen zu entwickeln. Und sich nicht vom Leistungsdruck unserer heutigen Gesellschaft anstecken zu lassen oder sich vom blöden Gequatsche auf der Tribüne oder in der Reiterstube verunsichern und herunterziehen zu lassen. Meist ist der eigene Bauch der beste Ratgeber für die Richtung, und wenn man selbst nicht gut genug ausgebildet ist, dann sucht man sich einen Trainer, der mit positiver Energie die Richtung unterstützt. Wenn man dann allein trainiert, ist es wichtig, die Dinge, die man mit seinem Trainer zusammen entwickelt hat, auch konsequent und engagiert weiterzuentwickeln.

Es ist also notwendig, die Stärken und Schwächen seiner eigenen Person genauso gut zu kennen wie die Stärken und Schwächen seines Pferdes und daraus einen für beide machbaren Weg zu finden, um das Ziel zu erreichen. Die letzten 25 Jahre, in denen ich als Trainer arbeite, hat sich das als Philosophie in meinem Kopf entwickelt und war immer mein Leitfaden: nicht den Reitstil zu sehen und ihn vielleicht sogar infrage zu stellen, sondern mit einem Freizeitreiter und einem kleinen dicken Haflinger genauso intensiv zu arbeiten wie mit einem anspruchsvollen Profi. Aber eben mit jedem mit seinen Möglichkeiten und seinen Zielen. Es gilt immer das Gleiche, egal, ob ich einen Dressurreiter, einen Westernreiter oder einen Gangpferdereiter vor mir habe. Ich muss mich in das jeweilige Pferd und in den jeweiligen Menschen hineinversetzen, seine Möglichkeiten, seine Stärken und Schwächen erkennen, daraus für beide einen machbaren Weg kreieren und mit Reiter und Pferd erarbeiten.

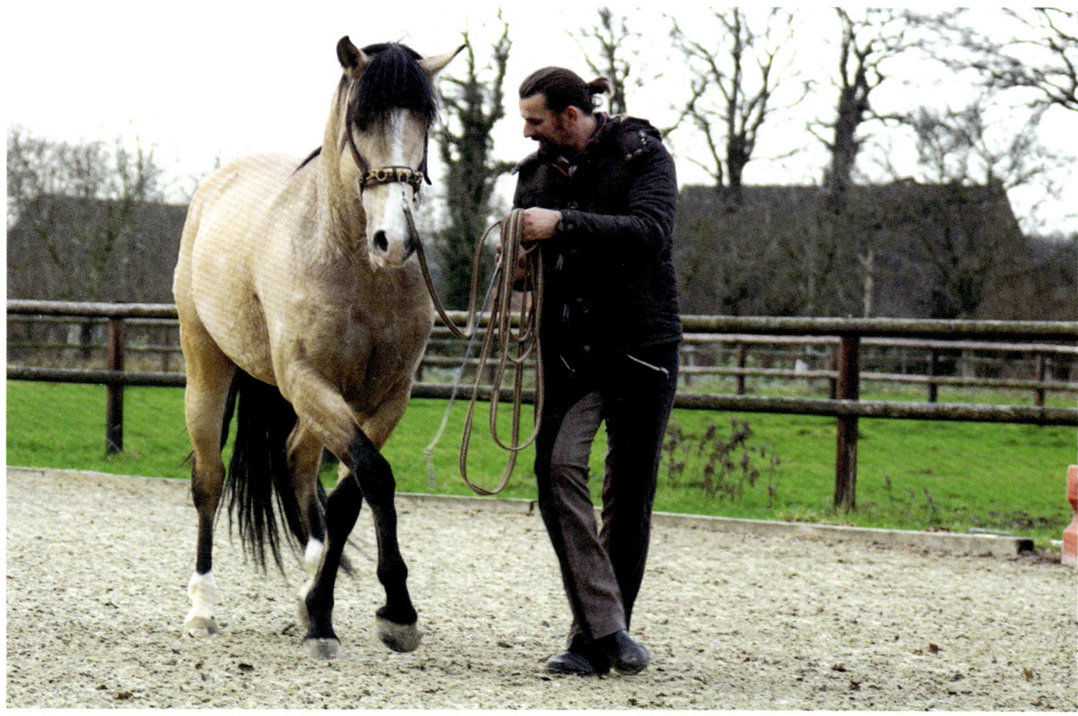

Der mittlerweile vierjährige Armani hat viel am Boden gelernt und hat schon, bevor er unter dem Sattel weiter ausgebildet wird, eine tiefe emotionale Bindung zu seinem Ausbilder aufgebaut. (Foto: Leonie Bühlmann)

i

Alles beginnt an der Longe auf dem Zirkel und kann dort auch schon enden.

Von der Balance an der Longe zur Balance unter dem Sattel

Bevor der Reiter das Pferd unter dem Sattel in Balance bringt, erarbeitet sich das Pferd seine eigene Balance an der Longe …

AUS DER PRAXIS

Im Winter 2013/14 habe ich mir einen dreijährigen Lusitano auf dem Gestüt Yeguada La Perla ausgesucht: Wir nennen ihn G. Armani. Er war unglaublich groß für sein Alter, neugierig, aber auch sehr scheu. Die Pferde wachsen praktisch wild auf fast 2000 Hektar auf, bis sie drei Jahre alt sind, und haben nur sehr wenig direkten Menschenkontakt. Es dauerte eine Viertelstunde, bis er einen Kappzaum anhatte, um ihn aus der Box herausnehmen zu können und zu arbeiten.

Das Erste, was er lernt, ist Respekt und Vertrauen zum Menschen. Er muss gern und auf Zuruf zu mir kommen: Er muss Appell haben, wie die Zirkusleute sagen. Nach einigen Wochen Longenarbeit kam er freudestrahlend, mit erwartungsvollem Gesichtsausdruck, wissend, dass er toll ist, oft sogar schon im Trab, zu mir in die Mitte des Zirkels und holte sich sein Lob ab. Dieses Lob ist nicht immer eine Futterbelohnung, sondern wichtiger sind Zuneigung und Körperkontakt.

Ein junges Pferd ist wie ein Kind. Es steht neugierig und offen für alles in der Welt. Es möchte Führung, Fürsorge und Hingabe. Ein Pferd ist kein Sportgerät, das man bei gutem Wetter aus der Garage holt und bei schlechtem Wetter oder eigener schlechter Energie oder Laune nicht einmal anschaut. Reiten ist kein Hobby, sondern eine Lebensauffassung. Und so wie ein Kind einen guten Start mit einer funktionierenden Familie im Hintergrund braucht, so braucht ein Pferd einen Reiter, der es führt und unterstützt. Das erste Ziel ist nicht, im Sattel zu sitzen und zu reiten. Das erste Ziel ist, eine emotionale Verbindung aufzubauen, aber ohne Dramen. Reiter neigen gern dazu, die Fehler ihres Pferdes als persönlichen Angriff auf ihre Person zu werten. Aber ein Pferd ist nicht intelligent genug, um so komplizierte Denkmuster aufzubauen. Es reagiert auf den Moment und auf die momentane Energie. Wenn das Pferd Fehler macht, es verunsichert ist und mit Flucht reagiert, dann ist es die Aufgabe des Reiters, das Pferd mit guter Energie durch diese Probleme zu führen, und nicht, sich angegriffen zu fühlen und am Ende vielleicht sogar das Pferd für den vermeintlichen Angriff maßzuregeln.

Ist man oder fühlt man sich mit dieser Aufgabe überfordert, dann geht man eben ein paar Schritte zurück auf sichereres Terrain. So findet man wieder zueinander und startet erneut zusammen, um das nächste Ziel zu erreichen. Die Grundlage von Erfolg ist nicht das Erarbeiten von spektakulären Lektionen, sondern eine solide Basis, zu der man immer und immer wieder zurückkehrt.

Der Appell, die Basis einer perfekten mentalen Verbindung

Zum Appell kommt das Pferd, indem ich es auf dem Zirkel im Schritt oder Trab gehen lasse, es mit einem freundlichen, lang gezogenen HIIIIER! zu mir rufe, dabei geradeaus rückwärtsgehe und die Longe aufnehme.

Steht das Pferd gerade ruhig vor mir, streichle ich es mit der Hand freundlich am Kopf und gebe ihm vielleicht eine Belohnung. Dann touchiere ich es von links am Hals hinter den Ohren um mich herum wieder auf den Zirkel linke Hand oder von rechts am Hals hinter den Ohren um mich herum auf die rechte Hand. Niemals mache ich Platz und lasse das Pferd geradeaus über meine ehemalige Standposition gehen.

Denn der Prophet geht zum Berg oder um den Berg herum. Niemals wird der Berg um den Propheten gehen. Das Pferd muss lernen, dass es ein festgeschriebenes physikalisches Gesetz gibt: Da, wo der Mensch steht, kann das Pferd nicht stehen. Grobheiten zwischen Mensch und Pferd entstehen oft daraus, dass das Pferd keinen Respekt vor dem Körper des Menschen gelernt hat. Deshalb ist es wichtig, dass das Pferd beim Führen und auch beim Appell an der Longe aus diesem Respekt heraus Abstand hält.

Durch die tägliche Übung wurde Armani immer besser. Er bekam Selbstsicherheit durch den Erfolg, reagierte immer besser auf meine Zeichen, ohne überzureagieren. Er interpretiert jetzt jede meiner Bewegungen, weiß, wo er hinschauen muss, und versteht.

Er muss spüren, dass er mein Herz erreicht, wenn er so motiviert hereinkommt. Und bald kam er auf Zuruf sogar im Galopp herein. Die Scheu war weg, er lässt sich auch gern putzen und gibt Hufe. Wir werden Partner, die sich mögen, die sich vertrauen und gemeinsam auf den Weg gehen. So muss Dressur beginnen …

Zitat Richard Hinrichs: *„Pferde dürfen Freundlichkeit nicht als Form von Schwäche des Menschen interpretieren."*

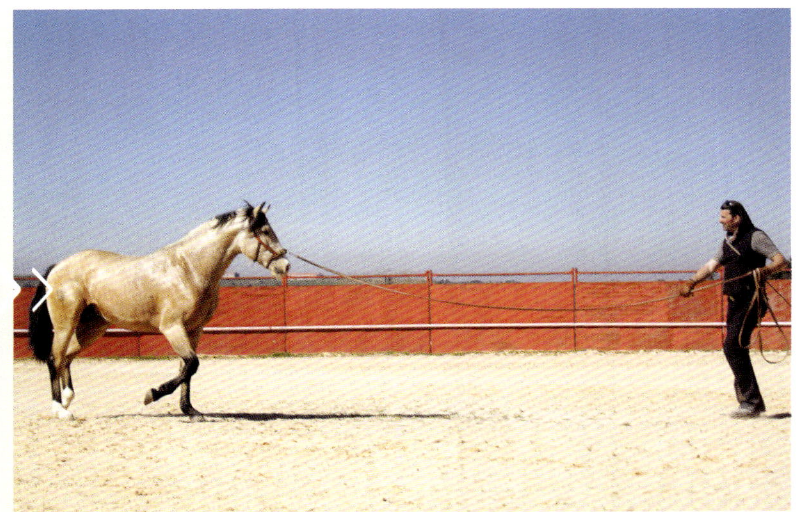

G. Armani als Dreijähriger zu Beginn seiner Ausbildung. Hier im Appell.

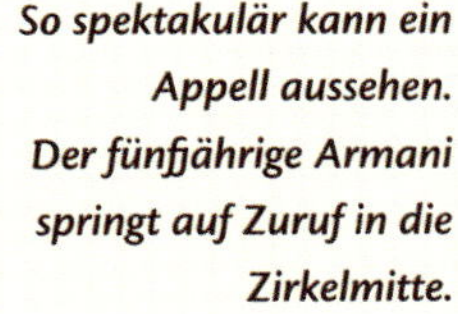

So spektakulär kann ein Appell aussehen. Der fünfjährige Armani springt auf Zuruf in die Zirkelmitte.

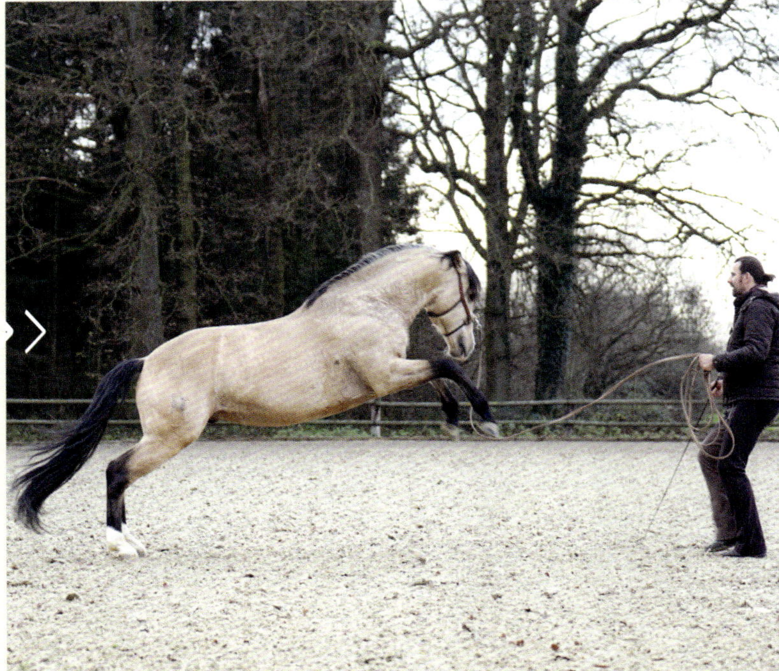

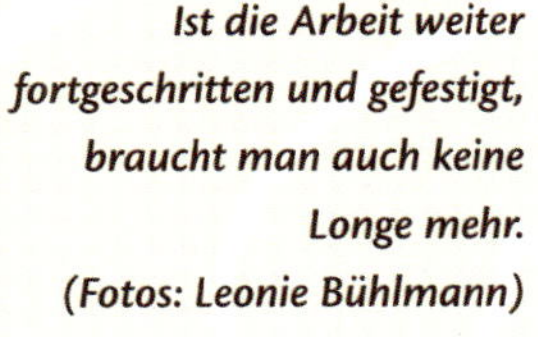

Ist die Arbeit weiter fortgeschritten und gefestigt, braucht man auch keine Longe mehr. (Fotos: Leonie Bühlmann)

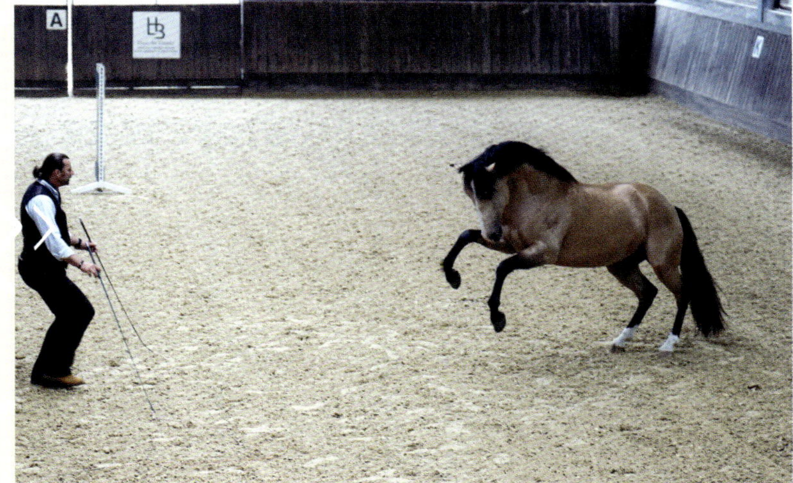

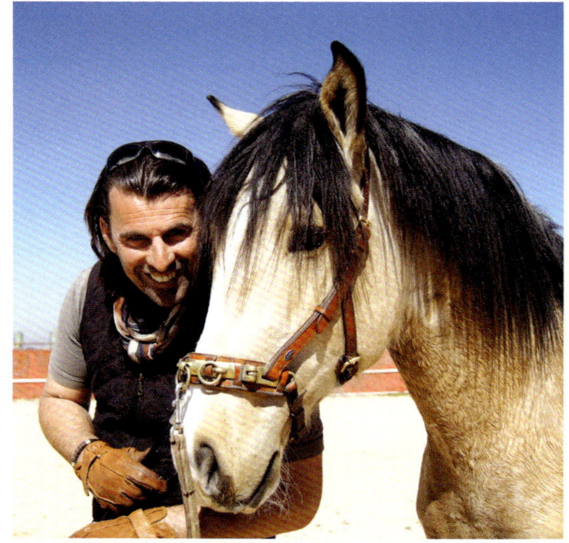

Vertrauensvoll, mit einem Ohr aufmerksam bei Horst, steht der dreijährige G. Armani da. (Foto: Leonie Bühlmann)

Armani und ich machten schöne Fortschritte. So kam der Tag, an dem er so viel Selbstbewusstsein aufgebaut hatte, mich beim Kuscheln zu beißen. Nicht schlimm, aber es tat weh. Natürlich kassierte er sofort eins auf die Nase von mir, und sein ganzes Vertrauen zu mir war erschüttert; er erschrak, rannte rückwärts und wollte weg. Er war beleidigt! Und ich rief ihn mit aller Freundlichkeit, aber bestimmt wieder zu mir. Er kam im Schritt mit gerunzelter Stirn, aber er kam. Er wurde von mir gelobt, als wenn nichts gewesen wäre, ohne negative Emotion, mit gewohnter Freundlichkeit. Wir arbeiteten weiter und am Ende der Arbeit an diesem Tag kam er sogar wieder im Trab auf Zuruf zum Appell zu mir. Diese Geschichte hat und wird sich noch oft wiederholen, bis er akzeptiert hat, dass ich sein Freund und Partner bin, aber eben sein Seniorpartner. Wenn er mich nicht respektiert und meine Position hinterfragt, bekommt er Druck, wird in seine Schranken gewiesen und im zweiten Rang positioniert, aber eben nur dann. Er muss seine Grenzen kennen, das gibt ihm Sicherheit und Freiheit!

Von einer solchen Aktion wird der Hengst lernen, dass ich ein berechenbarer Partner bin, sowohl im Guten als auch im Bösen. Und Berechenbarkeit bringt Vertrauen – auch die eben beschriebene Aktion bringt Vertrauen und sogar Zuneigung!

Outdoorarbeit an der Longe

Neben der Longenarbeit haben wir das Gestüt erkundet: Nicht Grasengehen war die Aufgabe, sondern Auf-Erdhügel-Rennen, ich vorweg, er hinterher und dann irgendwann zusammen. Oder ich gehe allein und er kommt auf Zuruf hoch zu mir. Oder er steht oben und kommt auf Zuruf herunter zu mir.

Oder wir überwinden Viehbrücken, die gemacht und erdacht sind, dass Rinder und Pferde nicht darübergehen und man keine Tore braucht. Armani springt mir hinterher über den vermeintlich gefährlichen Metallrost. Und wir gehen zusammen im Gelände joggen: Er hatte definitiv die bessere Kondition ...

Alles das sieht in erster Linie nach Spielerei aus, aber nicht für den Hengst. Er lernt und lernt und lernt zu verstehen und zu vertrauen. Ein mir zugeneigter Geist ist die wichtigste Grundlage für das weitere Training, das jetzt immer mehr auf körperliche Kraft, Balance, Takt, also lockere Stabilität des Hengstes in der Longenarbeit ausgelegt ist.

Mein Ziel: Er soll an der Longe am Kappzaum ohne eine Ausbindung so laufen, wie ich mir wünsche, dass er mit mir unter dem Sattel läuft. Erst dann kommt der Tag, an dem das Reiten beginnt.

In der Ausbildung eines jungen Pferdes wird gerade beim Anreiten oft viel zu früh aufgesessen und viel zu früh geritten. Und auch wenn man sich vorher viel Zeit genommen hat, das Vertrauen des Pferdes zu gewinnen,

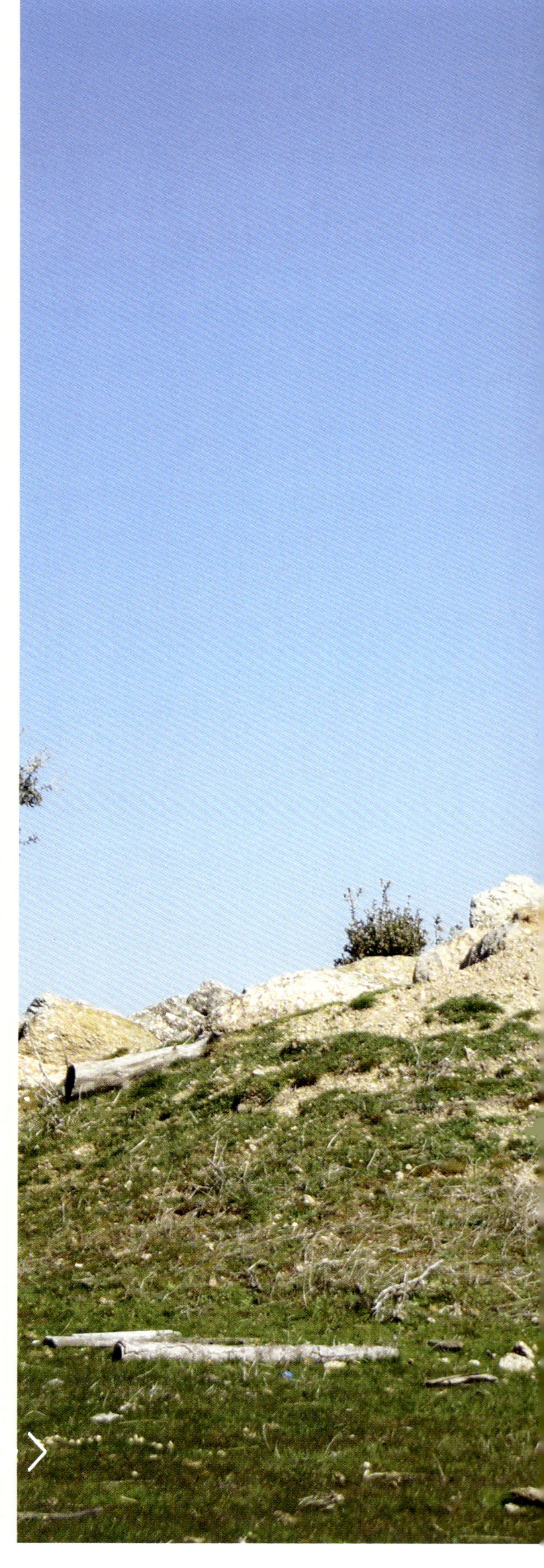

Der junge Armani lernt ... (Foto: Leonie Bühlmann)

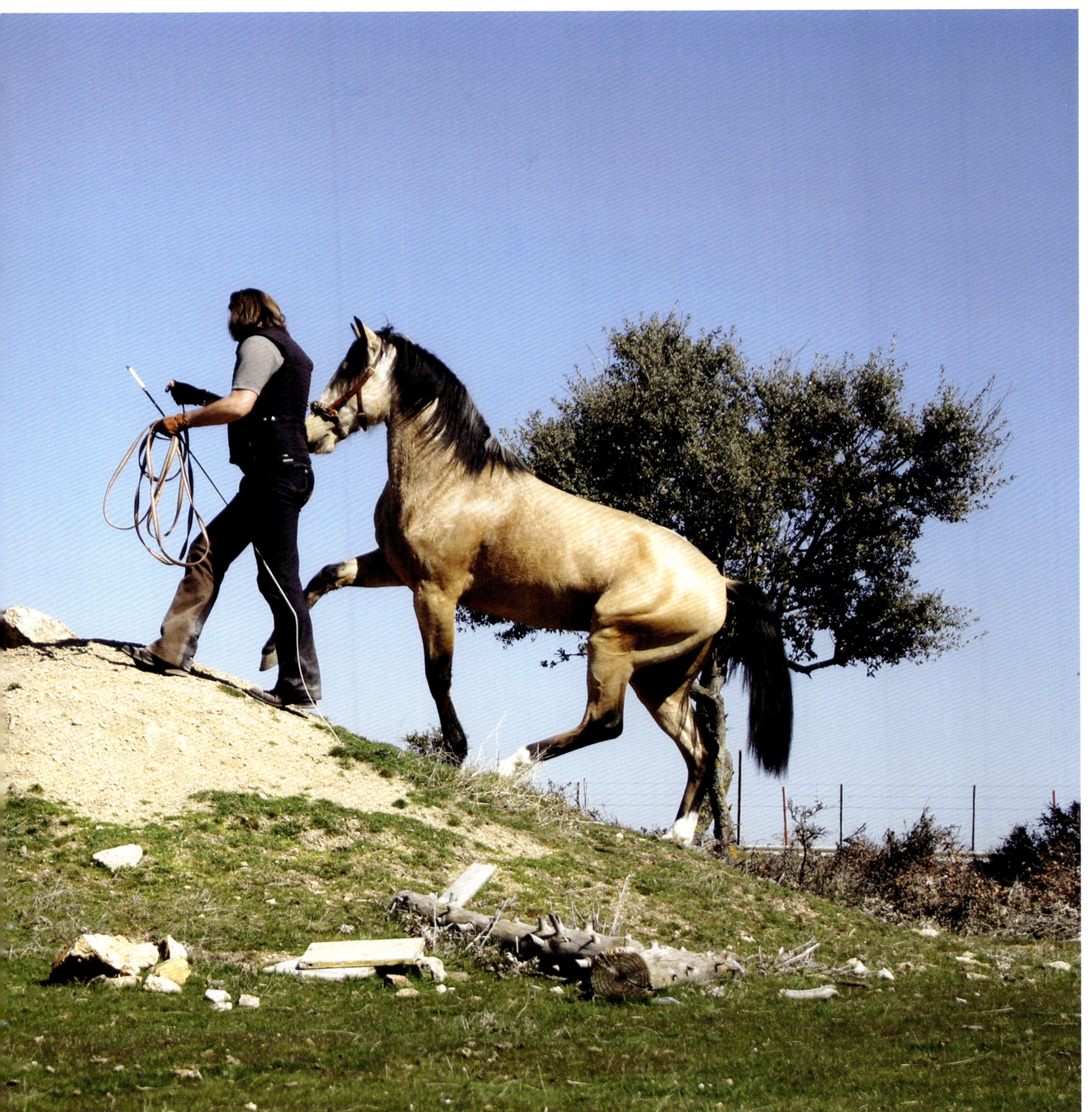

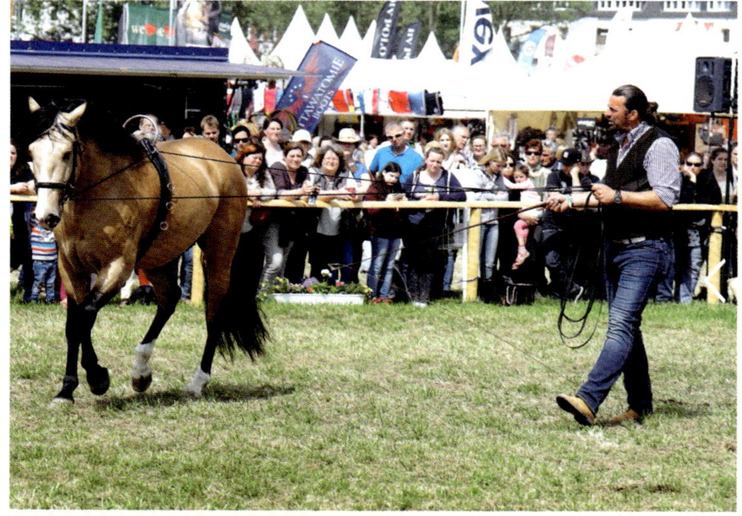

Das Vertrauen hat sich gefestigt. Zwei Jahre später präsentiert sich Armani entspannt auf seiner ersten Messe und lässt sich vom ganzen Trubel weder groß beeindrucken noch ablenken. (Foto: Leonie Bühlmann)

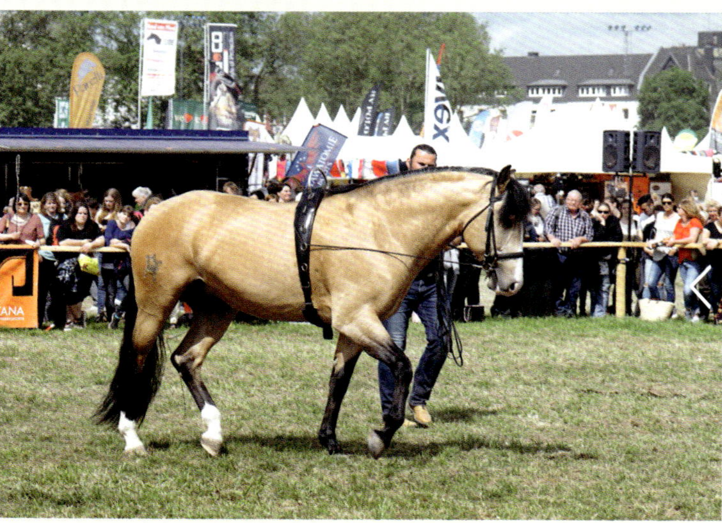

Auch die Arbeit an der Doppellonge ist sehr wertvoll als Vorbereitung auf das Reiten. Armani sieht schon schön bemuskelt aus, obwohl er gerade erst angeritten wird. So gut vorbereitet, ist das Anreiten nur ein weiterer, kleiner Schritt in der Ausbildung. (Foto: Leonie Bühlmann)

und jeden einzelnen Schritt mit ihm zusammen erarbeitet hat, muss das Pferd genügend Kraft haben, um das Reitergewicht zu tragen.

Früher gab es einen Spruch, der sagte: „Mach das Pferd nicht zu stark, sonst wirft es dich ab und hat zu viel Kraft, um sich zu wehren." Das ist für mich einer der dümmsten Sätze, die ich in der Reiterei je gehört habe. Warum sollte ein junges Pferd einen Reiter abwerfen? Ein Pferd will gefallen, vor allem seinem Partner Mensch. Sofern der Mensch für das Pferd als berechenbarer Partner erkennbar ist.

Wenn es sich wehrt, ist das meistens, weil es gestresst ist und kein Vertrauen hat, weil alles zu schnell ging! Andere Gründe sind, weil es zu schwach ist und Stress bekommt, weil es weder Kraft noch Ausdauer hat. In den fünf Jahren im Schweizer Nationalzirkus Knie habe ich viele junge Pferde gesehen, die innerhalb des Longen-ABCs angeritten wurden. Sie hatten Appell und konnten am Arbeitsgurt mit Ausbinder und Trense locker und zufrieden gehen. Sie hatten Volte, Rückwärtsrichten und Cavalettiarbeit im Trab und Galopp gelernt. Und nun kam am Ende einer Longen-ABC-Stunde der Sattel dazu und am nächsten Tag das Reitergewicht – nur über den Pferderücken gelegt. Zwei bis drei Tage später wurde das erste Mal aufgesessen und weitere zwei bis drei Tage später wurde das Pferd am Zügel durchs Genick Schritt, Trab und Galopp geritten. Und eine weitere Woche später lief das Pferd mit Reiter am Zügel frei in der Manege und auch auf dem Hufschlag der Halle. Keines dieser Pferde hat je einen Bocksprung mit dem Reiter gemacht. Denn das Aufsitzen und Anreiten ist im Empfinden des Pferdes nur eine neue Übung. Und da es bereits viele Übungen vor diesem Moment stressfrei mit positiver Energie gelernt hat, wird es auch für diese neue von oben offen sein.

Longen-ABC für Vertrauen, Kraft und Balance

Das Pferd findet seine Balance und seinen Takt, Rhythmus und Losgelassenheit ohne Reiter auf dem Rücken. Es lernt die Schaukel für das Rückwärts, das Arrêt für den Galopp, die Volte für die Biegung und nicht zu vergessen das Seitwärtsgehen.

Die Volte: Ich lasse das Pferd im Schritt auf dem Zirkel gehen. Dann laufe ich langsam, die Longe aufnehmend, so nach hinten auf das Pferd zu, dass es so gerade noch an mir vorbeikann. Somit laufe ich in seinen toten Winkel hinter die Kruppe. Es wird sich nach innen biegen, um zu sehen, wo ich hingehe, und automatisch läuft das Pferd eine Volte. Ich lasse es dann zwei bis drei Runden eng um mich herumgehen. Dann schicke ich es auf die gleiche Art und Weise auf den großen Zirkel hinaus, wie es das schon vom Appell kennt. Mit senkrecht gehaltener Peitsche touchiere ich vorsichtig den Hals hinter dem Kopf, sodass das Pferd aus der Volte direkt auf die Zirkellinie geht. Mein wichtigstes Ziel ist, dass die Longe nach Möglichkeit bei der Voltenarbeit nie spannt, sondern meine Körpersprache das Pferd leitet und die Longe nur zur Sicherheit geführt wird. Hat das Pferd die erste Scheu vor der Übung verloren, gehe ich einen Schritt weiter. Nun lege ich beim Einleiten der Volte,

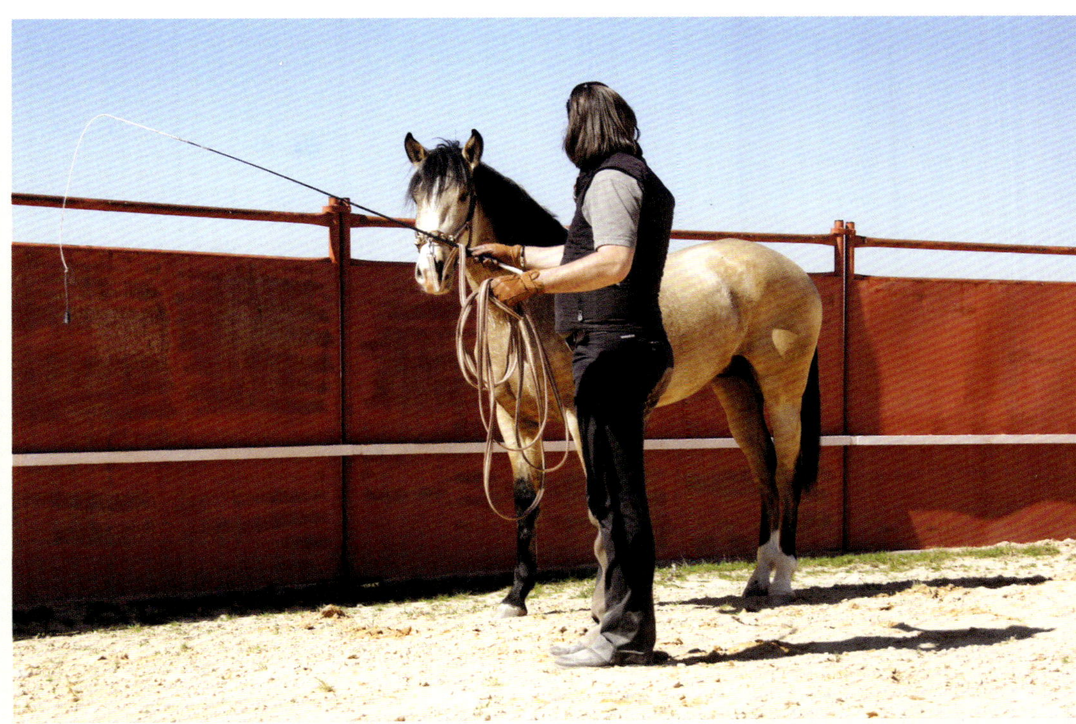

Der dreijährige Armani lernt das Anhalten auf der Zirkellinie durch das Zeichen der erhobenen Peitsche. (Foto: Leonie Bühlmann)

während ich nach hinten auf das Pferd zu laufe, die Peitsche sanft in die Gurtlage des Pferdes. Aber nicht stechend, sondern flach angelegt. Das Pferd lernt, sich daran anzulehnen, sich sozusagen um die Peitsche zu biegen. Dies ist ein sehr fragiler Prozess, der mit Geduld und Vorsicht entwickelt werden muss, damit das Pferd der Steigerung der Aufgabe immer folgen kann. Wie bei vielen Punkten der Ausbildung, kommt es nicht darauf an, wie schnell man vorwärtskommt, sondern genau das Gegenteil ist der Fall: Man sichert das schnellere Vorwärtskommen durch kleine Schritte, die für das Pferd immer erreichbar sind.

Neben dem Erarbeiten von Übergängen innerhalb der Grundgangarten ist das Anhalten auf der Zirkellinie der nächste fundamentale Schritt. Ich lasse das Pferd wieder im Schritt auf dem Zirkel gehen, trete etwas vor das Pferd und halte Peitsche und den Handstock vor mir hoch. Dadurch wird das Pferd abgebremst und angehalten. Natürlich kombiniere ich meine Körpersprache mit einem ruhigen Hoohoo-Haaalt. Ich muss aufpassen, dass sich das Pferd nicht in die Enge gedrängt fühlt und nach vorn oder hinten flüchtet. Am Anfang ist es sogar empfehlenswert, das Pferd nur zu verlangsamen, aber es letztlich weitergehen zu lassen und das finale Anhalten erst im fünften oder sechsten Versuch anzufragen. Gelingt diese Art Übung sicher, kann ich mit dem Rückwärtsrichten beginnen.

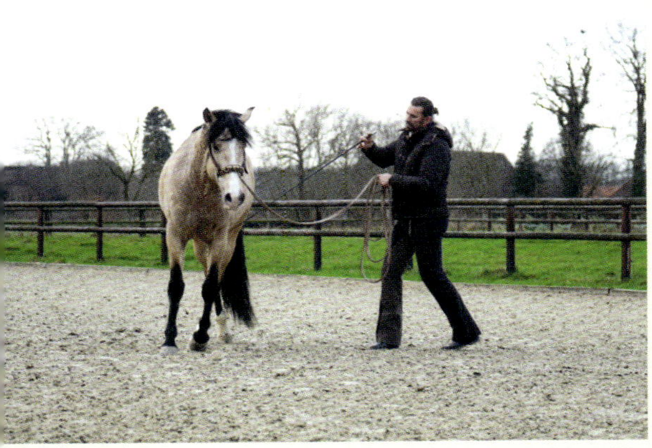

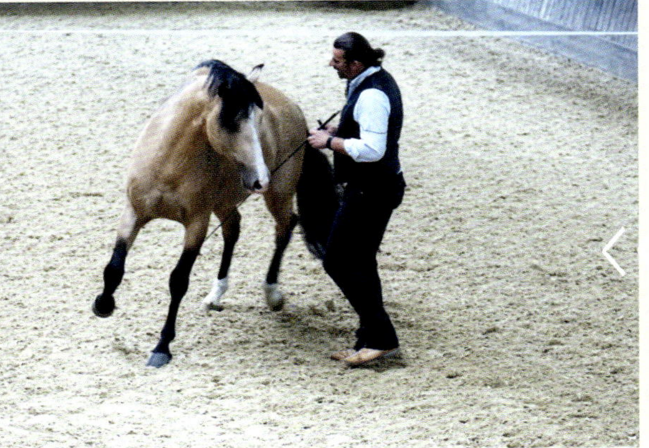

Armani biegt sich in der Volte schön um die Peitsche. Im Dezember 2015 noch an der Longe und im Juni 2016 auch schon frei. (Fotos: Leonie Bühlmann)

Das Rückwärtsrichten: Dieses beginne ich immer zuerst aus dem Appell. Das bedeutet: Ich rufe das Pferd in gewohnter Art und Weise vom Zirkel zu mir. Wenn es ruhig vor mir steht, nehme ich Peitsche und Handstock vor dem Kopf des Pferdes hoch, allerdings nicht mit der Spitze, diese wäre zu unruhig, sondern mit dem Griff. Dann bewege ich die beiden Griffe etwas vor dem Kopf, gehe ein bisschen auf das Pferd zu und es wird zurückweichen. Sollte es das nicht tun, kann ich mit der Spitze des Handstocks gleichzeitig etwas die Brust touchieren. Wenn diese Übung sicher in der Zirkelmitte aus dem Appell gelingt, halte ich mein Pferd in gewohnter Manier auf der Zirkellinie an, hebe und senke nach dem Anhalten ruhig Peitsche und Handstock vor dem Kopf des Pferdes, unterstütze mit dem verbalen Kommando, das ich beim Rückwärtsrichten aus dem Appell eingebaut habe, und warte die erste kleine Reaktion ab, um das Pferd wiederum verbal zu belohnen. Aber immer so, dass es nicht auf die Idee kommt, vor Freude zu mir hereinzukommen.

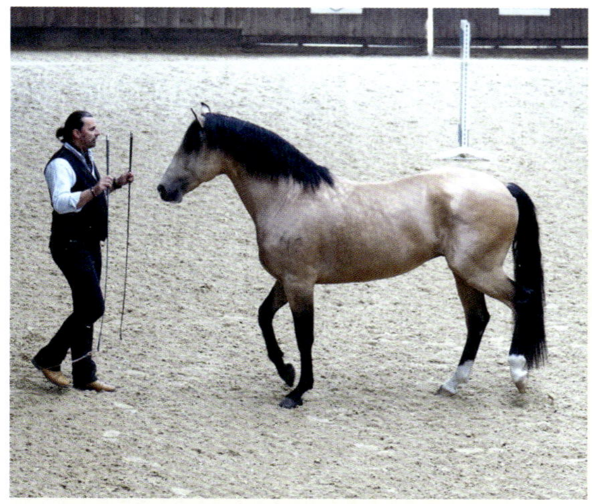

In der Zirkelmitte tritt Armani nach dem Appell auch schon ohne Longe durch die Zeichen der Griffe der Peitschen ruhig zurück. (Foto: Leonie Bühlmann)

Gelingt diese Übung sicher, kann ich beginnen, aus dem Trab zu halten, rückwärtszurichten und wieder anzutraben und sogar im Galopp anzuhalten, rückwärtszurichten und wieder anzugaloppieren. Und fertig ist die Schaukel an der Longe. Jetzt haben wir das körperlich absolviert, was wir für die Parade unter dem Sattel benötigen: die Schaukel.

Das Seitwärtsübertreten an der Hand ist die nächste wichtige Grundübung innerhalb des Longen-ABCs. Hierbei rufe ich das Pferd wieder zum Appell. Wenn es ruhig gerade vor mir steht, behalte ich die Longe kurz und touchiere nicht mit hohem Stock Hals und Kopf, sondern vorsichtig mit niedrigem Stock die Hinterhand nach draußen. Und zwar seitwärts-vorwärts so, dass sich das Pferd nicht selbst auf die Füße tritt. Ich gehe auf Höhe des Auges des Pferdes in einem kleinen Kreis mit, um den Radius für das Pferd nicht zu klein zu machen. Man achtet auch darauf, dass sich das Pferd nicht zu viel biegt und über die äußere Schulter geht, sondern verhältnismäßig gerade gerichtet seitwärts auf einer größeren Volte geht. Nach ein paar braven Seitwärtstritten ruft man das Pferd wieder zu sich, geht rückwärts und bricht mit einem Appell und einem Lob die Übung ab. In der Folge kann man diese kurze Übungssequenz immer wieder in die Longenarbeit einbauen – so lange, bis das Pferd die Übung sicher und stressfrei umsetzt. Man beginnt immer auf der hohlen Seite des Pferdes, also auf der Seite, auf der sich das Pferd leichter biegt, und absolviert dann erst die andere Hand. Beherrscht das Pferd diese Übung, hat es die Basis für die Seitengänge an der Hand, für die Rückenschule und somit für einen spezifischen Muskelaufbau über die Diagonalen des Pferdes erlernt.

Die Cavalettiarbeit ist der letzte Teil des Longen-ABCs. Sie ist nicht nur für die körperliche Fitness des Pferdes, seine Koordination und seinen Takt wichtig, sondern vor allem für die Psyche. Sie schult neben den Augen und Beinen die Koordination und die Balance. Und es bedarf vor allem Mut, in flüssigem Trab über die einzelnen Stangenkreuze zu gehen. Ich verwende gern die Rattan-Cavaletti, wie ich sie aus meiner Zeit im Zirkus Knie kennengelernt habe. Sie sind sehr leicht und sehr flexibel. Stößt sich das Pferd daran, wird es sich nicht wehtun und nicht verletzen. Aber dass sich die Stange bewegt und federt, was dem Pferd unangenehm ist, hat zur Folge, dass es schnell Respekt vor dem Cavaletti hat und vorsichtig und konzentriert darübergehen wird.

Man beginnt mit einem Cavaletti und lässt das Pferd mit einem langen Abstand von zwei bis drei Metern im Schritt und danach im Trab darübergehen. Man sollte mit leicht angehobener Peitsche dafür Sorge tragen, dass das Pferd nicht hereinkommt oder ums Cavaletti herumläuft. Gelingt die Arbeit mit einem Cavaletti, stellt man drei Cavaletti in Trababstand auf die Zirkellinie. Dies kann man steigern bis zu fünf oder sechs Stück. Um den richtigen Abstand für das jeweilige Pferd leicht feststel-

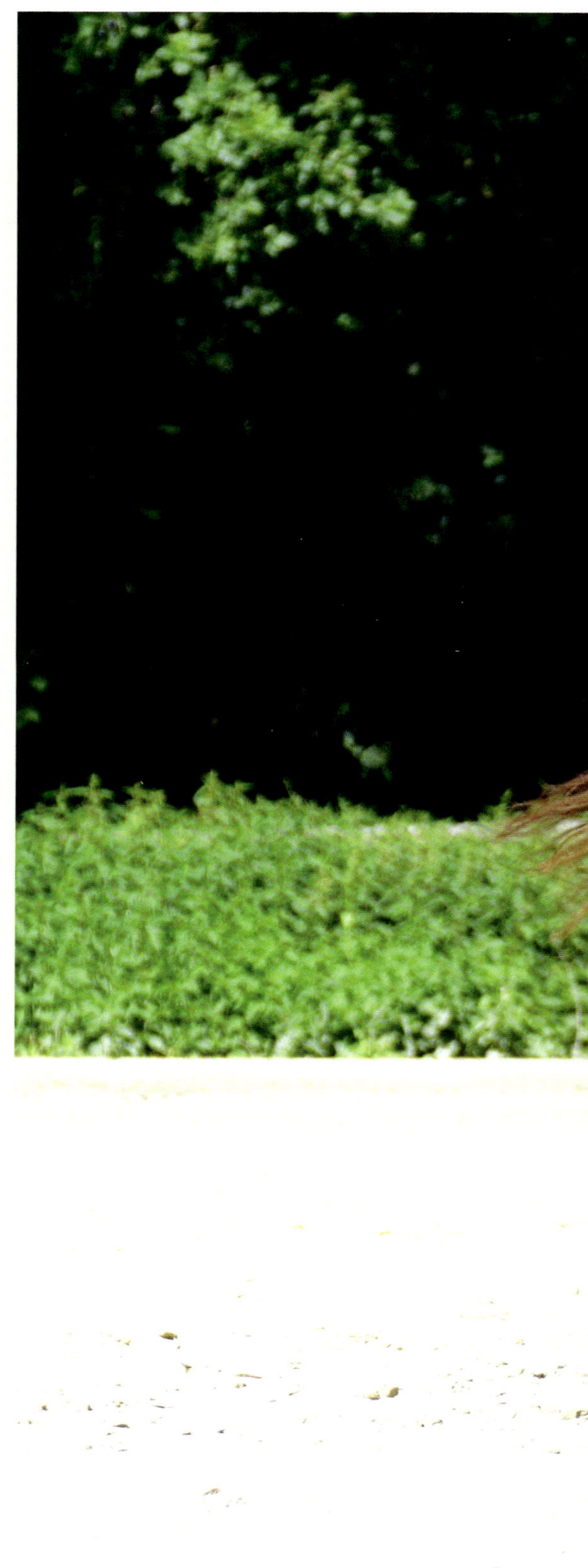

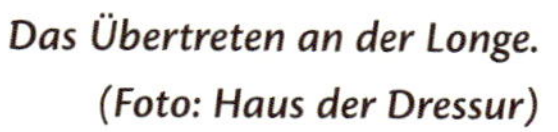

Das Übertreten an der Longe. (Foto: Haus der Dressur)

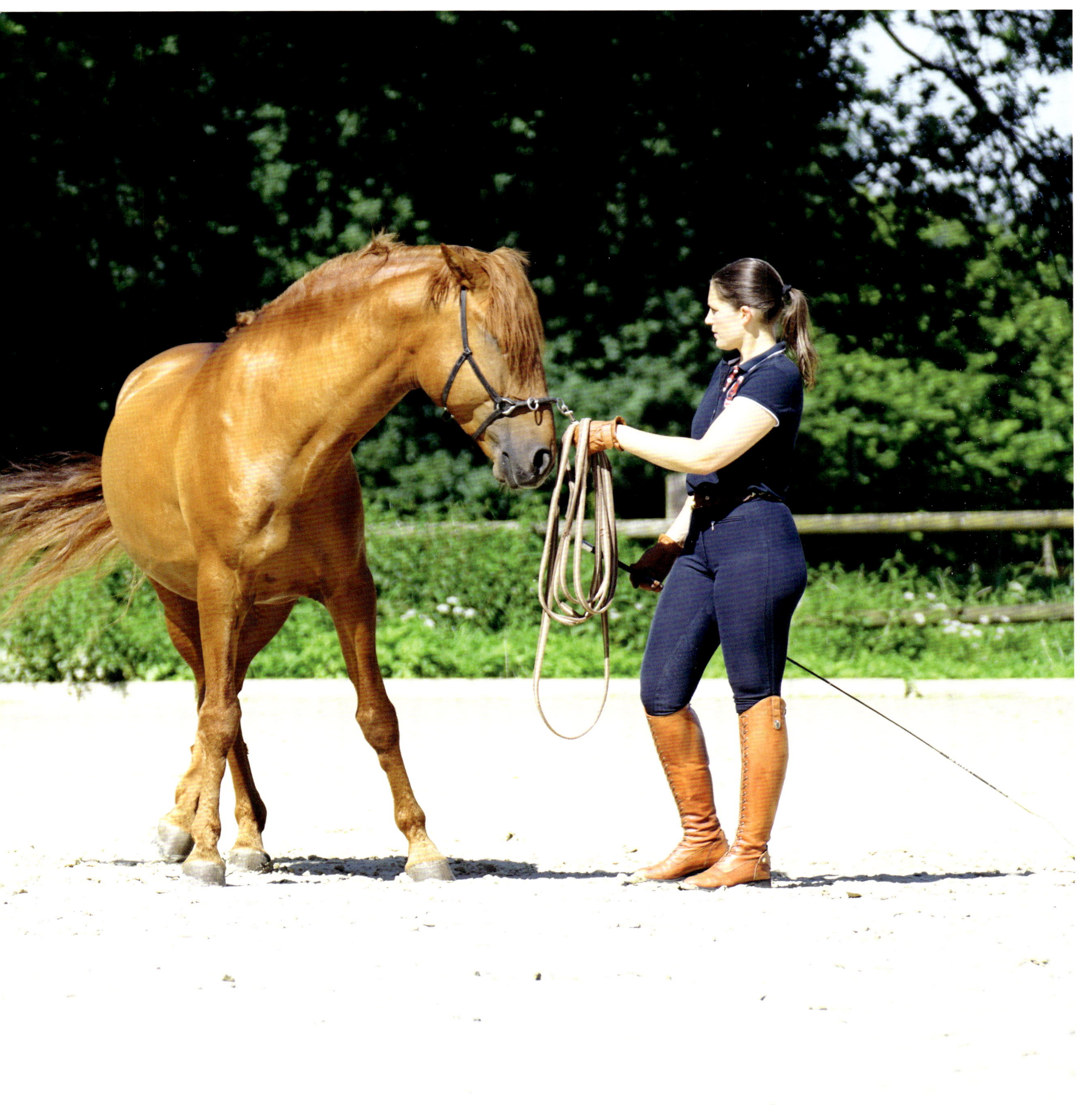

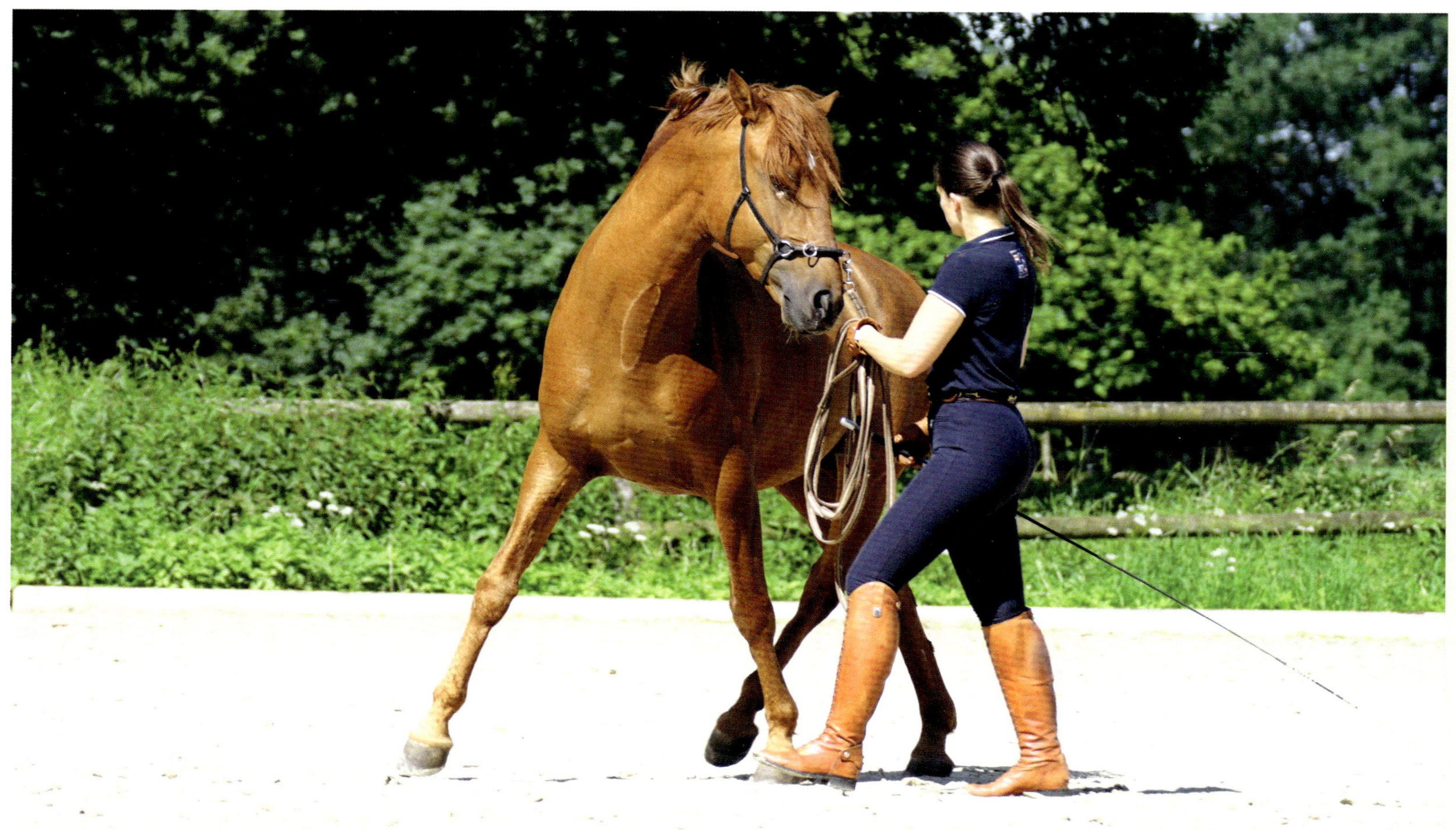

Übertreten an der Longe am Kappzaum im Trab. (Foto: Haus der Dressur)

len zu können, legt man einen Stangenfächer auf die Zirkellinie. Der Abstand zwischen den einzelnen Cavaletti ist somit innen kleiner und außen größer, und so kann das Pferd seinen Abstand selbst finden.

Für die Galopparbeit an den Cavaletti nimmt man aus der Trabaufstellung jedes zweite heraus. So erhält man die Distanz für einen ruhigen mittleren Galopp.

Vielleicht werden Sie sich fragen, was all diese Longenarbeit in einem Buch über Paraden zu suchen hat. Ganz einfach: Die Parade ist immer nur so gut wie der Körper, der sie ausführt. Also einerseits der Mensch, der mit feinen Einwirkungen arbeiten muss, und zum anderen das Pferd, das einen gut trainierten und gut ausbalancierten Körper und einen wachen und offenen Geist haben muss.

Kraft und Balance, die Rückenschule an der Longe

Bekomme ich ein älteres Pferd ins Training, das bereits geritten ist, dann liegt der Fokus auf zwei Dingen: zum einen auf der Fitness des Pferdes, seinen Muskeln, seiner Kraft und Ausdauer und zum anderen seiner Durchlässigkeit und daraus resultierend seiner Rittigkeit – also wie es die Hilfen annimmt und umsetzt. Die Fitness und Durchlässigkeit eines Pferdes erarbeiten wir oft parallel zum Reiten an der Longe. Wir nennen diese Arbeit Rückenschule.

Die Rückenschule ist eine spezielle Hand- und Longenarbeit, bei der das Pferd über seine Diagonalen gearbeitet wird. Hauptsächlich wird es vom inneren Hinterbein zum äußeren Vorderbein durch die äußere Schulter gearbeitet. Im Gegensatz zum Übertreten unter dem Sattel behalte ich das Pferd nicht gerade, sondern biege es so, dass es etwas über die äußere Schulter geht, aber im Hinterbein und Vorderbein trotzdem noch übertritt.

Das Pferd ist zu Beginn nur mit einem Kappzaum ausgestattet, ohne Hilfszügel oder Ausbinder, sodass es sich frei bewegen und somit gut ausbalancieren kann. Man beginnt in der Zirkelmitte aus dem Appell und immer auf der hohlen Seite. Man führt das Pferd zuerst kurz an der Longe und lässt es zu Beginn einige Tritte seitwärts im Kreis übertreten. Dabei gibt man kleine Rucke an der kurzen Longe, sodass das Pferd nicht nach vorn wegstürmt und sich mehr als die Linie, auf der es geht, biegt. Auf keinen Fall darf man das Pferd mit Kraft an der Longe festhalten oder

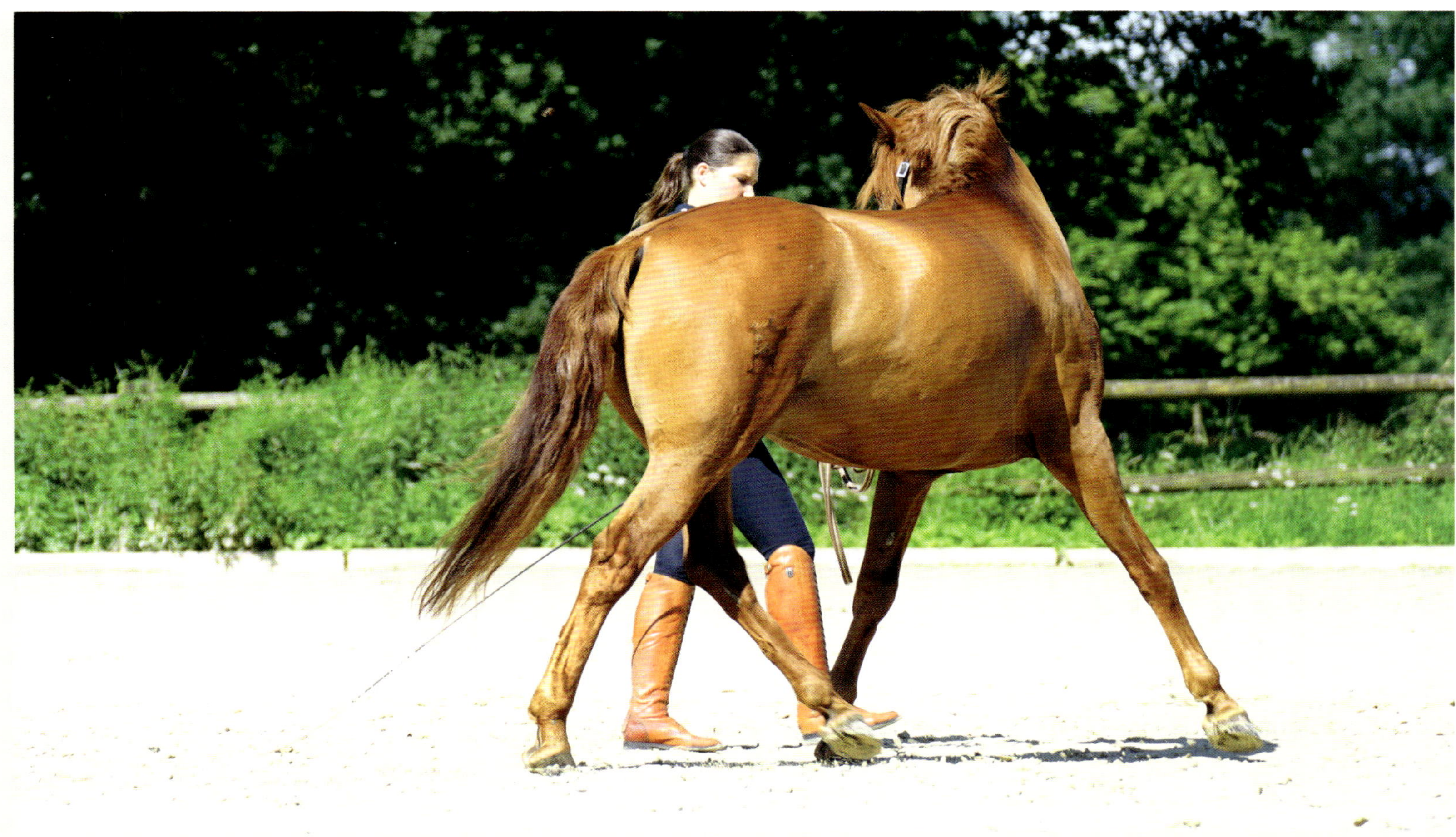

Beim steileren Übertreten im Trab wird die Rumpf- und Bauchmuskulatur trainiert. (Foto: Haus der Dressur)

sich mit dem Körper gegen den Pferdekörper stemmen, um das Pferd bei sich zu behalten. Druck erzeugt immer Gegendruck, und Zug erzeugt Gegenzug. Wenn man sich gegen das Pferd stemmt, wird es eher anfangen sich anzulehnen und den Longenführer wegdrücken, als dass es weggeht. Und wenn man mit Kraft versucht, das Pferd an der Longe zu halten, und das Pferd mit Kraft dagegen zieht, wird das Pferd wohl immer die Überhand behalten.

Am Anfang lässt man das Pferd im Verhältnis zur Zirkellinie nur leicht seitwärtsgehen. Somit ergibt sich eine Rotation im Rücken des Pferdes, die den langen Rückenmuskel bis in die Tiefe löst. Im Verlauf der Arbeit steigert man die Abstellung und lässt das Pferd immer mehr und immer steiler übertreten. Dann spricht man vermehrt die schräge und gerade Rumpf- und Bauchmuskulatur an. Und genau diese Muskelgruppe möchte ich aufbauen. Denn wenn die Rumpf- und Bauchmuskulatur gestärkt ist, hebt sich automatisch der Rücken an. Man beginnt mit kurzen Reprisen seitwärts auf einem kleinen Kreis in der Mitte des Zirkels. Man touchiert das Pferd sozusagen um sich herum und entlässt es dann auf die große Zirkellinie in die Gangart seiner Wahl. Gewünscht wäre am Anfang aus dem Schritt ein ruhiger, gedehnter Schritt. Und später, wenn man das Pferd aus dem Schritt seitwärts in den Trab seitwärts antouchiert, sollte das Pferd im Trab zur Zirkellinie hinausgehen. Perfekt wäre es, wenn man es beim Hinausschicken auf die Zirkellinie mit einem kleinen Ruck an der Longe auf dieser angaloppieren lassen kann. Nach ein bis zwei Runden auf dem Zirkel nimmt man das Pferd wieder auf, ruft es herein und beginnt erneut mit dem Übertreten auf einer kleinen Volte.

Beherrscht das Pferd die Übung im Schritt und Trab, kann man behutsam beginnen, das Pferd auch im Galopp seitwärts übertreten zu lassen. Man fängt an, indem man das auf dem Zirkel galoppierende Pferd langsam aufnimmt und hereinholt und so den Zirkel immer mehr verkleinert. Wenn das Pferd gut vorbereitet ist, reicht allein die Körpersprache, um es im Galopp seitwärtszuarbeiten.

Schon nach wenigen Wochen werden Sie die Veränderung an Ihren Pferden sehen und spüren, wenn Sie drei- bis viermal in der Woche in der Rückenschule trainieren. Aber auch hier gilt: Gefühl und Geduld! Immer aus der Harmonie der Bewegung und nicht gegen die Bewegung arbeiten.

(Foto: Gina Mazza)

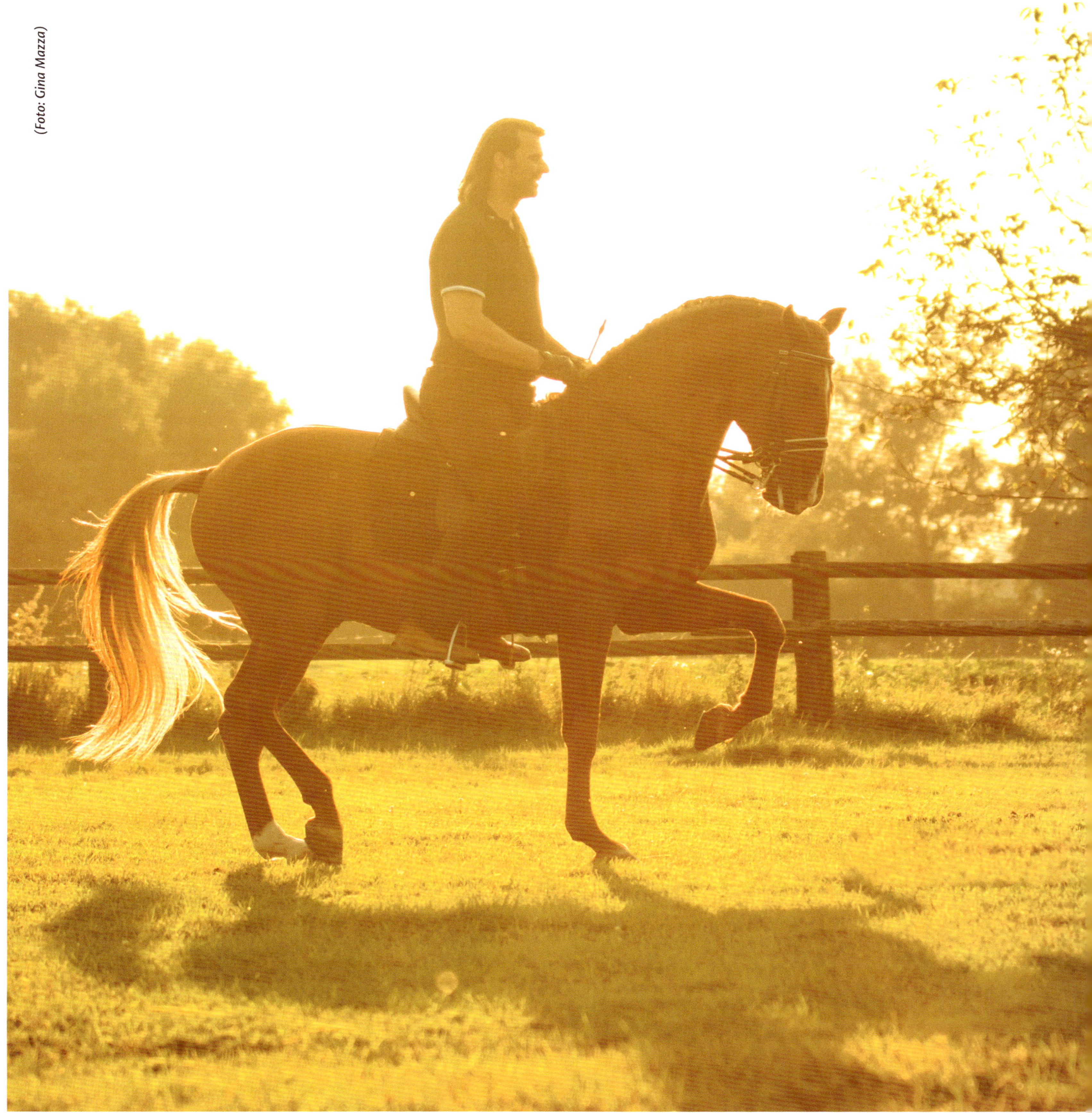

Psychische, mentale, emotionale Seite der Hilfengebung

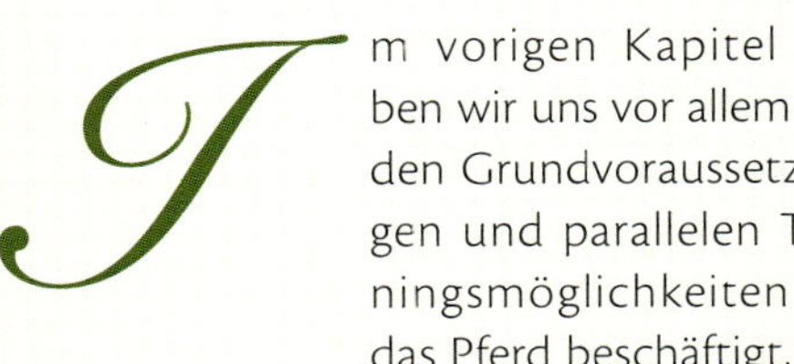

Im vorigen Kapitel haben wir uns vor allem mit den Grundvoraussetzungen und parallelen Trainingsmöglichkeiten für das Pferd beschäftigt, um Lockerheit und Losgelassenheit zu erzielen und um eine gute Basis für die Arbeit unter dem Sattel zu schaffen. Jetzt wollen wir uns einmal mit dem Menschen, mit dem Reiter beschäftigen. Auch der Reiter braucht sowohl eine körperliche als auch eine psychische Losgelassenheit. Die Aufgaben des Alltags, der Stress und der Druck, denen wir heute oft ausgesetzt sind, wirken sich auch auf unsere Arbeit mit dem Pferd aus. Davor ist niemand gefeit. Versuchen Sie den Alltagsstress nicht mit aufs Pferd zu nehmen. Schaffen Sie sich eine spezielle Atmosphäre um sich und Ihr Pferd auch psychisch loslassen zu können. Ein Zitat aus meinem Unterricht: „Nehmen Sie das Adrenalin der Strasse nicht mit aufs Pferd".

Dazu kommt die körperliche Fitness des Reiters. Er braucht kein Leistungssportler zu sein, aber eine gewisse Körperbeherrschung und Kondition sind gute Voraussetzungen für ein harmonisches Reiten.

Auch an Sie persönlich stellt die Parade Anforderungen

Im Leben haben wir Ziele, die wir erreichen müssen und die wir erreichen wollen. Dinge zuzulassen, Dinge laufen und auf sich zukommen zu lassen, also loszulassen, sind heute nicht unbedingt unsere Stärken. Ein Pferd zu parieren heißt, es einerseits zu führen, ihm Aufgaben zu stellen und dann aber abzuwarten, bis das Pferd die Aufgaben erfüllt. Der heutige, moderne Reitunterricht ist oft so gestaltet wie unser Leben und zielt darauf hin, auf Dinge direkt einzuwirken und sie direkt zu formen. Das bedeutet aber oft für das Pferd genauso viel Stress wie für uns im Arbeitsleben. Und oft sind die Ergebnisse nur durchschnittlich und auf keinen Fall nachhaltig, weil es weder genug Zeit noch Energie gab, damit sich ein Prozess hätte entwickeln können.

In England gab es einen sehr erfolgreichen Rennpferdetrainer. Und die ganze Szene fragte sich, was das Geheimnis seines Erfolgs war. Man schleuste einen Pfleger ein, der herausfinden sollte, was der Trainer füttert und ob er

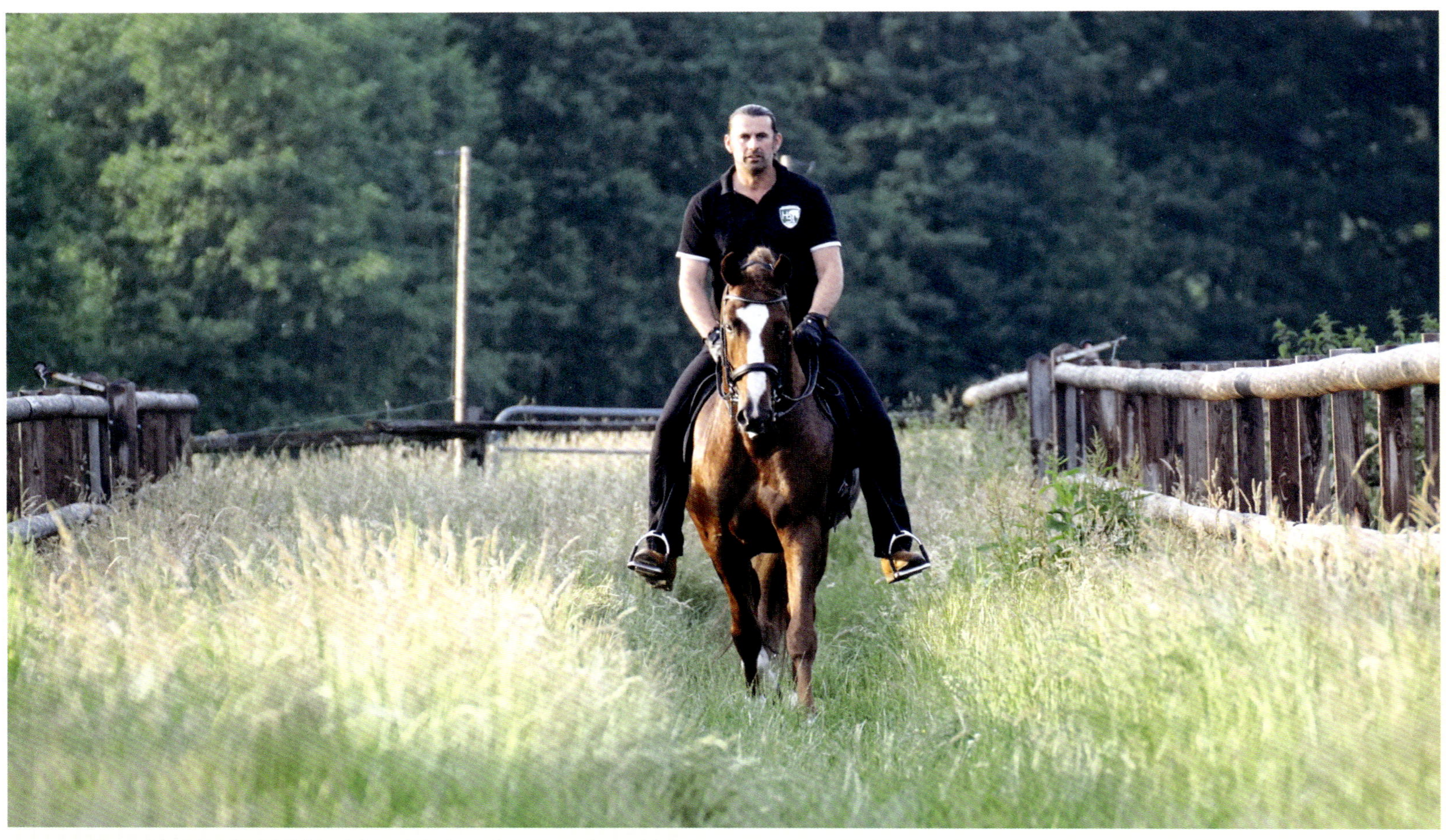

Nehmen Sie sich Zeit, um sich auf die Arbeit einzustimmen, und entwickeln Sie eine Routine. Abwechslung tut gut, aber nicht in den grundlegenden Trainingsbedingungen. Das Pferd muss von seinem Vortag profitieren können. (Foto: Leonie Bühlmann)

irgendwelche Substanzen gibt, die diese enorme Leistungssteigerung der Pferde in kürzester Zeit bewirken. Man fand nichts! Ein Pferd, das arbeitete, bekam dreimal am Tag zwei Schippen Hafer, ein Pferd, das nicht arbeitete, eine Schippe Hafer. Egal, ob es die Ponys der Kinder waren oder der Millionengalopper. Und alle Pferde bekamen so viel Heu, wie sie fressen konnten, und ihre Boxen waren gut mit Stroh eingestreut. Auch das Training verlief auf den ersten Blick genauso wie bei jedem anderen Trainer. Und trotzdem wurden häufig erfolglose Pferde sehr erfolgreich, nachdem sie einige Monate bei diesem Trainer trainiert wurden.

Das Geheimnis war die Kontinuität, die Konsequenz und das Gleichmaß in Fütterung, Haltung und Training. Der Begriff „Morgenarbeit“ ist uns Reitern eigentlich allen geläufig, nur was er wirklich bedeutet, ist in unserer heutigen, modernen Zeit verloren gegangen. Betrachten wir das Beispiel des Galoppertrainers: Jedes Pferd wurde gleich gefüttert mit einfachen, qualitativ hochwertigen Produkten ohne Pulver und sonstige Verrücktheiten, die den Organismus oft mehr belasten, als sie Nutzen bringen.

Das Training fand sechs Tage die Woche statt. Jedes Pferd ging immer zur selben Zeit ins Training, war immer im gleichen Lot, also immer mit den gleichen Pferden in einer Trainingsabteilung, und es wurde immer vom gleichen Reiter geritten. So bildet sich ein Tages- und Wochenschema, auf das sich das Pferd und der Mensch, also der Reiter und Trainer, automatisch und unbewusst einstellen. Energien werden beim Pferd zu einer gewissen Zeit des Tages zur Verfügung gestellt und andere Zeiten des Tages werden zu Erholung und Futteraufnahme genutzt.

Das Pferd wurde nicht kurz nach der Futteraufnahme aus dem Stall genommen und auf Hochleistung getrimmt, wenn das Blut im Magen und in den Gedärmen gebraucht wird, um die Energie aus dem Futter aufzunehmen und im Körper zu verteilen. Denken Sie an sich selbst und an das Nachmittagsloch, nachdem Sie ausgiebig zu Mittag gegessen haben. Dann steht Ihnen der Wunsch eher nach einer Siesta als nach einem Lauf durch den Park …

Der immer gleiche Reiter, der das Pferd im täglichen Training reitet, entwickelt ein Gefühl

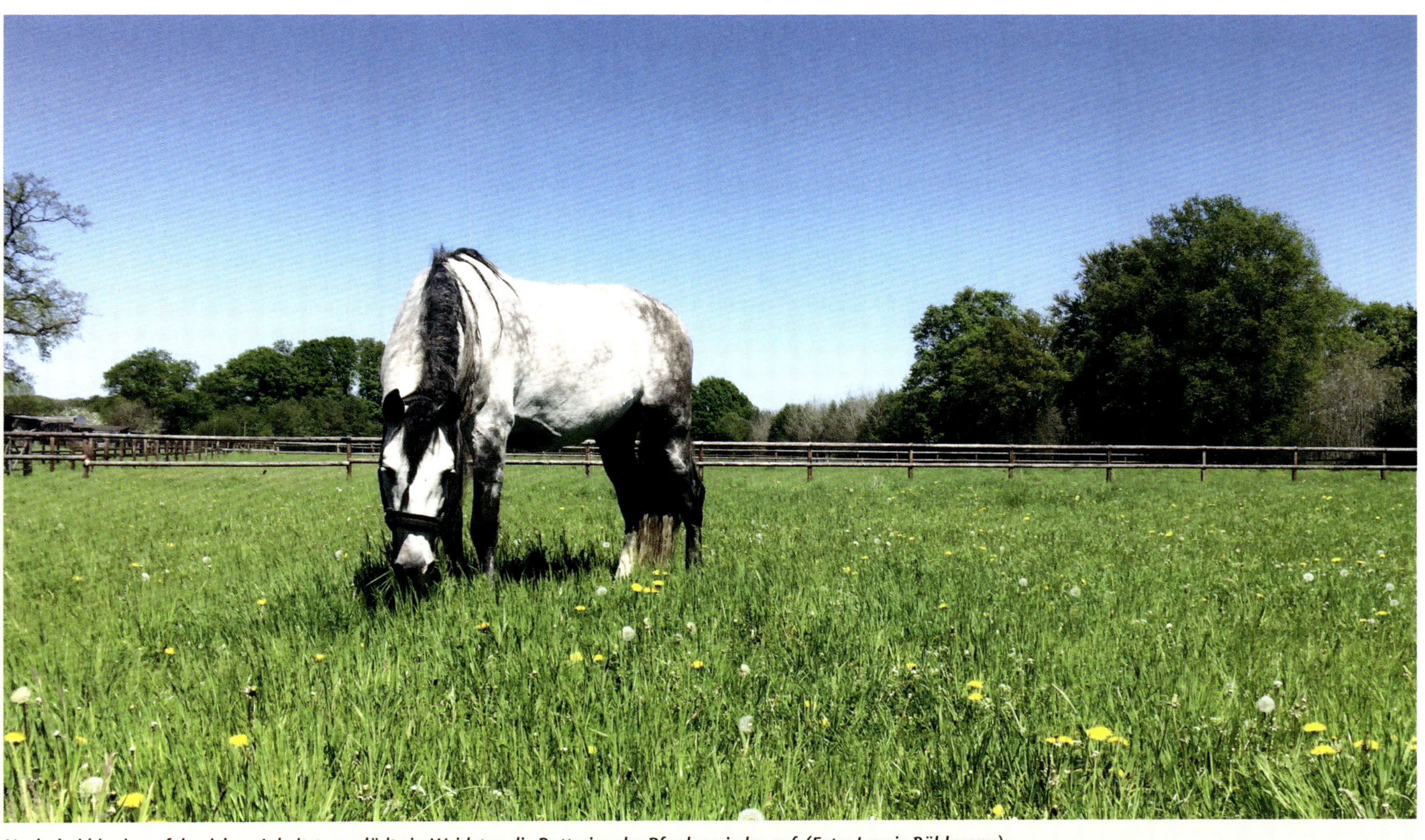

Nach drei bis vier erfolgreichen Arbeitstagen lädt ein Weidetag die Batterien des Pferdes wieder auf. (Foto: Leonie Bühlmann)

für das Pferd, und das Pferd entwickelt ein Gefühl für den Reiter. Diese Routine schafft eine berechenbare Situation für beide. Es werden keine Energien für Lagerkämpfe und emotionale Dramen verwendet. Sondern Reiter und Pferd wachsen langsam zusammen, lernen sich kennen und stützen sich gegenseitig.

So entstehen optimale Trainingsergebnisse. Der Reiter merkt sofort, wenn mit dem Pferd irgendetwas nicht stimmt, und kann mit seinem Trainer das Training dementsprechend anpassen. Ein Pferd, das eine emotional positive Bindung zu einem Reiter hat, wird für diesen mehr Leistung bringen.

Aber für Außenstehende waren die Geheimnisse dieses Trainingskonzepts nicht zu erkennen. Denn sie waren simpel und unspektakulär, aber gerade dadurch in ihrer Wirkung so effektiv.

Ich habe über 15 Jahre hinweg einen großen Betrieb geführt. Wir hatten Trainingspferde, gaben Unterricht und hielten Seminare ab. Der Tagesablauf im Betrieb richtete sich nach den täglichen Anforderungen und wechselte somit. Was für die Trainingspferde bedeutete, dass sie nicht immer zur gleichen Zeit vom gleichen Reiter in der Energie des Vortags gearbeitet wurden. Und ehrlich gesagt machte ich mir auch wenig Gedanken darüber. Als ich das erste Mal im Winter im Schweizer Nationalzirkus Knie war, beobachtete ich, mit welcher klaren Konsequenz der Fahrplan des Tages eingehalten wurde. Jedes Pferd wurde etwa zur gleichen Zeit und vom selben Menschen trainiert wie am Vortag. Nach einer Woche spürte ich an mir selbst diesen berechenbaren Rhythmus, der mich mitzog und der meinen eigenen Tagesablauf so beeinflusste, dass ich die Energie für die Pferdearbeit dann zur Verfügung hatte, wenn ich in der Reithalle war. Nach 14 Tagen kam ich nach Hause und krempelte meinen ganzen Betrieb um. Nicht nur, dass jedes Pferd im Betrieb das Knie'sche Longen-ABC lernen musste, sondern ich führte einen 14-Tage-Plan ein. Ich machte mir vorher Gedanken über die Ziele, die ich am Ende der Trainingszeit erreichen wollte, und plante daraufhin die Trainingseinheiten des einzelnen Pferdes mit Thema, Uhrzeit und Reiter. Nach wenigen Tagen stellte sich ein Rhythmus im Betrieb ein, der alle trug, sowohl Mitarbeiter als auch Pferde. Jeder konnte vom Ergebnis des Vortags profitieren, was die Trainingsfortschritte beschleunigte, eine große Motivation und viel positive Energie in die Arbeit brachte.

Man merkte auch sofort, wenn es einem Pferd zu viel wurde. Jeden Tag spürte man, dass man vom Vortag profitierte, täglich leicht in die Arbeit einstieg und die Energie des Vortags schnell wieder abzurufen war. Und dann gab es einen Tag, wo man merkte, dass das Pferd auf die Energie des Vortages nicht zurückgreifen konnte. Es stieg nicht so in die Arbeit ein wie in den Tagen zuvor. Jetzt war die Zeit gekommen, eine lockere und leichte Trainingseinheit einzubauen und nicht negative Schlüsse daraus zu ziehen – beispielsweise, das Pferd sei faul und nicht arbeitswillig. Da der Reiter die kontinuierliche Entwicklung der letzten Tage selbst gespürt hatte, fiel es ihm auch leichter, die schlechte Leistung des Pferdes am heutigen Tag nicht als persönlichen Angriff auf seine Person zu münzen. Sondern er konnte emotional loslassen, großzügig in einer lockeren Bewegung über den schlechten Tag hinwegreiten, ohne zu versuchen, Leistungen abzufragen, die heute einfach nicht zur Verfügung standen. Das Pferd bekam am nächsten Tag eine Weidepause und lief am übernächsten Tag wieder locker, zufrieden und leistungsbereit in die Arbeit ein.

Genau dasselbe System versuche ich bei meinen Kursen und Seminaren anzuwenden. Die erste Trainingseinheit dient dazu, sich kennenzulernen und einen Prozess zu starten, der Reiter und Pferd in eine neue stabile Richtung beeinflusst und Energien zur Verfügung stellt, die beiden die Arbeit erleichtert.

Gibt es dabei Probleme, so muss ich leider sagen, dass sie selten am Pferd liegen. Meist ist es der Reiter, dem entweder die Konsequenz oder die Kondition fehlt oder der die Fehler, die das Pferd an der einen oder anderen Stelle macht, nicht mit der nötigen Lockerheit und Großzügigkeit und Geduld behandelt. Vielmehr reagiert er eher verkrampft und schwört emotionale Dramen herauf – genau so wie er es in der Vergangenheit zu Hause getan hat. Und natürlich bekommt er dann auch die gleichen frustrierenden Reaktionen und Ergebnisse.

Ich beobachte, dass vor allem die Reiter und nicht die Pferde sehr viel Mühe haben, diese alten Muster fallen zu lassen und konsequent und vor allem mit positivem Glauben den neuen Weg zu beschreiten. Das Interessante daran ist, dass es gar nicht darauf ankommt, dass der Reiter jede Hilfe perfekt gibt. Stimmt seine Einstellung, wenn er auf dem Pferd sitzt, reitet er mit liebevoller, freundschaftlicher, selbstbewusster Energie. So wird das Pferd, wenn die Hilfe nur zu 50 Prozent stimmt, die anderen 50 Prozent automatisch dazugeben, weil es genauso von dieser positiven Energie getragen wird. Wenn die Hilfe zwar zu 90 Prozent perfekt war, die Überzeugung, der Glaube an den Erfolg und somit die positive Energie fehlen, gelingt die Ausführung nur selten.

Der harmonische Fluss der Energie und der Bewegung in einer Trainingseinheit sind der rote Faden, der die Leistung und das Verständnis fördert und die Motivation hochhält. Hängt sich der Reiter an kleinen Fehlern massiv auf, meistens noch mit einem emotional negativen Konstrukt, wird der Fluss immer wieder unterbrochen und jeder Neustart fällt schwerer.

Der innere Spiegel

Der innere Spiegel des Reiters wirkt sich sowohl positiv als auch negativ in der ganzen Parade aus. Das Pferd begleitet den Menschen schon seit vielen Tausend Jahren. Der Mensch ist nicht nur vom Pferd fasziniert, weil es ihm

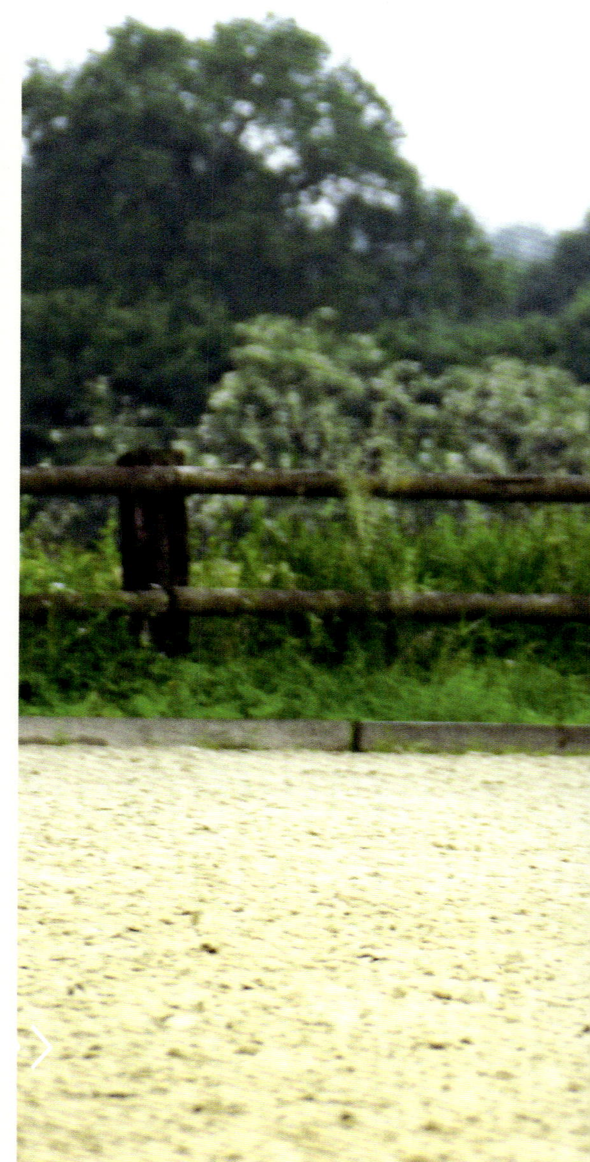

Locker schwingend trabt Espartaco unter seinem in der Balance sitzenden Reiter. (Foto: Leonie Bühlmann)

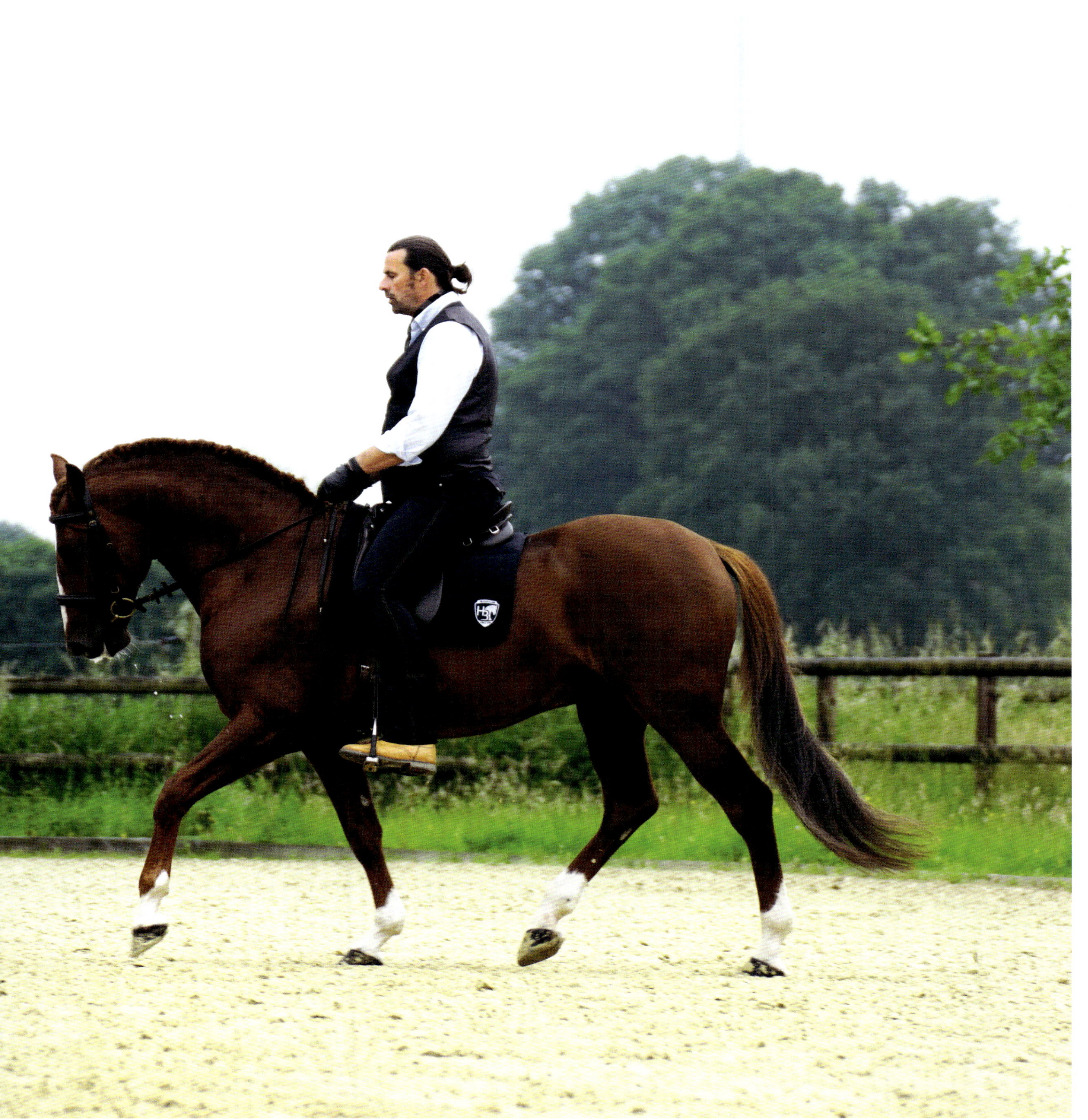

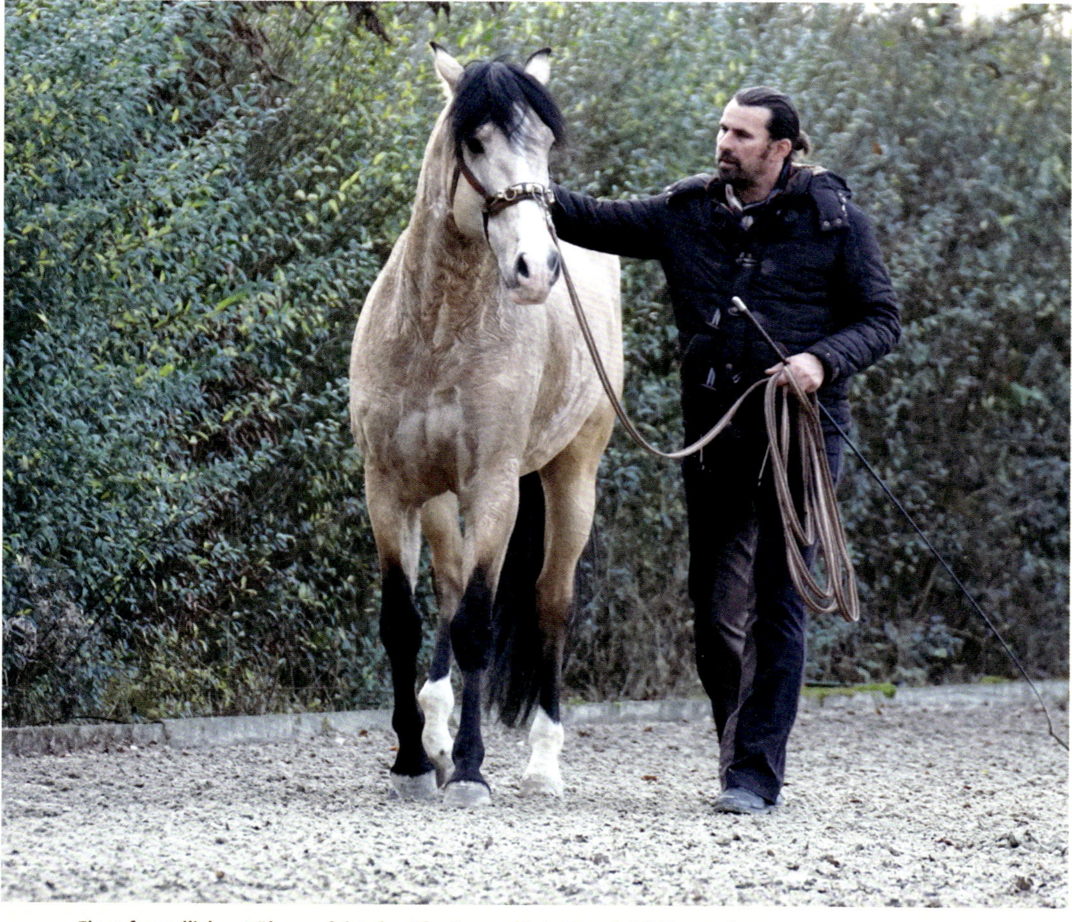

Einer freundlichen Führung folgt das Pferd gern. (Foto: Leonie Bühlmann)

Schnelligkeit und Kraft verleiht, sondern auch, weil es ein sehr sensibles, ausgeglichenes und treues Wesen ist. Man sagt, das Pferd sei der Spiegel seines Reiters und vor allem der Seele des Reiters. Eine Wahrheit, die viele Reiter zur Verzweiflung bringt. Und doch wollen sie es oft nicht glauben und suchen die Schuld des Misserfolgs in der Umgebung, beim Sattel, am Gesundheitszustand des Pferdes, an seiner Willigkeit und nicht zuletzt beim Reitlehrer.

Ein anderer Leitsatz, der mir zu diesem Thema immer einfällt, ist: „*Wenn du selbst nichts für dich tun kannst, deine Wünsche nicht klar definieren kannst, dann beklage dich nicht, dass andere nichts für dich tun können.*" Und der andere ist in diesem Fall das Pferd. Man muss seine Wünsche konkretisieren können und ganz klar sein, damit man seinem Gegenüber die Chance gibt, zu verstehen und den Wunsch zu erfüllen.

Ich möchte einmal versuchen, eine Parade nur über das Gefühl, das ich dabei habe, zu beschreiben: Ich sitze auf meinem Pferd, in einem lockeren, flüssigen Trab. Das Pferd nimmt mich mit, ich schwinge aufwärts, nur gefühlt leicht vorwärtsgelehnt, in der Pferdebewegung mit. Ich lasse mich bewegen, ich sitze losgelassen. Ich produziere die Bewegung nicht, sondern ich lasse sie zu.

An der Hand spüre ich einen feinen, gleichmäßigen, elastischen Zug, den das Pferd auf die Zügel macht. Und auch hier entsteht ein losgelassenes Szenario: Der Kopf des Pferdes, die Trense, der Zügel, die Hand, der Unter- und Oberarm schwingen mit. Die Zügelschwingung endet im Schultergelenk.

Meine Beine hängen locker hinunter, der Fußballen macht einen leichten, gleichmäßigen Druck auf den Steigbügel, in dem er liegt. Unterschenkel und Oberschenkel schwingen mit gleichmäßiger Pulsation und einem leichten Kontakt am Pferdekörper auf und ab.

Jetzt drücke ich ganz leicht und unverkrampft meine Waden mehr an den Rippenbogen des Pferdes, ansonsten verändere ich in meinem Sitzsystem nichts. Sofort verspüre ich, dass sich der leichte Zug, den das Pferd über den Zügel in meine Hand gibt, erhöht. Ich gebe diesem erhöhten Druck nicht nach, sondern behalte ihn elastisch in der Hand. Jetzt spüre ich, dass das Pferd sein Tempo in gleichem Maß zurücknimmt. Nach zwei Sekunden öffne ich die Waden wieder, der Zug in meiner Hand verringert sich auf das alte Maß, das Pferd erhöht Takt und Schwung wieder auf das Maß vor der Einwirkung mit dem Bein. Verehrte Leser, das ist eine halbe Parade gewesen, nicht mehr und nicht weniger.

Aus diesen zwei Sekunden, in denen Sie ein klein wenig nur das Tempo zurückgenommen haben und wieder nach vorn geritten sind, wird durch konsequente Wiederholung und vorsichtige Steigerung am Ende die ganze Parade vom Galopp zum Halten und zum Rückwärtsrichten. Für mich ist genau das die Faszination in der Reiterei: wenn man mit feinen Nuancen, mit fast unmerklicher Einwirkung einen 600 Kilo schweren Körper und die Kraft dieses Körpers führen und leiten kann.

In der Kommunikation sagt man: Wenn ich einen Vortrag halte und der Saal laut wird, muss ich als Vortragender leise werden. Das Gleiche gilt für die Reiterei. Wenn ich konsequent mit feinen Hilfen und kleinen Schritten unterwegs bin, also leise spreche, wird sich das Pferd hoch konzentriert Mühe geben, diese leise Sprache richtig zu interpretieren und in seinen Möglichkeiten umzusetzen.

Sprechen Sie hingegen laut in Ihrem Vortrag, so wird der Saal noch lauter werden, denn Sie stören Ihre Zuhörer bei ihrer Unterhaltung mit Ihrer lauten Stimme. Die Zuhörer werden sich noch mehr auf ihre Unterhaltung konzentrieren und noch weniger zuhören. Aufs Pferd bezogen gilt dasselbe. Sprechen Sie laut und geben kraftvolle Einwirkungen, so wird sich das Pferd angegriffen fühlen. Es wird seine Energie nicht mehr dafür verwenden, Ihre Hilfe umzusetzen, sondern es wird in erster Linie die Energie verwenden, Widerstand gegen diese Einwirkung aufzubauen. Die Stute wird nach dem Schenkel schlagen, bocken oder sich stressig verspannen. Denn sie ist von ihrer natürlichen Konstruktion her nicht darauf programmiert, sich Druck zu unterwerfen. Sie ist in ihren Reihen geboren und wird nur aufsteigen, wenn die Leittiere über ihr freiwillig den Rang geräumt haben respektive sterben.

Was wir in einer nicht gewachsenen, sondern zusammengewürfelten Pensionspferdeherde sehen, ist keine Leitordnung, sondern eine Hackordnung. Das ist etwas anderes und deshalb können wir das nicht zugrunde legen.

Der Hengst hingegen wird sofort mit Gegendruck reagieren. Er wird alle seine Energie dafür verwenden, diese starke Einwirkung, die er als Angriff interpretiert, abzuwehren. Er wird fest, hält die Luft an, spannt die Muskulatur an und hebt sich aus den Zügeln. Er beschäftigt sich nicht mehr mit der Umsetzung der vom Reiter gestellten Aufgabe, die er gar nicht mehr als solche erkennt, weil er sich angegriffen fühlt, sondern er verteidigt seinen Rang. Das ist nach der Fortpflanzung das zweitwichtigste Ziel im Leben eines Hengstes.

Und gibt der Reiter diese starke Einwirkung noch mit einer emotional starken, negativen Energie, wie Ärger, Frust oder Jähzorn, dann werden die Reaktionen noch um ein Vielfaches gesteigert. Denn sowohl ein Hengst als auch eine Stute oder genauso ein Wallach werden diese Energien aufnehmen und unbewusst in ihren Reaktionen interpretieren und reflektieren.

Es gibt ein einfaches Beispiel, das sich täglich tausendfach in jeder Reithalle wiederholt. Jemand sitzt auf seinem Pferd, das er abgöttisch liebt und dem er nur das Beste wünscht. Er möchte etwas mehr vorwärtsreiten und berührt energielos und unklar das Pferd mit der Gerte, denn er möchte dem Pferd ja nicht wehtun. Das Pferd reagiert nicht. Nach der gefühlt hundertsten Wiederholung dieser einfachen, energielosen Einwirkung wird der Reiter ärgerlich und schlägt mit negativer Energie zu. Das Pferd verspannt sich daraufhin, läuft weg oder spannt sich in sich, verhält sich noch mehr und wird langsamer, was den Reiter weiter verzweifeln lässt.

Touchiert der Reiter sein Pferd zu Beginn vorsichtig, aber dann, wenn nötig, immer etwas stärker, aber rhythmisch und klar und vor allem ohne negative Energie, wird das Pferd dies nicht als Angriff werten, sondern als Aufforderung, den Rhythmus zu erhöhen.

„Wenn du selbst nichts für dich tun kannst, deine Wünsche nicht klar definieren kannst, dann beklage dich nicht, dass andere nichts für dich tun können."

Jedes kleine bisschen Stress, jedes kleine bisschen negative Energie wird vom Pferd interpretiert. Und passiert dies öfter in der gleichen Situation, tritt ein Lerneffekt ein. Das Pferd beobachtet die Situation, die auf es zukommt, und wird schon reagieren, bevor der Reiter überhaupt die Situation ausgelöst hat. Ein Beispiel ist, wenn der Reiter auf misslungene Galoppwechsel mit Bestrafung reagiert. Ein anderes Beispiel ist ein klemmender Schenkel beim Angaloppieren und das daraus entstehende Ziehen oder hilflose Schlagen mit der Gerte. Das Pferd wird aus dieser Situation eher lernen, zum Beispiel nach den Galoppwechseln die Flucht zu ergreifen, da es die Bestrafung erwartet, als dass ein positiver Lerneffekt eintritt.

Was das Pferd von uns Menschen aber sehr unterscheidet, ist, dass es nicht nachtragend ist, solange der Prozess nicht hundertfach negativ wiederholt wurde. Und selbst dann kann man, wenn man den Gegenbeweis antritt, also die Dinge mit freundlicher Konsequenz überarbeitet, das Negative in der Reaktion des Pferdes löschen. Ab und zu gebe ich Seminare für kleine Gruppen, meist aus der mittleren Führungsebene eines Unternehmens. Die Teilnehmer sind oft keine Reiter und keine Pferdeleute. Ziel der Seminare ist häufig, das eigene Wirken auf andere zu erkennen, zu analysieren und zu verändern.

In einem Dreitageseminar verweigert das Pferd einem arroganten, aggressiven, uneinsichtigen Seminarteilnehmer die Gefolgschaft. Er kann die gestellten Aufgaben nur unbefriedigend lösen, weil das Pferd nicht mitarbeitet und ihm nicht folgt. Am dritten Tag ändert er seine Art, auf das Pferd zuzugehen. Er wird freundlicher, devoter und respektvoller und vor allem geduldiger. Das Pferd arbeitet mit, als ob es die beiden negativen Tage nicht gegeben hätte. Hier könnte der Mensch vom Pferd lernen.

Ein anderes Beispiel ist ein unsicherer, ängstlicher, energieloser, kleiner Mensch, wobei sich klein nicht auf die Körpergröße bezieht, sondern auf die Präsenz. Oft von Selbstzweifeln geplagt, versucht er zwei Tage lang, mit unklaren, unsicheren Kommandos das Pferd zu leiten. Sie ahnen es bereits: Das Pferd arbeitet nicht mit, sondern versucht im Gegenteil, die Führung zu übernehmen. Und zwar nicht, um – wie in unserem menschlichen Denken – wertiger und höherrangiger zu werden, sondern es fühlt sich bereits höherrangig und möchte diesem kleinen Menschen den Weg aufzeigen. Es kann aber auch passieren, dass das Pferd selbst unsicher wird, da es in dem unsicheren Verhalten des Menschen eine Reaktion auf eine bevorstehende Gefahr sieht und versucht, die Flucht anzutreten. Aber niemals wird das Pferd den Menschen Probleme machen, um sie noch kleiner zu machen, als sie es sowieso schon sind. Das ist eine menschliche und keine pferdische Verhaltensweise.

Man erkennt das wirkliche Leittier in einer Herde am einfachsten an einem kleinen Futter- oder Wasserplatz. Das wirkliche Leittier der Herde wird dem schwächsten Glied in seinem Familienverband Platz machen, damit es auch fressen und trinken kann. Denn das Leittier möchte auch dieses Tier stärken – und somit auch sich selbst und den Familienverband. Eine Herde ist nur so schnell wie ihr langsamstes Mitglied! Allerdings wird man dieses Verhalten in einer wild zusammengewürfelten, modernen Pferdeherde in einem Pensionsstall nicht erkennen, denn dort regiert durch den ständigen Wechsel eine Hackordnung, weil es keine Familienverbände gibt. Manchmal bilden sich aber auch freundschaftliche Verbände, wenn die Tiere lange genug zusammenleben.

Ändert der unsichere Kursteilnehmer nur seine Körperspannung und seine Energie durch eine andere Art zu gehen, zum Beispiel indem er immer bewusst mit dem Absatz zuerst auftritt, wenn er sich mit dem Pferd am Boden bewegt, kann sich schon etwas ändern. Ein unsicherer Mensch tritt oft mit dem Fußballen zuerst oder mit dem ganzen Fuß auf. Durch die Änderung seines Gangs und die daraus resultierende Körperspannung wird das Pferd ihm sofort zuhören, ihm seine Aufmerksamkeit zuwenden und versuchen, die vom Menschen gefragten Dinge umzusetzen.

Die Einwirkung hat sehr viel mit dem innerlich spürbaren Glück des Reiters zu tun. Sorgen Sie für sich, dass es Ihnen gut geht, dass Sie glücklich sind. Setzen Sie sich Ziele, die so weit von Ihnen entfernt sind, dass sie ein Antrieb sind, sie zu erreichen. Setzen Sie Ihre Ziele aber nicht so weit und hoch, dass der Weg dorthin demotivierend wirkt, weil er so lang ist. Wenn Sie einen Tag erwischen, an dem es einfach wenig positive Energie gibt und die Gefahr besteht, dass Sie Ihre Sorgen und negativen Energien mit aufs Pferd nehmen, dann reiten Sie nicht, arbeiten Sie an diesem Tag nicht mit dem Pferd. Stellen Sie es vielleicht einfach nur auf die Weide, setzen sich ins Gras und genießen den Moment.

Sie können auch Wege und Möglichkeiten suchen, Ihre negativen Sorgen und Energien nicht mit in den Stall zu nehmen. Eine sichere Methode, um aus dem Teufelskreis herauszukommen, ist, statt abends nach der Arbeit frühmorgens vor der Arbeit zu reiten, wenn Ihre Energien noch unbelastet vom Tag sind. Richten Sie sich Ihren Tag anders ein und ziehen Sie das einige Wochen durch. Sie werden merken, dass sich vieles ins Positive wendet.

Und wenn das zeitlich gar nicht geht, dann versuchen Sie, eine Käseglocke um sich und Ihr Pferd zu stülpen! Dazu können Sie zum Beispiel eine Musik, die Sie positiv beeinflusst, laut über Kopfhörer hören, während Sie Ihr Pferd putzen und satteln. Lassen Sie sich von niemandem stören, sodass Sie alle Ihre Energien auf die jetzt vor Ihnen stehende Situation bündeln und alles andere hinter sich lassen können. Die Musik wird Ihnen dabei helfen, wenn Sie sie richtig auswählen. Wenn Sie müde sind, nehmen Sie eine fetzige Musik, die Sie innerlich zum Tanzen anregt. Reiten ist eine Form von Tanz. Wenn Sie gestresst sind, hektisch, gereizt und aufgeladen, dann suchen Sie sich eine beruhigende Musik aus. Sehr gut geeignet sind die Filmmusiken Ihrer Lieblingsfilme, mit denen sie emotional positive Gefühle verbinden.

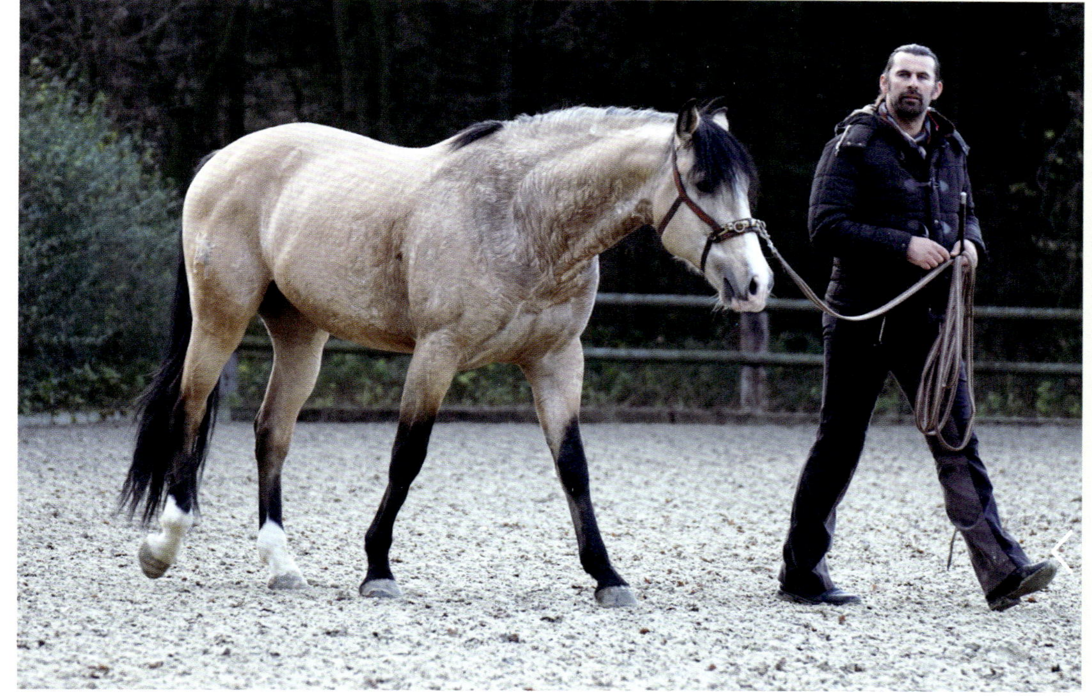

Das Pferd liest Ihre Körpersprache. Treten Sie bewusst mit dem Absatz zuerst auf. (Foto: Leonie Bühlmann)

Die Fitness des Reiters

Und was nicht vergessen werden darf, ist, dass der Reiter Fitness, konzentrierte Koordination und Balance braucht – eine disziplinierte, lockere Stabilität des Körpers. Betreiben Sie etwas Ausgleichssport! Ein Beispiel könnte 15 bis 20 Minuten lockeres Joggen am Tag sein. Erlernen Sie einen Tanz, den Sie noch nicht können, und gehen Sie überhaupt öfter tanzen. In den Reitschulen in der Renaissance war Reiten meist mit Fechten und Tanzen verbunden. Sorgen Sie nicht nur für das Wohlergehen Ihres Pferdes, sondern auch für Ihr eigenes Wohlergehen. Und opfern Sie zur Not einen Pferdetag, um aktive sportliche Erholungszeit für sich in Ihren Alltag einzubauen.

Ich möchte nicht esoterisch klingen, aber harmonisches und erfolgreiches Reiten ist in erster Linie das Managen von Energien und Emotionen und erst in zweiter Linie aktive Einwirkung auf das Pferd. Ihre Einwirkung auf das Pferd löst immer einen Prozess im Pferd aus, den das Pferd selbst entwickeln muss und an dessen Ende das von Ihnen gewünschte Ergebnis steht.

„Innere Bilder helfen, den eigenen Körper zu steuern, oder machen viele Probleme, je nachdem, welche Filme der Reiter ablaufen lässt."

Die inneren Bilder

Innere Bilder helfen, den eigenen Körper zu steuern, oder machen viele Probleme, je nachdem, welche Filme der Reiter ablaufen lässt. In meinen vielen Jahren der Trainertätigkeit habe ich sehr viele Reiter gecoacht. Man kann sie, grob gesagt, in zwei Gruppen aufteilen: die Gruppe, bei denen das Glas halb voll ist, und die Gruppe, bei denen das Glas halb leer ist.

Die Gruppe, bei denen das Glas halb voll ist, zeichnet sich meist dadurch aus, dass die Reiter lockere Pferde haben, die verhältnismäßig entspannt und gelassen ihre Arbeit machen. Bei neuen Aufgaben gibt es selten dramatische Szenen. Warum ist das so? Menschen mit einer positiven Grundeinstellung machen Probleme nicht größer, als sie sind, sondern eher kleiner. Durch die positive Grundeinstellung gibt es mehr Lockerheit, mehr Loslassen und mehr Zulassen in der Arbeit. Die Arbeit ist unverkrampft und man geht auch unverkrampft mit Fehlern um. In dieser Gruppe gibt es nur wenige Reiter, die, wenn das Pferd am einen Tag seine letzten Galoppwechsel verspringt, meinen, dass es am nächsten Tag keine guten Galoppwechsel mehr springen kann. Oder wenn sie ein, zwei Tage am versammelten Schritt oder Trab arbeiten, sind sie nicht der Meinung, dass das Pferd ab jetzt nicht mehr fleißig nach vorn arbeiten kann. Was aber viel wichtiger ist: Es entstehen viel weniger Probleme, weil die positive Grundenergie in der Arbeit sich auf das Pferd überträgt. Mit einer positiven Grundeinstellung sieht man Probleme eher als Aufgaben, an denen man wachsen und sich entwickeln kann. Pferd wie Reiter haben genügend Selbstbewusstsein. Mit Selbstbewusstsein, Lockerheit und einer Prise gelassener Übersicht lässt sich die Ausbildung eines Pferdes besser bewältigen. Der Film im Kopf des Reiters zeigt die Ziele, die positive Vision. Er sieht die Lektion, an der er gerade trainiert, in seinem Kopf perfekt von einem guten Reiter ausgeführt. Das heißt, erstens hat er innere Bilder, und zweitens sind sie positiv.

Das ist der größte Unterschied zu den Reitern, die das Glas immer halb leer sehen. In dem Film vor ihrem inneren Auge läuft meist das, was sie auf keinen Fall wollen. Sie sehen die Probleme in den Lektionen, sie sehen die Gefahren, die mit dem Reiten einhergehen. Und der Körper des Reiters reagiert auf diesen negativen Film, ohne dass das Pferd nur annähernd in dieser negativen Richtung unterwegs ist. Nun wechselt das Pferd den Weg, weil es durch die Einwirkung des Reiters, der wiederum durch diesen negativen Film gesteuert wird, beeinflusst ist. Fazit des Reiters ist, er wird in seinem Negativbild bestätigt. Jetzt muss der Mensch im Reiter Abstand entwickeln, den Tunnelblick öffnen, den Mechanismus erkennen und dagegen wirken, indem er bewusst seinen inneren Film umprogrammiert. Er konzentriert sich auf die Dinge, die er in der Wunschperformance möchte. Es hilft, wenn man die Dinge, die man selbst mit seinem Pferd entwickeln will, von einem guten Reiter und dessen Pferd geritten beobachtet und sich diese Bilder merkt. So kann man sie an einem solchen negativen Tag, an dem nichts gelingen will, als Trumpfkarte ins Spiel seiner eigenen Gedanken werfen. Dadurch wird man in der Lage sein, den negativen Film zu löschen und konzentriert und unverkrampft den positiven Film immer wieder vor dem inneren Auge zu betrachten und langsam in seinen eigenen Körper einfließen zu lassen.

Ein klassisches Beispiel ist das Angaloppieren. Das Pferd ist schon im Schritt und Trab schwierig in der Anlehnung und hebt sich immer wieder heraus. Also ist davon auszugehen, dass sich das Pferd auch im Galopp heraushebt und die Probleme größer werden. Die #Reaktion des Reiters darauf ist häufig, dass er bereits im Trab kurz vor dem Angaloppieren die Hände nach unten nimmt, um Druck zu machen, damit sich das Pferd nicht herausheben kann. Die Reaktion des Pferdes aber ist, dass es den Kopf schon vor dem Angaloppieren hoch nimmt. Was macht der selbstsichere Reiter? Er lässt locker und galoppiert trotzdem an. Der unsichere Reiter hängt sich an dem zu hohen Kopf auf und vergisst das eigentliche Ziel, den Galopp, aus den Augen. Dadurch konditioniert der unsichere Reiter das Problem und macht es größer.

Neben dem Reiten fahre ich sehr gerne Ski oder gehe im Sommer Golfen, um auf meinen Seminartouren den Kopf frei zu bekommen und Energie zu schöpfen. In beiden Sportarten bin ich sicherlich kein Ass, aber meist zufrieden mit meiner Leistung. Das Golfen ist auf der emotionalen Seite wunderbar mit dem Reiten zu vergleichen. Ich gehe nach einem langen Seminartag noch ein Stündchen auf die Driving Range, um locker ein paar Bälle zu schlagen. Die ersten 20 sind eine Katastrophe, kein Ball fliegt nur annähernd dahin, wohin er soll. Ich merke, dass ich immer verkrampfter und unrunder werde. Bin ich allein auf der Driving Range, fällt es mir sehr schwer, meinen lockeren Rhythmus und den guten Schwung wiederzufinden. Spielt jedoch einige Abschlageplätze von mir entfernt ein guter Golfspieler mit einem guten Ablauf und einem guten Schwung, dann hilft mir das enorm. Ich schaue ihm eine Weile zu, versuche das gesehene Bild vor meinem inneren Auge zu speichern, hole mir einen neuen Korb Bälle, schaue immer wieder auf diesen guten Golfspieler und versuche, langsam meinen eigenen lockeren Schwung wiederzufinden. In den meisten Fällen gelingt es mir dann, meine Selbstsicherheit und Gelassenheit wiederzufinden. Auf dem Platz war es anfangs genau andersrum. Spielte ich allein oder mit Spielern, die mein Niveau hatten oder schlechter waren, konnte ich entspannt und locker spielen. Ich hatte nichts zu verlieren und ich hatte auch das Gefühl, niemandem zur Last zu fallen. Spielte ich jedoch zusammen mit sehr guten Golfspielern in einer Gruppe, man sagt in einem Flight, gab ich mir unglaublich viel Mühe, gut zu spielen, um nicht als der Schlechteste dazustehen. Was mich natürlich zum Schlechtesten machte, denn ich spielte verkrampft und, wenn es weite Abschläge waren, mit viel zu viel Kraft. Während eines solchen Spiels mit Spielern mit einem deutlich besseren Handicap als ich bemerkte einer meiner Spielpartner meine Verkrampftheit beim Abschlag, nachdem ich schon einen Ball in die Botanik geschlagen hatte, und sagte: „Junge, entspann dich … Auch mit Handicap zwei schlägt man den Ball in den Wald." Dies wurde mein Leitsatz, und Sie werden es nicht glauben, mein Spiel wurde deutlich besser.

Verehrte Leser, so wie es mir auf dem Golfplatz geht, so geht es vielleicht vielen von Ihnen auf dem Reitplatz. Allerdings ist für mich das Terrain Reitplatz viel leichter zu managen. Ist meine Trainingsstunde von Problemen beherrscht, brauche ich keine guten Reiter als Vorbilder, mit denen ich zusammen reite und deren Performance mir hilft, meine eigene zu verbessern. Ich suche dann eher das Alleinsein mit dem Pferd, allein in der Halle oder allein auf dem Außenplatz, denn beim Reiten habe ich genügend Tools, Werkzeuge und Erfahrungen, die mich sichern und in meinem Tun bestätigen.

Ihr emotionaler Zustand, wenn Sie aufs Pferd steigen, ist entscheidend für den Erfolg. Deshalb lernen Sie, das innere Bild zu kontrollieren, sich auf Ihre Wünsche zu konzentrieren und nicht auf Ihre Probleme.

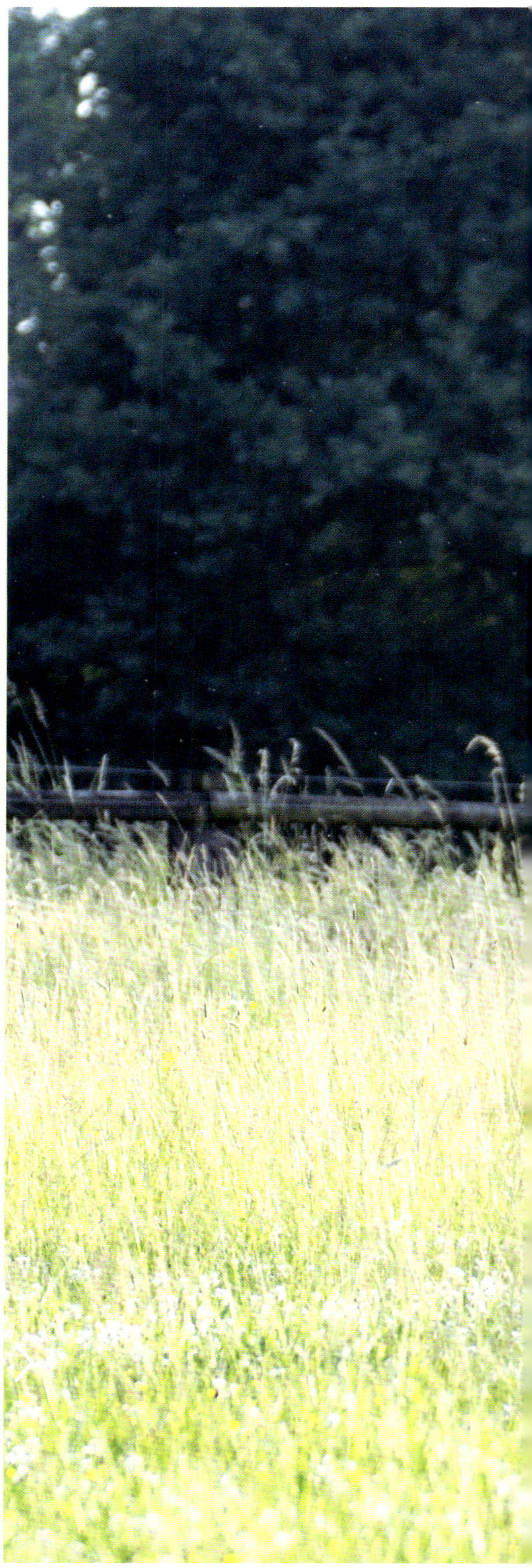

Um innerlich mit positiven Bildern zu reiten, tut es gut, immer wieder an schöne Stimmungen zu denken. (Foto: Leonie Bühlmann)

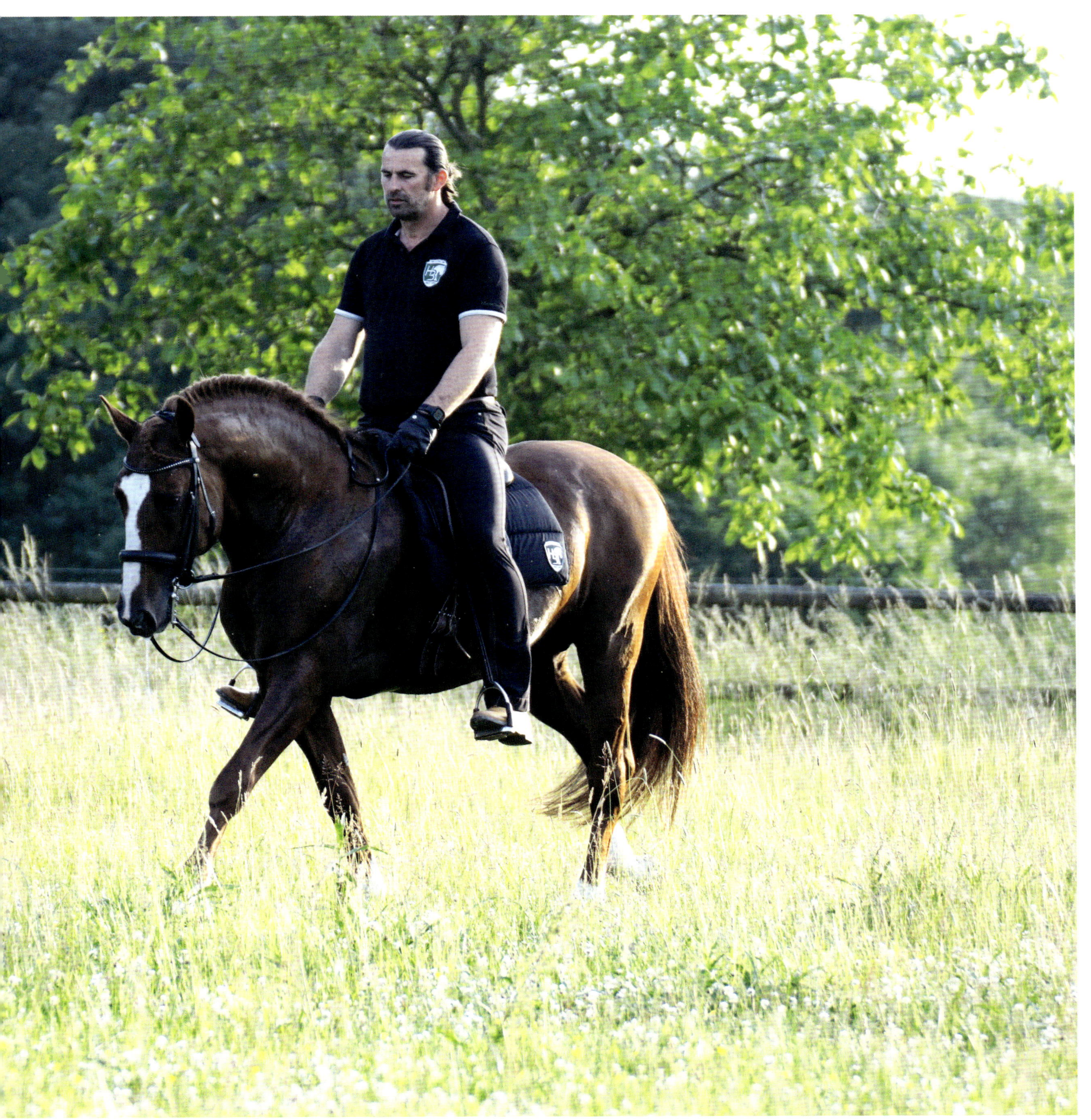

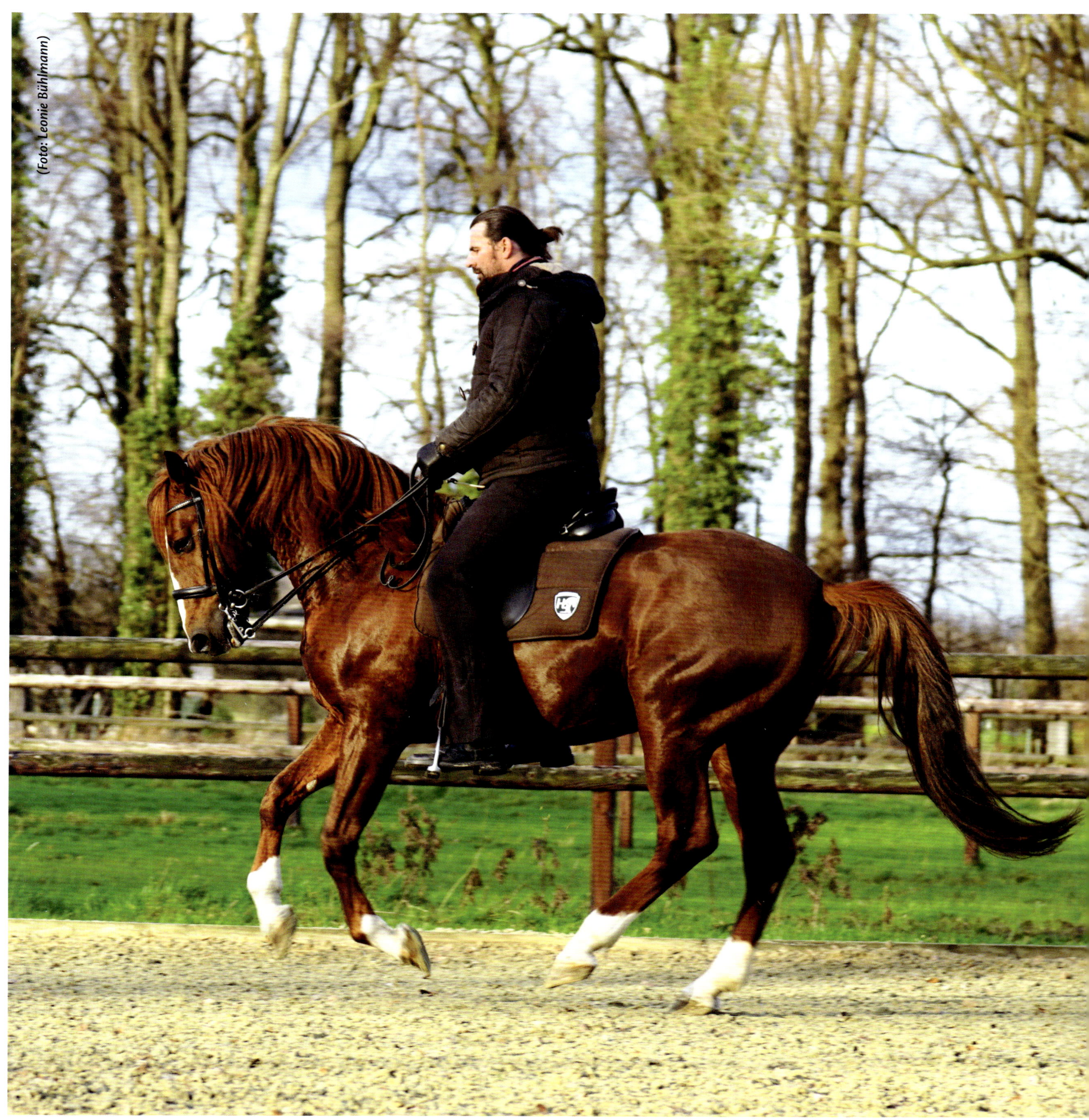
(Foto: Leonie Bühlmann)

Voraussetzungen im Sitz des Reiters oder „die lockere Stabilität des Sitzes“

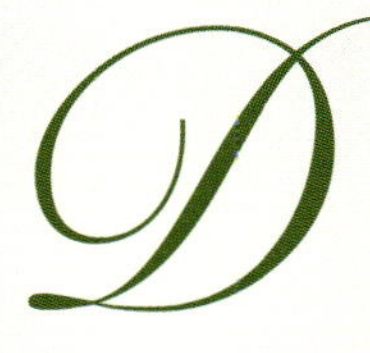ie Themen dieses Kapitels sind: in der Sitzbalance oder in der Standbalance sitzen, die Funktion des Sitzes mit dem Bügel als Fundament.

Wir sprechen alle immer vom Reitersitz. Biomechanisch wie auch handwerklich hat das Reiten eines Pferdes nichts mit Sitzen zu tun. Sitzen, zum Beispiel auf einem Stuhl, bedeutet, dass die größte Masse des Körpergewichts eines Reiters über die Sitzbeinhöcker auf den Stuhl beziehungsweise in den Sattel übertragen wird.

Reiten ist aber in erster Linie biomechanisch wie handwerklich eine stehende Tätigkeit. Es ähnelt eher dem Skifahren als dem Sitzen auf einem Gegenstand. Das Fundament des Reitersitzes ist das Zusammenspiel eines federnden Fußknöchels mit dem Knie, dem Oberschenkel und der Hüfte. Denken Sie sich auf dem Foto links, das Pferd einmal weg. Wenn sich der Reiter auf dem Pferd in seiner Balance befindet, würde er auf seine Füße fallen und stehenbleiben, wenn man das Pferd wegzaubert. So soll ein gut balancierter, stabil lockerer Reitersitz aussehen.

Geschichtlicher Hintergrund – die Erfindung des Steigbügels

Wir sprechen zwar heute meist von der englischen oder der klassischen Reiterei und suggerieren so eine Herkunft aus England und den alten Barockreitschulen, von denen heute nur wenige übrig geblieben sind. Aber Untersuchungen, vor allem DNA-Analysen prähistorischer Funde, haben ergeben, dass unsere Pferde ursprünglich aus einem Genpool stammen, der auf dem amerikanischen Kontinent vor dem ersten Erscheinen der Indianer bei einer Eiszeit ausgestorben ist.

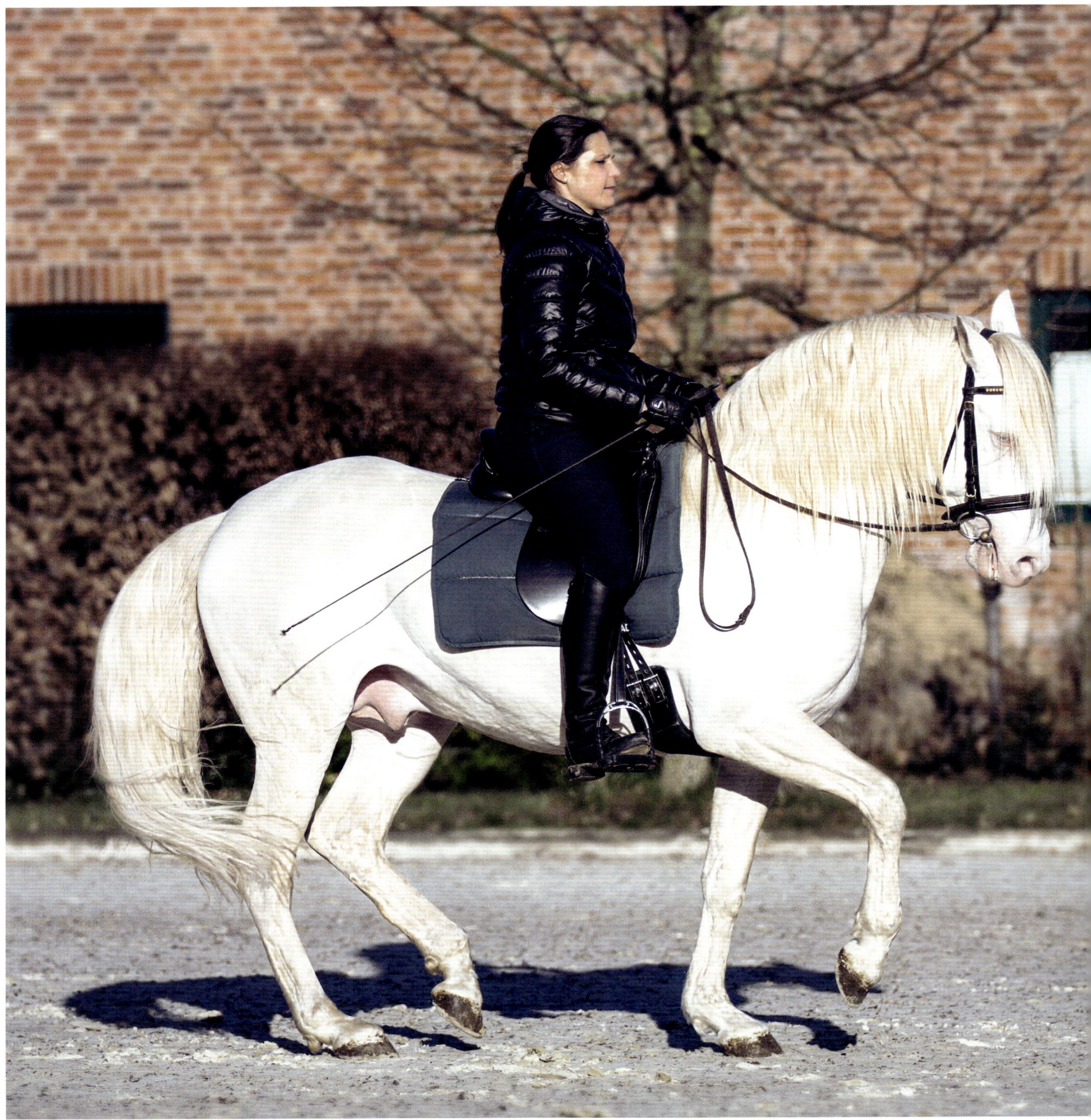

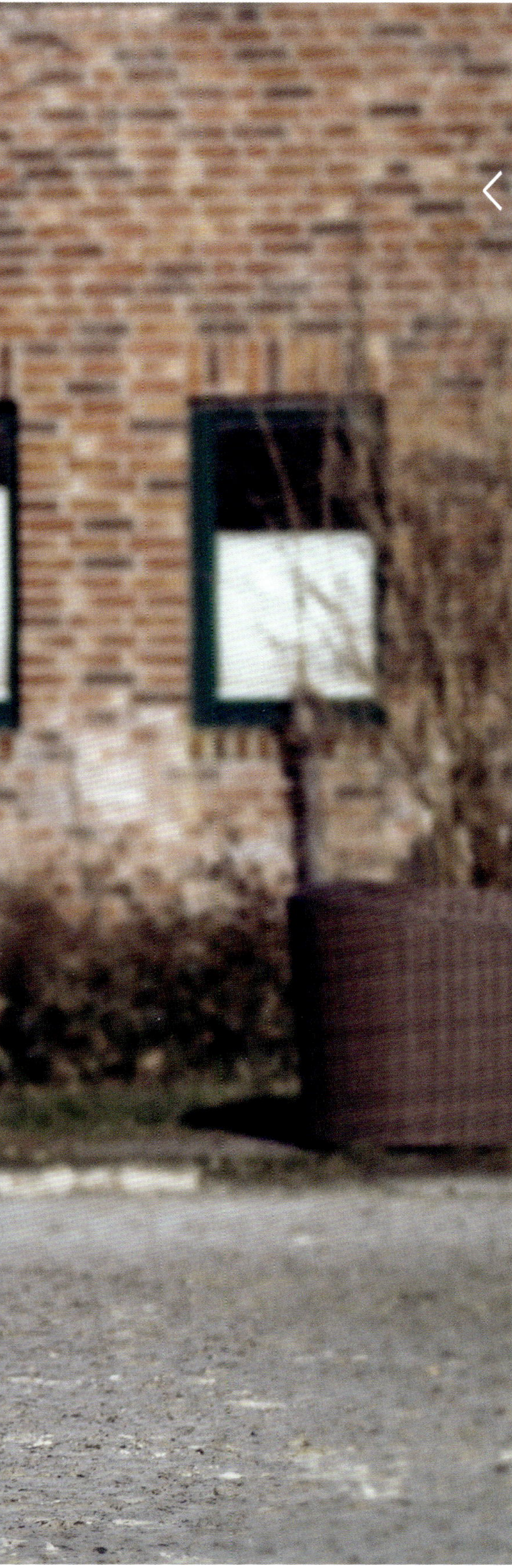

Auf einem gut piaffierenden Pferd kann man den korrekten, mitschwingenden Sitz in der Balance besonders gut erfühlen und erleben. (Foto: Katharina Dick)

Damals gab es eine Landzunge zwischen Amerika und dem eurasischen Kontinent. Man geht davon aus, dass ein Teil dieser in Amerika ausgestorbenen Pferdepopulation über diese Landzunge in den mongolischen Raum eingewandert ist, die Mongolen diese Pferde gefangen und gezähmt haben und als Reit- und Zugtiere verwendet haben. In erster Linie diente die Reiterei der leichteren Überwindung von Wegstrecken. Man ritt zur Schlacht hin, stieg ab und kämpfte am Boden. Dies änderte sich erst, als die Mongolen mit der Erfindung des Steigbügels nicht nur ihre gefährlichste Waffe erfanden, sondern auch die Kriegs- und Kampfkunst sowie die Geschichte nachhaltig verändern sollten.

Sitzt man auf einem Pferd ohne Steigbügel, nimmt ein Schwert in die Hand und schlägt zur Seite, dann wird man vom Schwung des Schwertes vom Pferd gerissen, denn der Schwerpunkt des Reiters liegt viel zu hoch.

Die mongolischen Reiter hingegen standen im Steigbügel. Die Belastung auf dem Pferderücken wurde somit gleichmäßiger verteilt, was ihre Pferde ausdauernder, schneller und wendiger machte.

Das Fundament des mongolischen Reitersitzes war der Steigbügel. Der Reiter federte die Pferdebewegung über Knöchel, Knie und Oberschenkel aus. Somit konnte er sich gut über dem Pferd mit einem tiefen Schwerpunkt stabilisieren. Er konnte schwingend im Bügel stehen, seinen Pfeil und Bogen ruhig halten und somit präziser schießen und treffen. Durch die Erfindung des Steigbügels wurde das mongolische Heer so beweglich und schnell wie eine Kavallerie im 18. Jahrhundert. Das machte sie zu ihrer Zeit zur gefährlichsten und erfolgreichsten Kriegsmacht.

Diese Form der Kriegsführung wurde in den folgenden Jahrhunderten von jeder Armee dieser Welt übernommen und die Kavallerie war in vielen Schlachten die entscheidende Kraft.

Forschungen haben ergeben, dass auch die Lanzenreiter des Mittelalters, die Ritter oder Tjoster, wie man sie auch nennt, sich erst mit der Einführung des Steigbügels zu ihrem vollen Wirkungsgrad entwickeln konnten. Historische Quellen belegen, dass die Normannen die ersten Lanzenreiter mit Steigbügel waren. Wissenschaftliche Studien haben ergeben, dass der gleiche Reiter bei gleichem Anlauf und gleicher Reitgeschwindigkeit, wenn er mit seiner Lanze den Gegner trifft, ohne Steigbügel maximal 100 Kilo auf den Gegner wirken lässt, hingegen mit Steigbügeln mehr als 1,5 Tonnen! Man kann sich vorstellen, dass dies für viele Ritter den sicheren Tod bedeutete.

Heute kann man den Reitstil der Mongolen zum Beispiel noch beim Polospiel beobachten. Denn beim Polo kommt es auf Wendigkeit und Schnelligkeit der Pferde an.

Und auch in unserer heutigen Reiterei spielt der Steigbügel eine zentrale Rolle für die Balance des Reiters und seine Einwirkung. Wenn Sie auf einem Stuhl sitzen und Sie wollen aufstehen, müssen Sie Ihren Oberkörper nach vorn beugen, um Ihr Gewicht über Ihre Füße zu bringen. Dadurch sind Sie in der Lage, balanciert aufzustehen. In der Reiterei sagt man: Wenn man einem Reiter das Pferd unter dem Hintern wegzaubern würde, so müsste er auf die Füße fallen und nicht auf den Po oder Rücken.

Dies bedeutet, dass jeder Reiter, egal, ob er dick, dünn, groß oder klein ist, eine durch die Körperform beeinflusste senkrechte Achse hat. Es ist ein Irrglaube, dass der Reiter gerade sitzt, wenn er seine Wirbelsäule lotrecht hält. Ausschlaggebend für seine Balance im

i

DIE BALANCELINIEN

Bild 1: Pferd in der Galopppirouette
Bild 2: Junges Pferd erste Piaffe
Bild 3: Älteres Pferd in der Piaffe

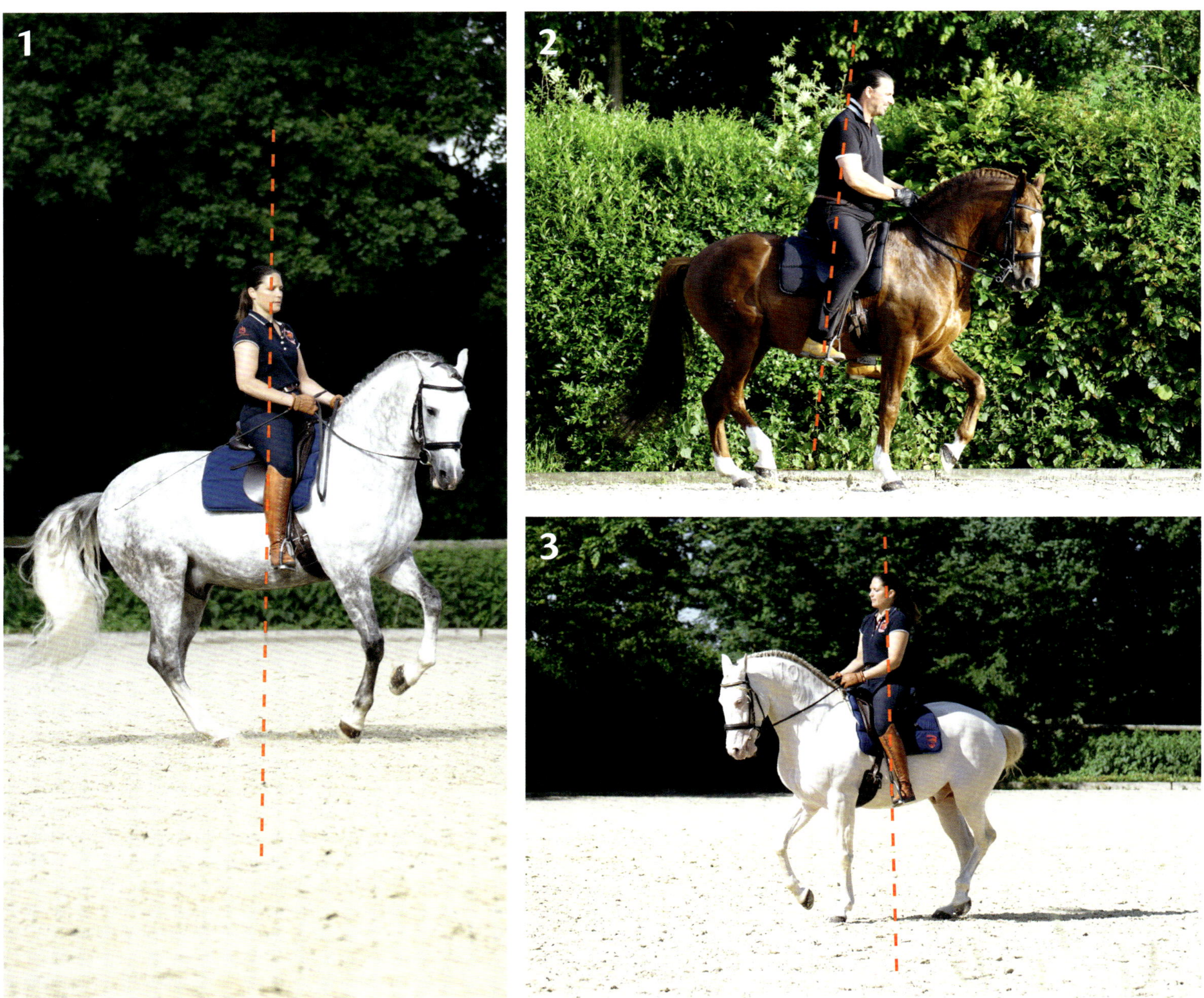

Die Balancelinie verläuft immer vom Steigbügel durch den Körper des Reiters. Dabei spielt es keine Rolle, in welcher Gangart und in welcher Lektion sich das Pferd befindet. Bei jungen Pferden lehnt sich der Reiter allerdings etwas vor, um den Rücken zu entlasten und dem Pferd das Erlernen der Lektion zu erleichtern, wie der Reiter auf Bild 2 demonstriert. Auf einem älteren, schon weiter ausgebildeten Pferd (Bild 3) bleibt die Reiterin im Lot. Reiten ist eine stehende Tätigkeit, der Steigbügel ist das Fundament des reiterlichen Körpers. Der Reiter balanciert nur sich selbst, nicht das Pferd! (Fotos: Horst Becker und Leonie Bühlmann)

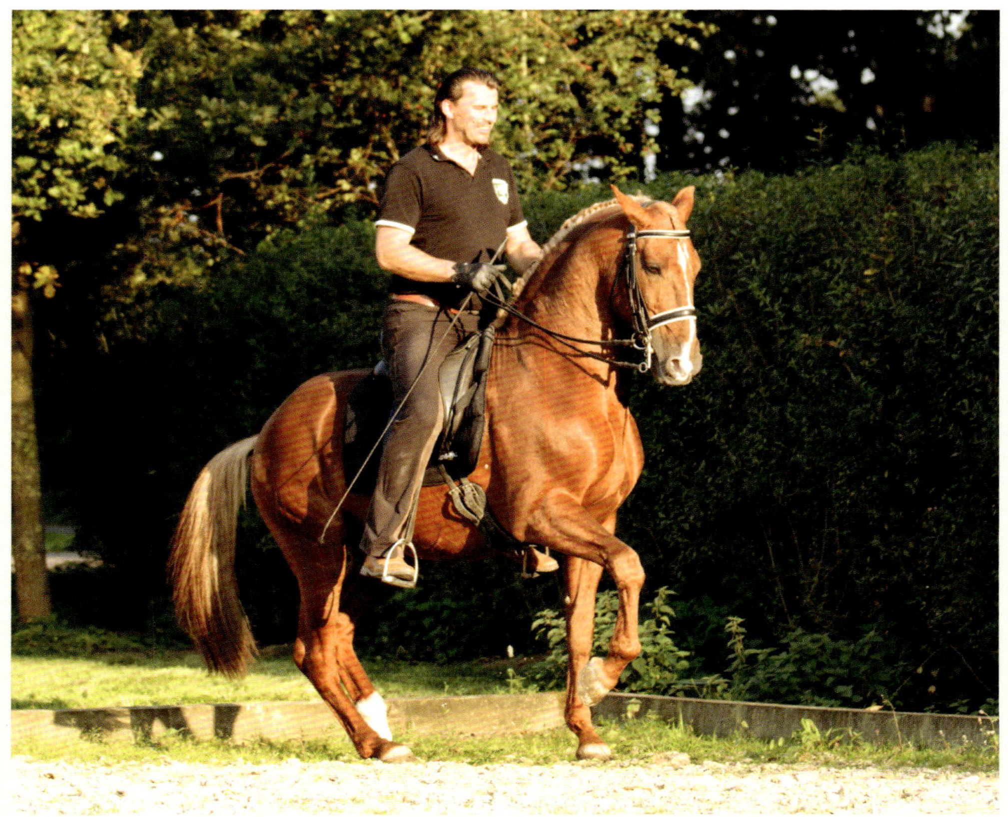

Sitzt der Reiter in der Balance und stört das Pferd nicht, kann sich das Pferd ausbalancieren. Hier am Beispiel von Xinfrim, der sich für die Piaffe zu sehr setzt und schon Ansätze zur Levade zeigt. (Foto: Gina Mazza)

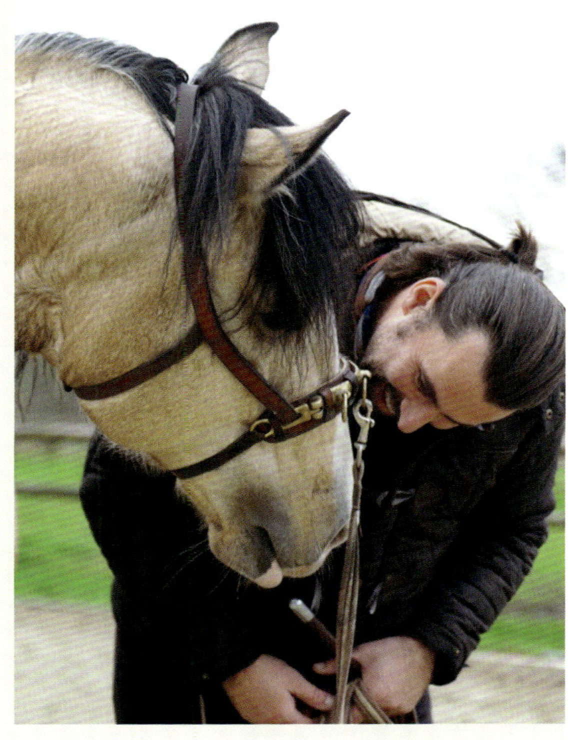

Zwei, die sich lieben … (Foto: Leonie Bühlmann)

Sattel ist, dass er seine Füße unter den Körper führt. Oder, andersherum beschrieben, je nach Sattel und Ausrichtung beziehungsweise Passform zum Reiter, muss er den Oberkörper leicht nach vorn neigen, um einen vermehrten Druck auf der Fußsohle im Bügel zu spüren. Dies ist ein sicheres Zeichen, dass der Reiter im Verhältnis zu seinem Sattel oder genauer dem Verhältnis zwischen Steigbügelaufhängung und tiefstem Punkt des Sattels in Balance sitzt.

Probieren Sie es aus und nehmen Sie Ihren Oberkörper im Trab im Aussitzen zurück, um ihn danach langsam so lange nach vorn zu nehmen, bis Sie Druck im Bügel spüren. Wenn Sie diesen Druck spüren, sitzen Sie in der Balance und können durch den ganzen Körper schwingen und so der Bewegung des Pferdes optimal folgen.

Oder versuchen Sie im Leichttraben nicht einfach leicht zu traben, sondern doppelt. Das heißt, stehen Sie immer zwei Takte auf und bleiben dann zweimal sitzen. Wenn Sie Mühe damit haben, zwei Takte oben zu bleiben, vergewissern Sie sich, dass Ihre Beine, Ihre Füße wirklich unter Ihnen und nicht vor Ihnen sind, und nehmen Sie dann den Oberkörper so lange nach vorn, bis Sie spüren, dass es einfach wird. Wenn es leicht und locker klappt, befinden Sie sich in Ihrer Balance!

Für das Reiten im Allgemeinen und für die Paraden im Speziellen sind sowohl diese Balance als auch das lockere offene Bein des Reiters Grundvoraussetzungen für Ausdruck und Harmonie.

Die Reiter und die Trainer sprechen gern von Einwirkungen auf das Pferd, von Techniken, um mehr Bewegung und mehr Ausdruck herauszuholen, oder von Techniken, den Körper des Pferdes zu dominieren. Solche Aussagen und Gedanken rechtfertigen sich, wenn man davon ausgeht, dass das Pferd ohne Druck und ohne Forderung seine Leistung nicht abrufen kann.

Für meine Begriffe und meine Erfahrungen in den letzten 25 Jahren als aktiver Trainer ist es anders. Meist bin ich damit beschäftigt, dass der Reiter seine Einwirkung minimiert. Mein Hauptbestreben ist es, ihn zum Minimalisten zu machen, der konsequent und berechenbar in seinen Handlungen ist und sich emotional unter Kontrolle hat, sodass das Pferd zum Maximalisten werden kann.

Für mich gibt es zwei wichtige erste Schritte in der Reiterei, auf denen alles aufbaut: Das ist zum einen die körperliche und psychische Fitness des Pferdes. Der zweite und schwierigere Teil ist, den Reiter so aufs Pferd zu setzen, dass sich das Reitergewicht in Balance befindet und für das Pferd eine berechenbare und balancierbare Masse darstellt. Der Reiter muss seine Mitte finden, nicht nur emotional, sondern auch im Körper. Er muss lernen, aus dieser Mitte heraus zu agieren, nicht zu beeinflussen oder zu dominieren, sondern zu fühlen, zuzulassen, zu unterstützen, nur punktuell einzugreifen und vor allem nicht zu stören. Das sollte das erste Ziel eines Reiters sein: seine Mitte mit der Mitte des Pferdes zu vereinen.

Aus der Mitte

Aus dieser Mitte heraus ist er in der Lage, mit kleinen feinen Aktionen die Balance und den Rhythmus des Pferdes zu beeinflussen, ohne dem Pferd die Bewegung schwer zu machen und es aus seiner Harmonie zu reißen.

Pferde bewegen sich gern, sie wollen Leistung bringen, sie wollen gefallen. Aber zuerst müssen sie verstehen, was wir von ihnen wollen. Ist der Reiter eins mit dem Pferd, werden sie sich gegenseitig motivieren, immer wieder ausprobieren und darüber den perfekten Weg nach vorn finden.

Energien bauen sich gegenseitig auf, Kraft wächst aus der Ruhe, Glanz kommt von Liebe!

Vom Bein zur Hand... nicht umgekehrt...!

In der heutigen konventionellen Reiterei sieht man oft eine massiv klemmende und klopfende Einwirkung mit dem Bein, um das Pferd vorwärtszubewegen. Das Pferd bekommt durch dieses Klemmen sozusagen ein Korsett angelegt. Am Anfang wird sich das Pferd wehren, indem es sich windet und stehen bleibt. Wenn gleichzeitig das Knie genauso wie der Unterschenkel und der Oberschenkel am Pferdekörper klemmt, wird die Schultertätigkeit des Pferdes eingeschränkt, etwa so, als ob der Sattel nicht passen würde. Das Pferd wird nicht entspannt in die Zügelanlehnung laufen und sich fallen lassen, sondern sich nach oben entziehen und den Rücken wegdrücken.

Im Unterricht wird der Reiter nun animiert, das Pferd durch klopfende Bewegungen mit dem Bein schneller voranzutreiben. Eine gängige verbale Umschreibung ist: „Tritt ihm in die Rippe, er muss mehr vorwärts."

Um die vermeintlich vorwärtstreibende Wirkung noch zu verstärken, zieht der Reiter die Absätze hoch, um mit den Hacken eine spitzere Einwirkung erzeugen zu können. Wir machen jetzt ein kleines Experiment: Setzen Sie sich auf einen gewöhnlichen Holzstuhl ordentlich gerade hin und stellen Sie Ihre Füße direkt vor den Stuhl unter Ihre Knie. Nun ziehen Sie die Hacken hoch und stellen Ihre Füße sozusagen auf die Zehen und Fußballen. Dann spüren Sie, dass Ihre Sitzbeinhöcker spitz und steil auf die Sitzfläche des Stuhls wirken. Das kann sogar etwas unangenehm bis leicht schmerzhaft sein. Und so unangenehm, wie sich die hochgezogenen Hacken auf Ihr Sitzgefühl auf dem Stuhl auswirken, genauso unangenehm wirken sich Ihre Sitzbeinhöcker auf den Rücken des Pferdes aus – auch durch einen Sattel und eine vernünftige Satteluntertage hindurch.

Die Reaktionen der Pferde darauf sind unterschiedlich. Das eine reißt Hals und Kopf hoch und läuft weg, das andere wird langsam und bleibt stehen. Lockerer und entspannter, von Losgelassenheit ganz zu schweigen, wird weder das eine noch das andere durch Ihre spitze Einwirkung der Sitzbeinhöcker werden.

Die Sporen sind zum Bremsen da

Die Steigerung dieses Unsinns, der leider von sehr vielen Reitlehrern akzeptiert, ja sogar unterstützt wird, ist der Einsatz von Sporen. Wenn also der vermeintlich vorwärtsklopfende und klemmende Schenkel dem Pferd die Lauffreude genommen hat, kommt der Sporen zum Einsatz. In der alten Lehre ist der Sporen zum Bremsen da, um es salopp auszudrücken. Reiterlich korrekt ausgedrückt: zum feinen Biegen und Versammeln.

In der konventionellen modernen Reiterei sieht das leider anders aus. Dort wird der Sporen wechselseitig bei jedem Schritt des Pferdes in die Rippen gebohrt und, wenn dies nicht genügend Vorwärts, also Beschleunigung bringt, sticht man erst in die Rippen und zieht dann die Haut und das Fell durch Hochziehen der Hacken nach oben. Dies lernt schon ein Kind in der Reitschule. Und die Beschreibung, die Sie gerade gelesen haben, entspringt nicht der sarkastischen Kreativität eines Horst Becker, sondern ist die traurige Realität.

Über den hochgezogenen Hacken und seine Wirkung haben wir schon gesprochen. Jetzt wollen wir uns die Wirkung des Sporens genauer anschauen. Er wirkt auf die seitliche Bauchmuskulatur, auf die Flanken des Pferdes.

Die alte Lehre sagt, man versammelt das Pferd mit dem Sporen, das heißt, man holt es mehr auf das Hinterbein und somit macht man es logischerweise langsamer! Langsamer? Die Zusammenhänge sind folgendermaßen: Der Sporen wirkt auf die schräge Bauchmuskulatur und die Flanke des Pferdes. Wenn das Pferd diese anspannt, hebt sich der Rücken, und die Hinterhand beziehungsweise die Hüfte dreht mehr unter den Körper. Deshalb versammelt der Sporen das Pferd. Richtigerweise setzt man den Sporen ein, um das Pferd nach einem Sprung zurückzuholen, wieder mehr auf das Hinterbein zu setzen, um den nächsten Sprung vorzubereiten. Oder man benutzt ihn, um das Pferd zum Beispiel aus einer Trabverstärkung wieder in den Arbeitstrab zurückzunehmen.

Sticht man hingegen schnell unbewusst mit dem Sporen, so wird das junge und sensible Pferd am Anfang sicher nach vorn springen. Aber je länger man diese Praktik betreibt, desto unsensibler wird das Pferd, vor allem, wenn die Stiche rhythmisch kommen und gleichzeitig durch das Hochziehen der Hacke die Sitzbeinhöcker in den Rücken kneifen.

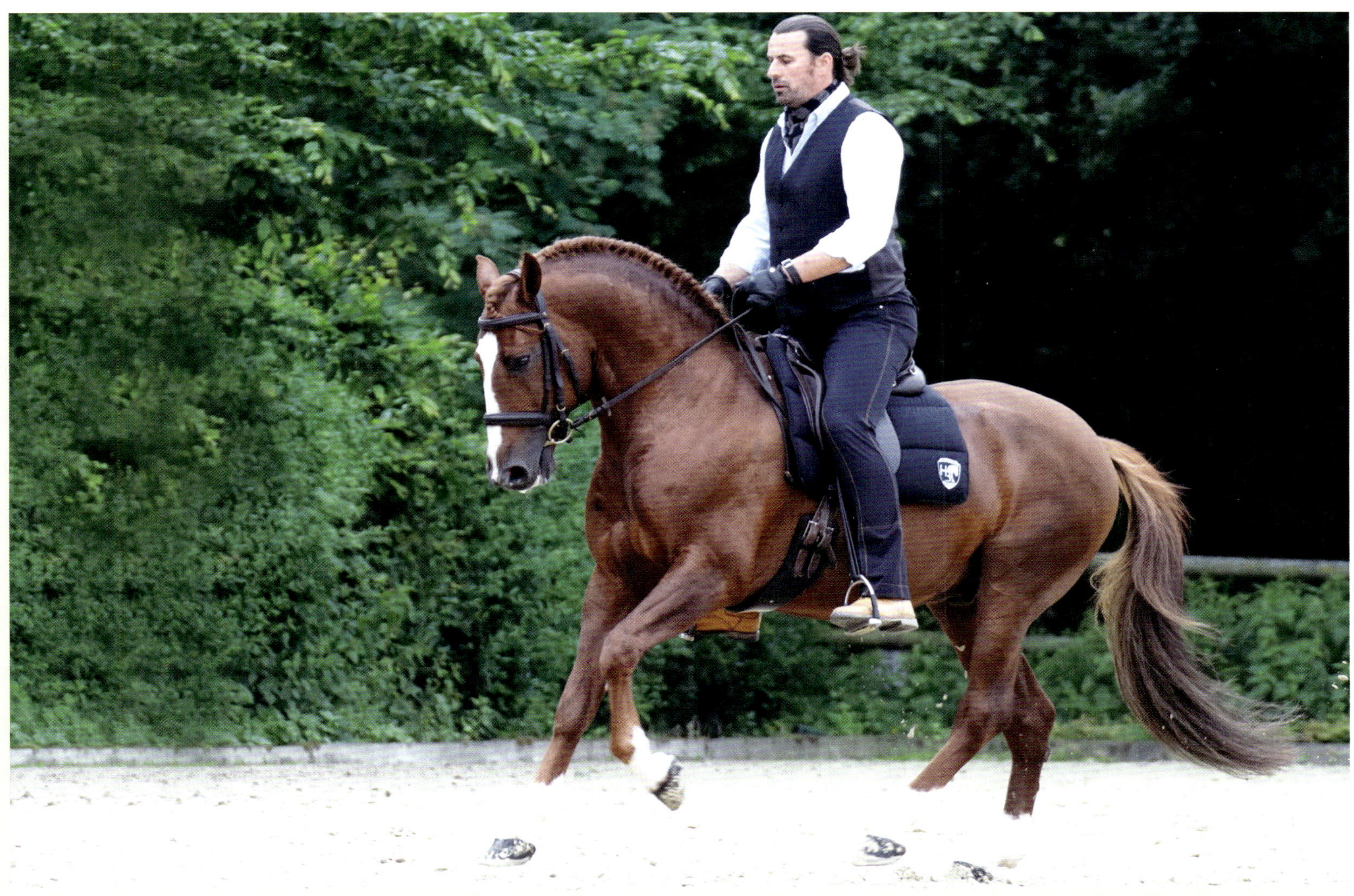

Schön in der Bewegung mit Zug zur Hand. (Foto: Gina Mazza)

Fazit: Das Pferd wird immer mehr die Luft anhalten und den Körper anspannen, sodass es sich quasi eine Art Ritterrüstung aus Spannung anlegt, um die Wirkung des groben Vorwärtstreibens abzumindern.

Auf keinen Fall jedoch wird das Pferd entspannt mit Lauffreude nach vorn gehen. Dies ist auch keine Methode, um ein nicht mehr lauffreudiges Pferd wieder nach vorn zu bringen. Treffe ich in meinen Seminaren auf ein solches Pferd, so ist das Erste, was der Reiter machen muss, sich die Sporen auszuziehen. Und dann lernt er, mit dem Bein im Bügel zu schwingen, um überhaupt einmal wieder die Voraussetzungen zu schaffen, dass das Pferd mit Lauffreude unter dem Sattel arbeitet. Meist kann man schon eine deutliche Veränderung und ein besseres, lockereres Vorwärtsarbeiten beim Pferd erkennen, wenn der Sporen durch eine Gerte ersetzt wurde und diese pädagogisch sinnvoll, freundlich und bestimmt eingesetzt wird. Was keine freundliche Umschreibung eines vorwärtsprügelnden Reiters sein soll. Das Touchieren, nicht Schlagen (!), und eine vernünftige Gymnastik zielen auf die vom Pferd angespannten Körperbereiche und lösen das Problem auf elegante Weise. Durch den Sporen spannt das Pferd also die Bauchmuskulatur an. Können Sie mit angespannter Bauchmuskulatur schnell laufen? Ich denke nicht, und Ihr Pferd kann es auch nicht.

Vorwärtsgang in der klassischen Bedeutung

So wie der Begriff „klassische Dressur“ so ist auch der Begriff ‚vorwärts“ in unserer heutigen Zeit sehr belastet und wird oft negativ ausgelegt. Vorwärts im klassischen Sinn bedeutet, das Pferd so zu lösen und zu gymnastizieren,

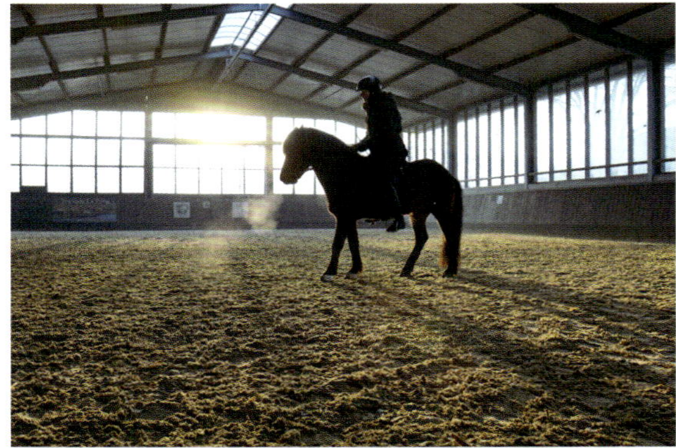

Langsam, konzentriert und ohne Druck geht der Isländer zurück. (Foto: Leonie Bühlmann)

dass die Kraft aus der Hinterhand über eine lockere und gestärkte Lende durch die Schulter, durch Hals und Genick sanft in der Reiterhand ankommt und so den Kreis schließt.

Sie sollten die Aktivität der Hinterhand als sanften Zug in Ihrer Hand spüren können. Das Pferd tritt sozusagen mit der Hinterhand durch seinen ganzen Körper hindurch und in Ihre Hand hinein.

Aus der Praxis

Im Unterricht gehe ich neben meinem Reitschüler her und führe seine Zügel. Ohne seinen Sitz und seine Einwirkung mit dem Bein direkt zu sehen, spüre ich, ob er klemmt, ob er in seiner Balance oder zu weit hinten sitzt. Ich spüre, ob er den richtigen Takt gewählt hat und das Pferd überhaupt in der Lage ist, loszulassen und sich in die Anlehnung hineinfallen zu lassen.

Genau das muss der Reiter spüren, wenn er die Zügel wieder selbst in der Hand hat, genau das ist Vorwärtsreiten: vom Schenkel zur Hand, vorwärts durch die Hand und rückwärts davon abstoßend, ohne dass der Zügel zieht, sondern der Schenkel nach vorn treibt.

Hat er dieses Gefühl verstanden, lasse ich ihn vermehrt mit dem Bein treiben, und er spürt mehr Druck im Zügel, weil das Pferd auf vorwärtstreibende Hilfen mit Gegendruck in der Zügelanlehnung reagiert. Behält der Reiter diesen leicht erhöhten Gegendruck in der Hand und hält ihn aufrecht, so wird sein Pferd vom Schritt durchparieren und ganz langsam und leise zum Halten kommen. Dies ist der wichtigste Schritt auf dem Weg zu einer korrekten Parade.

Lasse ich den Reiter nach dem Halten weiter gegen die Hand treiben, wird das Pferd vorsichtig und sanft versuchen, durch die Hand hindurchzugehen. Da der Reiter die Hand nicht öffnet, sondern ohne zu ziehen elastisch gegenhält, wird das Pferd einen anderen Weg suchen. Es wiegt langsam manchmal mehrfach vorsichtig vor und zurück und tritt am Ende gleichmäßig konzentriert und ruhig rückwärts. Auch dieses Rückwärtsrichten ist Vorwärtsreiten und kein Rückwärtsziehen. Würde der Reiter ziehen, um das Rückwärtsrichten zu forcieren beziehungsweise um den Gehorsam mechanisch abzufragen, dann würde aus der willigen Konzentration, in der sich das Pferd rückwärts versammelt, ein Gegendruck in die Zügel werden und somit genau das Gegenteil bewirken: Das Pferd blockiert oder drückt sogar vorwärts in den Zügel, um nach vorn wegzukommen.

Sie müssen sich dieses Gegen-die-Hand-Treiben vorstellen, als würde Ihr Pferd gegen ein quer gespanntes Gummiband laufen. Das Gummiband ist elastisch und spannt sich immer mehr, bis das Pferd nicht mehr dagegen ankommt und anhält. Die Energie des Gummibands drückt das Pferd nun langsam zurück. Genau so treibt man sanft, aber bestimmt gegen die Hand, bis das Pferd nicht mehr weiter nach vorn geht, sondern sich etwas vom Zügel abstößt und nach hinten tritt. Der Reiter treibt dabei aber immer nach vorn und zieht nie zurück.

Vorwärtsgang in der modernen Bedeutung

Vorwärtsgang in der modernen Bedeutung ist leicht erklärt: Es ist der verzweifelte Versuch, mit aggressiver Vorwärtseinwirkung, also Geschwindigkeit, und den daraus entstehenden Flieg- und

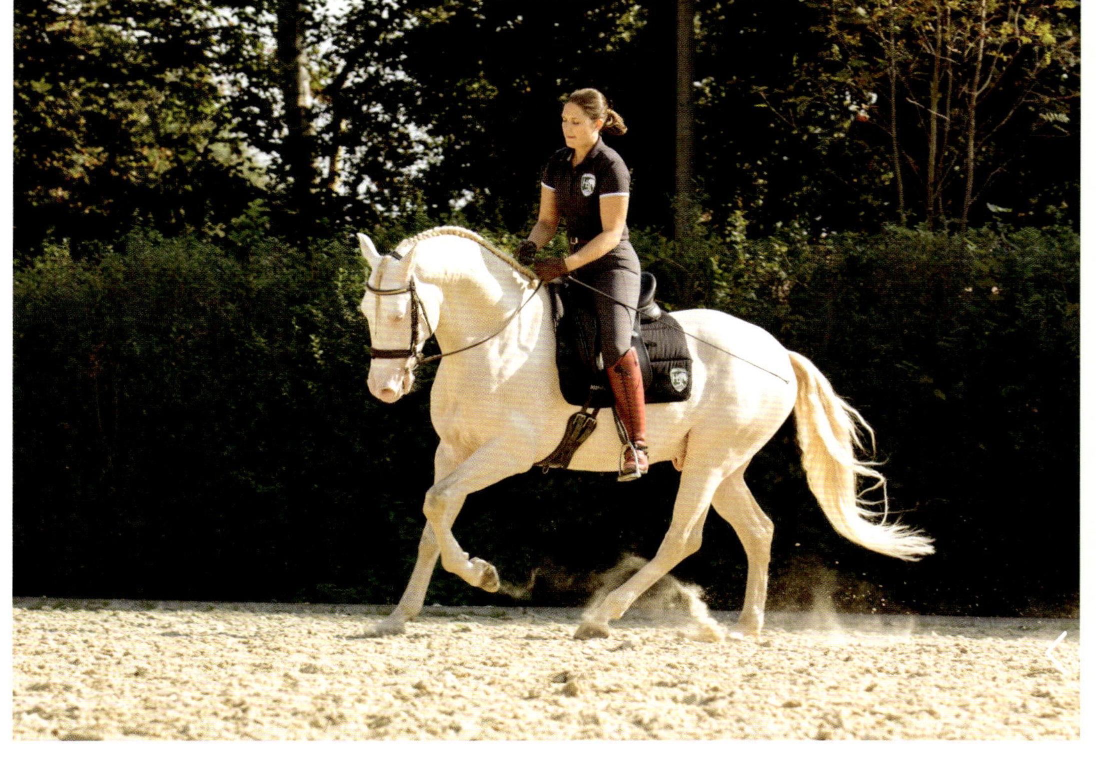

Der Galopp verbessert den Trab. (Foto: Gina Mazza)

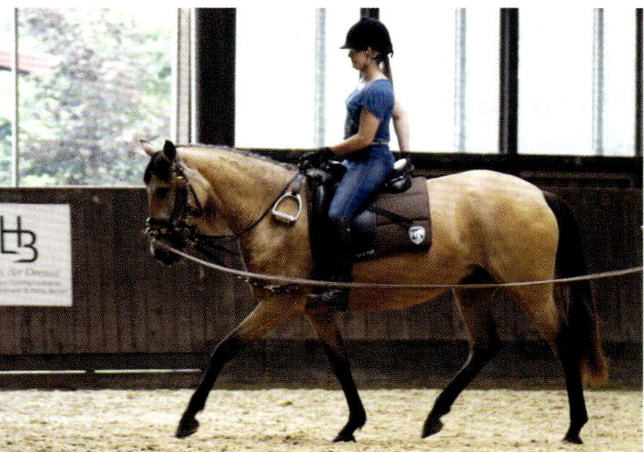

Im Rahmen einer Sitzschulung an der Longe, während der Reiter sich festhält, macht es auch mal Sinn, ohne Bügel zu reiten. (Foto: Leonie Bühlmann)

Schleuderkräften etwas vom Pferd zu verlangen, das es aus ruhiger, taktmäßiger und krafterfüllter, lockerer Bewegung freiwillig geben würde.

Eine alte Weisheit sagt: Um den Trab zu verbessern, wird im guten Dressurstall galoppiert und im schlechten getrabt. Dies bedeutet, dass der gute Trainer an den Voraussetzungen, an der Basis arbeitet, während der schlechte das Pferd drückt und quetscht und jagt. Denn merke: Der Trab nach dem Galopp ist immer besser, dynamischer und ausdrucksstärker als der Trab vor dem Galopp. Dies gilt sowohl für den Moment in einer Trainingsstunde als auch für eine Zeitschiene über viele Wochen Training.

Die moderne Bedeutung von „vorwärts“ wird leider sehr häufig mit Kilometer pro Stunde gleichgesetzt, während es in der klassischen Bedeutung „vom Bein zur Hand“ heißen will.

Thema Knieschluss

Im heutigen Reitunterricht werden immer noch gern zum Üben die Bügel übergeschlagen, um mit einem Reitschüler einen vermeintlich besseren Sitz zu erarbeiten. Diese Übung stammt jedoch aus Kavalleriezeiten. Dort war es wichtig, dass beim Angriff niemand vom Pferd fällt, wenn zum Beispiel der eine Reiter dem anderen den Steigbügel weggetreten hat.

Heute gibt es Gott sei Dank keine Kavallerie mehr und somit auch keine Angriffsszenarien hoch zu Pferd. Schon allein deswegen ist es meiner Ansicht nach fragwürdig, dass Trainer immer wieder diese Übung mit ihren Reitschülern machen. Denn wenn die Reiter nicht richtig geführt werden im Unterricht, beginnen sie sich mit den Beinen und Knien ans Pferd zu klemmen. Und genau das ist der Beginn von vielen Problemen zwischen Reiter und Pferd. Dies äußert sich insbesondere durch Anlehnungsschwierigkeiten, durch das Herausheben aus der Zügelanlehnung sowie durch das Verwerfen im Pferdekörper und das Festmachen im Rücken.

Für mich ist die Übung, ohne Bügel zu reiten, einzig sinnvoll innerhalb einer Sitz-Longen-Stunde, in der sich der Reiter mit der einen Hand vorn in der Sattelkammer und mit der anderen im hinteren Teil des Sattels festhalten kann. So kann er die Bewegung des Pferdes in den einzelnen Gangarten auf sich wirken lassen und einen Weg finden, sie locker auszubalancieren. Aber auf keinen Fall darf sich der Reiter bei dieser Übung mit den Beinen ans Pferd klemmen.

Ein Reiter sollte sich in einer Stress- oder einer Notfallsituation bewusst mit dem Bein mehr in die Sattelpausche klemmen können, um sicheren Halt zu finden. Dieser Knieschluss soll aber nur in einer Notsituation Anwendung finden, da er sonst in der normalen Arbeit kontraproduktiv für die freie Bewegung des Pferdes durch seinen Körper wirkt.

Die Reiterhände und -arme

Sind die Unterarme zu tief, gibt es einen Knick in der Zügelverbindung und der bewirkt einen Knick in der Energie zwischen Reiter und Pferd.

Immer wieder sehe ich Reiter, die ihren ersten Fokus in der Reiterei darauf legen, dass das Pferd den Kopf senkt, sozusagen durchs Genick geht.

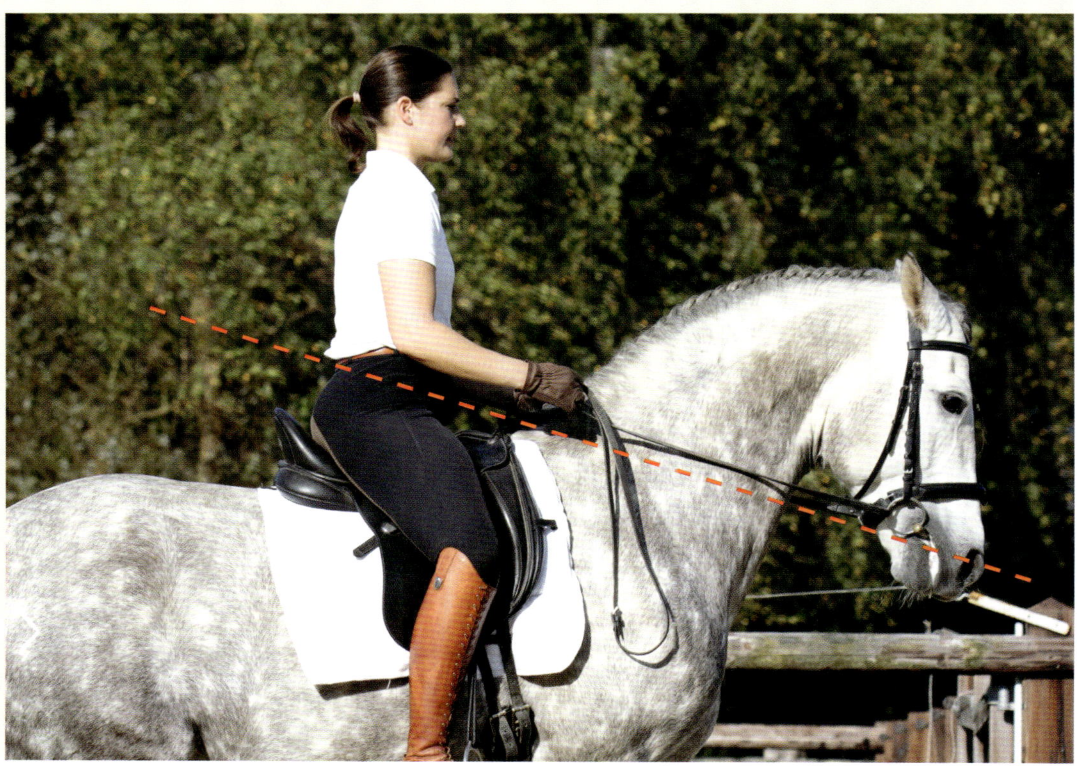

Der Unterarm sollte die Verlängerung des Zügels sein. Der Reiter beginnt erst am Ellbogen. So zieht das Pferd in die Hand vorwärts-abwärts. (Foto: Gina Mazza)

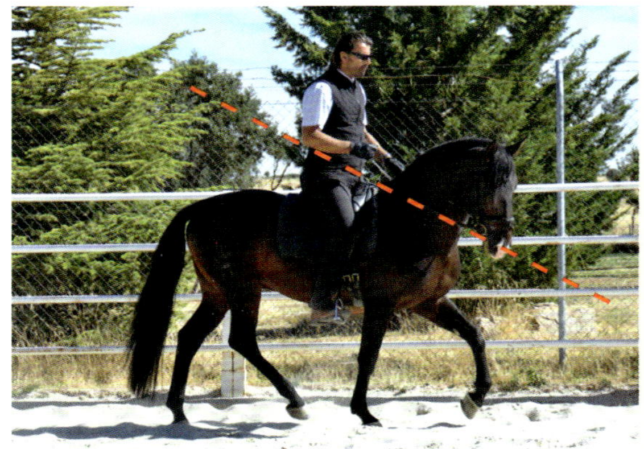

Die Hand kann entweder nur leicht über der Ellbogen-Trensen-Linie sein oder darf zum Stellen und Biegen auch noch höher kommen.

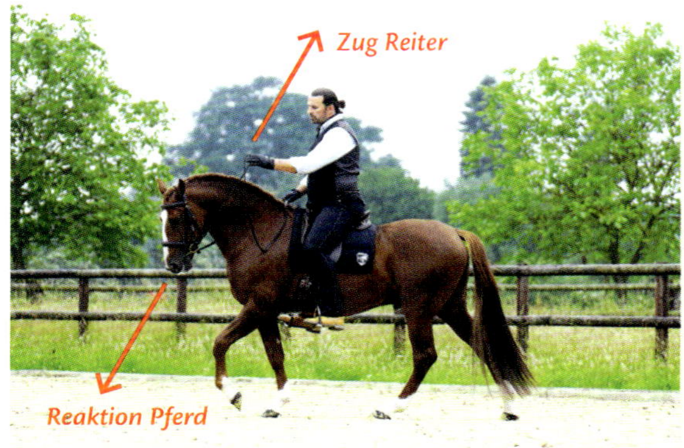

Wichtig ist, dass der Ellenbogen vorgeht und die hohe Hand die Trense sanft fast in der Achse der Maulspalte anhebt. (Fotos: Leonie Bühlmann)

Meist kann man dieses Ansinnen an den Armen und ihrer Führung zum Zügel erkennen. Der Reiter sitzt mit nach unten ausgestreckten Armen und, um die Sache noch schlimmer zu machen, mit stark nach unten oder nach innen weggeknickten Handgelenken auf dem Pferd. Seine Idee ist, wie man es ihm mit Sicherheit erklärt und gelehrt hat, die Hände so tief wie möglich zu führen, um so eine tiefe Zügelführung zu haben und auf diese Art und Weise das Pferd dazu zu bewegen, Hals und Nase rund und tief zu machen.

Wir wollen uns einmal anschauen, was diese Zügelführung bewirkt – zuerst beim Reiter: Wir sitzen wieder korrekt gerade auf unserem einfachen Holzstuhl. Dann nehmen wir ein Thera-Band, das den Zügel simulieren soll, legen es um ein Tischbein herum und halten die beiden Enden rechts und links in der Hand wie die Zügel. Wir positionieren uns so zum Tischbein, dass wir eine Zügelverbindung aufbauen können, und halten die Unterarme so, dass sie eine gerade Verlängerung der Zügel sind. Jetzt ziehen wir die Ellbogen zurück. Wir ziehen also mit dem Oberarm den Unterarm rückwärts in eine elastische Spannung des Thera-Bands. Der Unterarm wird weiter so positioniert, dass er als gerade Verlängerung des Zügels agiert. Denn nach der Lehre fängt ein Reiter erst am Ellbogen an. Der Unterarm und die Hand gehören in der reiterlichen Dynamik zum Pferd, eben als gerade Verlängerung des Zügels. Sie merken, dass Sie jetzt über den Oberarm elastisch, fein und locker vor- und zurückschwingen können und so eine feine Verbindung zum Pferdemaul aufbauen können.

Nun überprüfen wir die These, dass eine tief geführte Hand das Pferd leichter durchs Genick und in die Tiefe bringt. Aus der oben beschriebenen Position, auf dem Stuhl sitzend, mit dem Thera-Band als Zügel in der Hand, nehmen wir jetzt die Hände und die Unterarme nach unten in die Tiefe, sodass sie also nicht mehr die gerade Verlängerung des Zügels sind, sondern die gerade Verlängerung des Oberarms nach unten. Sie werden merken, dass Sie in Ihrem Oberkörper fest werden und dass sich die quer liegenden Brustmuskeln in Ihrem Körper anspannen. Je mehr Kraft Sie benötigen, um den vermeintlichen Pferdekopf, also in unserer Übung das Tischbein, zurückzuziehen, desto mehr spüren Sie, dass Sie immer fester werden.

Das Fazit beim Reiter – in der Übung, wenn die Hände nach unten gehen – ist, dass er im Oberkörper fest wird und so nicht mehr ordentlich mit der Pferdebewegung mitschwingen kann. Gleichzeitig verhindert die verkrampfte Zügelführung ein weiches, elastisches Mitschwingen der Hand zum Pferdemaul.

Fazit und Reaktion des Pferdes: Von je weiter unten die Reiterhand auf das Pferdemaul einwirkt, desto größer wird der Druck auf die Zunge und die Lade, den Unterkiefer des Pferdes. Als Reaktion geht das Pferd gegen den Druck an – Druck erzeugt Gegendruck – und hebt sich nach oben aus der Anlehnung heraus, da die Zunge, biomechanisch gesprochen, das obere Ende der Muskelfunktionslinie des Halshebers ist. Vielleicht, wenn der Reiter in der Lage ist, einen maximalen Druck oder Zug mit tief geführten Händen auszulösen (Schlaufzügelprinzip), wird das Pferd nachgeben – aber sicherlich weder willig und zufrieden noch losgelassen und vertrauensvoll. Und es wird vielleicht nachgeben und den Kopf senken, aber der Rest des Körpers arbeitet dann noch lange nicht so, wie wir uns das wünschen.

Zum Abschluss unseres kleinen Experiments heben wir jetzt diese tief geführten Hände und die tief geführten Unterarme wieder langsam an, sodass wir am Ende wieder in der nach der Lehre richtigen Position von Oberarm und Unterarm sind, das heißt der Verlängerung des Zügels durch die Hand und den Unterarm bis zum Ellbogen und ein korrekt dazu gewinkelter Oberarm, der als elastischer Schwingarm den Unterarm und die Hand in eine feine und leicht ziehende elastische Verbindung zum Pferdemaul und Zügel bringt.

Fazit: Wir spüren beim Anheben der Hand und des Unterarms aus der tiefen Position nach oben, dass sich der feste Oberkörper und die Spannung in der Quermuskulatur sowie in der Lendenmuskulatur des Reiters löst und entspannt. So erlangt der Reiterkörper wieder die angestrebte lockere Stabilität, aus der heraus er einerseits die Pferdebewegung aufnehmen kann und andererseits eine saubere elastische Verbindung zum Pferdemaul halten kann. Ich sage im Unterricht oft, der Reiter möge sich vom Pferdemaul und vom Zügel, mit der Hand

und dem Unterarm, fein mitziehen lassen und nicht versucht sein, die kopfschaukelnde Verbindung des Pferdes bewusst nachzuahmen. Der Reiter wäre immer zu langsam und nicht locker, das Pferd würde sich an einer solchen nachgemachten Handbewegung immer stoßen.

Vielleicht fragen Sie sich jetzt, was Sie tun können, um Hals und Kopf des Pferdes in die von Ihnen gewünschte Position zu bringen. Kurz gesagt – denn ausgiebig werden wir uns später noch mit diesem Thema beschäftigen: die Hand anheben! Und zwar höher als die gerade Linie von ihrem Ellbogen zum Gebiss, sprich der Trense des Pferdes. Im Unterricht arbeite ich gern mit Bildern. Das Bild, das ich beschreiben würde, wäre: Man befestigt einen Bindfaden unten am Ellbogen und lässt ihn gespannt bis zur Trense laufen. Nun könnte der Reiter seine aufgestellte Zügelfaust und seinen Unterarm vorsichtig auf diesem Bindfaden ablegen, ohne dass sich der Faden nach unten durchbiegt. Wenn der Reiter aus dieser Position heraus zum Beispiel die innere Hand mehr anhebt, so hebt er die Trense mehr zum Mundwinkel des Pferdes. Der Druck auf der Zunge lässt nach, das Pferd entspannt sich mehr, beginnt zu kauen und lässt sich eher fallen.

Wenn der Reiter mit dem Zügel nach oben einwirkt, passiert es gleichzeitig, dass das Pferd nach unten zieht. Druck erzeugt auch hier Gegendruck. In diesem Fall ein positiver Effekt!

Gehen wir noch einmal zur tief geführten Hand. Der Reiter zieht also mit der Hand den Zügel rückwärts in die Tiefe, das Pferd entwickelt Gegendruck nach oben und nach vorn. In diesem Fall ein negativer Effekt, aber eine natürliche Reaktion des Pferdes.

Jetzt können Sie sich selbst ein Bild machen, ob es sinnvoll ist, die Zügelhand tief und rückwärts zu führen – oder, wie man es im Extremfall sieht, die Hände auf den Oberschenkeln oder Knien zu fixieren, um mehr Druck ausüben zu können, damit das Pferd Hals und Nase mehr senkt.

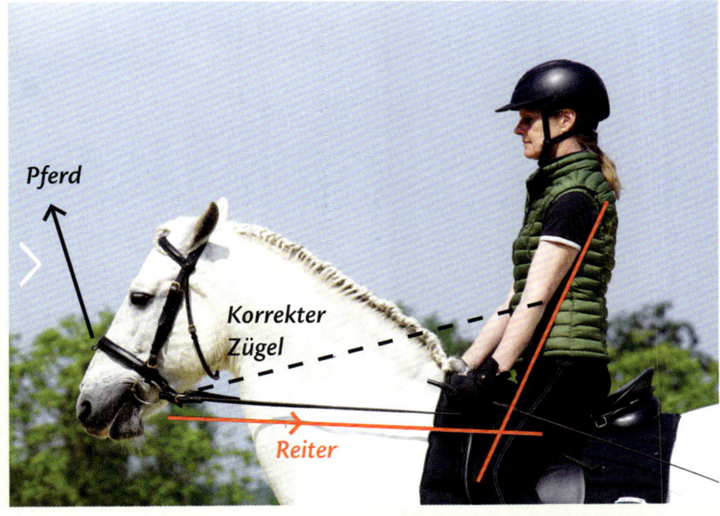

Bei tief geführter Hand entwickelt das Pferd Gegendruck nach oben und vorn. Der Schulter- und Brustgürtel des Reiters ist angespannt.

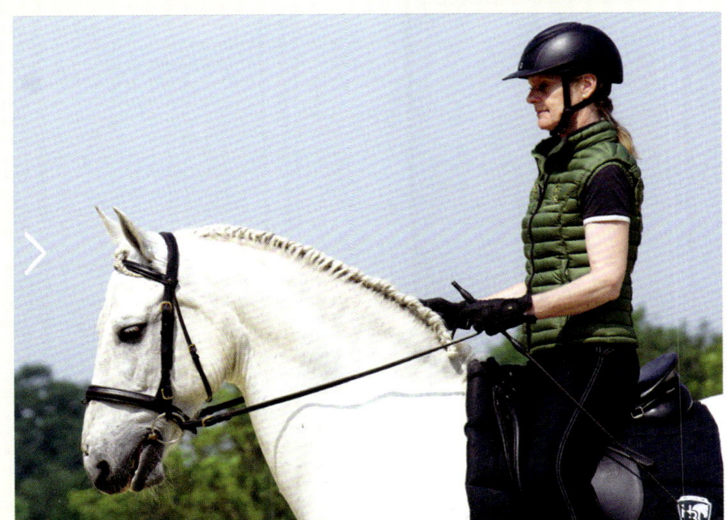

Wenn die Hand höher genommen wird, entspannt sich der Reiter, das Pferd kaut ab und lässt sich wieder fallen. (Fotos: Leonie Bühlmann)

Der nächste oft beobachtete Fehler in der Zügelführung ist, dass der Reiter zwar seine Unterarme einigermaßen als gerade Verlängerung zum Zügel hält, aber seine Hände, seine Zügelfaust, die zwar aufgestellt ist, nach innen einknickt. So versucht er, den Zügel zu verkürzen oder kleine Rucke am Zügel zu geben.

Was passiert bei dieser Art der Zügelführung? Das Wichtigste: Durch die eingeklappten Zügelfäuste ist die gerade Verbindung zwischen Unterarm, Hand und Zügel geknickt. Das unterbricht zu 100 Prozent die Möglichkeit, fein mit dem Pferdemaul in Verbindung zu sein. Die Anlehnung wird einerseits lose und andererseits wird sich das Pferd immer wieder an der fehlenden Flexibilität der Zügelhand stoßen.

Beim Reiter sorgen die eingeklappten Zügelfäuste für eine große Anspannung auf der Außenseite der Arme, die sich zwischen den Schulterblättern wiederfindet und so den Oberkörper verspannt. Auch dadurch werden die lockere Stabilität des Reitersitzes und die freie Bewegung des Pferdes wieder gestört.

Viele Reiter versuchen auch, die Hand stehen zu lassen. Aber was heißt das überhaupt? Relativ wozu? Meist ist damit gemeint, dass die Hand auf einer gewissen Höhe des Pferde-

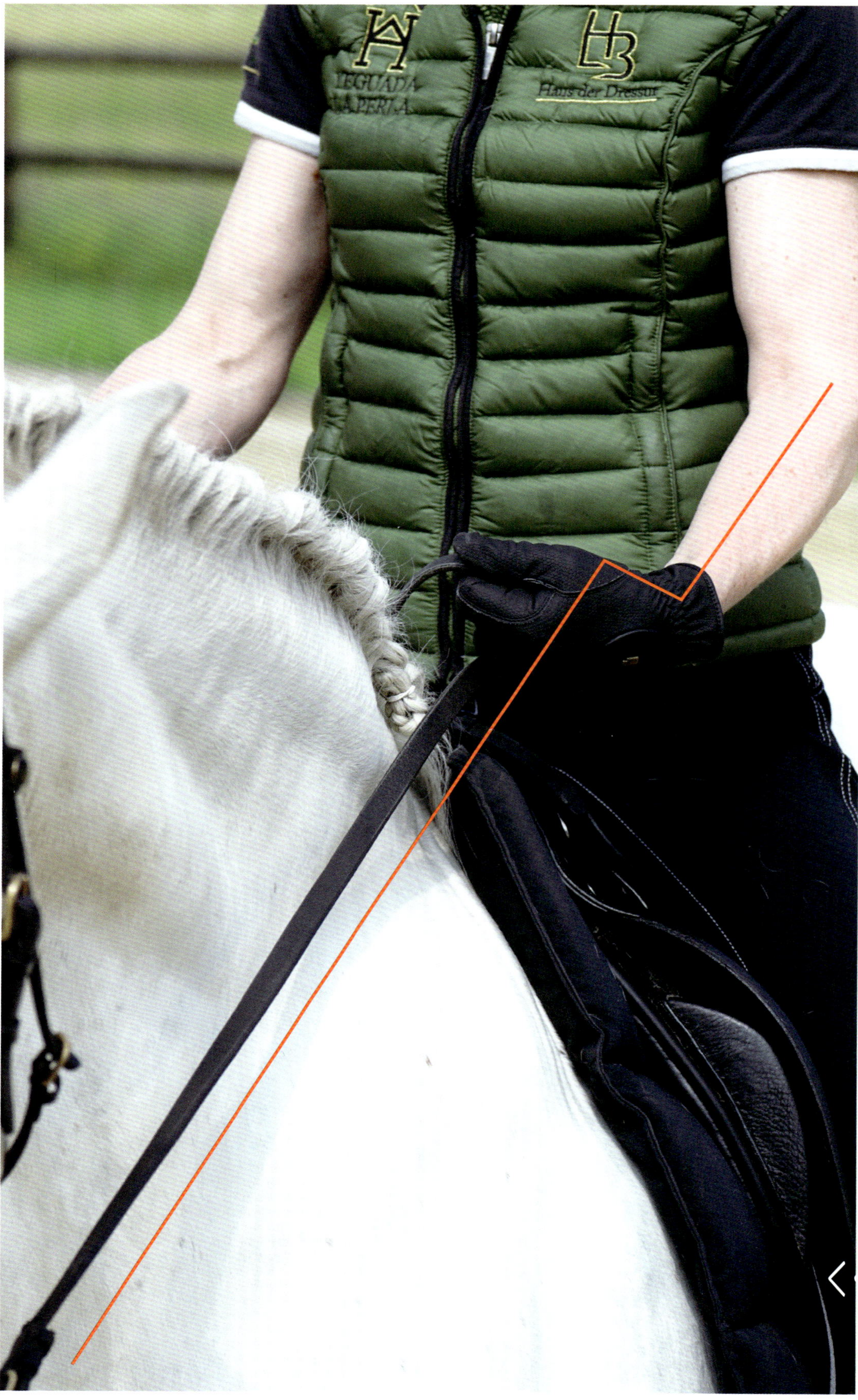

körpers zum Universum still steht. Da Hals und Kopf des Pferdes aber bei den verschiedenen Grundgangarten in den verschiedenen Lektionen immer wieder unterschiedliche Positionen einnehmen und in Bewegung sind, kollidiert das Pferdemaul ständig mit der Hand. Das Pferd lässt nicht los, kann sich nicht entspannen und in seiner Bewegung nicht voll entfalten.

Sie müssen sich das Pferd als Balletttänzer vorstellen. Wir möchten, dass sich das Pferd in den verschiedenen Lektionen voller Anmut, Ausdruck, Schwung und Eleganz im Gleichgewicht bewegt. Stellen Sie sich nun vor, die Balletttänzerin tanzt und gleichzeitig wird an ihr gezogen, sie wird gedrückt, festgehalten und zu mehr Leistung angetrieben. Ob dabei wohl ein schöner Tanz zustande kommt? Wenn die Tänzerin aber nur kleine Indikationen, Korrekturen und Hilfestellungen in ihrem Training erhält und ansonsten nicht gestört wird, kann sie ihre Leistung von Tag zu Tag ein wenig verbessern.

Beim Pferd ist es genauso. Wenn der Reiter in seiner lockeren Stabilität auf dem Pferd sitzt und es, ohne zu stören und ohne es in seiner Bewegung zu beeinträchtigen, trainiert und ihm die Möglichkeit gibt, sich in seinem Gleichgewicht zu entfalten, arbeitet das Pferd nicht nur freudiger mit, sondern die Resultate sind viel wertvoller, reeller und von höherer Qualität. Und dabei gilt auch der Spruch von Fredy Knie sen.: „Jeden Tag ein Millimeter ergibt auch einen Meter!"

Die eingeknickten Hände unterbrechen den Energie- und Schwingungsfluss vom Ellbogen bis zum Pferdemaul. (Foto: Leonie Bühlmann)

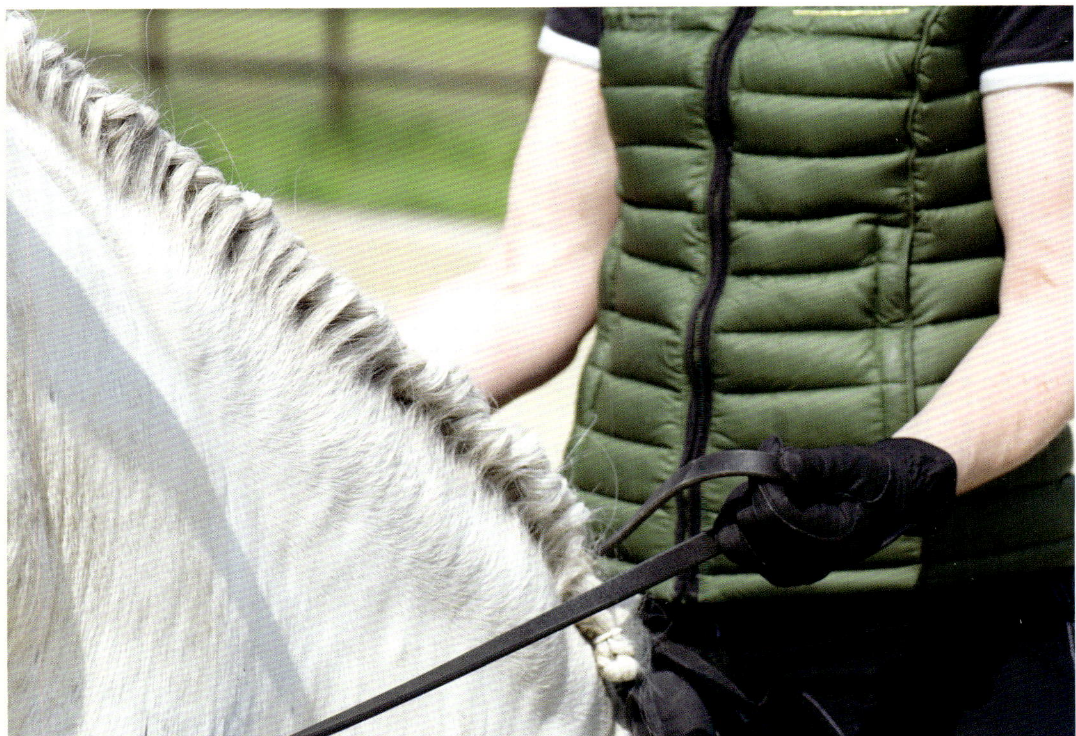

Bei so locker ausgedrehten Händen ist der Reiter entspannt bis in die Schultern, und die Zügelverbindung ist elastisch. (Foto: Leonie Bühlmann)

Reiten und Meditieren

Warum hält ein Buddha die Hände mit den Handflächen nach oben? Weil sich so der Körper öffnet.

Reiten und Meditieren sind in vielen Aspekten gar nicht so verschieden. Auch ein Reiter soll die Fäuste aufstellen, um im Körper locker zu sein und damit seine Brust- und Schultermuskulatur locker bleiben. Die Hände sollten fast wie beim Meditieren eher offen sein, die Daumen eher nach außen gedreht sein und die Fingernägel eher zum Himmel zeigen. Nur so ist der Reiter entspannt und in der Lage, sich gleichmäßig vom Pferdemaul mitziehen zu lassen. Nicht nur das Pferd gibt sich der Anlehnung hin, sondern auch die Hand dem Pferdemaul. Nur so entsteht eine Verbindung, die berechenbar und weich ist. Das Pferd liest in der Verbindung zwischen Hand und Maul viel über unsere Stimmungs- und Energielage ab.

Um dem Reiter bewusst zu machen, was er alles im Pferd mit seinen Händen auslösen kann, stelle ich meinen Schülern häufig eine Frage, und zwar in folgender Situation: Stellen Sie sich vor, Sie begrüßen drei Menschen, die Sie nicht kennen, mit einem Händedruck.

Der erste ist kraftvoll wie ein Schraubstock, die Hand schmerzt ein bisschen und Sie haben das Gefühl, die Ringe an Ihrem Finger werden zu Ovalen verformt. Sie fühlen die große Kraft in der Ihnen entgegengestreckten Hand.

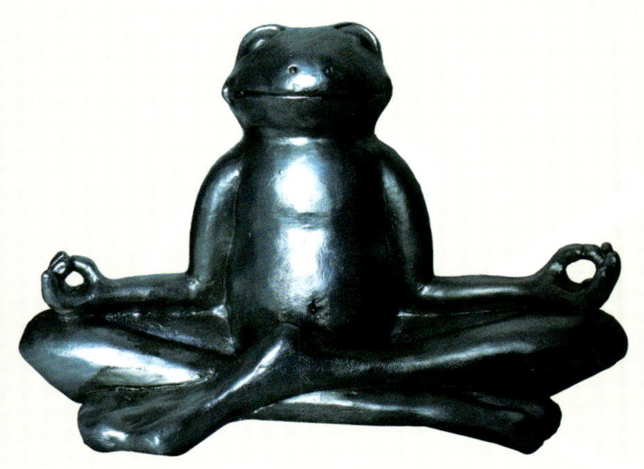

Der Zweite gibt Ihnen eine Hand, die sich schlaff und fast wie ein Stück totes Fleisch anfühlt. Sie spüren etwas Warmes, leicht Feuchtes, aber Energieloses in Ihrer Hand und verspüren das Bedürfnis, sich danach gern die Hände zu waschen.

Nun der Dritte: Er gibt einen klaren, trockenen, kraftvollen, aber auch gefühlvollen Händedruck.

Nun die Frage: Mit welchem der drei würden Sie einen Berg besteigen? Die Antwort lautet in 99 Prozent der Fälle: mit dem dritten. Ein solcher Händedruck ist berechenbar und angenehm, und somit ist der Mensch berechenbar und angenehm, der hinter diesem Händedruck steht. Sowohl die Klarheit, die Kraft, aber auch die Sensibilität nehmen wir positiv auf.

Was für uns Menschen ein Händedruck ist, um eine andere Person einzuschätzen und eine erste Verbindung aufzubauen, ist für ein Pferd die Energie zwischen Hand und Pferdemaul über die Zügel. Die Art und Weise, wie jemand die Zügel in die Hand nimmt und die Anlehnung herstellt, sagt sehr viel über den Reiter aus.

Ist die Zügelverbindung zu weich, der Zügel schlaff und lose, fühlt das Pferd keine Verbindung zur Hand. Es kann so das Ende des Zügels nicht klar und berechenbar spüren. So findet das Pferd weder die richtige Position von Hals und Kopf noch ein klares Ende des Rahmens, den der Reiter ihm vorgibt. Fazit: Das Pferd wird sich nicht entspannen, die Situation ist undeutlich und unklar, es fühlt keine Führungsqualität.

Auf den kraftvoll ziehenden Zügel wird das Pferd instinktiv mit Gegendruck antworten. Das größte Problem bei dieser Art der Einwirkung mit dem Zügel ist, dass das Pferd seine Energie nicht für die Umsetzung der reiterlichen Hilfe einsetzt, sondern für die Gegenwehr.

Richtig und absolut angenehm für das Pferd ist ein weicher, elastisch fein ziehender

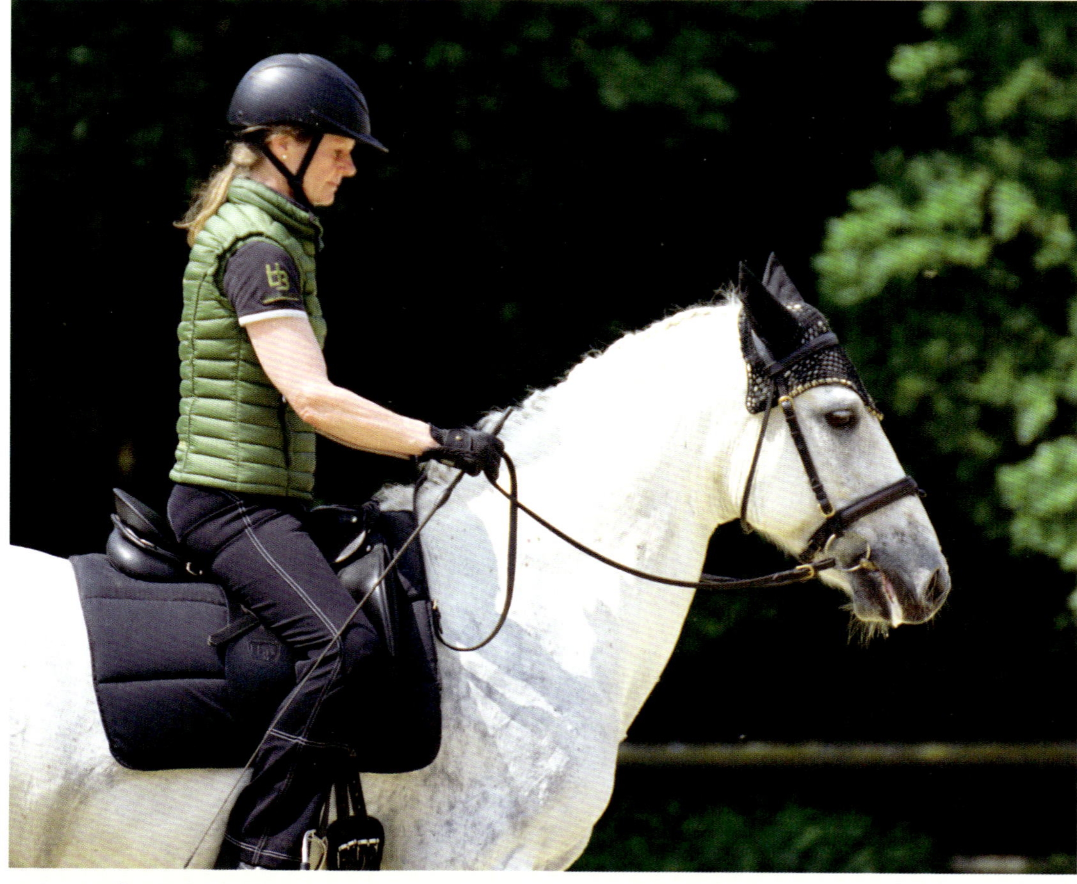

Ist die Zügelverbindung zu lose, findet das Pferd keinen Rahmen und kann nicht in die Hand hineinziehen. Das ist für das Pferd nicht angenehm. (Foto: Leonie Bühlmann)

Zügel. Von der reiterlichen Seite aus betrachtet, zieht das Pferd mit dem Maul die elastisch frei schwebende Reiterhand hinter sich her.

Oder noch einmal von der reiterlichen Seite aus gesprochen und beschrieben: Der Reiter lässt sich ganz fein und elastisch von dieser Verbindung des Unterarms mit dem Zügel und dem Pferdemaul mitziehen. Dadurch ist der Reiter immer im Geschehen und ohne Störungen an der Bewegung des Pferdes dabei.

Hals und Kopf eines Pferdes kontrolliert man mit dem Bein und nicht mit der Hand

Wir kennen alle die Aussage des Reitlehrers: „... treibt mehr vorwärts und haltet gegen, bis er nachgibt!" Schon in den vorangegangenen Kapiteln haben wir uns damit beschäftigt, dass Druck Gegendruck erzeugt. Und wir kennen alle die Aussage: „Der Klügere gibt nach!" Man sollte davon ausgehen, dass der Klügere der Reiter ist ...

Als ich vor mittlerweile 15 Jahren im Schweizer Nationalzirkus Knie ritt, gab es unter den strengen Augen eines Fredy Knie sen. viele neue Dinge zu lernen, aber eines blieb mir besonders im Kopf, da ich es bewusst nirgends ein zweites Mal gesehen habe und bis heute erfolgreich anwende: ein Pferd über das Bein zum Kauen zu bringen.

Man muss wissen, im Zirkus gibt es keine Abreiteplätze. Das heißt, es gibt keine Möglichkeit, das Pferd vor der Vorstellung warm zu machen und auf seinen Auftritt vorzubereiten, außer es Schritt zu führen. Morgens, in der Morgenarbeit, wird das Pferd trainiert und auf seinen Auftritt vorbereitet. Am Abend vor der Vorstellung wird das Pferd (oder die Pferde) nur draußen vor dem Zelt herumgeführt und so etwas aufgewärmt. Dann wird es hinter den Vorhang des Eingangs gestellt, der Reiter steigt auf, der Vorhang öffnet sich und der Auftritt beginnt. Das Pferd muss von der ersten Sekunde an locker und zufrieden am Zügel stehen. Zeit für Korrekturen oder kleine Scharmützel, wie man sie auf einem Abreiteplatz sieht, gibt es nicht. Alles soll leicht, freiwillig, voller Harmonie und Freude aussehen. Fredy Knies Motto war: „Dressur ist sichtbar gemachte Liebe."

An meinem ersten Tag im Winterquartier in Rapperswil sitze ich auf einem Pferd, einem Lusitano des Zircus Knie, und reite am langen Zügel warm. Fredy Knie sen. gibt Unterricht und reitet auch ein Pferd, das er nebenbei trainiert. Nach ein paar Minuten kommt die Anweisung, ich solle langsam die Zügel aufnehmen und das Pferd mit dem Bein abkauen lassen ...

Es bildet sich ein großes Fragezeichen auf meiner Stirn. Ich versuche, die Situation zu retten, indem ich ein bisschen am Gebiss spiele, ein bisschen zupfe und schüttle. Das bringt mir sofort die harsche Frage des Chefs ein, ob ich wohl ein Problem mit meinen Händen habe. Jetzt muss ich aus der Deckung, um Schlimmeres zu verhindern, und verkünden, dass ich keine Ahnung habe, was er von mir möchte. Er grinst freundlich und beginnt, wie es seine Art ist, die Dinge in Ruhe zu erklären.

„Halten Sie an, Herr Becker", sagt er. *„Nun suchen Sie eine weiche Verbindung zum Maul. Kümmern Sie sich nicht darum, wo das Pferd die Nase hat, kümmern Sie sich nur um die Verbindung."*

Undenkbar im konventionellen Reitunterricht, denke ich mir. Man hat ja immer den Eindruck, in der Dressur dreht sich alles nur darum, wo das Pferd die Nase hat.

Ich halte an, nehme etwas die Zügel auf und versuche, eine feine, weiche Verbindung zum Pferdemaul aufzubauen, sodass ich die Mundwinkel spüre, aber das Gebiss noch nicht an der Unterkieferlade ankommt und Druck aufbaut.

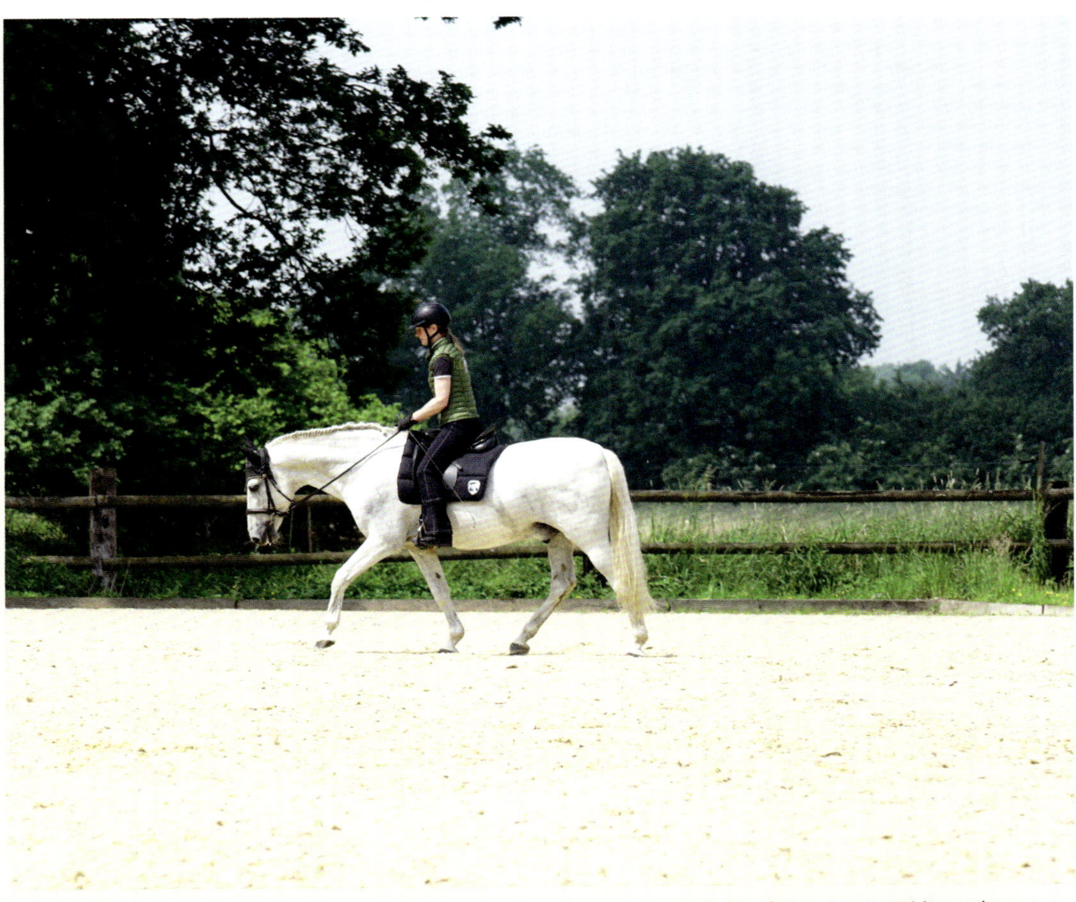

Die Reiterin lässt sich leicht mitziehen und das Pferd zieht schön in die Hand hinein. (Foto: Leonie Bühlmann)

Jetzt sollte ich weich mit den Unterschenkeln Kontakt zum Pferdekörper aufnehmen, so weich, als ob ich mit ihm verschmelzen wollte. Und dann immer wieder mit beiden Schenkeln gleichzeitig leichten Druck aufbauen und wieder nachgeben, ohne den letzten Kontakt mit der Wade zum Pferdekörper aufzugeben. Gesagt, getan. Nun passierte etwas Wunderbares, was ich vorher noch nie gespürt hatte! Das Pferd begann zu kauen und ließ sich willig in meine Zügel fallen. Ich spürte eine besondere Energie und war beeindruckt, dass sich das Pferd durch eine so feine Hilfe durchs Genick stellt. Ein tolles Gefühl! Und ich war bestätigt, dass es die richtige Entscheidung war, jede freie Minute zu investieren und von diesem genialen Pferdemann zu lernen.

In den vorhergehenden Kapiteln haben wir uns zum Beispiel mit der Funktion des Schenkels und der Sporen beschäftigt. Sofern beide sensibel und freundlich eingesetzt werden, haben wir festgestellt, dass der Sporen die Bauchmuskulatur anspannt und versammelt. Dadurch hebt sich der Rücken, und wenn sich der Rücken hebt, wird das Nackenband entlastet und das Pferd lässt Hals und Kopf fallen. Hier greift wieder unsere Regel „vom Bein zur Hand“. Und genau das ist mit „vorwärts vom Bein zur Hand“ gemeint.

Wenn man diese Übung, das Pferd nur über den Schenkel zum Abkauen zu bringen, immer wieder konsequent einsetzt, dann ist sie vom Halten in den Schritt übertragbar und vom Schritt in den Trab und vom Trab in den Galopp. Auf diese Art und Weise kann ich mein Pferd immer wieder über das Bein zusammenstellen und versammeln, also auch durchs Genick stellen. Die reiterlichen Einwirkungen sind nur erfolgreich, wenn sie den Körper und die Bewegung zum Positiven verändern. Hals und Kopf des Pferdes sind nur die Indikatoren, die den Erfolg oder Misserfolg kommunizieren.

Wenn wir uns das Skelett eines Pferdes anschauen, dann sehen wir, dass die Halswirbelsäule genau konträr zur optischen Form des Halses gebogen ist. Man hat ja häufig das Gefühl, dass die Halswirbelsäule parallel zum Mähnenkamm verläuft. Dem ist aber nicht so! Die Halswirbelsäule steigt steil aus der Brust des Pferdes auf und verbindet sich dann mit einer leichten Kurve mit dem Schädel des Pferdes. Das heißt, nur wenn sich die Oberlinie entspannt und genug Raum zur Verfügung hat, kann das Pferd sich dehnen und fallen lassen. Aber auch nur, wenn sich die Reiterhand richtig verhält und der Halswirbelsäule genug Raum gibt.

Wir wiederholen gedanklich einige Dinge: *„Druck erzeugt Gegendruck“*, und: *„Treibe ihn vorwärts, bis er nachgibt.“*

Wenn wir schon Einfluss auf die Position von Hals und Kopf nehmen wollen, dann geht es nicht nach letztgenanntem Prinzip und vor allem nicht, wenn man nach dem Prinzip *„Mehr Einwirkung bringt mehr Ergebnis“* vorgeht.

Im Gegenteil, ein häufiger Satz in meinem Reitunterricht ist: *„Bitte ersetzen Sie Einwirkung durch Geduld!“*

Die Position des Pferdekopfes – die Sicht des Amateurs und des Profis

Die Kopfhaltung des Pferdes ist nur ein Symptom, ein Indikator und nicht die Ursache, das Hauptproblem, das es zu bekämpfen und zu korrigieren gilt. Die Ausbildung beginnt am Fundament, also an der Ursache, um nachhaltig und reell zu sein.

Die Zügelverbindung muss sich als die Basis verstehen, auf der man aufbaut. Nicht die Position des Kopfes ist relevant, sondern der feine Zug des Pferdes am Zügel.

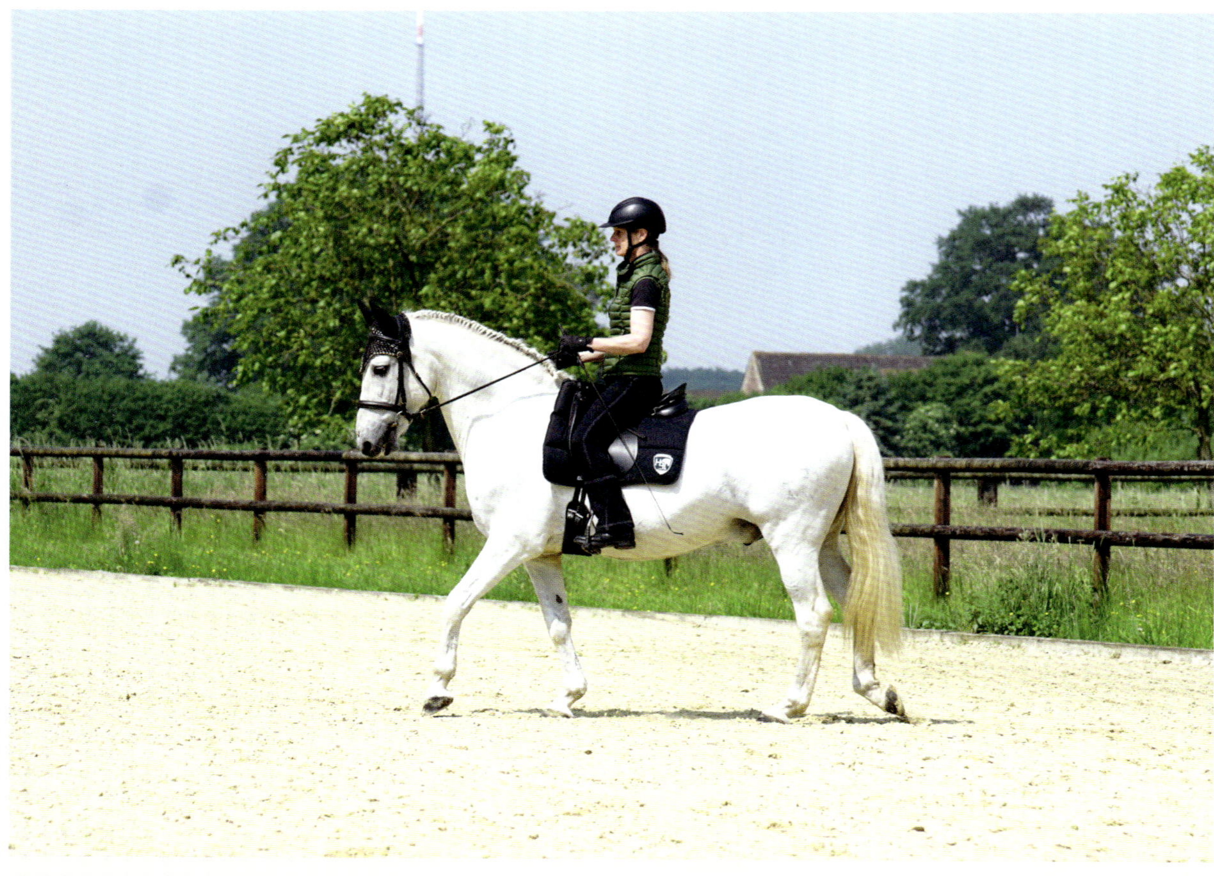

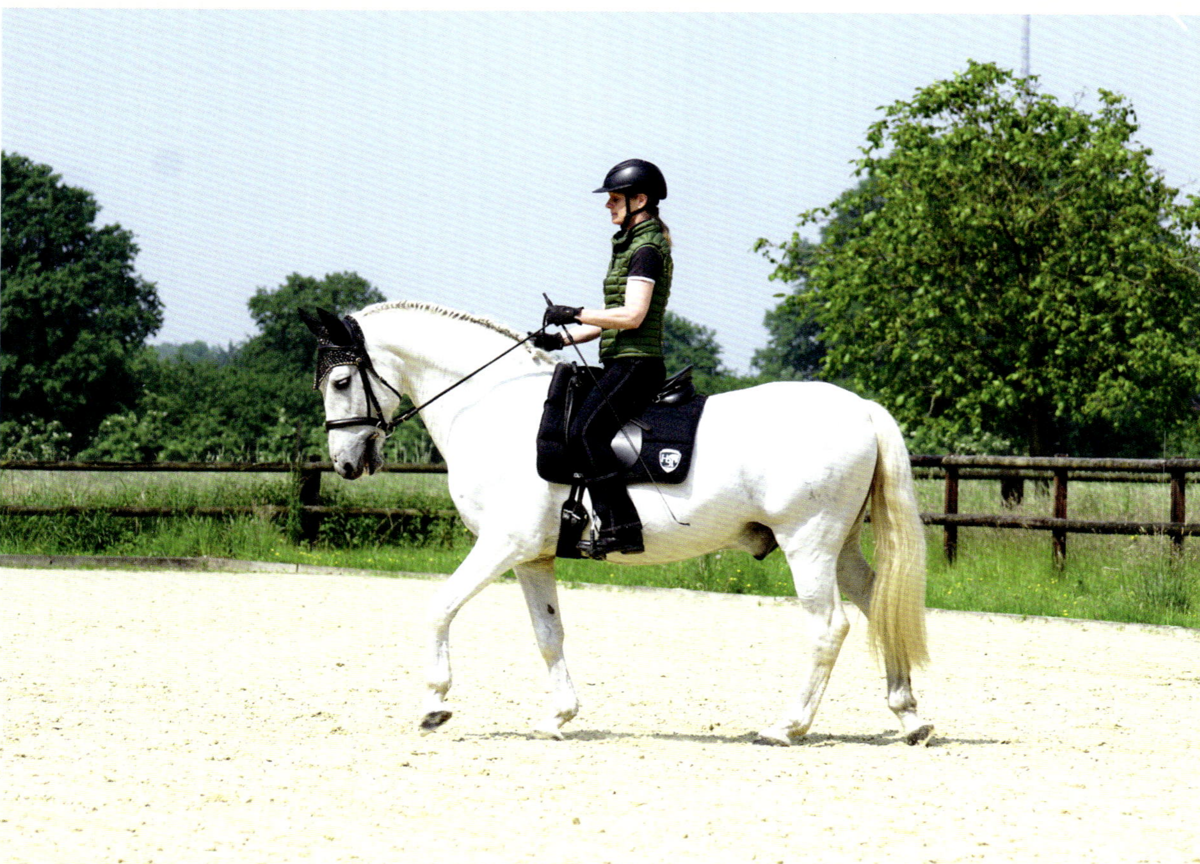

Die Reiterin treibt sanft gegen die Hand, hält den Druck einen Moment und entspannt. Dann lässt sich das Pferd fallen. (Fotos: Leonie Bühlmann)

„Druck erzeugt Gegendruck.“

Wenn ich mich auf ein Pferd setze, ist es mir in erster Linie egal, wo es den Hals und Kopf hat. Eine Ausnahme ist, wenn es zu extrem nach oben oder nach unten eingestellt ist. In erster Linie treibe ich weich mit dem Bein zur Hand und baue eine Verbindung auf.

Das Treiben an die Hand, vom Bein zur Hand, stellt für viele Reiter ein Riesenproblem dar. Sie haben oft als Jugendliche mit Hilfszügeln gelernt zu reiten. In der Pubertät waren sie dann zu stolz für Hilfszügel und haben ihr eigenes Spiel- und Ziehsystem entwickelt, um Hals und Kopf in die richtige Position zu bringen. Dass das nicht korrekt ist, ist hier klar. Aber eigentlich ist es ganz einfach und kein Hexenwerk.

Geht das Pferd über dem Zügel, dann treibe ich es sanft mit dem Schenkel gegen die Hand. Und was passiert? Das Pferd baut Druck auf gegen die Hand. Diesen Druck behalte ich einen kleinen Moment in der Hand. Dann höre ich auf, mit dem Bein zu treiben, aber ohne mit der Wade den gleichen Kontakt zum Pferdekörper zu verlieren, und entspanne etwas meine Finger und meine Arme, ebenfalls ohne den Kontakt zum Pferdemaul endgültig zu verlieren. Das Pferd gibt sogleich den Gegendruck auf und lässt sich etwas fallen. Nun wiederhole ich die Prozedur so lange, bis ich eine weiche, elastische Verbindung zum Pferdemaul in einer durchschnittlichen Höhe zum Pferdekörper aufbauen kann, ohne dass sich das Pferd nach oben heraushebt.

Und was mache ich, wenn das Pferd sich einrollt und hinter dem Zügel geht? Wir lassen hier die grobe Einwirkung als Ursache des Sich-Einrollens außen vor und beschäftigen uns noch mal kurz mit den Pferden, die nicht an den Zügel herantreten. Die allgemeine Meinung sagt, wir möchten das Pferd lang machen, damit es sich nach vorn dehnt und an den Zügel herangeht. Nun wissen wir, dass Druck Gegendruck erzeugt. Kein Druck lässt aber auch keinen Gegendruck entstehen. Das bedeutet: Wenn ich möchte, dass mein Pferd sich in den Zügel dehnt, muss ich Druck aufbauen, also den Zügel annehmen. Man macht das Pferd ein kleines bisschen enger, als es sowieso schon ist, um überhaupt eine Verbindung aufbauen zu können. Dadurch fängt es instinktiv an, gegen diesen Druck vorzugehen, und zwar nach vorn und nach oben. Genau da möchte ich das Pferd haben! Um den Effekt nun zu stabilisieren, treibe ich mit dem Bein in diesen Druck hinein. Man spricht auch vom Durch-die-Hand-Treiben. Dies ergibt ein Vorwärts mit feinem Zug zur Hand und durch den Körper des Pferdes hindurch, bis zur absolut momentan möglichen Dehnung. Dann reißt die Verbindung ab und das Pferd fällt auf die Vorhand.

Würde man ohne Zügelverbindung und ohne diesen feinen Gegendruck des Pferdes am Gebiss nach vorn treiben, so würde das Pferd immer schneller werden, aber letztlich auseinandergefallen auf der Vorhand laufen. Denn die wunderschöne Selbsthaltung, die man oft bei Barock- und Westernpferden sieht, ist zusammen mit dem Reiter erarbeitet worden und nicht eine natürliche Reaktion des Pferdes auf einen langen Zügel beim Reiten.

Durch die Hand treiben – vorwärtsgerittene Parade

Haltung und Spannung und doch nur einladend die Tür öffnen, statt das Pferd hindurchzuquetschen …

Durch-die-Hand-Treiben ist zum Beispiel auch das Anreiten im Schritt und das Antraben. Der Reiter richtet sich auf, zieht sich fein und leicht provokativ am Zügel nach vorn. So fein, dass man es von außen kaum sehen kann, aber ein für das Pferd leichter Zug im Maul entsteht. Durch das Aufrichten kommt ein vermehrter Druck auf den Bügel, die Beine des Reiters liegen lang am Pferdekörper und vibrieren etwas mit den Schenkeln. Das Pferd läuft elastisch an und tritt im Schritt oder im Trab an.

Im Galopp verfährt der Reiter im Grunde genauso, vollendet aber die Hilfe mit einem Arrêt am jeweils äußeren Zügel, das dann letztlich den Galopp auslöst – dazu später mehr.

Gegen die Hand treiben …

… und warten, innehalten, statt ziehen zum Versammeln, zum Zurücknehmen und letztlich zum Durchparieren.

Wir haben gelernt, dass sich ein Treiben mit dem Bein letztlich als erhöhter Widerstand im Zügel wiederfindet. Nun entscheidet unser Verhalten, ob daraus eine versammelte Vorwärtsbewegung wird, das Pferd also langsamer wird, oder ob der Reiter die Versammlung, die Länge der Parade, so lange aufrechterhält, bis das Pferd letztlich anhält und rückwärtsgeht.

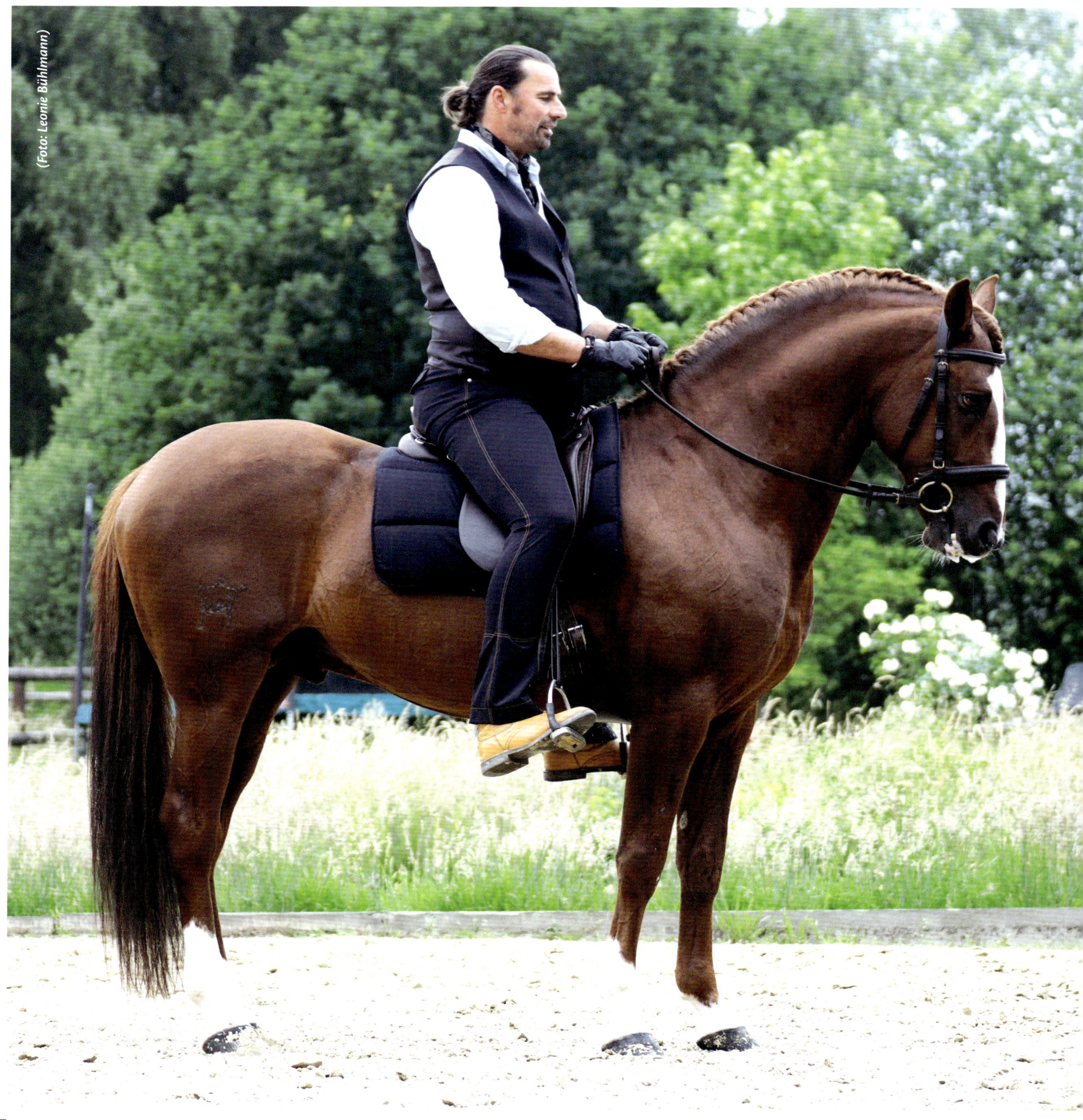

(Foto: Leonie Bühlmann)

Was ist eine Parade und wie funktioniert sie?

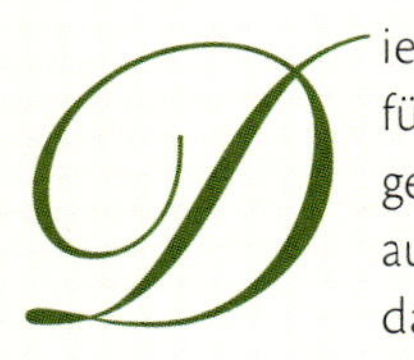

ie Lehre sagt: Eine Parade führt immer zum Halten. So gesehen hat sie das Anhalten auf den Punkt im Kopf oder das Durchparieren auf den Punkt in eine andere Gangart. Oft wird dafür aber leider nicht der richtige Weg gewählt und am Ende einfach nur am Zügel gezogen. Um meinen Reitschülern im Unterricht die Parade näherzubringen und den richtigen Weg zu entwickeln und zu zelebrieren, verwende ich folgende Erklärung: Handwerklich gesprochen ist die Einwirkung in der Parade, also das was der Reiter macht, vom Galopp zum Trab, vom Trab zum Schritt, vom Schritt zum Halten und vom Halten zum Rückwärts immer dasselbe.

Hier noch einmal das Zitat von Ria Matthaei, Dressurreiterin und Osteopathin:

„Die reiterliche Durchführung der ganzen Parade und die sich daraus entwickelnde Piaffe verlangt, dass der Reiter eine harmonische Änderung der Mobilitätsrichtung des Pferdes herbeiführt. Aus der schwungvollen Vorwärtsbewegung des Pferdes richtet sich zunächst die Aufmerksamkeit des Reiters auf ein schwingendes Miteinander von Reiter und Pferd.

Bei der Durchführung der ganzen Parade erfolgt im ersten Schritt ein beidseitiger sanfter Schenkelschluss mit Unterschenkel und Wade in vortreibender Bewegungsrichtung bei gleichzeitiger vertiefter Einatmung des Reiters.

Der Schenkelschluss und die vertiefte Körperatmung bewirken eine Bremswirkung des Pferdes und zusätzlich eine Mobilitätsrichtungsänderung.

Das tiefe Einatmen des Reiters bewirkt eine fächerartige Entfaltung des Zwerchfellmuskels mit gleichzeitiger Senkung in die Körpertiefe. Dieses verspürt das Pferd im Rücken als Aufforderung zum Halten.

Durch die tiefe Einatmung richtet sich der Reiter auf. Das Brustbein hebt sich, die Schultern senken sich und die Arme und Handgelenke stehen in leichter Außenrotation. Das Kinn des Reiters hebt sich an. In diesem Fluss der Bewegung bewegen sich die Unterarme und Handgelenke kaum sichtbar vor.

In der Folge setzt ein erneuter Energiefluss, vom Pferd ausgehend, durch den Reiter nach oben ein. Harmonie ist hier aber nur dann gewährleistet, wenn auch das Pferd im Moment des Haltens mit der gewünschten Lastenverteilung für die nachfolgende Piaffe den Zwerchfellmuskel in die Tiefe öffnet.

Diese Tiefenatmung des Pferdes ermöglicht ihm, sich in seinen Achsen und Ebenen in eine Aufrichtung zu begeben und sich somit für die nachfolgende Piaffe zu öffnen.

Zu Beginn der Piaffe sind Reiter und Pferd kompatibel energetisch im neuen Bewegungsfluss verbunden.

Nur daraus kann sich die Reitfigur Piaffe in optimaler Form und Ausdrucksstärke mit gesetzter Hinterhandaktivität entwickeln."

Der Unterschied zwischen einer halben und einer ganzen Parade

Eigentlich ist es nur der Zeitfaktor, das heißt die Dauer der Parade. Reite ich zum Beispiel im Arbeitsgalopp und treibe mein Pferd mit dem Bein mehr gegen die Hand, dann wird es versammelter galoppieren und runder werden.

Bin ich mit diesem Ergebnis zufrieden, höre ich auf, gegen die Hand anzutreiben, und der versammelte Galopp stabilisiert sich. Ich reite also eine halbe Parade.

Lasse ich hingegen den Druck in der Hand durch vermehrtes Vorwärtstreiben und Einwirken des Beins weiter, also eine längere Zeitdauer, wirken, wird das Pferd sich mehr versammeln und in letzter Konsequenz zum Trab, zum Schritt oder zum Halt durchparieren. Ich bin eine ganze Parade geritten. Treibe ich noch länger gegen die Hand, geht das Pferd rückwärts. Es ist alles dieselbe Hilfe, nur die Zeitdauer, in der ich sie einsetze, ändert sich.

Natürlich kann ich die Steuerung der Gänge, die Tempi innerhalb einer Gangart und auch die Übergänge in die nächstkleinere Gangart auch durch ein Ziehen am Zügel erreichen, wie man es leider im Unterricht oft hört und sieht. Ich kann mich schwerer hinsetzen, nach hinten lehnen und mit Kraft am Zügel ziehen. Das Pferd wird unweigerlich vom Galopp zum Trab kommen oder bei maximaler Einwirkung sogar zum Schritt.

Aber: Tut das Pferd das taktmäßig rund, locker und balanciert?

Ich vergleiche es immer gern mit dem Fahrradfahren. Wenn ich langsamer werden möchte, bremse ich sanft. Ich könnte natürlich auch einfach einen Stock in die Speichen stecken. Das Fahrrad würde sicherlich anhalten. Es stellt sich nur die Frage, ob es gut aussieht und ob ich dabei gut aussehe, je nachdem, ob ich den Stock ins Vorderrad oder ins Hinterrad stecke ... Genauso ist es mit der Qualität des Durchparierens und des Wiederanreitens. Ob man es durch korrektes Treiben zur Hand zelebriert und das Pferd so auch Zeit hat, seinen Körper auf die bevorstehende Aufgabe einzustellen und vorzubereiten und sogar mit Eigeninitiative die Lektion weiter verbessern kann. Oder ob es durch eine Blockade, ausgelöst durch eine Technik zwischen Zügel und Sitz, jäh gestoppt wird und somit weder Takt noch Balance, noch die Motivation gefördert werden. Ganz im Gegenteil werden viele Pferde nervös und gestresst, denn die Hilfengebung ist nicht berechenbar, und somit verliert das Pferd das Vertrauen.

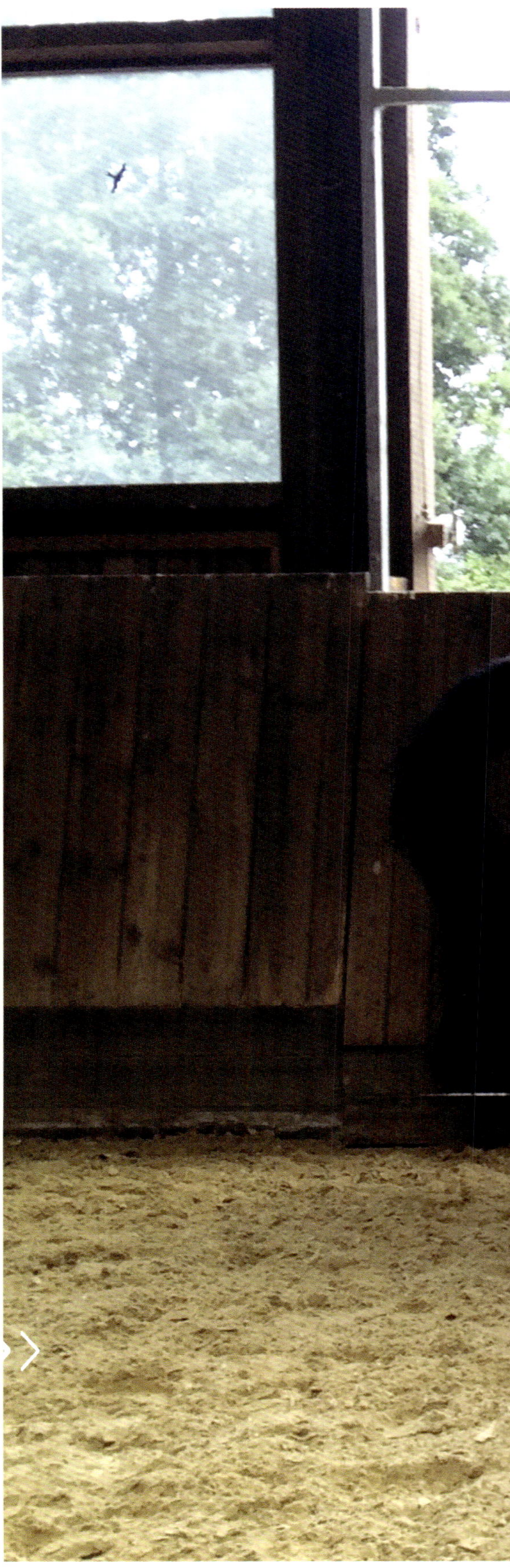

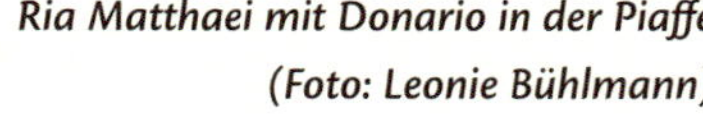

Ria Matthaei mit Donario in der Piaffe (Foto: Leonie Bühlmann)

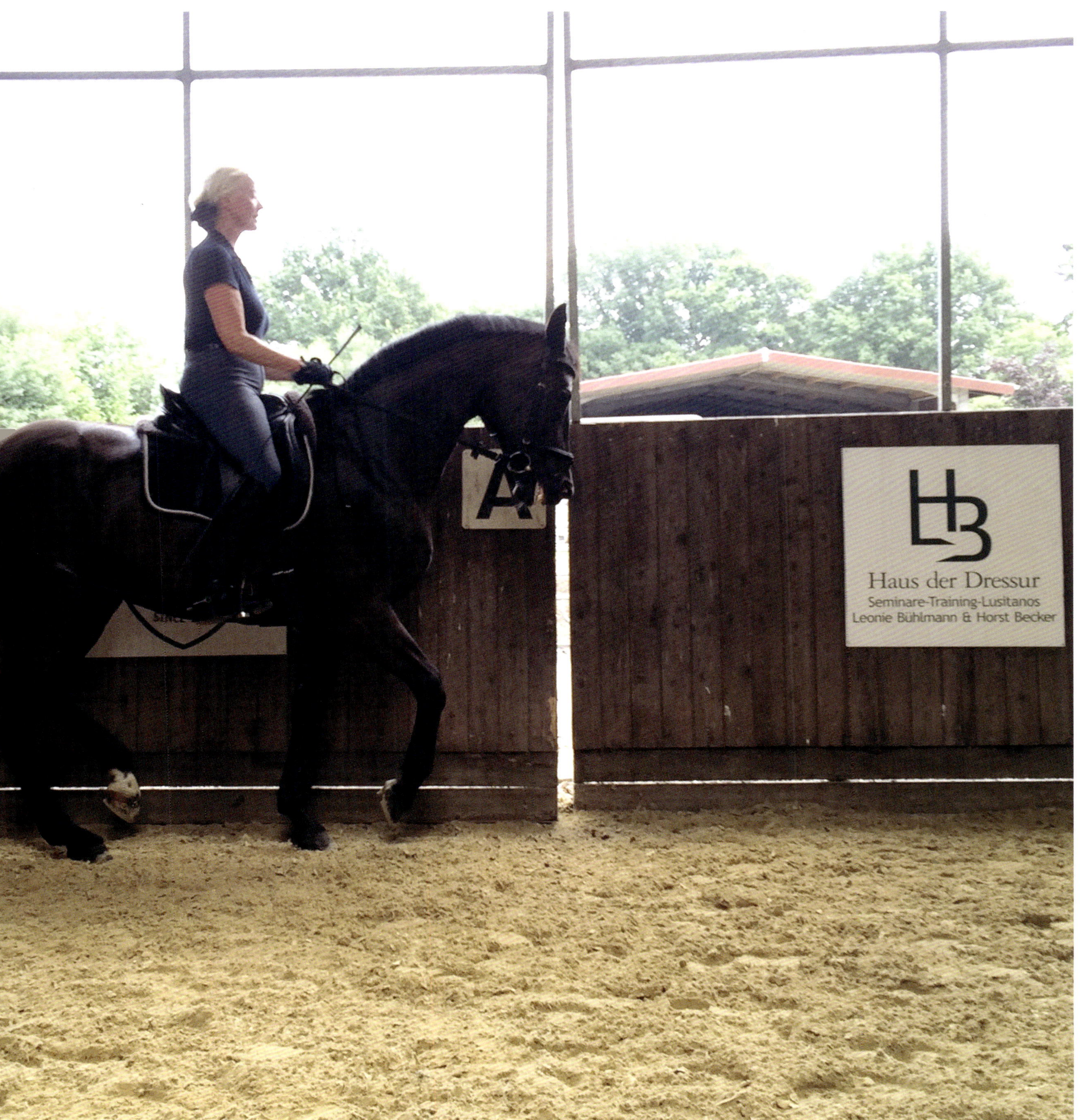
A
Haus der Dressur
Seminare-Training-Lusitanos
Leonie Bühlmann & Horst Becker

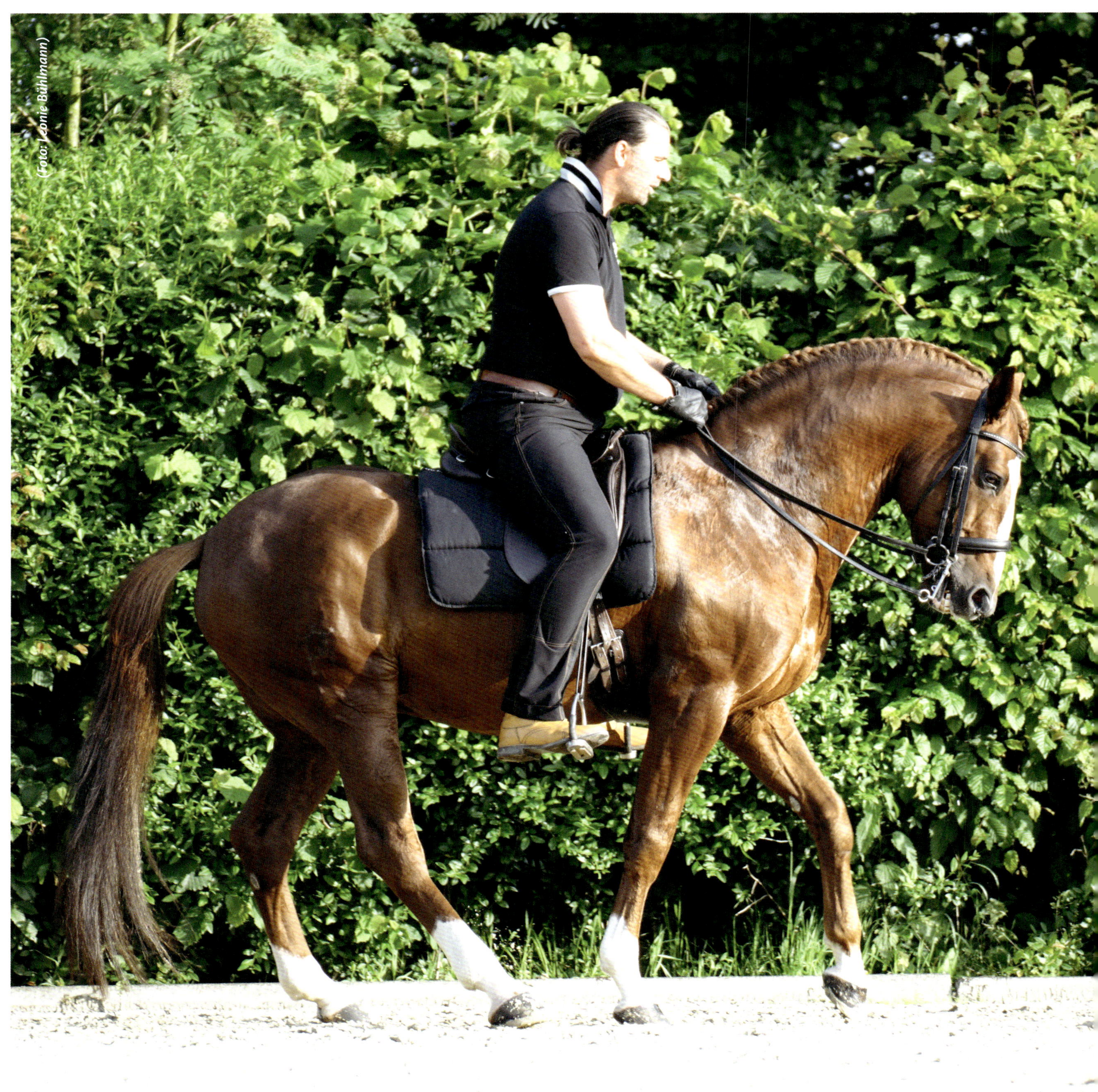
(Foto: Leonie Bühlmann)

Die Schaukel

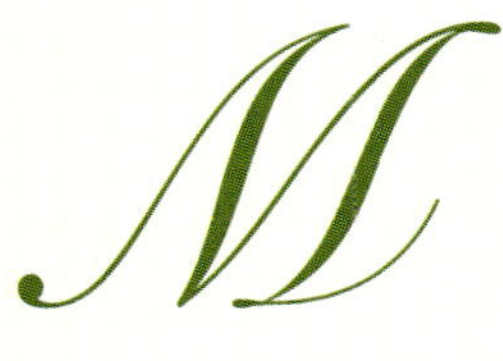ein Reiter reitet im Schritt auf dem Zirkel. Ich sage ihm, er solle die Fußspitzen leicht nach außen drehen, somit mit der Wade vermehrten Druck gegen den Pferdebauch spüren und so mehr gegen die Hand treiben. Den durch sein Treiben entstandenen Gegendruck in der Hand soll er nicht loslassen, sondern behalten. Spätestens jetzt kommt die Frage auf, was ich wolle, welche Lektion ich im Sinn habe. Meine Antwort ist, dass er das spüren wird, wenn er die Dinge so tut, wie ich sie gesagt habe. Das Fragezeichen auf der Stirn meines Reiters wird größer, er ist mit meiner Antwort nicht glücklich. Aber ich möchte vermeiden, dass er mit seinen gewohnten Mitteln etwas produziert. Ich möchte, dass er sich darauf einlässt, meinen Weg beschreitet und selbst spürt, was sich daraus entwickeln kann.

Der Reiter treibt im Schritt mehr mit dem Bein gegen die Hand. Den nun sich langsam steigernden Gegendruck in der Hand lässt er nicht los, das Pferd versammelt sich etwas mehr, die Schritte werden kürzer und am Ende bleibt es ruhig stehen.

Jetzt sage ich ihm, er solle sanft weiter gegen die Hand treiben, also die Energie, durch die das Anhalten ausgelöst wird, aufrechterhalten und nicht loslassen, sobald das Pferd steht. Wieder fragt mein Reitschüler, was dabei herauskommen soll. Meine Antwort: Spüre es selbst! Um ihn endgültig zu verwirren und ihn dazu zu bringen, vorsichtig nur das zu tun, was ich ihm gesagt habe, füge ich noch hinzu: „Dein Pferd darf alles: bocken, steigen, sich wälzen, aber nicht nach vorn gehen!"

Etwas irritiert und fragend, aber äußerst vorsichtig und sanft treibt mein Reitschüler weiter gegen die Hand. Das Pferd versucht zwei-, dreimal nach vorn durch die Hand zu gehen. Der Reiter treibt aber so vorsichtig und lässt die Hand so sanft dran, dass das Pferd es nicht mit aller Macht probiert und nicht gegen die Hand wegdrückt, sondern immer wieder im Körper leicht vor und zurück wiegt. Und auf einmal setzt es sich beim Zurückwiegen

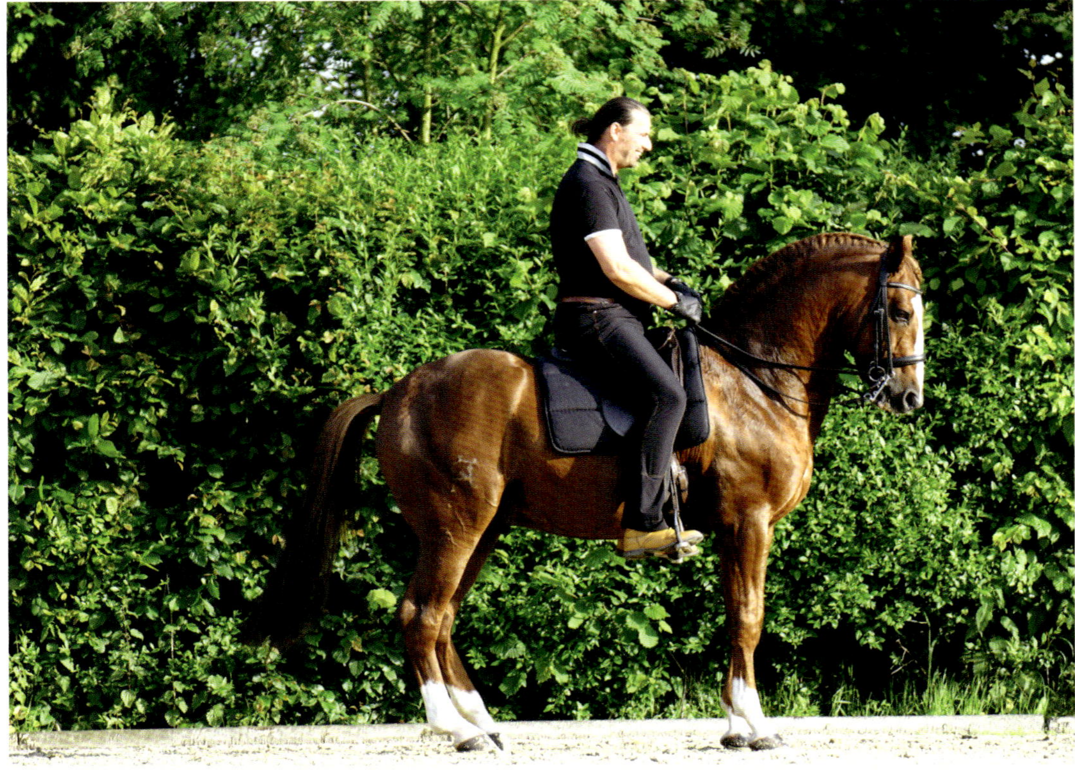

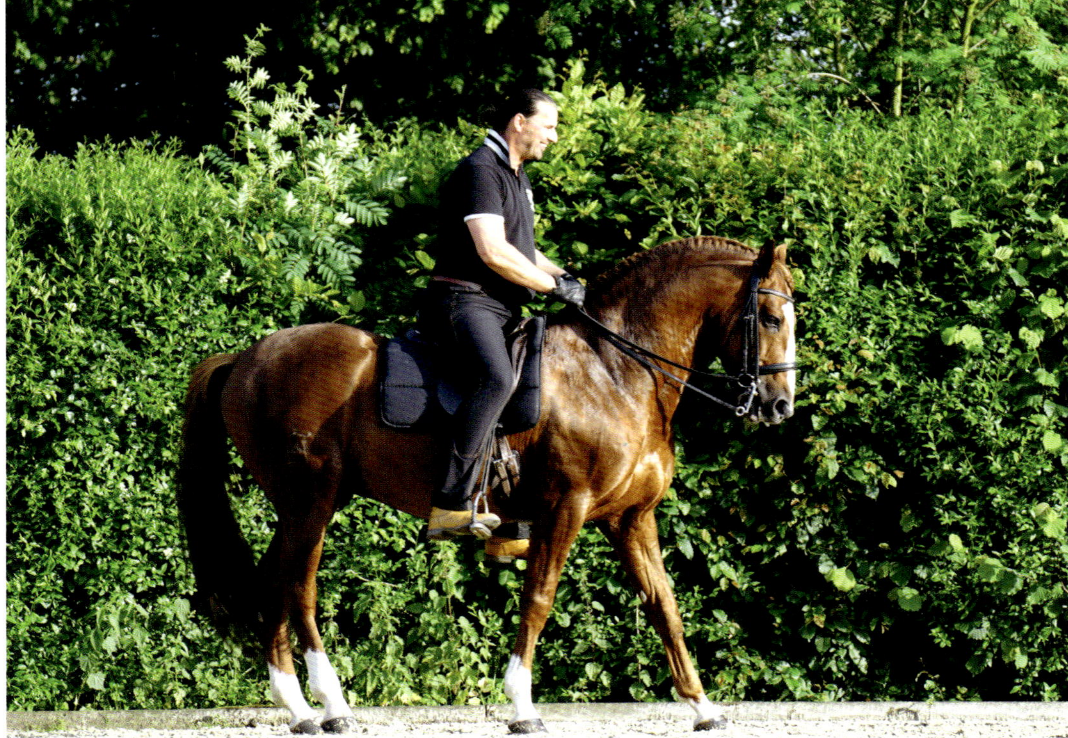

Der Lusitanohengst wiegt sich etwas hin und her und geht danach entspannt zurück. Bei jüngeren Pferden geht der Reiter mit seinem Gewicht leicht nach vorn, um ihnen das Rückwärtsrichten zu erleichtern, wie der Reiter hier verdeutlicht demonstriert. (Fotos: Leonie Bühlmann)

und geht taktmäßig in einer diagonalen Fußfolge, wie es sich gehört, einige Tritte zurück.

Der irritierte Gesichtsausdruck meines Reiters entspannt sich etwas, als er hört, dass genau das richtig war, und er findet, dass es sich schön und gut angefühlt hat. Aber mein Reitschüler fragt mich, warum ich nicht gleich gesagt hätte, dass er rückwärtsrichten soll? Ich erwidere: „Wenn du es gewusst hättest, hättest du am Zügel gezogen." Mein Reitschüler grinst und nickt zustimmend.

Und wenn er die Lektion wiederholen soll, muss ich sehr genau darauf achten, dass er nicht doch am Zügel zieht, um das Rückwärtsrichten zu „beschleunigen". Es dauert je nach Pferd länger oder etwas weniger lang, bis sie rückwärtsgehen. Ich ärgere meine ungeduldigen Schüler dann stets mit dem Spruch: „Es dauert so lange, wie es dauert!" Für den Reiter ist diese Lektion häufig eine Geduldsübung. Aber auch hier gilt: „Jeden Tag einen Millimeter, ergibt auch einen Meter." Und ehe man sich's versieht, kommt das Pferd prompt und elastisch aus jeder Gangart zurück, setzt sich und geht rückwärts.

Zum Halten – und noch nach vornweg oder zurück

Diese Situationen habe ich Hunderte von Malen im Unterricht erlebt, und oft sind Pferde- und Reiterpaare dabei, die auf diese Art und Weise das erste Mal in ihrem Leben rückwärtsgehen. Die Reiter konnten ihr Pferd bisher nicht rückwärtsrichten oder nur mit maximalem Ziehen am Zügel und einer zweiten Person von unten, die dazu noch mit der Gerte die Brust touchiert.

Die zentrale Übung, um zu verstehen, wie eine Parade funktioniert, also die Mutter einer jeden Parade, ist die Schaukel. Der Begriff könnte nicht besser gewählt sein. Stellen wir uns einmal vor, wir sind auf einem Kinderspielplatz und gehen zur Schaukel. Geben Sie ihr mit beiden Händen einen sanften Schubs nach vorn und sie wird dann von allein zurückschwingen. Genau das Gleiche hat mein Reitschüler eben gerade beim Rückwärtsrichten gemacht. Er hat sanft nach vorn getrieben und gewartet, bis das Pferd von allein zurückkommt. Genau das sind das Geheimnis und der Schlüssel für eine gute Schaukel, also ein gleichmäßiges, zufriedenes Vorwärts-rückwärts-vorwärts-Treten des Pferdes. Wobei das Vorwärts einen sichtbaren Viertakt im Schritt enthalten soll und das Rückwärts einen sichtbaren Zweitakt über die gegenüberliegenden diagonalen Beinpaare. Hat mein Reitschüler dieses Gefühl abgespeichert, sanft nach vorn gegen die Hand zu treiben und zu spüren, dass das Pferd zurückkommt, so richtet er sich energievoll auf, hört auf, gegen die Hand zu treiben, öffnet also das Bein, und das Pferd geht wieder nach vorn. Vielleicht vibriert er noch etwas mit dem Schenkel oder touchiert vielleicht mit der Gerte, um das Pferd, wenn es nicht von allein nach vorn geht, etwas zu motivieren.

Jetzt dreht er wieder die Fußspitzen nach außen, treibt mit der Wade gegen die Hand, das Pferd versammelt sich und bleibt stehen. Er treibt weiter mit dem Bein gegen die Hand, und das Pferd tritt wieder zurück.

Mein Reitschüler öffnet wieder das Bein, richtet sich auf und das Pferd tritt wieder nach vorn. So wie man beim Rückwärtsrichten keine Veränderung des Zügelmaßes sieht, sondern den Kontakt zum Pferdemaul hält und der erhöhte Widerstand durchs Treiben kommt, genau so lässt man den Zügel nicht los, wenn man wieder nach vorn will. Vielmehr wird die Zügelverbindung dadurch, dass man nicht mehr mit dem Bein gegen die Hand treibt, wieder auf den feinen Zug, den wir sowieso immer halten, minimiert.

Jetzt kann der Reiter sein Pferd einige Tritte nach vorn gehen lassen und dann die Übung wiederholen. Immer wieder rückwärts – vorwärts – rückwärts – vorwärts. Er schaukelt sein Pferd: vom Schritt ins Halten, vom

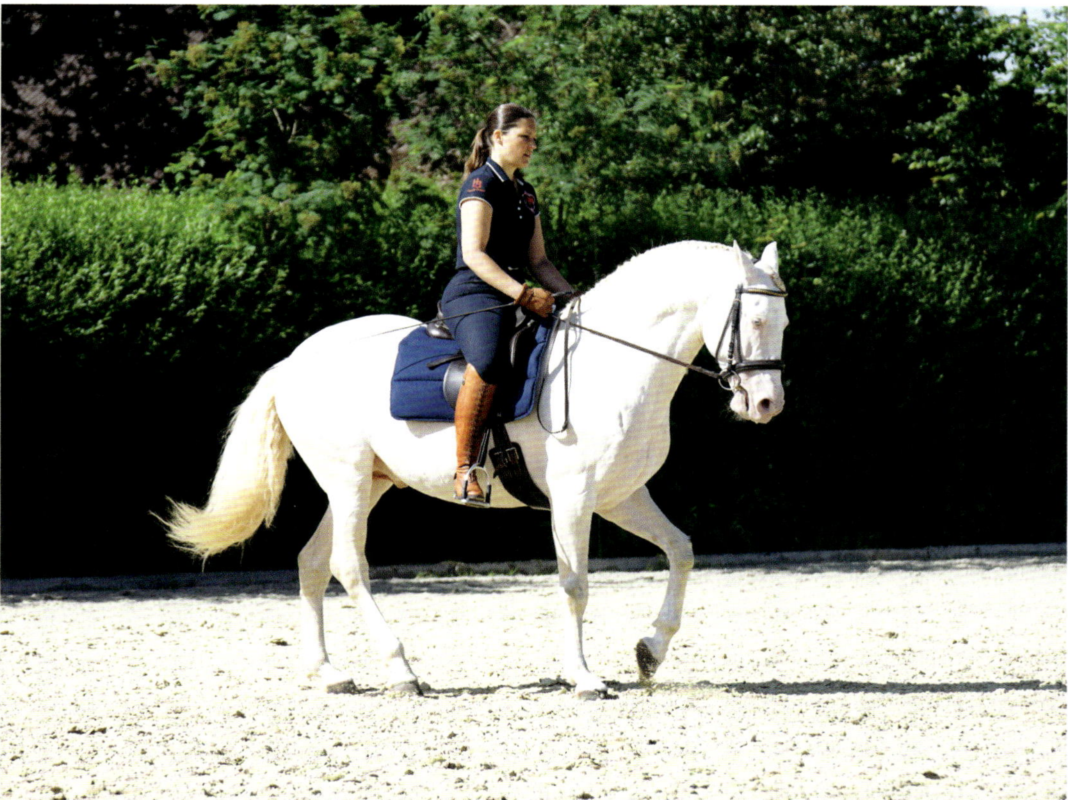

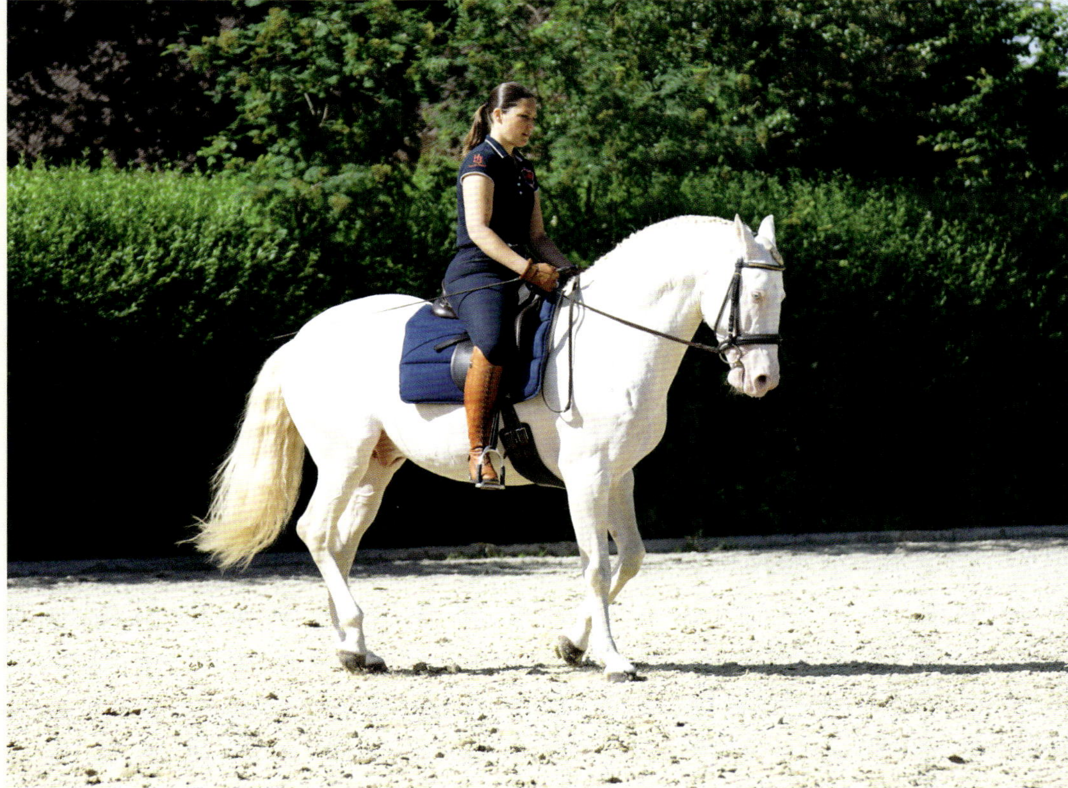

Die Reiterin treibt gegen die Hand, das Pferd setzt sich und tritt zurück. (Fotos: Horst Becker)

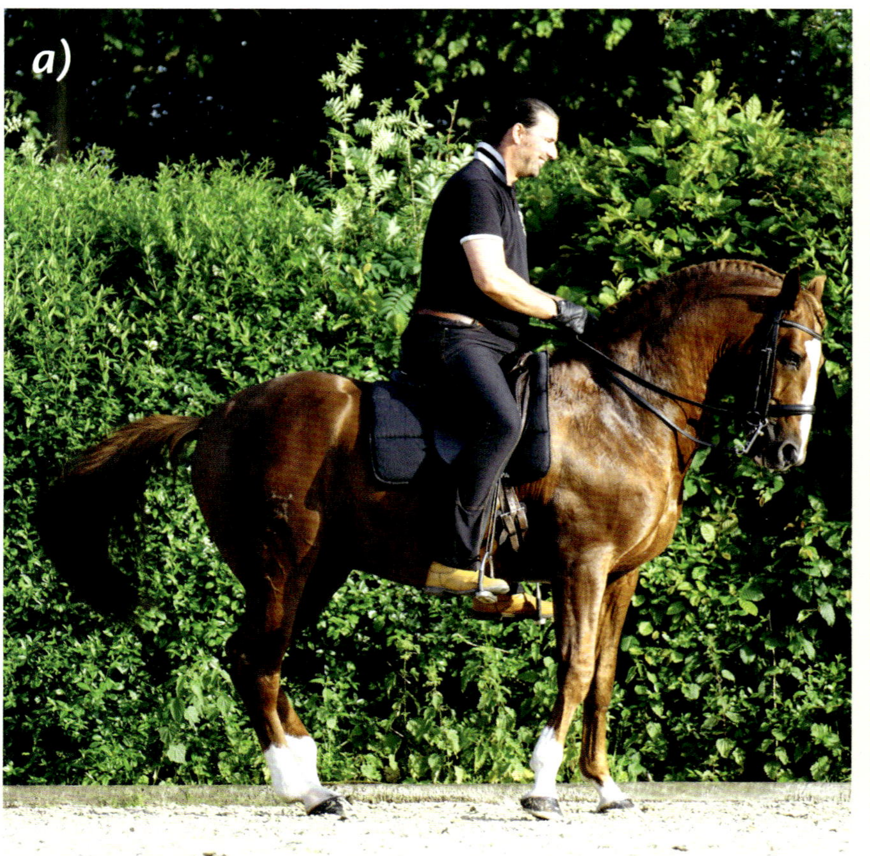

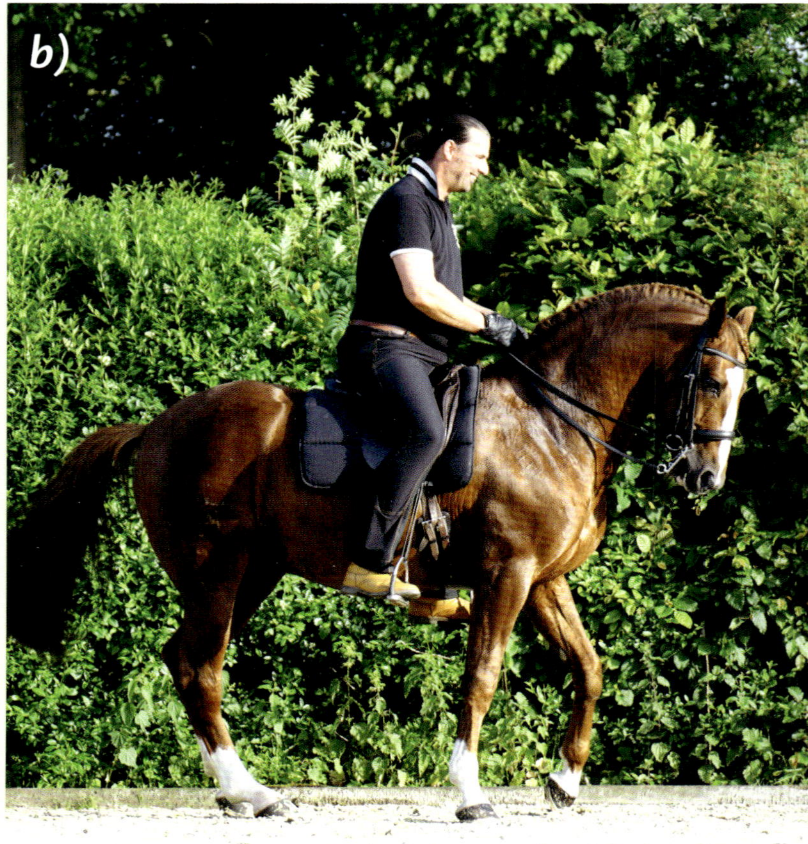

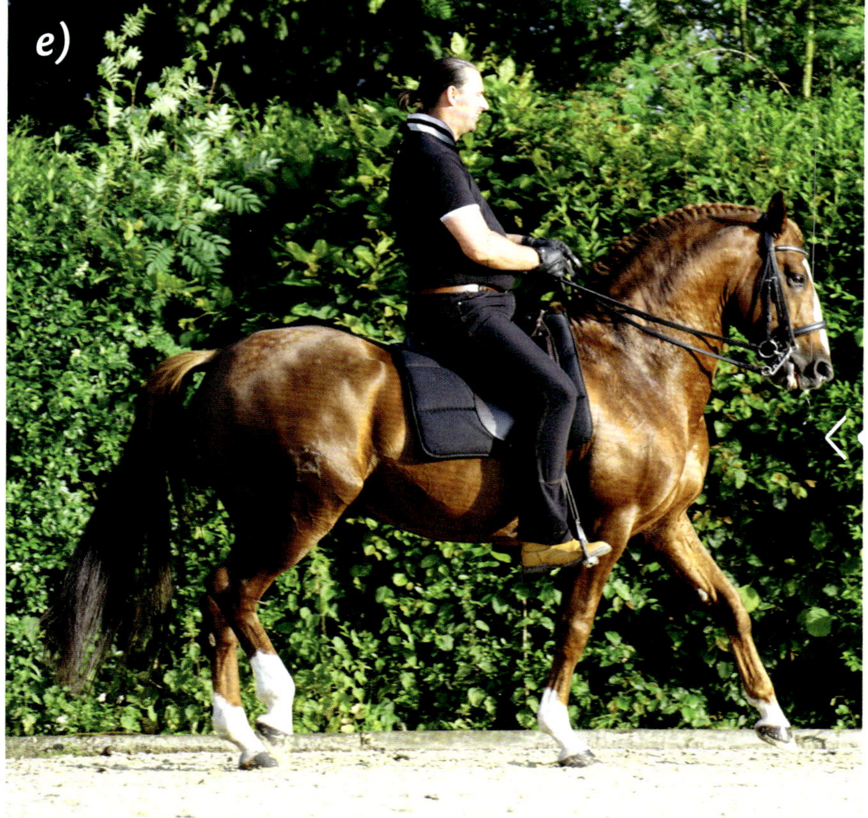

Der Reiter treibt gegen die Hand (a), das Pferd setzt sich (b), tritt zurück (c) und trabt aus dem Rückwärtsrichten mit aktivem Schub aus der Hinterhand an (d). Der Reiter sitzt leicht entlastend, um dem jungen Pferd das Rückwärtsrichten zu erleichtern. Auch beim Antraben sitzt er mit leicht nach vorn gelehntem Oberkörper, um der Hinterhand zu ermöglichen, weit vorzutreten. Man sieht sehr deutlich, dass die Hinterhand nicht aktiv untertritt, wenn der Reiter beim Antraben nicht in der Bewegungsbalance sitzt, sich nach hinten lehnt und reinsetzt (e). (Fotos: Leonie Bühlmann)

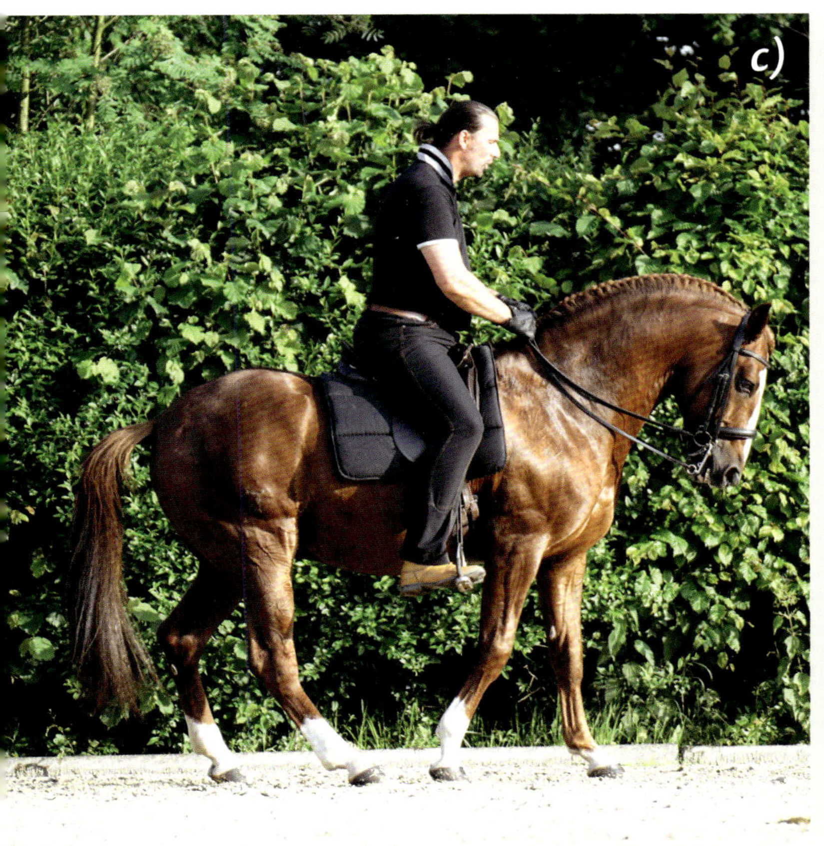

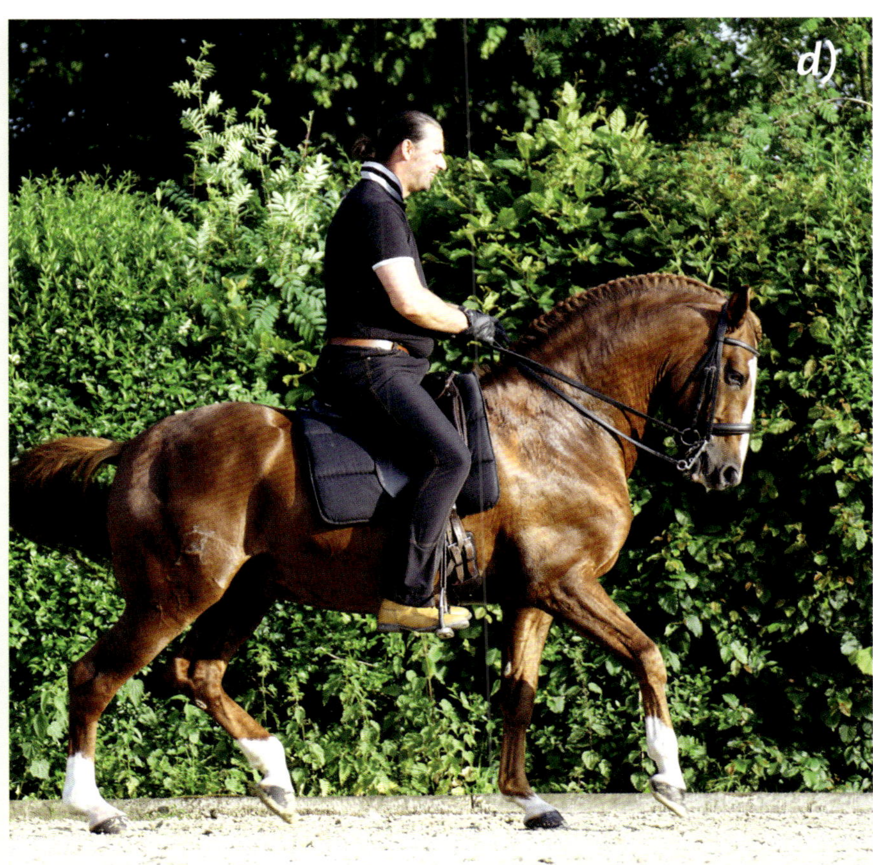

Halten ins Rückwärts, und durch das Aufgeben der gegen die Hand treibenden Hilfe, also das Öffnen des Beins, tritt das Pferd wieder nach vorn in den Schritt.

Das Gefühl, das der Reiter bei dieser Übung hat, lässt sich mit folgendem inneren Bild beschreiben: Der Reiter und sein Pferd gehen gegen ein quer gespanntes Gummiband (das Bein, das gegen die Hand treibt). Das Gummiband spannt sich immer mehr vor der Brust des Pferdes, je weiter das Pferd geht, bis es nicht mehr weitergehen kann und es zum Halten kommt. Das Gummiband ist nun aber so gespannt (durch die Energie, die bleibt, nachdem das Pferd zum Halten gekommen ist, und durch den Schenkel, der weiterhin zur Hand treibt), dass es das Pferd langsam zurückdrückt. Das Pferd stößt sich von dem Gummiband vor seiner Brust ab und geht rückwärts, bis sich das Gummiband wieder entspannt (das Bein öffnet sich, treibt nicht mehr gegen die Hand und lässt das Pferd wieder nach vorn gehen).

Gelingt dies im Schritt, machen wir die Übung aus dem Trab. Wir treiben wieder gegen die Hand und warten. Es entsteht mehr Gegendruck des Pferdes in der Zügelanlehnung – wir warten immer noch. Das Pferd nimmt sich zurück und kommt zum Schritt, wir treiben ohne Unterbrechung weiter gegen die Hand und erhalten damit sozusagen die Energie aufrecht. Das Pferd nimmt sich noch mehr zurück, kommt zum Halten und tritt zurück. Und dann traben wir aus dem Rückwärtsrichten mit leicht nach vorn geneigtem Oberkörper und feinem Zug am Zügel mit offenem Bein wieder an. Wiederholen wir diese Übung ein paarmal, spüren wir, dass das Pferd jetzt immer motivierter, versammelter und elastischer aus dem Rückwärtsrichten antrabt. Der Rücken des Pferdes fühlt sich anders an, die Anlehnung ist runder und elastischer geworden und wir fühlen mehr Energie unter uns. Runde Energie, wir fühlen den Galopp im Trab! Jetzt wäre die Zeit gekommen anzugaloppieren, was wir auch tun. Wir spüren, dass der Galopp gesetzter geworden ist, runder und leichtfüßiger.

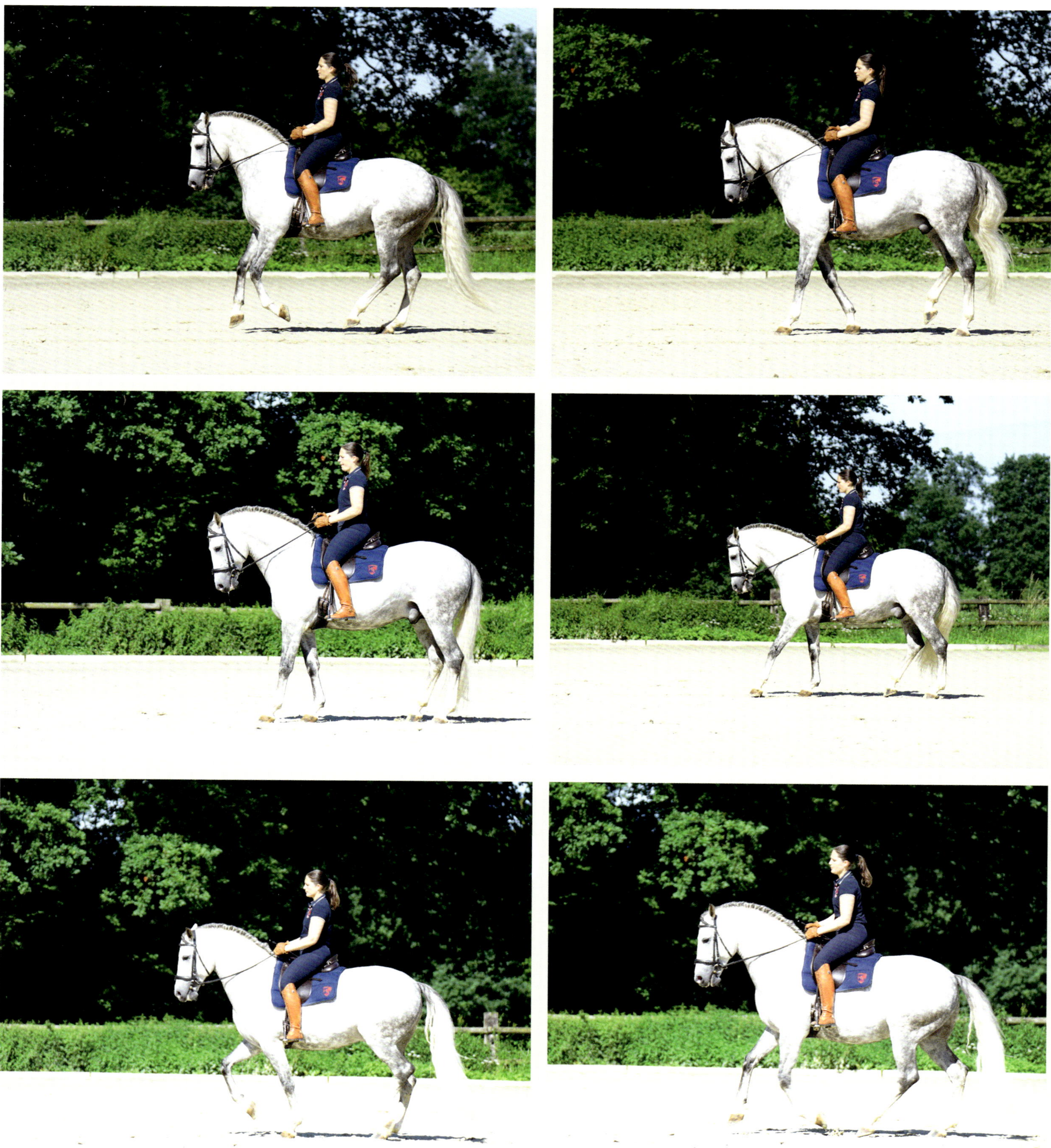

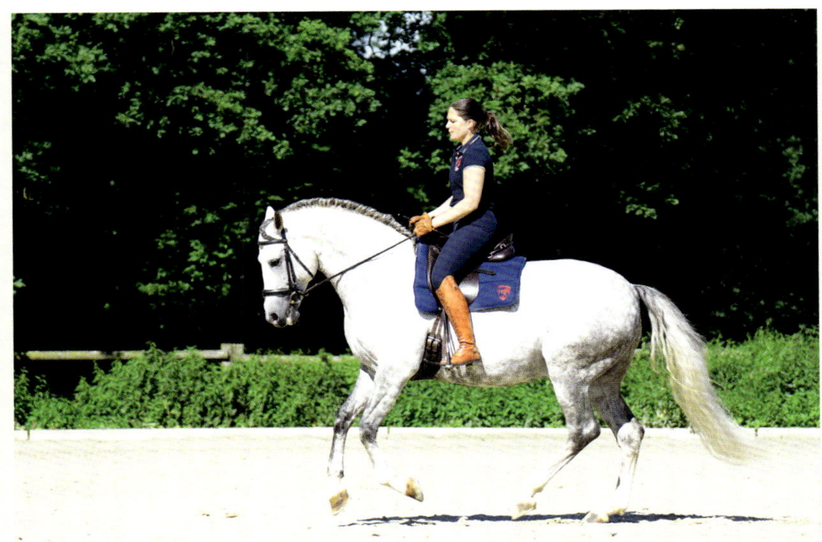

Auch im Galopp treibt man das Pferd leicht und elastisch gegen die Hand bis es sich aufnimmt und zurück bis ins Rückwärts kommt. Daraus galoppiert man wieder ruhig und versammelt an. (Fotos: Haus der Dressur)

Die Schaukel, so wie wir sie eben beschrieben haben, ist die Mutter der Parade. Und das genialste Werkzeug, um ein Pferd zu setzen, also zu versammeln, ohne es zu verspannen. Die Schaukel hilft dem Pferd, seine eigene Balance und seine eigene Mitte zu finden. Sie fungiert wie ein Kraftwerk, wie ein Akkulader. Sie bringt schnell Kraft ins Pferd und löst meist den Wunsch beim Pferd aus, schnell Kraft auszuleben. Das bedeutet, das Pferd pariert von allein immer besser zum Halten durch, setzt sich besser und startet daraus natürlich immer effektiver in die abgefragte Gangart. Am Ende wird das Pferd durch diese Übung auch mehr Kadenz in seiner Bewegung bekommen.

Wichtig sind die Konsequenz, die Sensibilität und die Geduld des Reiters, um das Ziel zu erreichen. Der Weg ist das Ziel, und diesen Weg muss man zelebrieren. Man muss sich alle Zeit nehmen dafür!

Und ganz wichtig ist, immer eine elastische, feine Verbindung zum Pferdemaul zu halten und nicht anzufangen zu ziehen. Wenn man gegen die Hand treibt, damit das Pferd zurückkommt, darf man mehr Druck in der Hand spüren und diesen Druck halten, man darf aber keinesfalls anfangen, zu ziehen oder mit aller Macht gegenzuhalten, wenn das Pferd vielleicht versucht, sich abzustützen. Die Verbindung muss immer elastisch bleiben, damit das Pferd Last mit der Hinterhand aufnimmt und sich vorn selbst trägt.

Die Schaukel in der modernen Sportreiterei

In der heutigen modernen Sportreiterei hat man die Schaukel aus den Prüfungen verbannt, weil die Bilder nicht schön waren.

Die Schaukel war die Lektion, die im Grand Prix gutes Reiten quittierte. Man könnte meiner Ansicht nach die Diskussion um grobes, unsachgemäßes Reiten in der Dressur effektiv beenden, wenn man die Schaukel wieder einführen würde. Denn ein lockeres und durchlässiges Pferd, das dann nebenbei auch in der Schritttour nicht mehr Pass geht, kann ohne Probleme schaukeln. Ein mit Druck und grober Einwirkung in spektakuläre Spannungstritte geschobenes Pferd ist nicht in der Lage zu schaukeln. Ohne perfektes Schaukeln sind keine guten Paraden möglich!

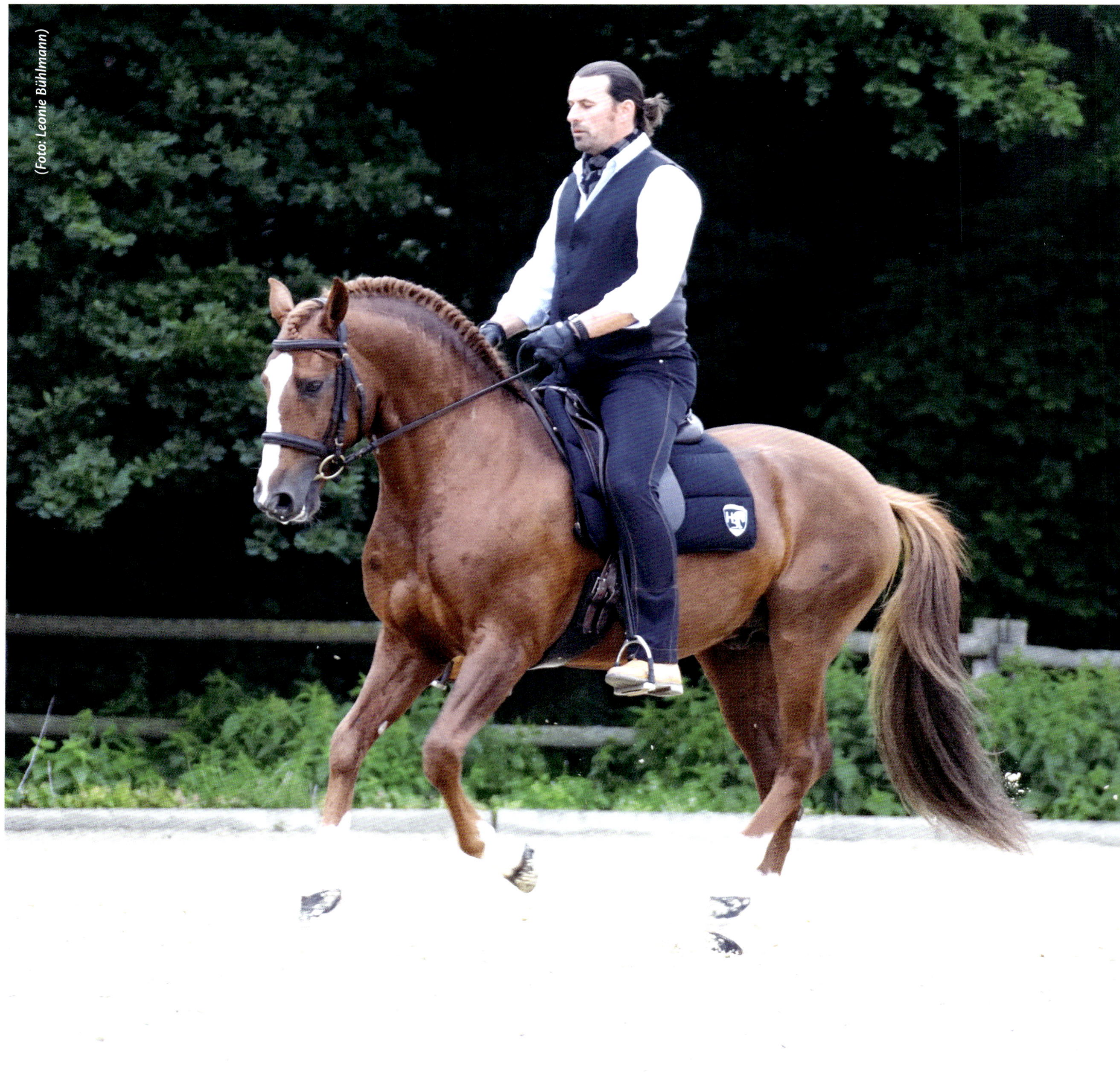
(Foto: Leonie Bühlmann)

Die Galopparbeit

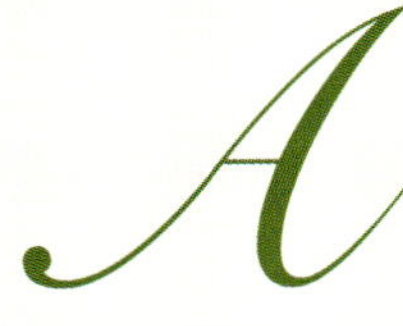

uch auf die Gefahr hin, dass ich mich wiederhole: Der Galopp ist die wichtigste Gangart im Training eines Reitpferdes. Und zwar nicht nur im Hinblick auf die Parade, sondern auf alle Lektionen, alle Gangarten und auch im Allgemeinen auf die körperliche Ausbildung eines Pferdes. Ich erlebe es immer wieder im täglichen Training, dass die Pferde, die ich vorgeführt bekomme, egal, ob sie von einem Freizeitreiter oder von einem Profi geritten werden, meist schlecht bemuskelt sind, was Kruppe, Hals und vor allem die untere Rumpfmuskulatur angeht. Und genau diese

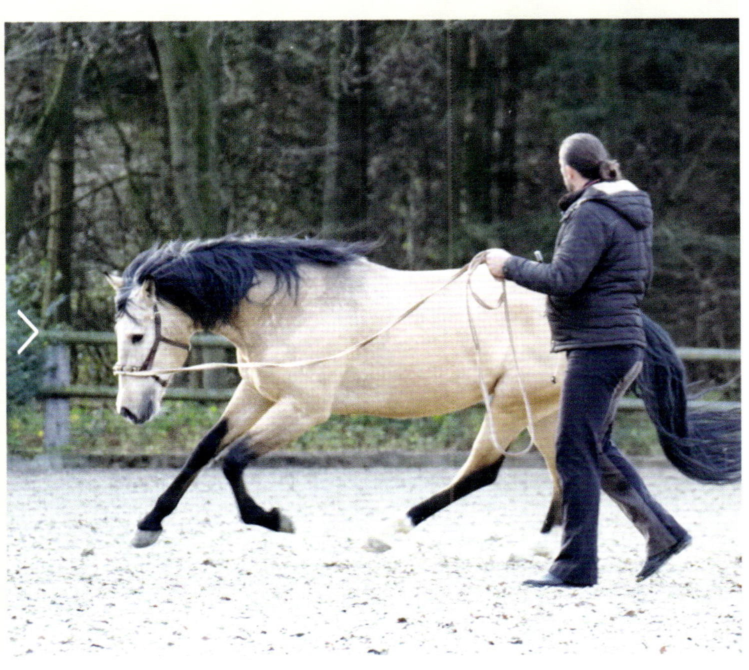

Ein schöner, ruhiger, gesprungener Galopp an der Longe ist eine wichtige Voraussetzung für die Arbeit unter dem Sattel. (Foto: Leonie Bühlmann)

drei Muskelgruppen sind dafür verantwortlich, dass das Pferd sich gut schließen kann und das Reitergewicht keine Belastung darstellt. Also nur durch das Austrainieren dieser drei Muskelgruppen ist leichtes Reiten mit feinen Hilfen überhaupt möglich.

Bei uns spielt die Entwicklung des Galopps eine fundamentale Rolle in der Ausbildung der Pferde, wie auch im gemeinsamen Coaching von Reiter und Pferd in den Kursen. Eine entscheidende Rolle im Galopptraining spielt die Hilfengebung und die Konsequenz in der Kontrolle von Takt und Tempo. Schon in der Bodenarbeit an der Longe werden die Pferde mit einem Arrêt aus einem ruhigen Tempo angaloppiert.

Das Angaloppieren an der Longe mit Arrêt

Grundvoraussetzung für ein erfolgreiches Galopptraining an der Longe ist ein lockeres Pferd, das sich in seiner Balance und seinem Takt im Schritt und Trab bewegt. Im Gegensatz zur allgemein gebräuchlichen Art, ein Pferd an der Longe anzugaloppieren, verwenden wir einen doppelten Zungenschlag und ein Arrêt an der Longe, also ein, zwei kleine Rucke im Zug in der Verbindung zum Kappzaum. Natürlich verwendet man einen Kappzaum und befestigt die Longe nicht in der Trense! Das Arrêt habe ich ja bereits weiter vorn beschrieben.

Ziel ist es, dass das Pferd in seinem Tempo nicht schneller wird, sondern vom Trab zum Galopp optisch eher langsamer wird und einen oder zwei gesetzte Galoppsprünge entwickelt. Meist fällt das Pferd danach in einen schnelleren Trab zurück, sodass man es wieder in seinen ruhigen Takt zurückholen muss, um es erneut über ein Arrêt anzugaloppieren. Ein Nachtreiben mit der Peitsche ist, was den Takt und die Ruhe angeht, sehr gefährlich. Man sollte sie so wenig wie möglich einsetzen und nur, wenn das Pferd die Galopphilfe nicht akzeptiert, mit der Peitsche nachsetzen. Wenn es in den Trab fällt, sollte man sofort danach den Galopp erneut abfragen, aber wieder mit den feinen Hilfen, also mit doppeltem Zungenschlag und Arrêt. Man wiederholt das Angaloppieren in kurzen Reprisen so lange, bis das Pferd das gesetzte und ruhige Tempo im Galopp immer länger zirkelweise halten kann. Eingebettet in die bereits beschriebene Rückenschule wird das Galopptraining an der Longe die Arbeit unter dem Sattel sichtbar und fühlbar positiv verändern. In wenigen Monaten lässt sich ein Pferderücken ohne Probleme auf diese Art und Weise um fünf bis zehn Zentimeter nach oben trainieren. Besitzen Sie ein Pferd mit einer schwachen Muskulatur im Rumpf und einer schlechten Galoppade, dann nehmen Sie sich die Zeit, das Pferd über die Rückenschule und über eine intensive Galopparbeit an der Longe aufzutrainieren. Dabei spielt es keine Rolle, ob es sich um ein junges oder ein altes Pferd handelt. Aber es spielt eine Rolle, ob Sie sich konsequent an den Weg der kleinen Schritte halten und aus der Ruhe locker im Takt Ihren Weg verfolgen. Stellen Sie sich vor, Sie würden sich einen guten Personaltrainer suchen und konsequent Ihre eigene Figur überarbeiten wollen. Mit der gleichen Energie, mit der gleichen Konsequenz und auch Geduld müssen Sie die Ziele mit Ihrem Pferd verfolgen. Und wichtig ist, nicht den dritten Schritt vor dem ersten machen zu wollen.

Am Beispiel Angaloppieren unter dem Sattel mit Arrêt

Nachdem das Pferd an der Longe gut vorbereitet ist, ist es einfach, die gleichen Ergebnisse unter dem Sattel zu entwickeln, da die Basis jetzt gut ist. Aber vielleicht müssen Sie Ihren Sattel überarbeiten lassen, weil sich das Pferd so verändert hat, dass er nicht mehr in der Balance liegt und in der Schulter zu eng geworden ist.

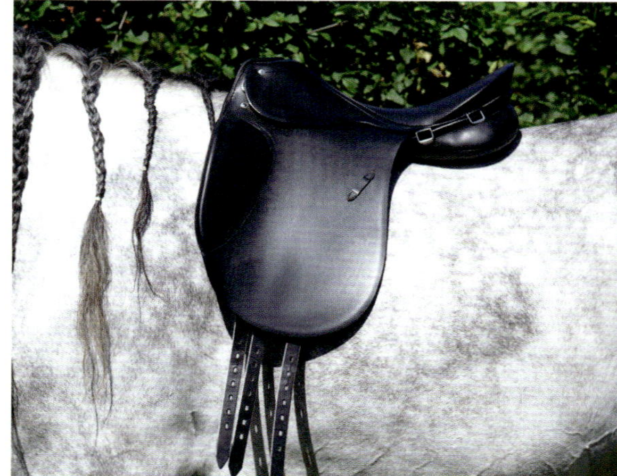

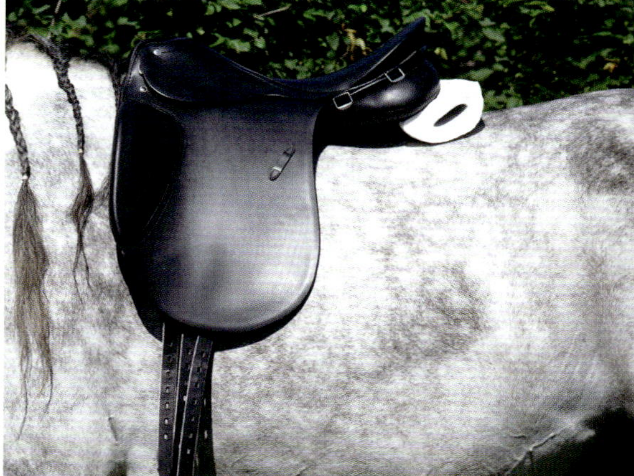

Hier sieht man sehr deutlich, wie sehr sich das Pferd in circa fünf Monaten Rückenschule verändert hat. Der zuvor passende Sattel musste danach komplett neu angepasst werden! (Fotos: Leonie Bühlmann)

Nun wollen wir mit der Galopparbeit unter dem Sattel beginnen. Im Grunde holen wir die Arbeit an der Longe, die Rückenschule und die Galopparbeit unter den Sattel. Wir beginnen im Schritt und reiten einen sauberen Viertakt, den man auch unter dem Sattel klar spürt. Stimmen der Takt und das Tempo, wird das Pferd beginnen zu kauen und sich in eine weiche Zügelanlehnung fallen lassen. Für den Reiter bedeutet dies, dass er die Zügel nicht wegwirft, sondern zulässt, dass sich daraus ein feiner Zug entwickelt. Treibt er nun mit dem Bein leicht gegen diesen Zug, innen etwas mehr als außen, kommt das Pferd im

Tempo noch weiter zurück. Daraus entwickeln wir ein leichtes Übertreten nach dem Vorbild der Rückenschule. Aber im Gegensatz zur Arbeit an der Longe bleibt das Pferd dabei weitgehend gerade gerichtet und geht nur mit einer leichten Stellung nach innen. Der Reiter wirkt spürbar und konsequent mit innerem Schenkel und äußerem Zügel ein, um das Übertreten zu fördern. Gern zieht der Reiter bei dieser Übung das Pferd am inneren Zügel herum. Dies führt aber dazu, dass das Pferd über die äußere Schulter nach außen driftet und nicht – ehrlich vorwärts-seitwärts tretend – mit dem inneren Hinterbein zum äußeren Vorderbein arbeitet. Ein Trainingserfolg bleibt dann nicht nur aus, sondern es ist sogar eher kontraproduktiv.

Durch ein korrektes leichtes Übertreten lösen wir die Rückenmuskulatur des Pferdes dadurch, dass sich im Übertreten eine Rotation in der Wirbelsäule, also auch in der Rückenmuskulatur entwickelt. Jetzt steigern wir das Übertreten, indem wir weiter gegen die Hand, gegen den feinen Zug treiben. Wir treiben mit dem inneren Schenkel vermehrt, aber auch etwas mit dem äußeren Schenkel. Man treibt sozusagen vorsichtig mit dem äußeren Schenkel zum äußeren Zügel, um das Pferd außen zu begrenzen. Durch die Steigerung des Übertretens fängt das Pferd an, in der Hanke das äußere Hinterbein mehr zu setzen, und die Bauchmuskulatur muss immer mehr arbeiten. Diesen Effekt brauchen wir für eine gute Galopparbeit. Zum Zweiten kreuzt das Pferd mit dem inneren Hinterbein weit vorwärts-seitwärts nach außen, was wiederum die schräge Bauchmuskulatur aktiviert. Dies hebt die Lende und den Rücken und schließt so optisch und faktisch den Körper des Pferdes.

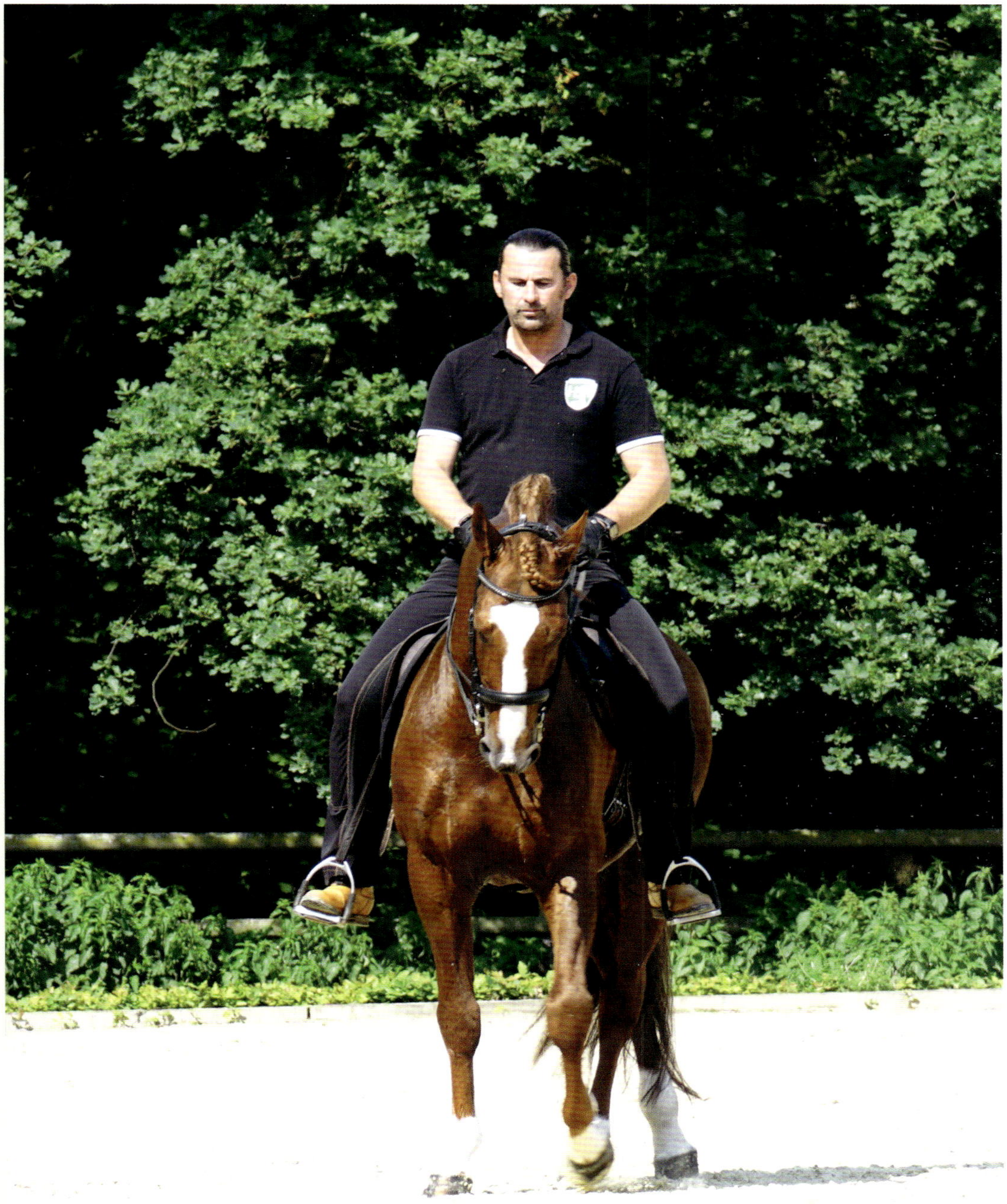

Espartaco im Übertreten. Er ist in sich gerade, die Schulter ist begrenzt und die Hinterbeine kreuzen. (Foto: Leonie Bühlmann)

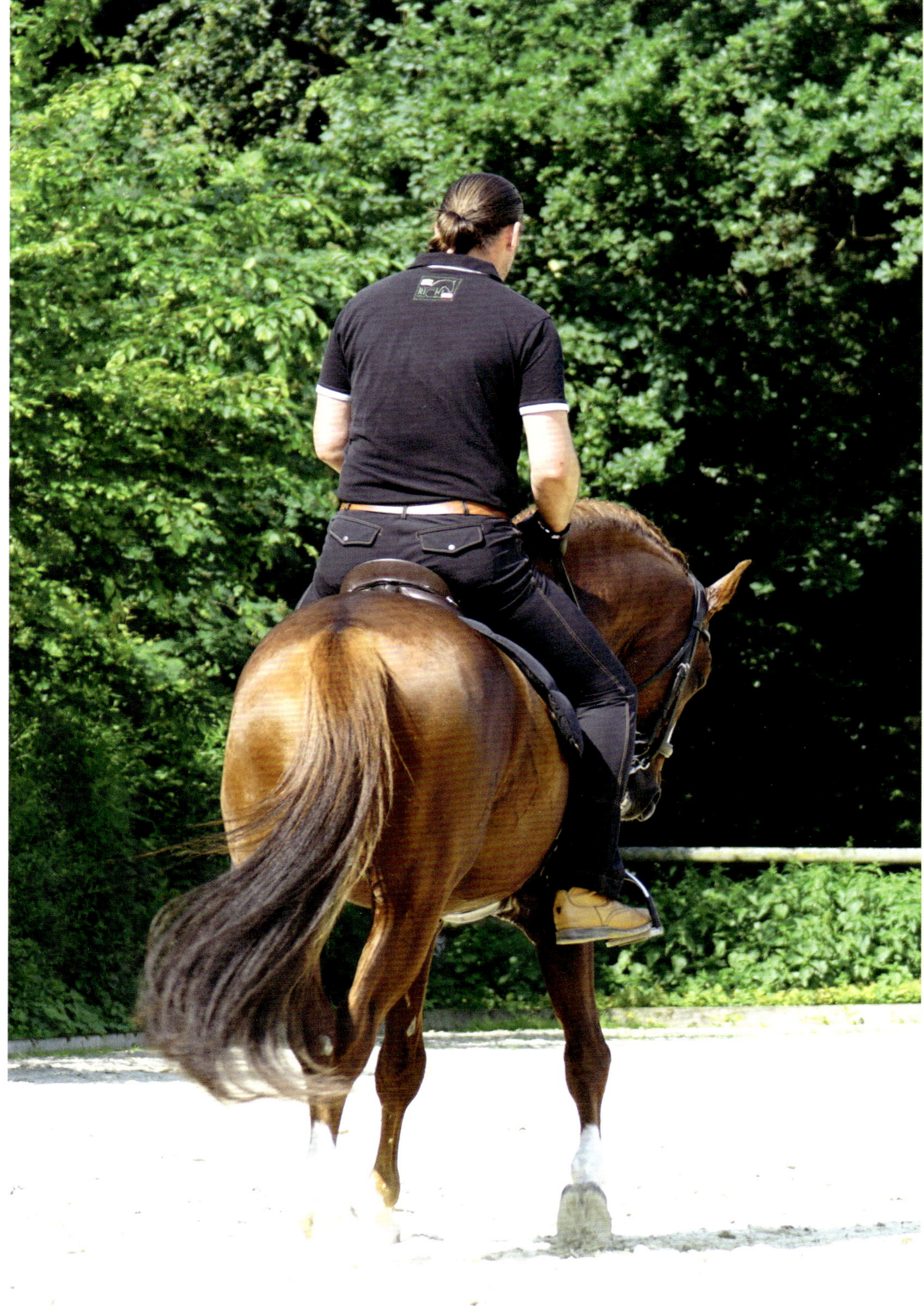

Aus dieser Arbeit, die man zuerst auf der hohlen Hand und dann auf der nicht hohlen Hand absolviert, lässt sich das Pferd mit einer feinen Hilfe antraben. Der Trab sollte elastisch schwingend und versammelt sein, also eher langsam. Das Pferd hat seine Anlehnung nicht verloren und der Reiter spürt einen feinen Zug im Zügel. An diesem Zug zieht sich der Reiter, ohne dass sich der Zug erhöht, mit aufrechtem Oberkörper leicht nach vorn. So entsteht mehr Druck im Steigbügel und das Pferd beginnt zu beschleunigen. Jetzt ist der Moment für das Arrêt am äußeren Zügel gekommen. Damit nimmt man das Pferd genauso wie an der Longe wieder etwas zurück, setzt es aufs äußere Hinterbein, das innere Hinterbein und innere Vorderbein springen in den Galopp. Meist hält das Pferd diesen versammelten Galopp nur während weniger Sprünge durch. Nun gilt genau dieselbe Vorgehensweise wie an der Longe: Nicht nachsetzen, damit das Pferd weiter galoppiert! Vielmehr das Pferd wieder ins ruhige Trabtempo zurücknehmen und erneut leicht entlastet sitzend mit einem Arrêt am äußeren Zügel angaloppieren. Auch hier gilt die Regel: Qualität vor Quantität. Und: Ersetzen Sie Einwirkung durch Geduld. Erfragen Sie immer nur kurze Reprisen aus einem ruhigen Takt heraus, bis das Pferd in der Lage ist, den ruhigen, gesetzten Galopp zirkelweise zu halten. Wenn Sie es von außen betrachten, an der Longe wie unterm Sattel, können Sie sehen, wie das innere Hinterbein durch das Arrêt beschleunigt.

Unterstützend ist es natürlich möglich, das im Schritt entwickelte Übertreten in kurzen Reprisen auch immer wieder im Trab anzufragen, um das Pferd nach der Galopparbeit zu setzen und zu versammeln, damit der nächste Einstieg in den Galopp wieder auf der gleichen ruhigen, kraftvollen Basis steht. Nach einer gu-

Übertreten im Trab. (Foto: Leonie Bühlmann)

ten Vorarbeit an der Longe braucht es meist nur wenige Wochen, bis das Pferd auch unter dem Sattel einen schönen, kraftvollen, gesetzten Galopp entwickelt hat.

Galopptraining

Nachdem wir den optimalen Galopp mit einer guten Balance und einem ruhigen Takt gearbeitet haben, können wir beginnen, diese Galoppplattform zu belasten und eine höhere Flexibilität zu entwickeln. Einerseits können wir versuchen, durch rhythmische Arrêts und optimal in der eigenen Balance sitzend, mit lockerem Bein, leicht gegen die Hand treibend, das Pferd noch etwas zurückzunehmen. Sobald uns einige wenige versammeltere Sprünge gelungen sind, öffnen wir die Hand und treiben das Pferd in einen sich langsam vergrößernden Zügelrahmen, sodass es seinen Körper und seinen Galoppsprung langsam ebenfalls dehnt beziehungsweise verlängert. Erreichen wir gefühlt das momentane Maximum an Dehnung, beginnen wir wieder, mit leichten rhythmischen Arrêts, in absoluter Balance und keinesfalls rückwärtig sitzend, das Pferd in einen versammelten kurzen Galopp zurückzunehmen. Durch solche Übergänge innerhalb des Galopps machen wir das Pferd flexibler, sodass es in der Lage ist, seinen Horizont in der Bewegungsfähigkeit zu erweitern und wir es später mit Lektionen wie Übertreten auf dem Zirkel, Schulterherein, Travers und Traversale leichter konfrontieren können, ohne dass es eine spannige und stressige Angelegenheit wird.

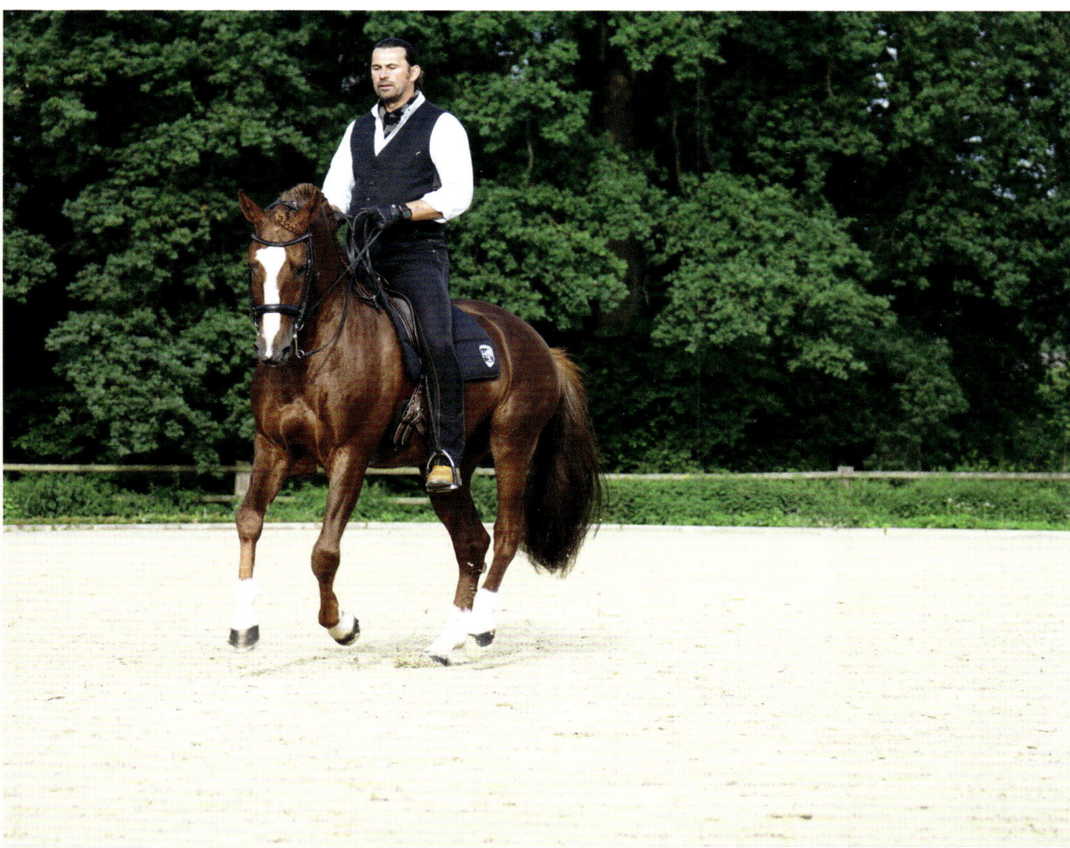

Espartaco im versammelten Galopp. (Foto: Leonie Bühlmann)

Galopp verbessern durch die Schaukel

Ein wertvolles Werkzeug für die Verbesserung des Galopps ist die Schaukel: einerseits, um die Voraussetzungen für einen elastischen und gesetzten Galopp zu schaffen, und andererseits, um im zweiten Schritt die Schaukel direkt mit dem Galopp zu verbinden. Eigentlich reitet man auch eine kleine Schaukel, wenn man innerhalb des Galopps die Sprünge verkürzt, also rückwärtsreitet, ohne zu ziehen, oder danach vorwärtsreitet und die verkürzten Sprünge wieder verlängert, ohne den Zügelkontakt aufzugeben. Man treibt gegen die Hand, damit das Pferd zurückkommt, und durch die Hand hindurch und entlässt so das Pferd wieder nach vorn in verlängerte Sprünge.

Wie immer beginnen wir im Schritt und benutzen die Schaukel, um das Pferd elastischer und gesetzter zu machen und damit die einfachen Wechsel, das Angaloppieren aus dem Schritt und das Angaloppieren aus dem Stand zu verbessern.

Wir treiben also im Schritt das Pferd mehr mit dem Bein gegen die Hand, bis es steht. Dann treiben wir mit einer eher pulsierenden Beinhilfe und ohne zu klemmen weiter vorsichtig gegen die Hand. Das Pferd wird immer wieder gegen die Hand gehen, ohne sich herauszuheben, und sich dann am Ende mehr untertretend, von der Hand abstoßend, rückwärtsbewegen. Wenn ich also das Bein schließe, um das Pferd gegen die Hand zu treiben, damit es rückwärtsgeht, öffne ich logischerweise das Bein, um diesen Effekt zu beenden, sprich, um das Pferd aus dem Rückwärtsrichten anzuhalten.

Der wortwörtliche Paradefehler, der oft gemacht wird, ist, dass der Reiter wieder nach vorn reiten möchte und deshalb mehr treibt. Er treibt faktisch mehr gegen die Hand, das Pferd geht mehr zurück. Öffnet er einfach das Bein, unterbricht er das Treiben gegen die Hand, also auch das Abstoßen des Pferdes von der Hand nach rückwärts, und das Pferd bleibt stehen. Will der Reiter wieder nach vorn reiten,

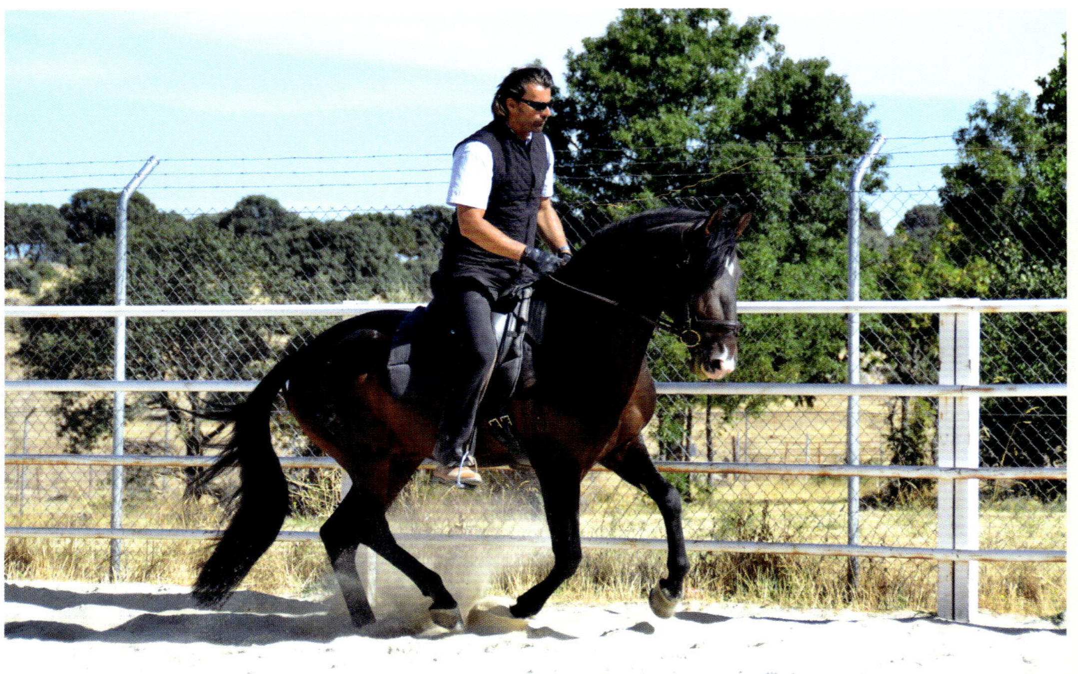

Man sieht deutlich, wie das innere Hinterbein unter das Reitergewicht tritt, wenn man das Pferd mit einem Arrêt am äußeren Zügel angaloppiert. Hier der erst vierjährige Ermitaño vom Gestüt La Perla. (Foto: Leonie Bühlmann)

treibt er jetzt aus dem Stand erneut mit kurzen Impulsen durch den Zügel, durch die Hand hindurch und nicht gegen die Hand. So geht das Pferd wieder nach vorn. Lässt der Reiter den Zügel los, wenn er nach vorn reiten möchte, was gern geschieht, wird das Pferd weniger akzentuiert nach vorn gehen und sich vielleicht auch aus der Anlehnung heben. Denn wie auch schon in vielen anderen Übungen beschrieben, motiviert ein feiner Zug am Zügel das Pferd, nach vorn in die Hand zu treten.

Gelingt die Übung im Schritt, können wir beginnen, das Pferd aus dem Trab durchzuparieren. Der Reiter treibt also wieder mit dem Bein gegen die Hand, bis das Pferd steht, und treibt weiter ohne Veränderung und Unterbrechung der Energie, bis es zurücktritt. Stichwort ganze Parade! Jetzt öffnen wir unsere Einwirkung wieder und leiten die aus dem Rückwärts entwickelte Energie mit einem kleinen feinen Kick mit dem Bein und einem Hauch vorwärtssitzend in einen dynamischen Trab über. Und so entsteht die Schaukel im Trab. Später werden wir vom Trab ins Rückwärts parieren und daraus mit einem etwas stärker entlasteten Vorwärtssitz und einem Arrêt am Außenzügel ohne loszulassen in den Galopp starten. Wenn Sie in der eigenen absoluten Balance sitzen, vorsichtig pulsierend mit dem Bein gegen die Hand treiben und etwas Geduld haben, werden Sie spüren, wie sich eine ganze Parade aus dem Galopp anfühlt. Aber wichtig ist dabei, dass Sie die beschriebenen Abläufe beibehalten, Sie dem Pferd die Möglichkeit geben, die Dinge zu entwickeln, und Sie die Dinge zulassen. Abwarten, Zulassen und Geduld sind hohe reiterliche Tugenden.

Denn vergessen Sie nicht, eine Parade ist kein Werkzeug, um das Pferd aktiv abzubremsen, sondern eine Parade löst einen Prozess im Pferd aus oder, besser gesagt, motiviert das Pferd, darauf einzugehen und so zu reagieren, dass am Ende das Verhalten, Versammeln und letztlich das Halten steht.

Galopp und Piaffearbeit

Galopp und Piaffe gehören nicht unbedingt zusammen. Die Piaffe gehört eigentlich zum Schritt. Aber die Piaffe kann ein Werkzeug sein, um den Galopp eines Pferdes mit einer sehr schlechten Galoppade, also eines trabigen Pferdes, zu verbessern. Denn das Problem eines solchen Pferdes ist oft, dass es sich nicht setzen kann, sich schlecht versammelt und sein Heil im Vorwärts, in der Flucht sucht.

Andererseits kann man auch eine vorhandlastige Piaffe durch kurze Angaloppiersequenzen verbessern und vermehrt auf die Hinterhand verlagern.

Die Basis des Trainings ist wieder die Schaukel, die korrekte Parade. Wir schaukeln unser Pferd im Schritt hin und her. Nach einigen Wechseln zwischen Vorwärts und Rückwärts treiben wir das Pferd gegen die Hand, als ob wir es durchparieren wollen. Aber nur so wenig, dass das Pferd sich zurücknimmt und die Tritte verkürzt, aber nicht stehen bleibt. Diese Übung wiederholen wir immer wieder, bis das Pferd aus seinen normalerweise 40 bis 60 Zentimeter langen Tritten im normal versammelten Schritt die Tritte auf 10 Zentimeter verkürzt. Das ist der Einstieg für die Piaffearbeit unter dem Sattel. Die allgemeine Meinung ist, dass das Pferd in der Piaffe sich diagonalisiert, sich also im Trab bewegt. Das ist richtig, aber der Effekt der Piaffe für das allgemeine Training ist schon deutlich zu spüren, wenn wir es schaffen, in ruhiger, korrekter Weise den Schritt so zu versammeln, dass das Pferd ähnlich einer Chinesin im Kimono kleine Tritte macht. Denn damit das Pferd solche kleinen Tritte absolvieren kann, muss es sich körperlich sehr verkürzen und mehr auf der Hinterhand tragen. Es tritt mit gebeugter Kruppe und aufgewölbtem Rücken mehr unter. Und genau dieser Effekt hilft uns, bei einem Pferd mit schlechter Galoppveranlagung die Grundvoraussetzungen für den Galopp zu verbessern – das Beugen und Senken der Kruppe mit dem

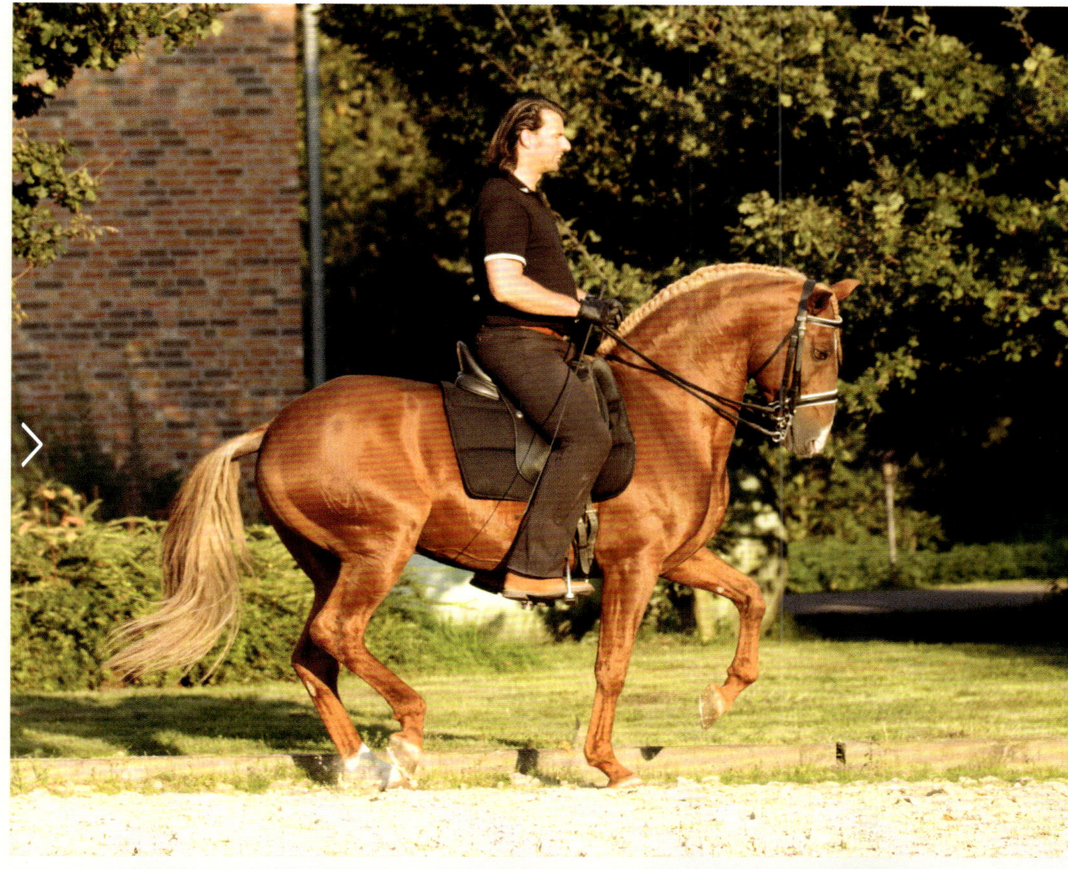

Eine gute Piaffe kann den Galopp verbessern. Auf diesem Foto kann man die Galoppenergie schon sehen. Wenn man im Schritt die Trabenergie nicht spürt, wird das Pferd nicht korrekt antraben, und wenn man im Trab den Galopp nicht spürt, nicht korrekt angaloppieren. (Foto: Gina Mazza)

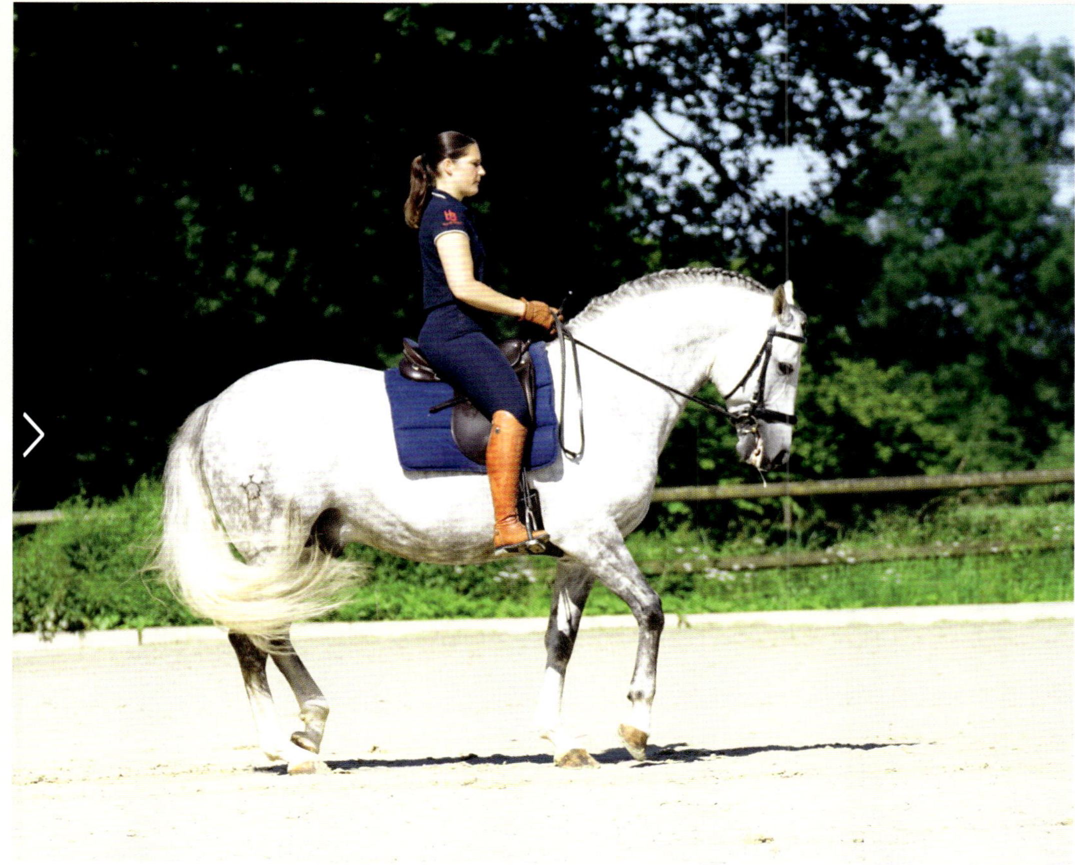

Aus den kleinen Tritten ist schon die Piaffe zu erahnen. (Foto: Haus der Dressur)

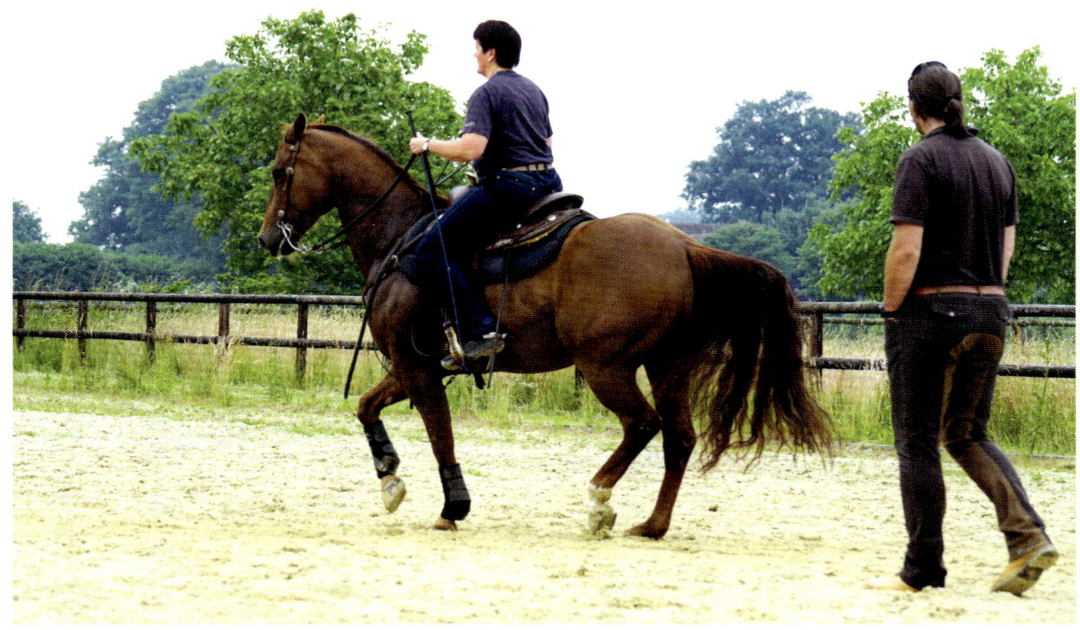

Auch Quarter Horses können eine schöne Piaffe zeigen. (Foto: Leonie Bühlmann)

daraus folgenden weiten Unterfußen und einem aufgewölbten Rücken.

Aber man muss die Piaffe richtig interpretieren und nicht den häufig gemachten Fehler begehen und denken, dass eine Piaffe etwas mit Spannung und Stress zu tun hat. Leider werden viele Pferde so anpiaffiert: Man hält sie vorn fest und touchiert hinten so lange, bis sie zappeln. Aber genau das ist der Punkt. Sie zappeln und trampeln, aber piaffieren nicht gelassen und balanciert. Wenn Sie aus einer solchen stressigen Arbeit angaloppieren, könnten Sie eine Explosion erleben, die Sie vielleicht sogar in Wohnungsnot bringt, aber nicht unbedingt einen ruhigen, gesetzten, konzentrierten Galopp erwarten. Das Schlimme ist, dass mit ein bisschen Geduld und Gymnastik jedes Pferd in seinen Möglichkeiten eine schöne Piaffe zeigt und die gesamte Arbeit, egal, in welche Richtung sie geht, davon profitiert. Ich habe schon Quarter Horses anpiaffiert, weil sie mit den Galoppwechseln Probleme haben, weil sie sich nicht genug setzen können und somit im Wechsel immer nachspringen, weil sie auseinanderfallen. Oder die Sliding Stops sind nicht gut und nicht spektakulär genug, weil sich das Pferd in der Hinterhand nicht setzen kann. Aber all diese Effekte sind nur zu erzielen, wenn man das Pferd sehr stressfrei und Schritt für Schritt in die Übung führt.

Die Parade ist kein Werkzeug, um Bewegung zu vernichten, sondern um sie zu speichern. Korrekt entwickelt und angewendet gibt sie uns die Möglichkeit, Vorwärtsenergie in Rückwärtsbewegung umzuwandeln und mit der daraus entstandenen Rückwärtsenergie die Vorwärtsbewegung zu verbessern.

Piaffetraining an der Hand von Leonie Bühlmann

Zu erklären, wie man von Grund auf eine Piaffe an der Hand entwickelt, würde ein Buch füllen und den Rahmen dieses Beitrags sprengen. Deshalb ist dies hier nur als kurze Zusammenfassung zu verstehen.

Auch an der Hand ist die Parade ein sehr wichtiges Werkzeug und ist unter anderem unerlässlich für eine gute Entwicklung der Piaffe. Das Pferd sollte, genau wie unter dem Sattel, auf die von ihm verlangte Lektion körperlich so gymnastiziert und vorbereitet sein, dass es überhaupt in der Lage ist, diese ausführen zu können. Das heißt, es macht keinen Sinn, ein Pferd anpiaffieren zu wollen, das die nötige Kraft und körperliche Balance dafür noch nicht besitzt. Sind diese Voraussetzungen aber erfüllt, kann man damit beginnen.

Grundvoraussetzungen für das Erarbeiten einer Piaffe an der Hand sind, dass das Pferd korrekt, gerade, im vom Ausbilder gewünschten Tempo Schritt geht, antrabt, wieder durchpariert, anhält, rückwärtsgeht, sich antouchieren lässt und aufmerksam und ohne Angst mitarbeitet. Auch das Übertreten an der Hand und das Antraben daraus gymnastiziert das Pferd und bereitet es auf die Piaffe vor.

Man beginnt die Arbeit, indem man das Pferd einige Male aus dem Stand im Schritt angehen lässt und wieder anhält. Genau wie unter dem Sattel ist es wichtig, dass die Verbindung zum Pferdemaul immer fein und elastisch ist. Und man beginnt auch hier auf der hohlen Hand des Pferdes. Zum Anhalten dreht man sich gegen die Bewegungsrichtung und lässt das Pferd langsam gegen die Hand gehen, bis es steht. Man zieht aber auch hier keinesfalls nach hinten. Mit der inneren Hand kann man gegebenenfalls nach oben in Richtung der Kehle des Pferdes einwirken. Wichtig ist, dass man das Pferd am äußeren Zügel immer gerade hat und der Hals parallel zur Wand, zur Bande steht. Machen Sie diese Übungen am Anfang immer an der Bande entlang. Die Wand hilft Ihnen, das Pferd gerade zu richten, und verhindert, dass es nach außen über die Schulter wegdriftet.

Beim Angehen dreht man sich wieder in Bewegungsrichtung nach vorn, behält die feine, elastische Verbindung bei und lässt das Pferd durch ein Stimmkommando und eventuelles Antouchieren Schritt gehen. Ist das Pferd nach wiederholter Ausführung aufmerksam beim Ausbilder, zieht nicht, geht schön

„Auch an der Hand ist die Parade ein sehr wichtiges Werkzeug und ist unter anderem unerlässlich für eine gute Entwicklung der Piaffe."

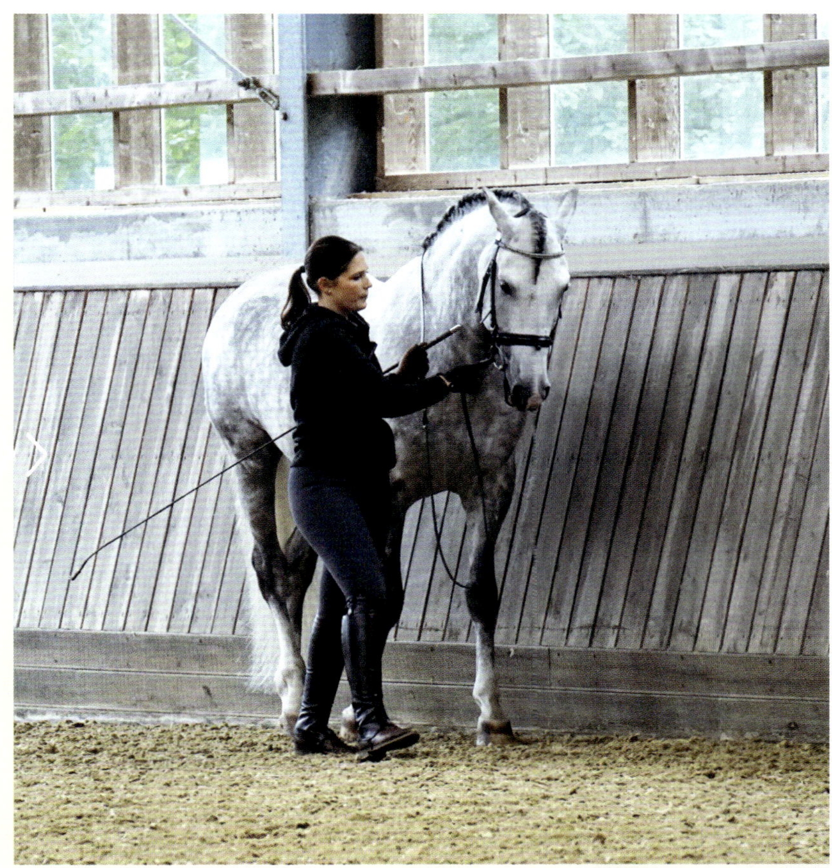

Bleiben Sie an der Bande und achten Sie darauf, dass das Pferd gerade geht.

und gerade im gewünschten Tempo und reagiert prompt auf die Kommandos, geht man dazu über, Übergänge vom Schritt in den Trab und wieder in den Schritt abzufragen. Wichtig ist, dass das Pferd schön in Haltung bleibt, nicht schneller Schritt geht, sondern ruhig antrabt und gleich darauf wieder ruhig Schritt geht, ohne das Tempo zu erhöhen. Sie müssen das Pferd nicht lange traben lassen. Der Fokus liegt auf dem Übergang, das heißt auf dem prompten Antraben und dem darauffolgenden ruhigen Schrittgehen. Klappt auch das gut auf beiden Händen, geht man dazu über, das Pferd rückwärtsgehen zu lassen. Genau wie bei der Parade unter dem Sattel lässt man das Pferd ruhig gegen die Hand gehen, bis es steht, erhält aber die Energie aufrecht. Man gibt auch nicht etwas nach, sobald das Pferd steht, sondern behält die gleiche Energie, das gleiche Gewicht, das man beim Anhalten in der Hand spürt, in der Hand – und wartet erst mal ab.

Meistens dauert es einen Moment, und dann geht das Pferd wie von Zauberhand von allein zurück. Wichtig ist auch hier, dass man nicht anfängt, nach hinten zu ziehen, oder versucht, das Pferd zurückzudrücken. Falls das Pferd nicht zurückgeht, treibt man es mit Stimmkommando oder mit Antouchieren weiter gegen die Hand. Das heißt, Sie treiben genau so, als ob Sie vorwärtsgehen möchten, lassen das Pferd aber nicht durch die Hand

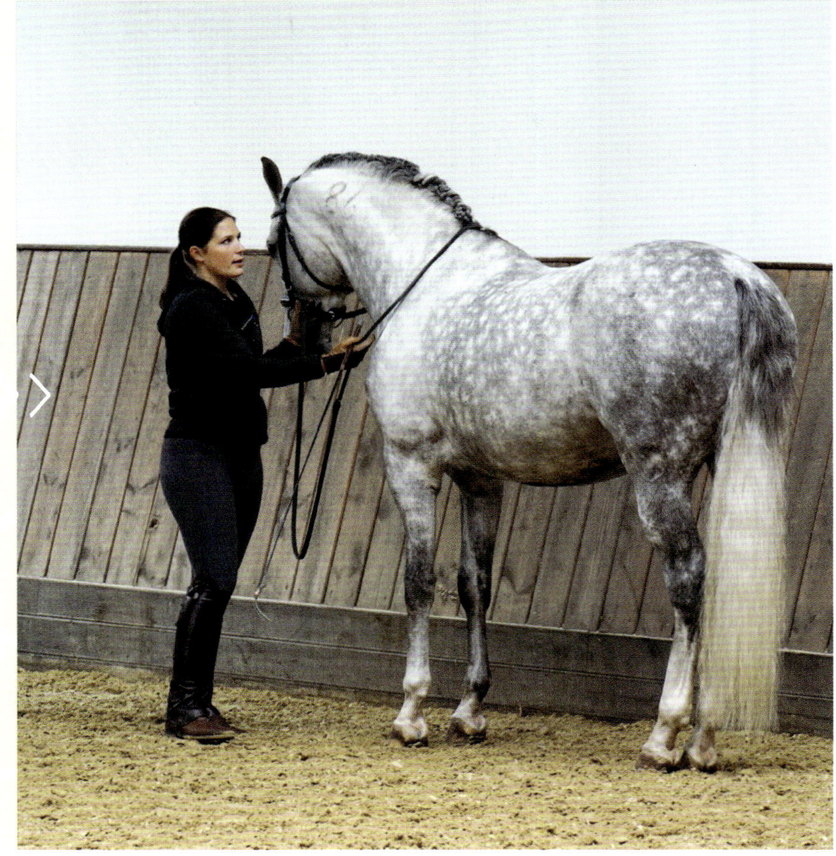

Bewahren Sie die Energie des Anhaltens und warten Sie ab, bis das Pferd rückwärtsgeht. (Fotos: Haus der Dressur)

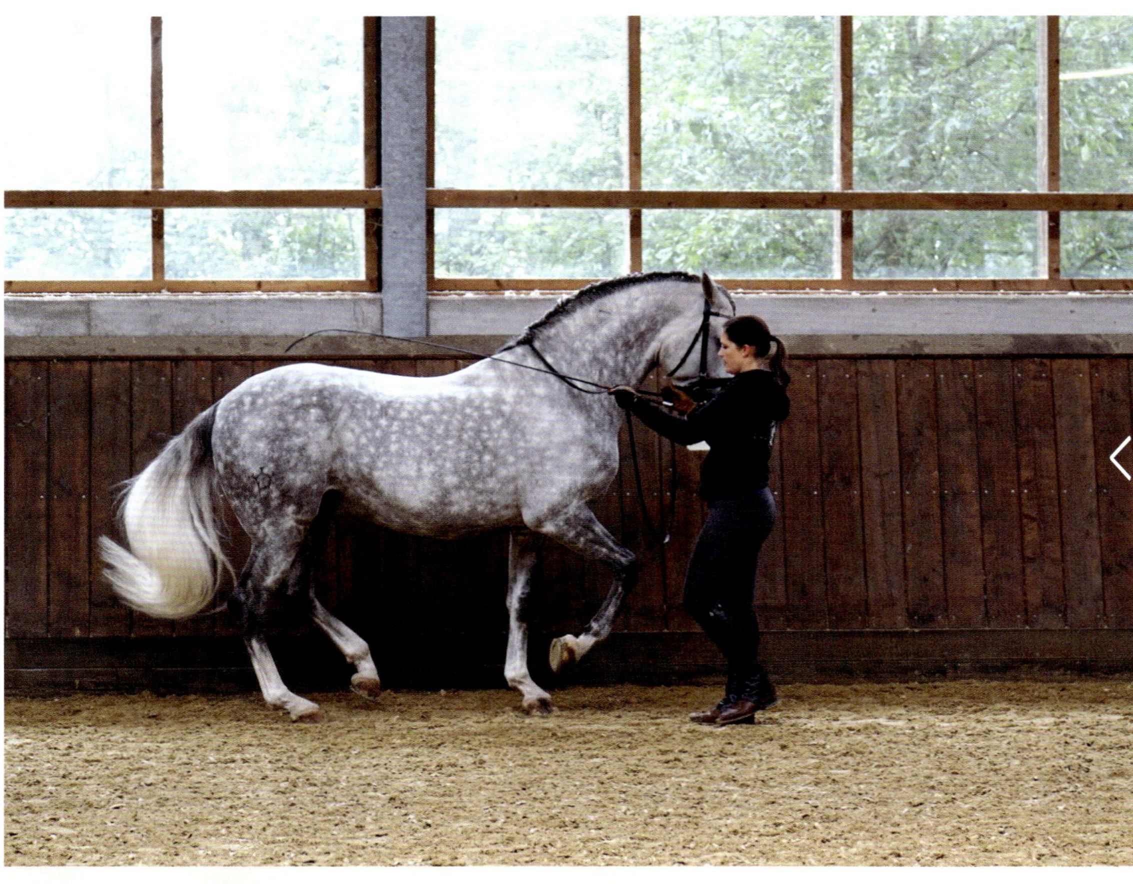

Behalten Sie immer eine leichte Vorwärtsbewegung bei!

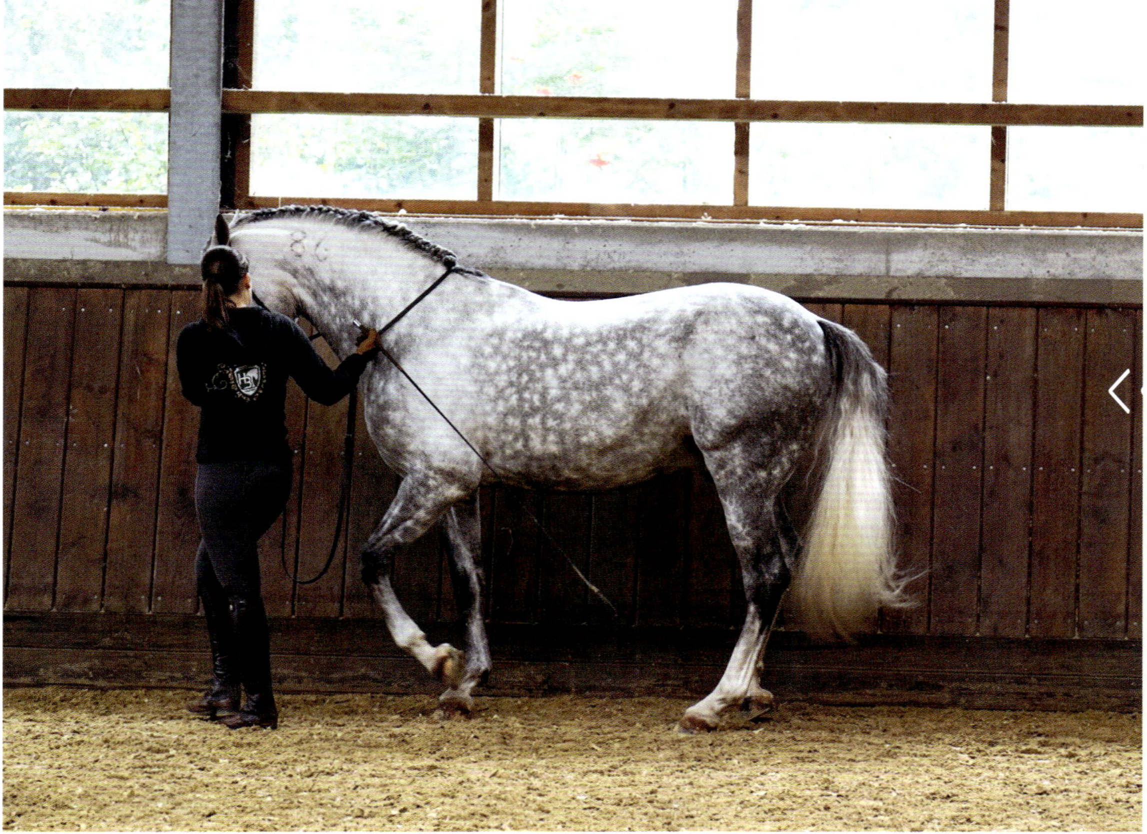

Kleine Tritte an der Hand als Vorbereitung zur Piaffe. (Fotos: Haus der Dressur)

„Wichtig ist, alles mit Ruhe, Bestimmtheit und freundlicher Energie auszuführen."

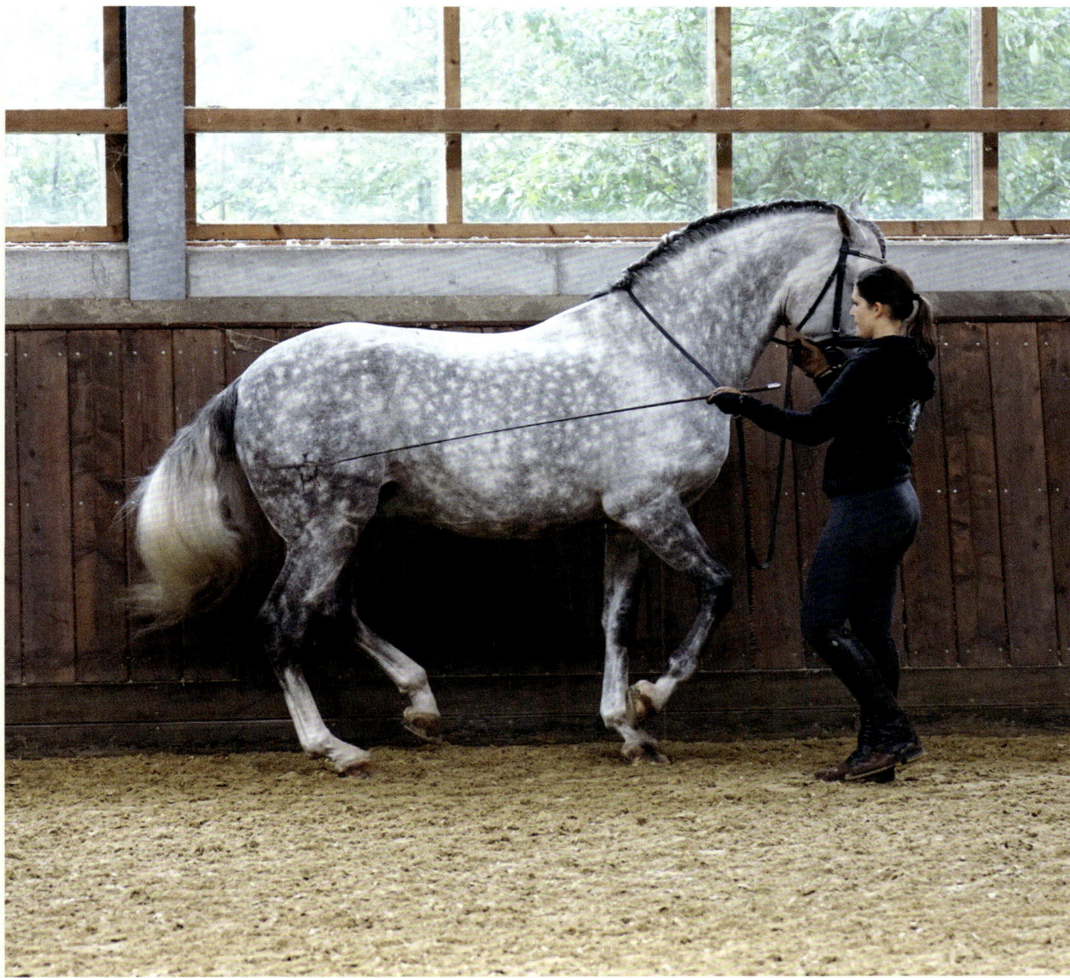

Lassen Sie sich Zeit auf dem Weg zu einer schön gesetzten Piaffe! (Foto: Haus der Dressur)

gehen. Es wird dann gegen die Hand und danach rückwärtsgehen.

Die Schaukel an der Hand, die daraus entsteht, üben Sie zuerst im Schritt und danach im Trab. Sie traben dann das Pferd ruhig aus dem Rückwärts heraus an, kommen ruhig wieder zum Halten, erhalten die Energie, bis das Pferd rückwärtsgeht, und traben daraus wieder an. Das Antraben aus dem Rückwärts soll immer prompter geschehen. Das Pferd soll vor dem Antraben nicht lang werden und Schritt gehen, sondern gleich antraben und die Versammlung, die es im Rückwärts bekommen hat, beibehalten.

Wichtig ist, alles mit Ruhe und Bestimmtheit auszuführen. Wenn das Pferd anfängt, zappelig zu werden, ist es wichtig, dass Sie der ruhige Pol bleiben, an dem sich das Pferd orientieren kann. Und auch hier gilt: Wenn Sie und das Pferd mit dem nächsten Schritt Mühe haben, dann kehren Sie zurück zur Basis und festigen zuerst diese, bevor Sie weitergehen.

Das Antraben aus dem Rückwärtsrichten kann man nun immer kleiner abfragen. Das heißt, Sie lassen das Pferd beim Antraben immer weniger nach vorn gehen und fragen das Antraben, direkt aus dem Rückwärtsrichten, immer mehr auf der Stelle ab. Ganz auf der Stelle behalten Sie das Pferd allerdings nie. Und Sie dürfen keinesfalls nach dem Prinzip vorgehen, dass Sie vorn festhalten und hinten draufhauen! Das Pferd soll immer leicht an der Hand stehen, sich selbst tragen und sich die Lektion in eigener Balance erarbeiten.

Parallel dazu erarbeiten Sie sich mit dem Pferd eine zweite Übung. Sie lassen das Pferd an der Hand ganz ruhig Schritt gehen. Dann treiben Sie nach und nach etwas gegen die Hand und verkürzen den Schritt. Das Pferd sollte in feiner Anlehnung bleiben und die Schritte immer kleiner machen. Das heißt, es bleibt die gleiche Schrittenergie vorhanden, die Tritte werden nur immer kürzer und dafür höher. Die einzelnen Beine treten anstatt viel nach vorn und wenig nach oben immer kürzer nach vorn und dafür mehr nach oben. Diese kleinen Tritte, die daraus entstehen, sind eine gute Vorbereitung für die Piaffe, wenn das Pferd im Gleichgewicht bleibt, sich selbst trägt und so hinten mehr Last aufnimmt.

Sie müssen sich das Pferd wieder als Sprungfeder vorstellen. Indem Sie es etwas gegen die Hand treiben, wird die Feder gespannt, was als Energie nach oben sichtbar wird. Das Pferd darf sich dabei aber niemals auf die Hand abstützen, sondern muss sich selbst tragen, und die Verbindung muss immer fein und elastisch bleiben.

Und ganz wichtig beim Erarbeiten der Piaffe ist: Ersetzen Sie Einwirkung durch Geduld und lassen Sie sich und dem Pferd Zeit. Üben Sie häufig kleine Sequenzen und geben Sie sich mit kleinen Fortschritten zufrieden!

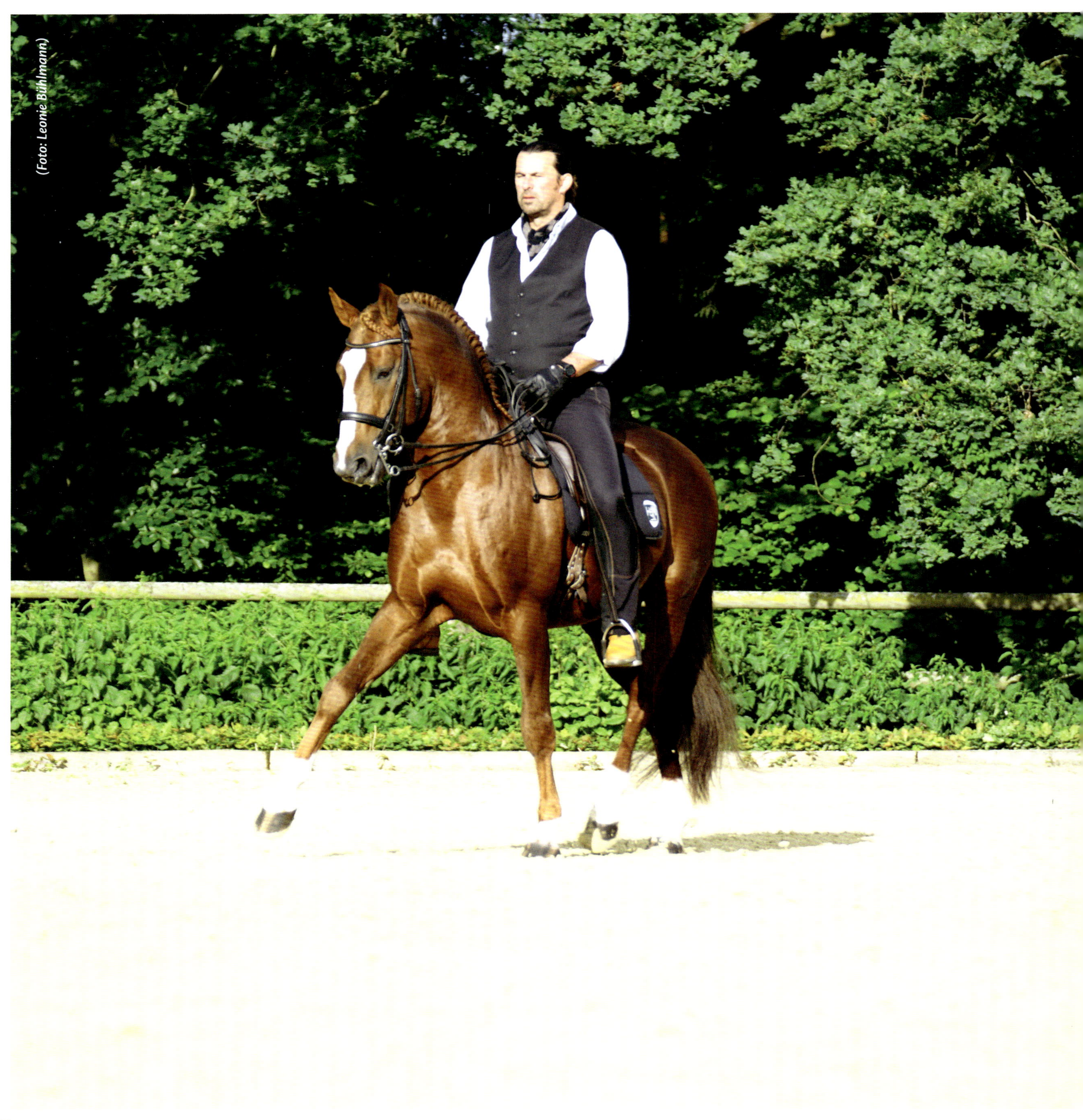

(Foto: Leonie Bühlmann)

Die Seitwärts-Arrêts sind keine halben Paraden:

Travers, der Glanz der Traversalen und Pirouetten

Häufig unterliegt man fälschlicherweise der Meinung, dass man Seitengänge seitwärtsreitet. Reitet man das Übertreten auf dem Zirkel mit Zug am inneren Zügel, mit zu hoher Einwirkung des inneren Schenkels und mit großer Sitzeinwirkung innen, kippt das Pferd über die äußere Schulter. Der Druck am äußeren Zügel wird so sehr hoch. Ist der äußere Zügel nicht da, kippt das Pferd noch mehr über die äußere Schulter, läuft weg und dazu überbiegt es sich noch nach innen. Ist in der Traversalen der Außenschenkel und seitwärtsschiebende Sitz die Haupteinwirkung,

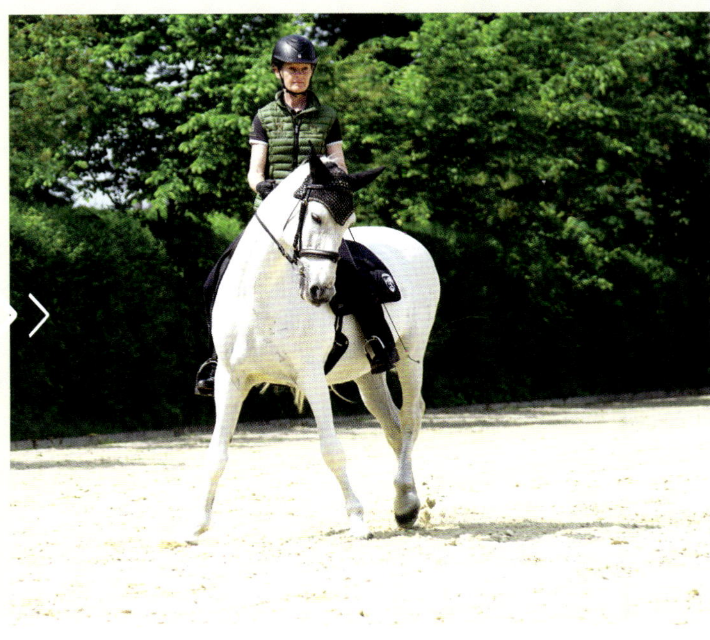

Hier überbiegt sich das Pferd und läuft über die äußere Schulter nach außen weg. (Foto: Leonie Bühlmann)

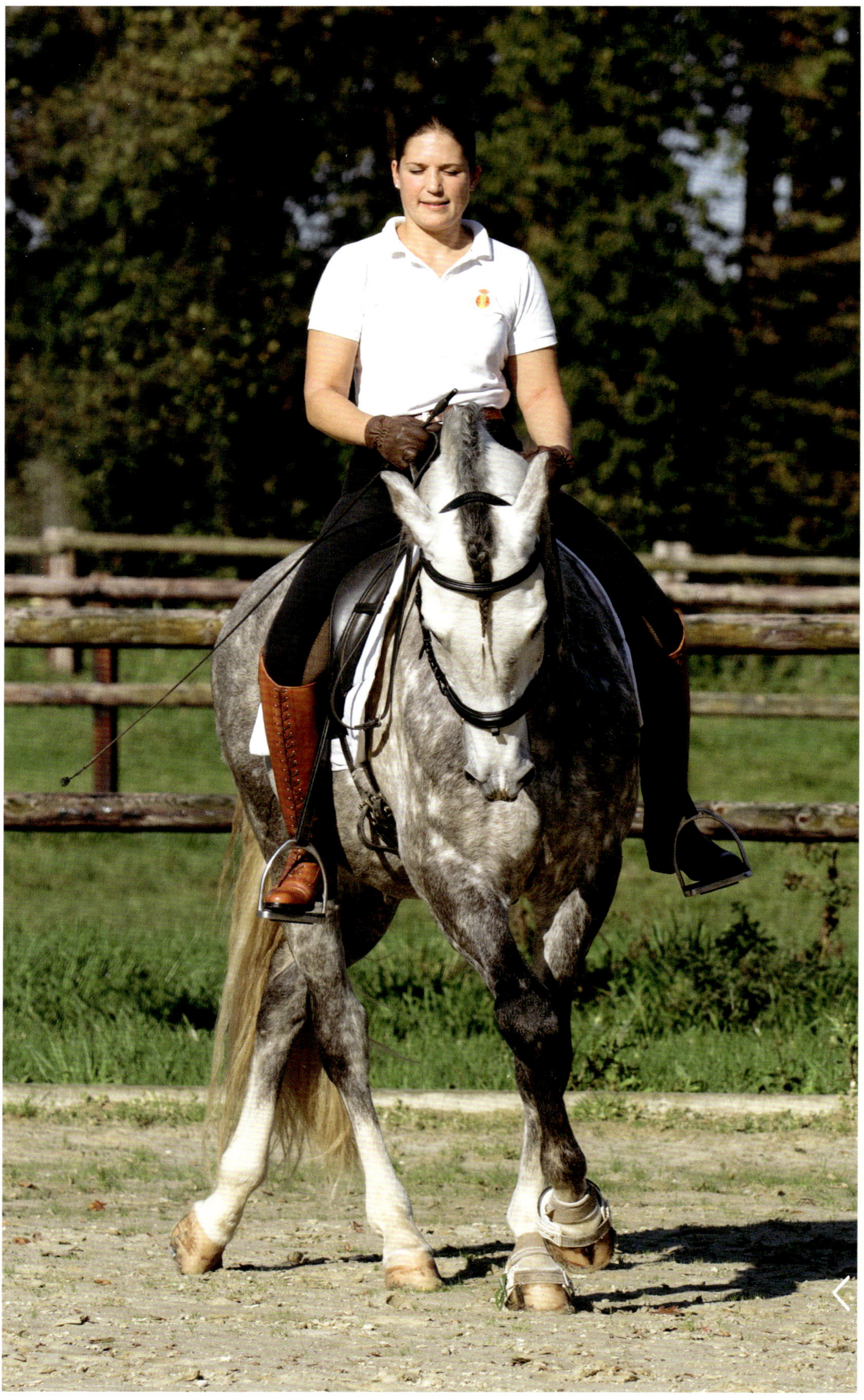

„Man sitzt immer in Bewegungsrichtung. Aber immer erst, wenn sich das Pferd wirklich in diese Richtung bewegt, und nicht schon vorher!"

geht das Pferd seitwärts, ohne vorwärtszugehen. Auch hier gehen Biegung, Stellung, Anlehnung und Ausdruck verloren.

Eine der zentralen Regeln in der klassischen Dressur ist: „Jede Lektion der klassischen Dressur lässt sich steigern durch inneren Schenkel und äußeren Zügel." Gemeint ist das elastische Arrêt am äußeren Zügel, so fein, dass es die Stellung und Biegung nicht gefährdet. Denn nur, wenn das Pferd in der Stellung innen bleibt, bleibt der Außenzügel auch ein Außenzügel.

Ich will es so erklären: Ein Pferd läuft in freier Natur und biegt sich nach links, wo geht es hin? Nach rechts! Warum nach rechts? Es geht immer über seine offene Schulter. Warum tut es das? Weil es so mit einem Auge 180 Grad nach vorn sehen kann und mit dem anderen 180 Grad nach hinten, ohne nennenswerte tote Winkel im Sichtfeld zu haben. Würde es seiner Nase nachgehen, würde der Hals das Sichtfeld des inneren Auges so einschränken, das sich in der Diagonalen zum inneren Auge ein toter Winkel bildet.

Hier tritt das Pferd hinten schön über, ist sonst in sich gerade und nur leicht nach innen gestellt. (Foto: Gina Mazza)

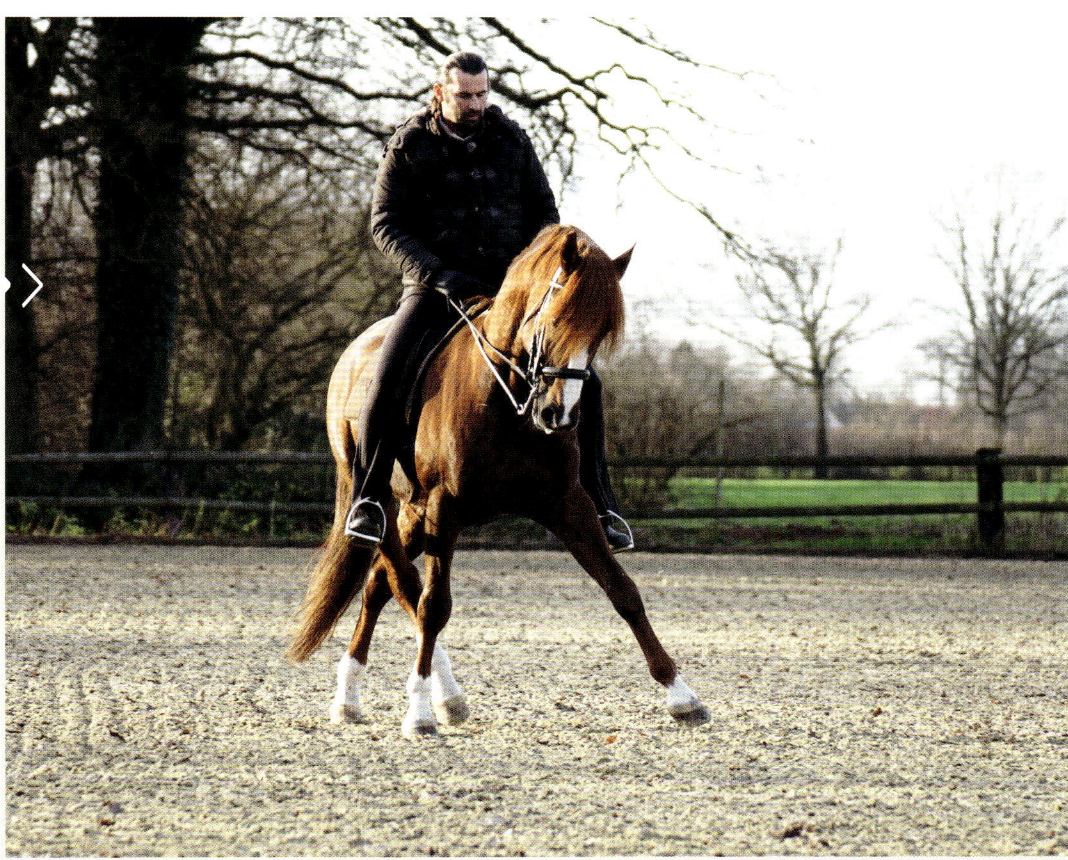

Bild oben:
Wenn das Arrêt am äußeren Zügel zäh wird, zu viel ins Ziehen geht und die Aktivität des inneren Hinterbeins vernachlässigt wird, verliert das Pferd Stellung und Biegung.

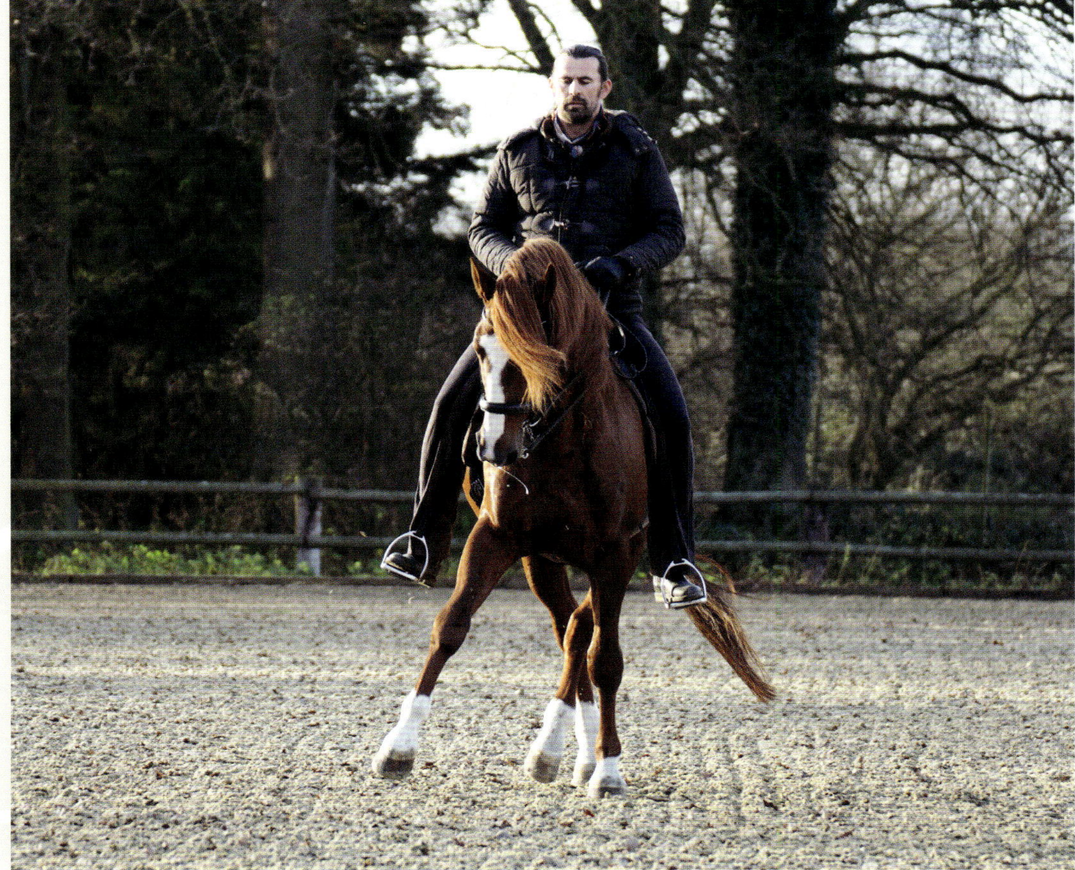

Der siebenjährige Espartaco in einer absolut dynamischen, dem Alter des Pferdes entsprechenden Traversale. (Fotos: Leonie Bühlmann)

In der Reiterei wollen wir meist, dass das Pferd seiner Nase nachläuft. Wir schließen die äußere Schulter mit dem äußeren Zügel durch einen feinen gleichmäßigen Kontakt.

Schauen wir uns das Übertreten auf dem Zirkel an. Das Pferd ist ganz leicht gestellt und gebogen und geht im ruhigen Schritt auf dem Zirkel. Wir nehmen es weiter zurück, indem wir vorsichtig und fein etwas mehr mit dem inneren Schenkel zum äußeren Zügel gegen die Hand treiben. Wichtig ist, dass wir unsere eigene innere Schulter etwas nach hinten drehen. Dadurch sitzen wir mehr innen, ohne aktiv mit dem Körper nach innen zu kippen. Das Pferd beginnt, die Kruppe nach draußen zu verschieben. Möchten wir diesen Prozess unterstützen und weiter motivieren, dann geben wir im Zügelzug feine elastische Rucke am äußeren Zügel, Arrêts.

Travers, die Traversale

Das Pferd geht auf dem Zirkel rechte Hand im Übertreten. Man behält die Biegung und Stellung bei, dreht aber nicht mehr die innere Schulter zurück, sondern die äußere und gibt kleine Arrêts am Außenzügel, dem linken Zügel. Durch das Wechseln der Schulter und die somit entstehenden Wechsel der Sitzeinwirkung von innen nach außen schiebt das Pferd die Kruppe nicht mehr hinaus, sondern herein. Stellung und Biegung bleiben erhalten. Gibt man jetzt Arrêts am äußeren Zügel, immer noch links, bremst man die äußere Schulter und spiegelt die Bewegungsenergie, die durch die äußere Schulter will, doppelt nach innen. Je mehr Arrêts, desto mehr kommt die Kruppe in der Übung herein. Die gleiche Einwirkung gibt man, um in der Traversale die Kruppe mehr hereinzuholen, vermehrt mitzunehmen, um zum Beispiel beim Wiedererreichen des Hufschlags die Traversale so zu steigern, dass Hinterbeine und Vorderbeine gleichzeitig ankommen. Wenn man in der Traversale mehr vorwärtstreibt, würde man das Seitwärts verlieren. Durch das Arrêt steigert man die Kruppe wieder in die korrekte Position und durch die Kombination des Vorwärtstreibens mit dem Arrêt sogar den Ausdruck in der Traversale. Aber immer gefühlvoll, viel hilft nicht immer viel!

Ich möchte den dahinterliegenden Effekt am Beispiel eines Zugs erklären, der über eine Weiche fährt. Im Moment, wenn eine Achse die Weiche erreicht, verschiebt es diese zur Seite, obwohl der Restzug noch geradeaus unterwegs ist, ebenso wie nach der Weiche. Das Arrêt wirkt wie die Weiche.

Im Übertreten wird durch das Arrêt in Kombination zur korrekten Sitzhilfe das innere Hinterbein zum Übertreten nach außen motiviert. Und im Travers und in der Traversale wird das äußere Hinterbein zum Seitwärts-vorwärts-Treten nach innen motiviert. Eine andere Regel sagt: *„Man sitzt immer in Bewegungsrichtung. Aber immer erst, wenn sich das Pferd wirklich in diese Richtung bewegt, und nicht schon vorher!"*

Wir haben das Thema zwar schon behandelt, ich möchte es aber nochmals ansprechen. Das Sitzen in Bewegungsrichtung ist eine Balancehilfe, die von außen nur ganz leicht sichtbar sein darf, man spricht auch vom Bügeltritt. Das hat aber nichts mit dem durch das richtige Schulterdrehen ausgelöste Belasten des jeweiligen Sitzbeinhöckers zu tun, sondern meist sind diese Dinge genau gegenseitig.

Eine andere Regel, die eher aus der militärischen Reiterei als aus der klassischen kommt, sagt: *„Die Schultern des Reiters sind immer auf die Schultern des Pferdes ausgerichtet."* Das hilft in der Entwicklung der Traversarbeit nicht, denn dann würde man wie im Schulterherein die innere Schulter zurücknehmen und in der letzten Einwirkung falsch sitzen. Es mag schöner aussehen, wenn die Traversarbeit entwickelt ist und funktioniert. Man dreht zum Beispiel bei der Pirouette ja auch erst die äußere Schulter zurück, und wenn das Pferd in der Lektion ist, dreht man langsam nach innen, als ob man in Richtung über die innere Kruppe schauen wollte, damit das Pferd das richtige Standbein zum Drehen verwendet. Ähnlich würde man auch einen Spin im Westernreiten entwickeln, um das Pferd zu unterstützen, das innere Hinterbein zum Drehen zu benutzen.

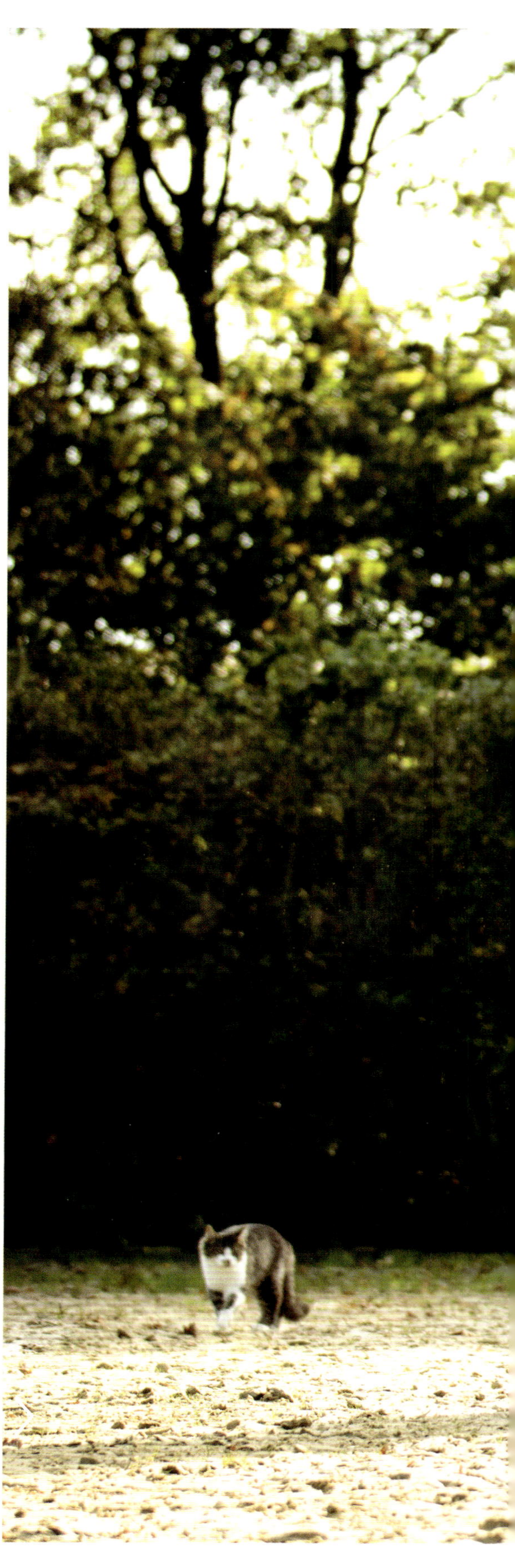

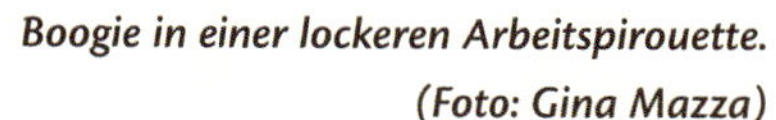

***Boogie in einer lockeren Arbeitspirouette.* (Foto: Gina Mazza)**

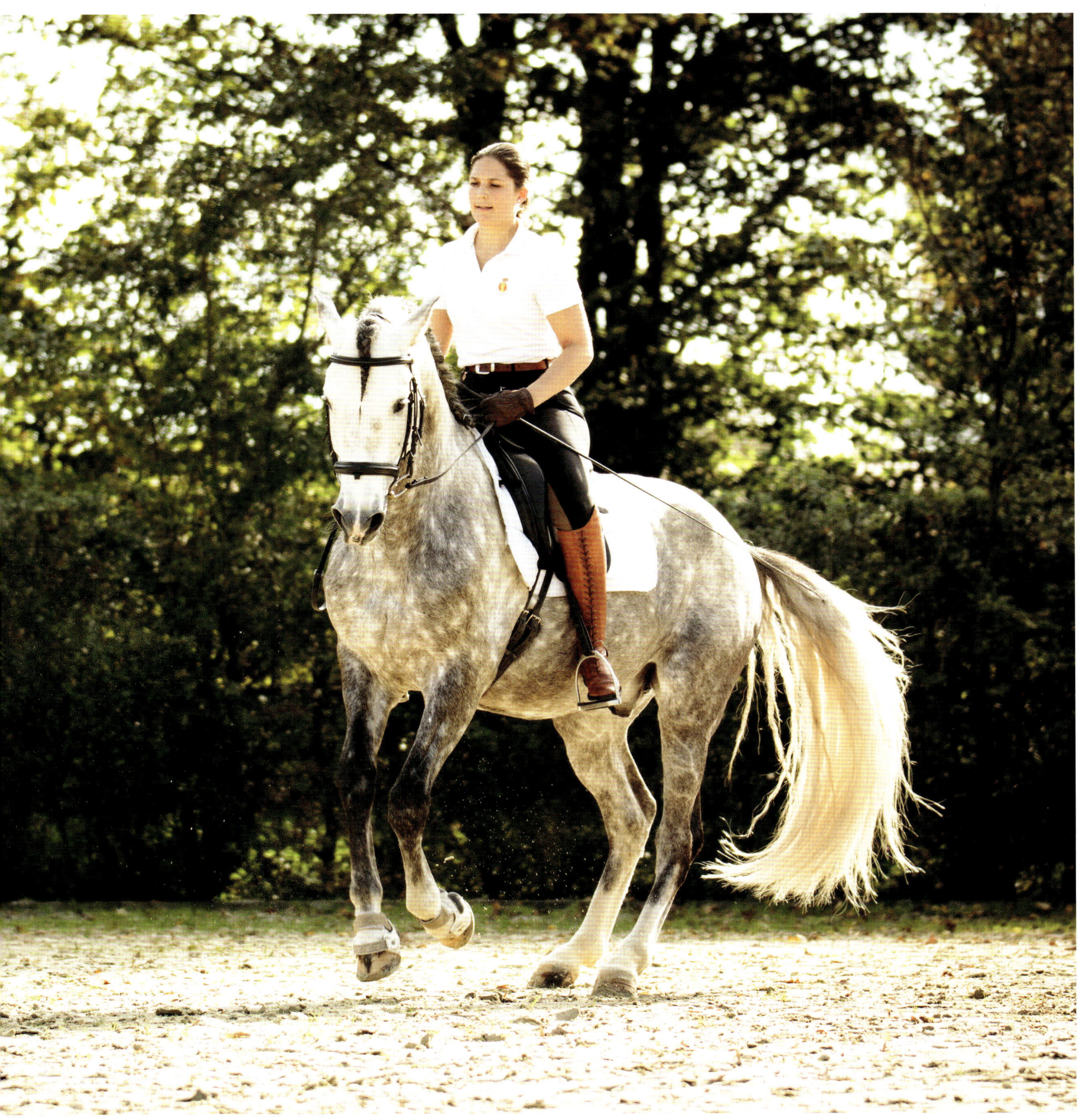

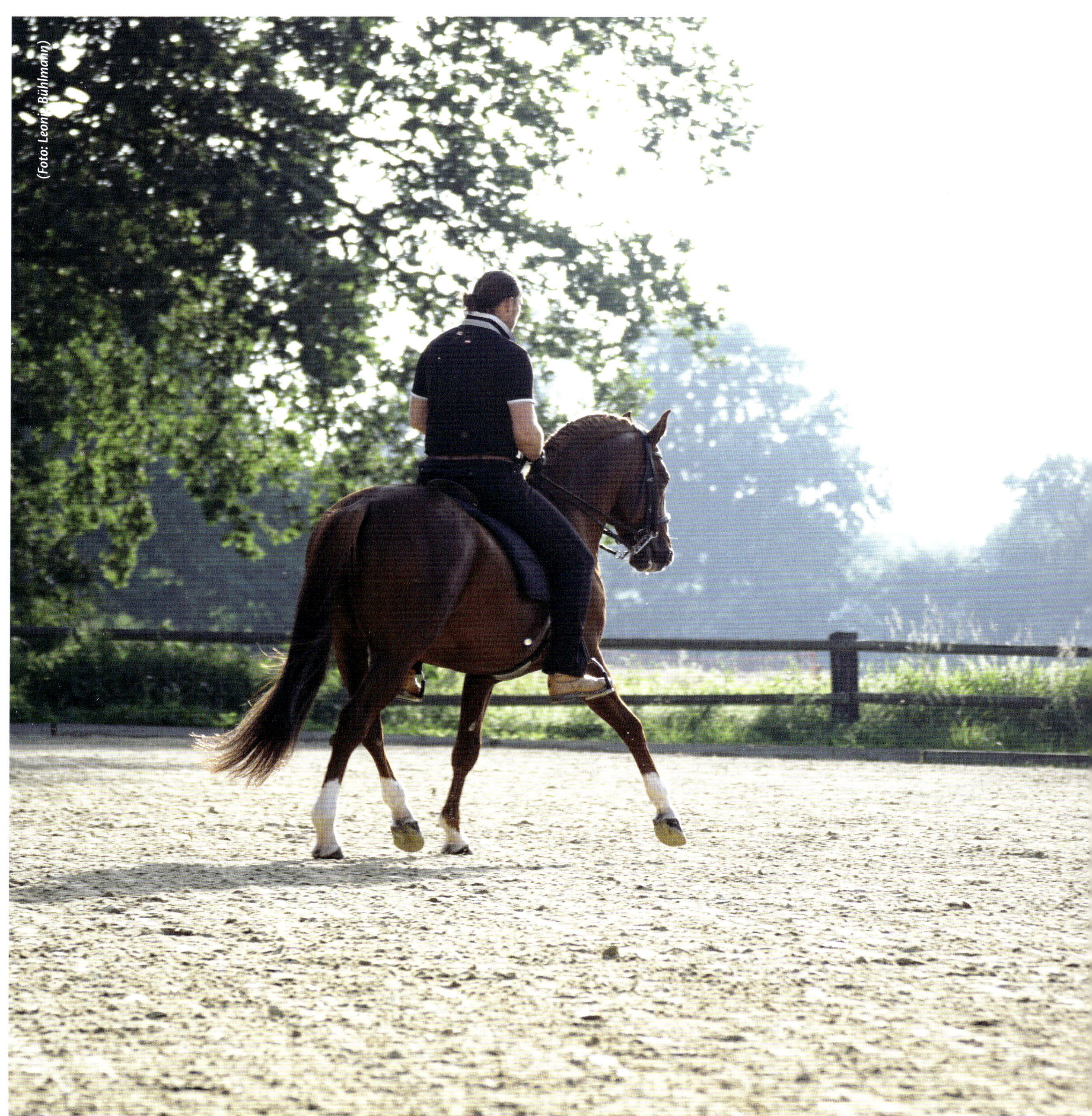
(Foto: Leoni Bühlmann)

Die Ausbildungsskala der Lektionen und Übungen

Wie sie aufeinander aufbauen und sich gegenseitig beflügeln

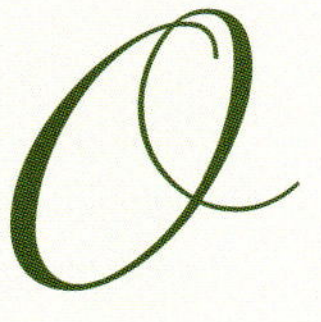

ft entscheidet das Wissen um die Verbindung der einzelnen Lektionen zueinander über Erfolg und Misserfolg sowie über die Qualität der neuen Lektion, die man entwickelt. Ich möchte es an einem Beispiel erklären. Vor 20 Jahren habe ich eine Übungsabfrage an der Wiener Hofreitschule gesehen und seitdem häufig erfolgreich angewendet.

Gymnastische Linien nach Wiener Art

Das Grundprinzip besteht darin, dass man immer 50 Prozent der alten Übung als Basis für die neue beibehält, was dem Pferd wie dem Reiter die Entwicklung von schwierigeren und weiterführenden Lektionen erleichtert.

Das zweite wichtige Prinzip dieser Vorgehensweise ist, dass man eine Lektion eine Gangart niedriger entwickelt, auch wenn man später in einer höheren Gangart oder in zwei höheren Gangarten reiten möchte. Das Pferd kann die körperlichen Abläufe im Schritt zum Beispiel einfacher entwickeln als im Trab und im Galopp. Hier kommen wir wieder auf das Beispiel des Tanzlehrers zurück, der die neuen Schrittfolgen sinnvollerweise zuerst langsamer erklärt und ausführen lässt. Zum anderen händelt auch der Mensch Lektionen wie die

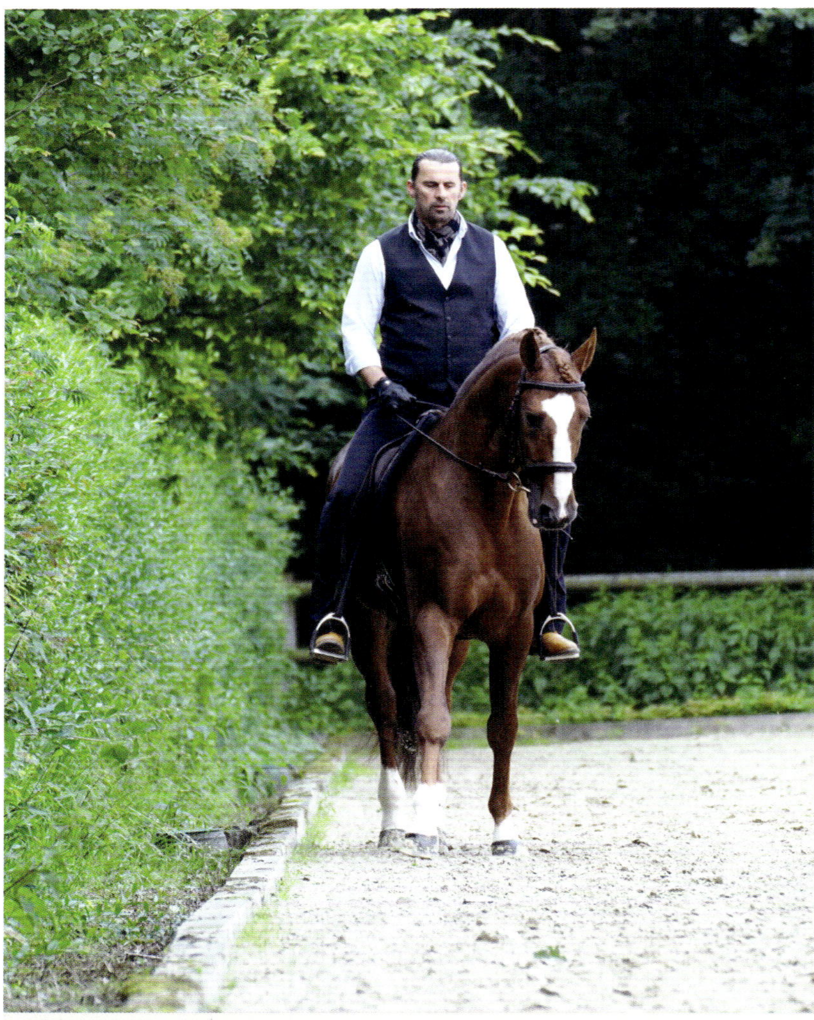

Schulterherein

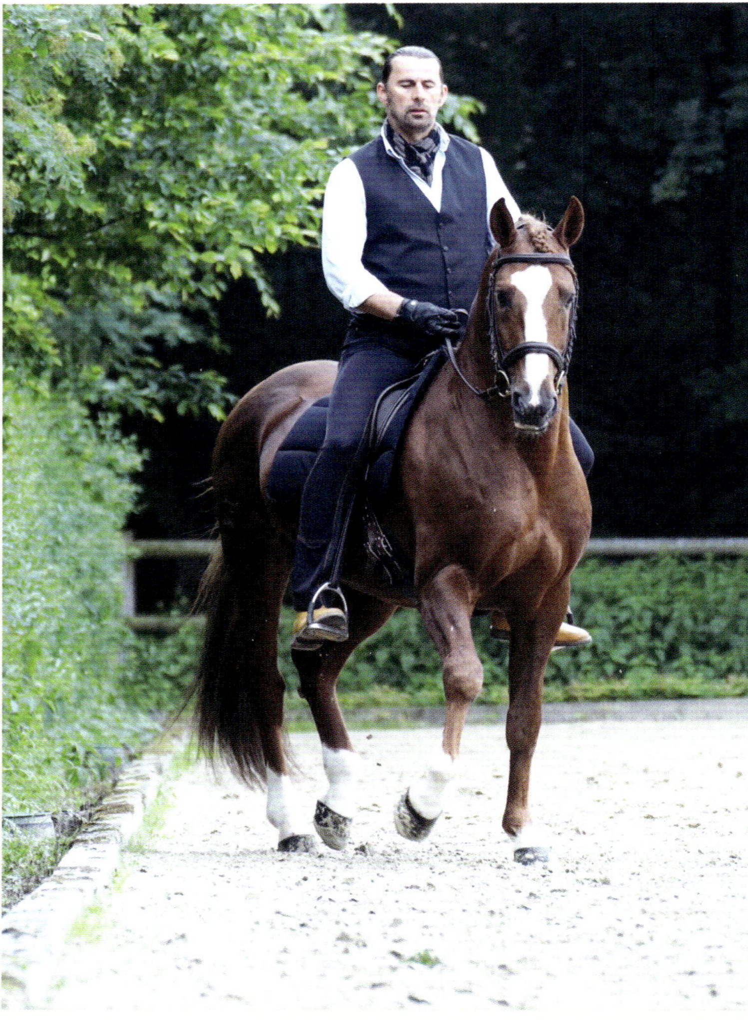

Renvers (Fotos: Leonie Bühlmann)

Galopppirouette leichter im Schritt und im Trab, da hier die konstante Anlehnung am Zügel leichter aufzubauen und zu erhalten ist als im Galopp. Für das Pferd ist die Entwicklung einer Trabpirouette um ein Vielfaches anstrengender als die Entwicklung einer Galopppirouette. Was zur Folge hat, dass sich das Pferd bei der Entwicklung der Trabpirouette durch Angaloppieren entziehen möchte. Auch dieses Prinzip ist hilfreich in der Entwicklung von Lektionen. Mit dem richtigen Konzept geht man in der Arbeit so vor, dass die gewünschte Lektion ein Produkt von dem ist, was man zuvor mit dem Pferd erarbeitet hat. Man wählt die Arbeitsschritte auf schwererem Weg bewusst klein. Es erhöht die Motivation und den Trainingseffekt auf den gesamten Körper und die Qualität der Abläufe im Pferd, wenn man Lektionen, die man später im Galopp absolvieren will, im Schritt und Trab entwickelt. Dort ist die Hilfengebung konstanter und leichter, macht aber zum späteren Galopp keinerlei Unterschied.

Abfolge: Wir beginnen zum Beispiel linke Hand im Schulterherein an der langen Seite. Mitte der langen Seite stellen wir vom Schulterherein ins Renvers um. Das Pferd kreuzt die Vorhand also von links nach rechts und ist links gebogen und gestellt im Schulterherein. Jetzt wechseln wir ins Renvers, die Kreuzung der Beine bleibt gleich, Biegung und Stellung ändern sich jedoch. Man braucht vom Schulterherein zum Renvers das Pferd eigentlich nur gerade und dann ein kleines bisschen weiter in die Rechtsbiegung zu stellen. Der Reiter selbst dreht weiter die linke Schulter zurück und wechselt dabei vom rechten äußeren Zügel zum linken als äußeren Zügel. Mit Arrêts am neuen äußeren Zügel wird die Kruppe daran gehindert, nach links ins Schulterherein zurückzuspringen, wobei das Pferd auch die Biegung und Stellung verlieren würde. Unterstützt wird die Zügelführung durch die Einwirkung der Schenkel. Der äußere Schenkel treibt passiv vorwärts und der jeweils innere sorgt für die Biegung.

Der zweite häufig gemachte Fehler ist, dass sich der Reiter die Biegung und Stellung zum Renvers nach rechts mit dem rechten Zügel holt und den Fokus auf dem linken Zügel vernachlässigt. Dann wird sich das Pferd mit Rechtsbiegung mit dem Kopf gegen die Wand drehen und mit der Kruppe in die Bahn hineingehen. Man könnte es als Konterschulterherein bezeichnen. Das ist übrigens auch der häufigste Fehler, der beim Training des Außengalopps gemacht wird. Die Urenergie ist nicht das Renvers, sondern durch das Ziehen am rechten Zügel das Konterschulterherein. Somit fällt das Pferd über die linke Schulter und kann nicht rechts angaloppieren. Noch schwieriger wird es, wenn der Reiter mit dieser Energie durch die Ecke reitet, dies ist meist das Ende jeden Versuchs von Außengalopp.

Im Renvers am Ende der langen Seite angekommen, dreht der Reiter die rechte Schulter zurück, treibt mit dem rechten Schenkel zum linken Zügel durch die linke Schulter hindurch, zum Konterschulterherein auf der kurzen Seite. Der Reiter ändert die Kreuzung der Beine und behält die Biegung des Pferdes bei.

Am Ende der kurzen Seite ändert der Reiter wieder die Biegung, behält die Kreuzung bei und stellt das Pferd so ins Travers auf die lange Seite. Die Biegung wird wieder mit dem neuen inneren Schenkel erarbeitet, die Kreuzung hingegen, also die Positionierung der Kruppe, mit dem neuen äußeren Zügel fixiert.

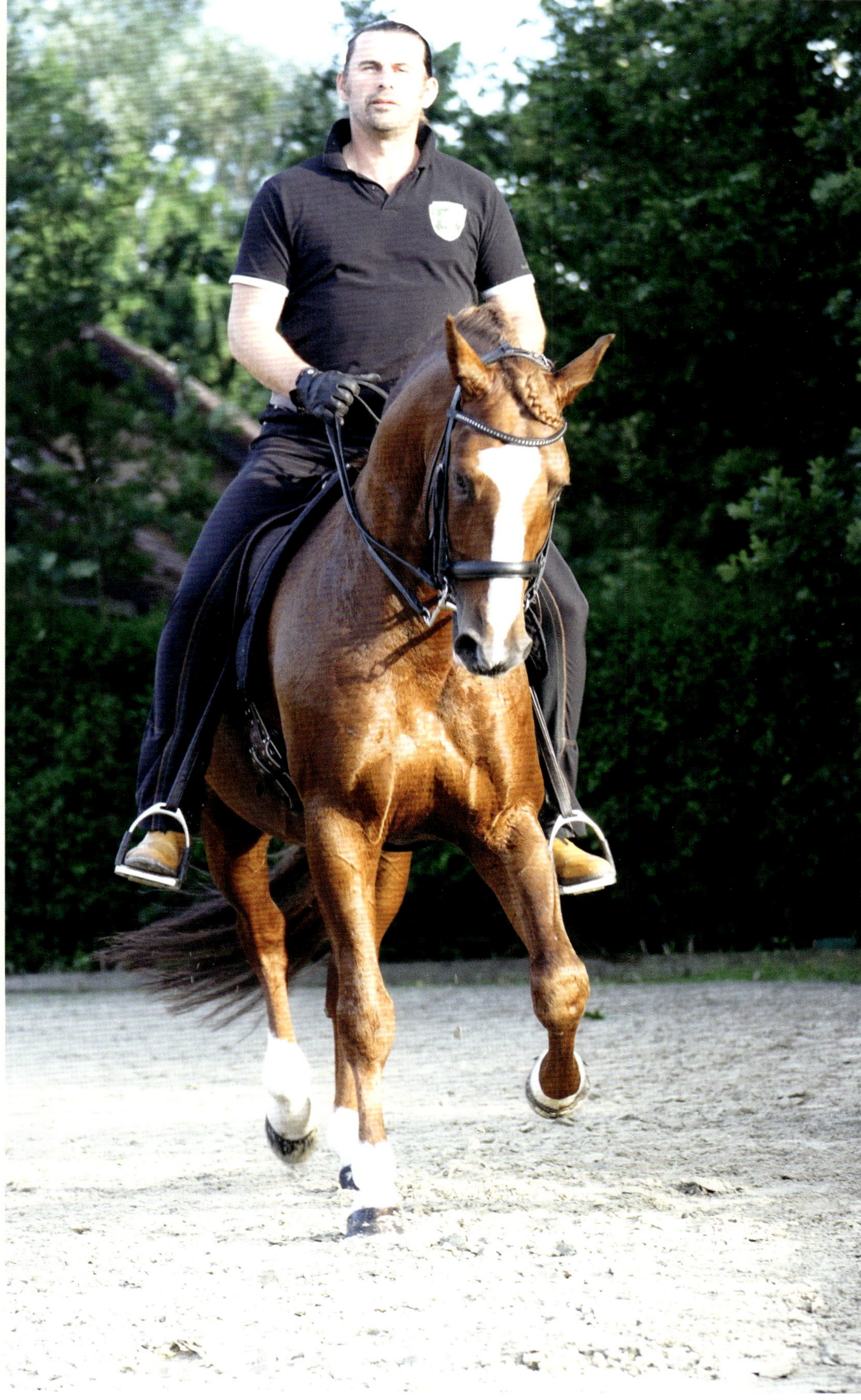

Beim Konterschulterherein stellt man das Pferd nach außen zur Wand und nicht wie beim Schulterherein in Richtung der Bahnmitte (Foto: Leonie Bühlmann)

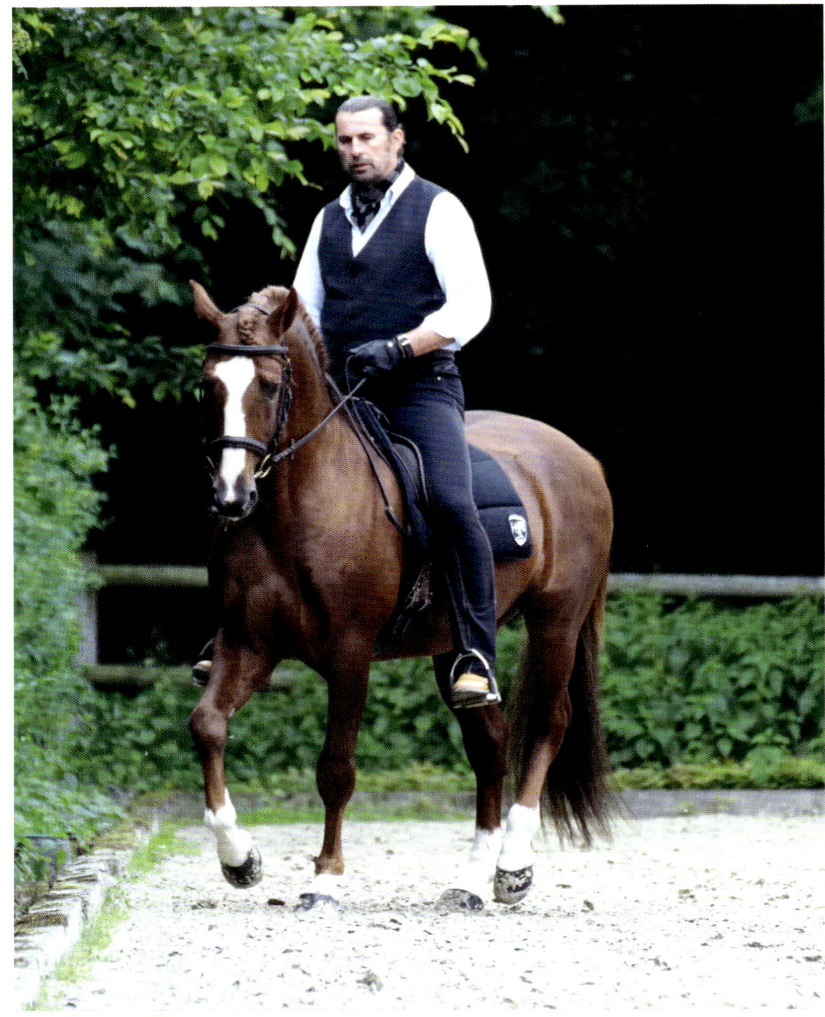

Travers

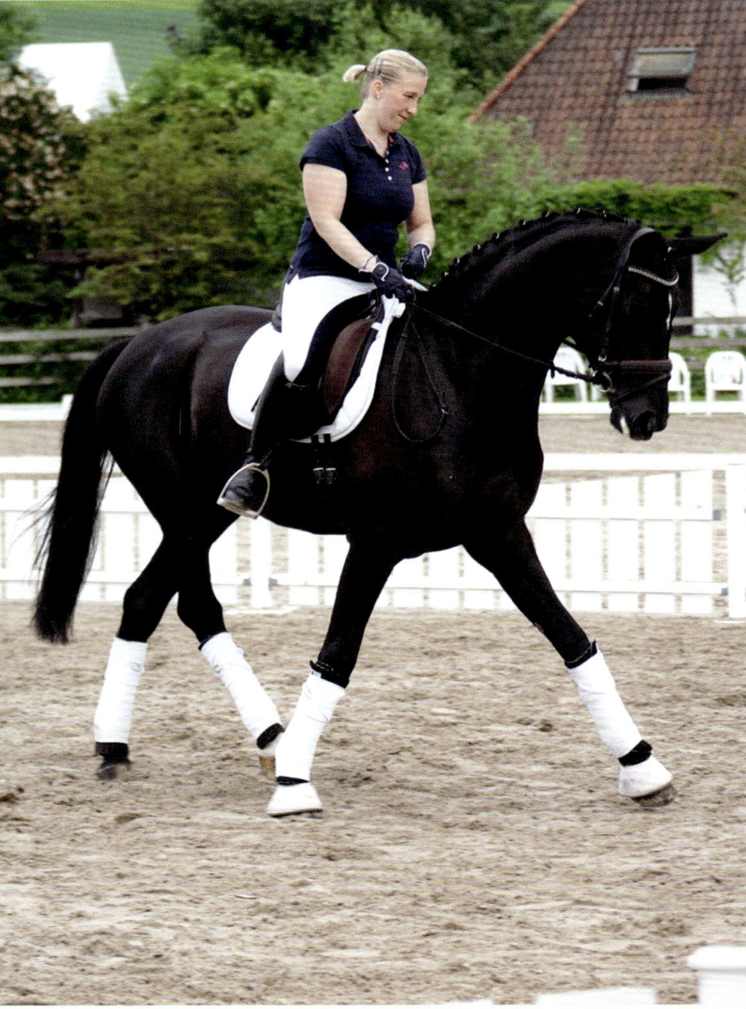

Halbe Volte im Travers, fünfjährige Hannoveranerstute. (Fotos: Leonie Bühlmann)

Am Ende der langen Seite reiten wir das Travers in gleicher Weise wie an der langen Seite, aber in einer halben Volte, und erhalten die Passade. Die Passade ist die große Schwester der Pirouette, man reitet sie mehr vorwärts auf einem größeren Radius und dabei fixiert man mit dem äußeren Zügel wieder die Hinterhand, sodass Travers auf einer gebogenen Linie entsteht. Diese Übung ist zum einen die Vorstufe zur Galopppirouette und zum anderen eine perfekte Vorübung, um das Pferd später anzupiaffieren. Denn wird die Übung im Trab geritten, muss sich das Pferd während der Wendung im Hinterbein enorm setzen und dabei viele kleine Tritte machen. Meistens ist schon daraus die spätere Dynamik der Hinterbeine in der Piaffe zu sehen.

In der Wiederholung der Passade macht man sie durch Arrêts am äußeren Zügel immer kleiner. Aus diesem Effekt wird das Pferd aus eigenem Antrieb eine Galopppirouette anbieten. Reiten Sie aber trotzdem weiter mehr Passaden im Trab, denn Sie trainieren die Hilfen und Abläufe für die Pirouette besser im Trab. Und zugleich verbessern Sie die Kadenz der Hinterbeine und trainieren das Pferd, sich besser setzen zu können. Also legen Sie auf diese Art und Weise – neben der Schaukel und den schon beschriebenen kleinen Tritten aus der Schaukel – mit der Passade im Trab alle wichtigen Fundamente für eine gute Piaffe und eine gute Pirouette.

Nun zum letzten Teil unserer Gymnastiklinien: Aus der Passade herauskommend reitet man eine parallele Linie zur langen Seite wieder im Renvers, steigert aber mit dem inneren Schenkel und dem äußeren Zügel das Renvers immer mehr, bis Hinterhand und Vorhand auf einer gleichen Linie zueinander im rechten Winkel zur langen Seite stehen. Und Sie können gerade aus der Lektion auf die lange Seite zureiten und die Hand wechseln, um die gleiche Lektionsabfolge auf der anderen Hand durchzuführen.

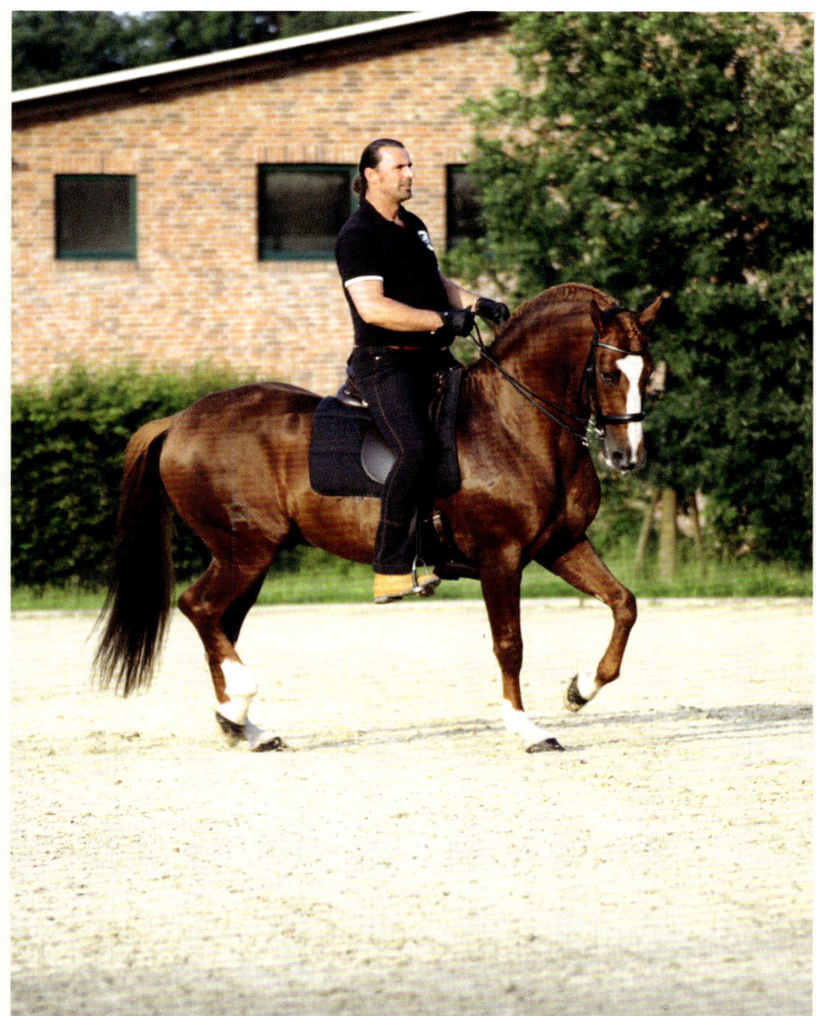

In der Passade ist in der Dynamik der Hinterbeine schon die Piaffe erkennbar.

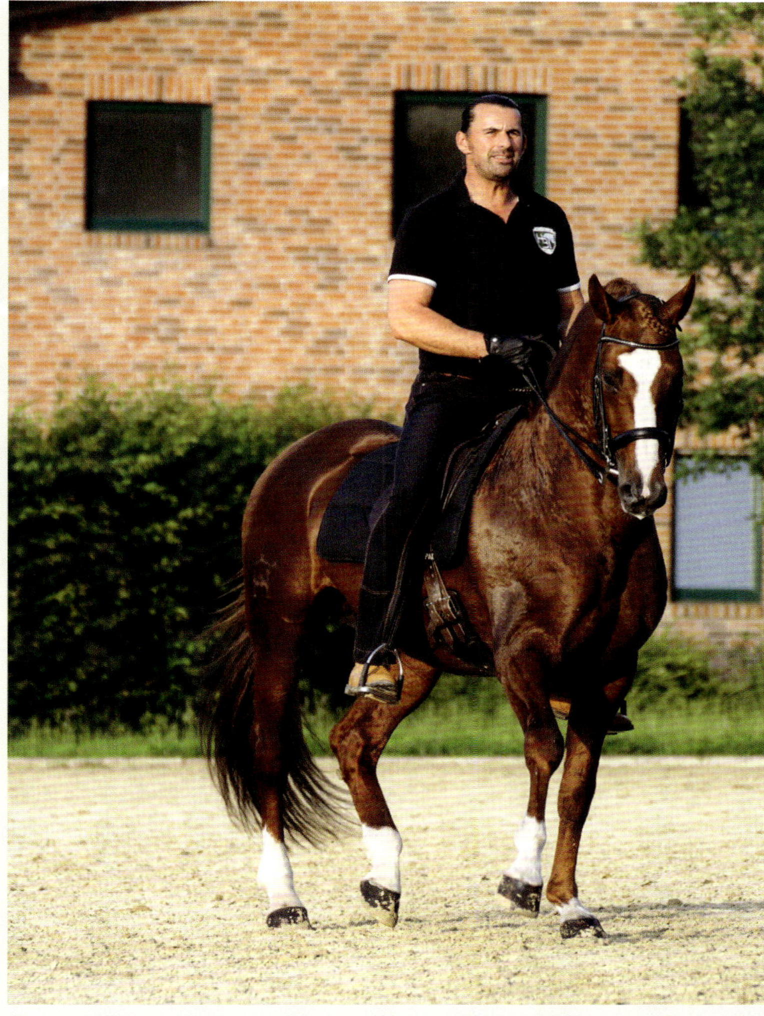

Renvers parallel zur langen Seite. (Fotos: Leonie Bühlmann)

Das Steigern eines Seitengangs – wie im Beispiel beschrieben – ist ein sehr wichtiger Prozess, den man immer wieder neu entwickeln und zelebrieren muss. Denn mit diesem Prozess steigert man in der Traversale die Hinterhand so auf Höhe der Vorhand, dass das Pferd mit Hinterhand und Vorhand gleichzeitig am Hufschlag ankommt.

An diesem Beispiel kann man gut erkennen, wie die Ausbildung deutlich erleichtert wird, wenn man die richtige Verwandtschaft der Lektionen zueinander nutzt. Mir ist es in meiner Arbeit immer wichtig, dass das Pferd in der Lage sein muss, die Dinge logisch zu verstehen. Aus dieser Logik ermögliche ich es dem Pferd, mit eigener Motivation die Aufgaben, die der Reiter ihm stellt, besser und effektiver umzusetzen und weiterzuentwickeln. Hat man es als Reiter geschafft, diesen Effekt in der Ausbildung für sich nutzen zu können – das Pferd arbeitet aus eigenen Stücken motiviert mit und entwickelt die Aufgaben weiter –, bekommt man oft neue Lektionen vom Pferd präsentiert, als Folge von nachvollziehbaren Trainingswegen.

Und nun wollen wir uns die weitere Verwandtschaft zwischen den einzelnen Lektionen und Übungen anschauen und wie das eine vom anderen profitieren kann.

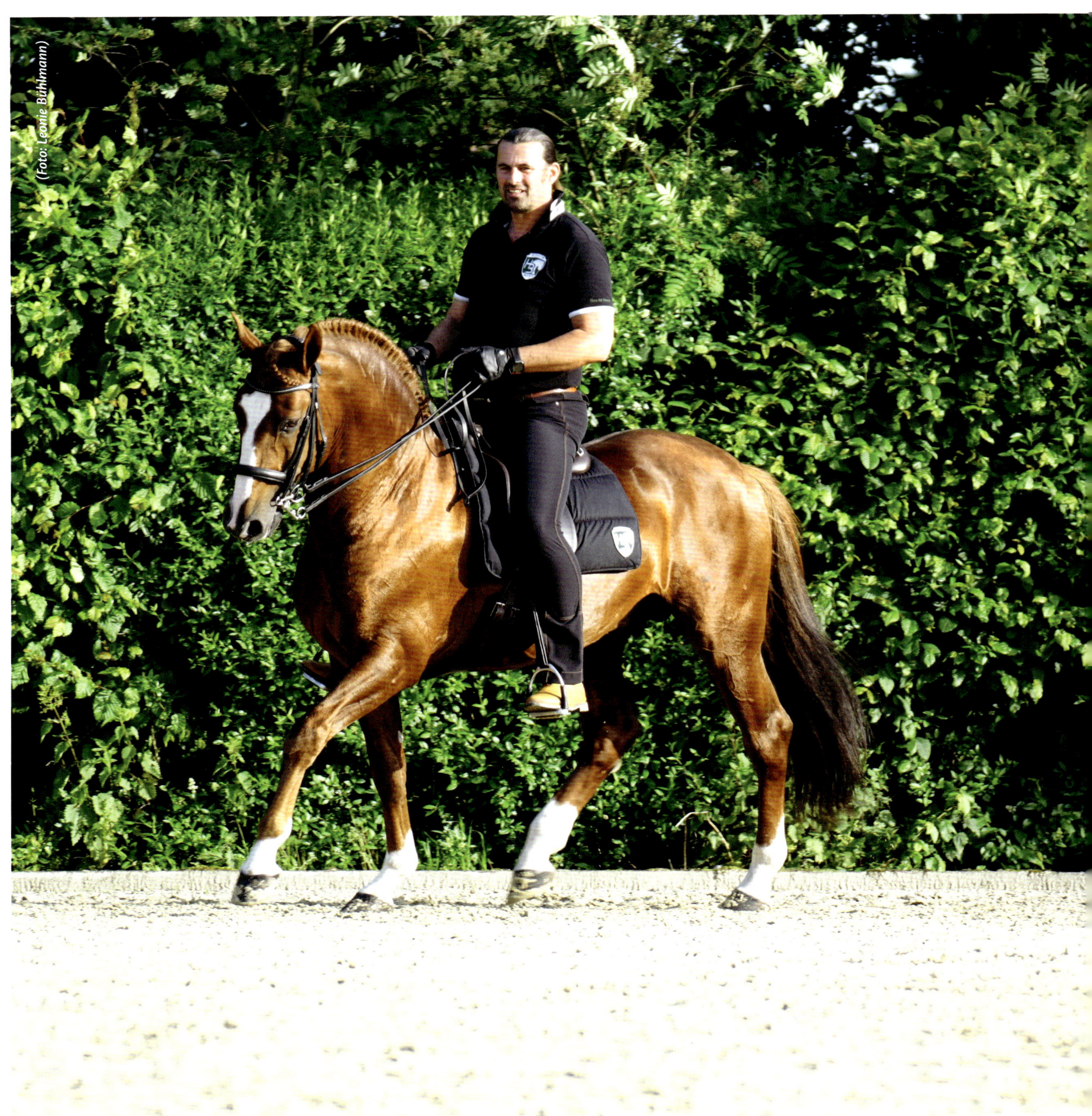
(Foto: Leonie Bühlmann)

Die Zirkelarbeit

iese Arbeit umfasst das Geraderichten auf gebogener Linie und das Biegen auf gerader Linie am äußeren Zügel nach vorn. Das Steuerrad des Pferdes ist nicht die Nase, sondern die Schultern.

Zuerst die biegenden und gerade richtenden Übungen und Lektionen: Die Plattform zur Entwicklung von Seitengängen sind die Volte und der Zirkel und nicht der erste Hufschlag. Um die Biegung eines Pferdes zu verbessern, kombiniert man Volten mit dem Schulterherein – am besten auf geraden Linien, ganzer Bahn, zweitem Hufschlag.

Der erste Hufschlag ist nicht dein Freund!

Man kann ein Pferd nicht gerade richten, indem man es geradeaus reitet. Und noch weniger, indem man es auf dem ersten Hufschlag reitet. Auf dem ersten Hufschlag lehnt sich das Pferd in der Regel an der Wand an und läuft weder im eigenen Gleichgewicht noch an den Hilfen des Reiters.

In der Reiterei liebe ich Übungen, die einen Selbstkontrolleffekt haben. Schlangenlinien durch die ganze Bahn haben genau diesen Effekt, sofern man die Schlangenlinien durch die ganze Bahn nur aus Geraden und Volten entwickelt. Reiter neigen dazu, den Zügel als Lenkung zu sehen und ihn auch so zu benutzen. Tut man dies in Schlangenlinien durch die ganze Bahn, so driftet das Pferd jeweils beim Abwenden von der einen langen Seite zur anderen über die Schulter, da die äußere Führung verloren gegangen ist. Das Pferd sollte sich nicht wie eine Billardkugel von Wand zu Wand bewegen. Die äußere Führung ist genau das Werkzeug, was das Pferd gerade richtet und es auf der Linie sichert.

Wir beginnen mit der kurzen Seite auf der linken Hand. Wir reiten das Pferd mit dem rechten Zügel und dem linken Schenkel. Am Ende der kurzen Seite legen wir eine Volte an, indem wir die äußere Schulter nach vorn

„Biegen auf gerader Linie, gerade richten auf gebogener Linie! So verliert das Pferd beim Biegen seine Balance nicht."

drehen und darauf achten, dass das Pferd vor uns gerade bleibt und nicht am inneren Zügel überbogen ist. So reitet man durch die halbe Volte auf die nächste Gerade. Auf der Mittellinie A–C beginnt man nun, mit dem rechten Zügel und dem linken Schenkel gerade weiterzureiten – bis zum Erreichen des Hufschlags der anderen langen Seite. Durch den Wechsel von Zügel- und Schenkeleinwirkung ist das Pferd schon auf die Rechtsbiegung eingestellt, bevor sie ausgeführt wird. Beim Erreichen des Hufschlags dreht man die linke Schulter nach vorn und reitet am rechten Schenkel und am linken Zügel durch die nächste halbe Volte und richtet dann in der Volte wieder gerade für die nächste Gerade bis zur Linie A–C, wo man weiter den Schenkel und Zügel wechselt. So arbeitet man sich durchs gesamte Viereck.

Kann man die Übungen im Schritt kontrollieren und gleichmäßig gerade gerichtet durch die Wendungen reiten, beginnt man die Übungen im Trab. Gelingt die Übung im Trab, ist die nächste effektive Steigerung, die halben Volten zu galoppieren, auf den Geraden zwischen den langen Seiten zum Trab durchzuparieren und in der nächsten Volte wieder anzugaloppieren. Gelingt auch das, wäre die Steigerung, aus den halben Volten – also aus den Wendungen – halbe Galopppirouetten zu machen und den Versammlungseffekt der Pirouetten auf der Linie A–C für einen sauberen fliegenden Wechsel zu entwickeln. Oder man nutzt den daraus entstehenden Gehorsam durch die Übergänge zwischen Trab und Galopp für einen einfachen Wechsel.

Schlangenlinien

Schlangenlinien durch die ganze Bahn im Schritt und Trab helfen auch Pferden, die sich schlecht konzentrieren. Durch die immer wieder wechselnde Biegung, der Wechsel der Einwirkung der Hilfen in der ruhigen Energie der fließenden Bewegung, holt man sich das Pferd immer wieder in die Konzentration.

Immer nach der Regel: Biegen auf gerader Linie, gerade richten auf gebogener Linie! So verliert das Pferd beim Biegen nicht seine Balance.

Die effektivste Art, das Pferd gerade zu richten, ist es, auf dem Zirkel zu arbeiten, gerade gerichtet am äußeren Zügel. Um den Effekt noch zu verbessern, das Pferd zu schließen und im Rücken anzuheben, baut man auf dem Zirkel Übertreten ein. Im Gegensatz zum Schulterherein ist das Pferd dabei gerade gerichtet und besitzt nur eine leichte, fast unmerkliche Biegung und Stellung. Das Arbeiten über die diagonalen Linien, also das jeweilige innere Hinterbein zum gegenüberliegenden Vorderbein, bringt den Effekt. Nur wenn man ein Pferd zu beiden Seiten gleichmäßig biegen kann, kann man es auch effektiv gerade richten. Das Geheimnis am Geraderichten auf dem Zirkel ist, dass das Pferd immer nur in eine Richtung ausweichen kann, nämlich nach innen, und dass dies mit dem inneren Schenkel gegen den äußeren Zügel gut zu kontrollieren ist. Grundsätzlich lenkt man nicht gegen, um das Pferd zu korrigieren, wenn es schief wird, sondern man treibt immer wieder gerade zur Hand. Versucht man gegenzulenken, passiert es meist, dass das Pferd zur anderen Seite ausweicht.

Ein häufiger Reiterfehler, der sich beim Reiten auf dem ersten Hufschlag nicht so zeigt, ist, am inneren Zügel zu reiten. Das hat zur Folge, dass das Pferd durch das Fehlen der äußeren Hilfen auf dem Zirkel nach außen driftet.

Übertreten auf dem Zirkel

Aus der Kombination Zirkelarbeit, Schulterherein und Volte in Verbindung mit dem Übertreten auf dem Zirkel eröffne ich dem Pferd eine neue Dimension der Bewegung. Es ist für mich immer wieder überraschend, wie viele Pferde, die schon viele Jahre unter dem Sattel gearbeitet werden, Mühe mit dem Übertreten haben. Ihnen fehlt die Dimension, über die Diagonalen seitwärtszuarbeiten, total. Mit der Einführung dieser Übung öffnet sich ein völlig neuer Horizont, und es ist schön zu beobachten, wie sich die Pferde verändern.

Das Pferd ist im Bogen der Schlangenlinie gerade gestellt und geht am äußeren Zügel entlang. (Foto: Leonie Bühlmann)

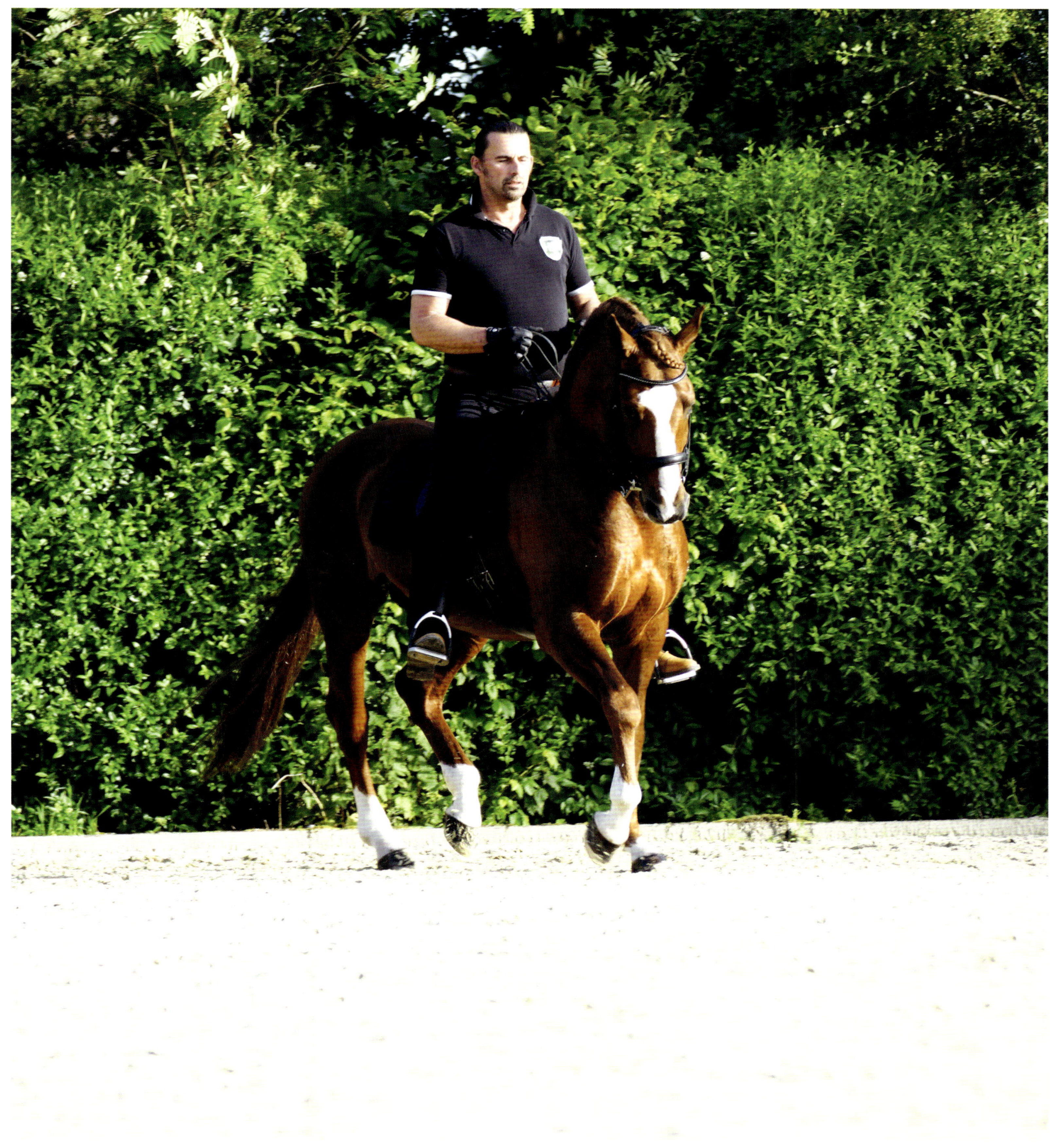

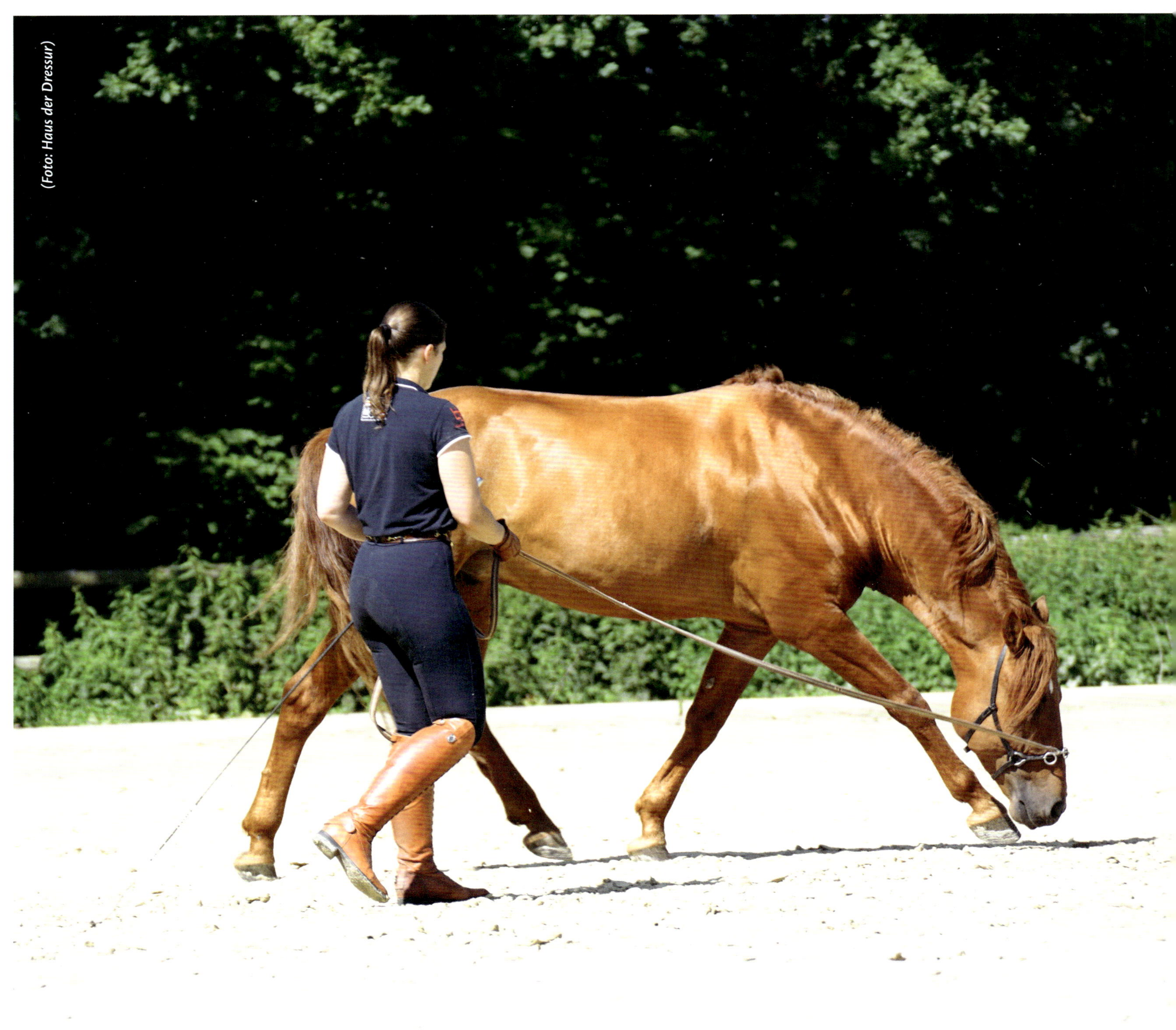
(Foto: Haus der Dressur)

Trainingsleitfäden

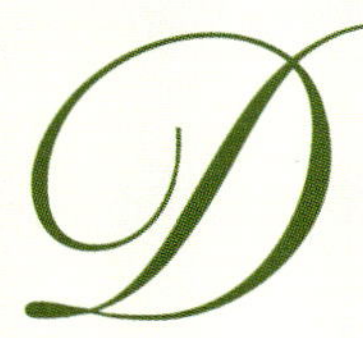

iese Leitfäden geben Anregungen für das Training sowohl unter dem Sattel als auch an der Longe, Doppellonge und an der Hand.

Für Lockerheit, Anlehnung und Takt

Für mich ist der Einstieg in die Reitstunde, also das Warmreiten, der wichtigste Schritt, der über Erfolg oder Misserfolg der Trainingseinheit entscheidet.

Mein erstes Ziel ist, das Pferd körperlich wie geistig auf die Arbeit einzustimmen und

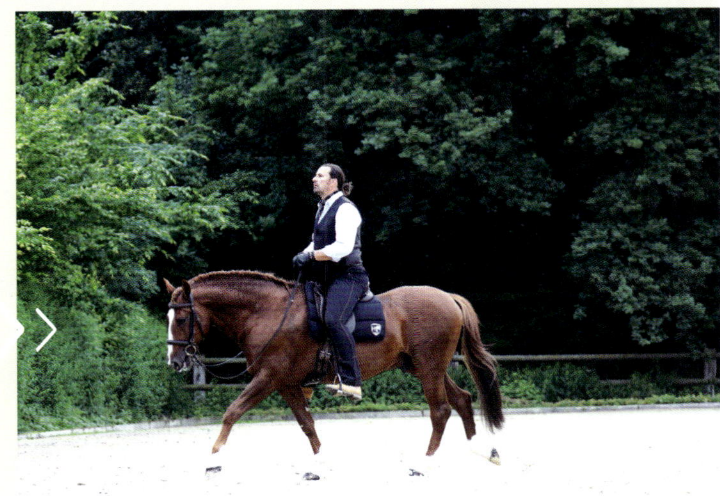

Im Schritt am langen Zügel können sich Pferd und Reiter auf das bevorstehende Training einstimmen. (Foto: Leonie Bühlmann)

dabei so wenig Energie wie möglich zu verschwenden. In der Bodenarbeit ist die Rückenschule, die in diesem Buch schon ausführlich beschrieben wurde, die ideale Variante, das Pferd einerseits zu lösen, zu lockern und in eine taktmäßig positive Arbeit zu bringen.

Unter dem Sattel beginnt man im Schritt am langen Zügel, sofern das Pferd nicht wegrennt, sondern ein einigermaßen annehmbares Tempo geht.

Nach 10 bis 15 Minuten beginnt man auf der hohlen Seite des Pferdes, also da, wo es sich im Schritt und im Trab besser anfühlt und leichter biegt, langsam den Zügel aufzunehmen. Je mehr man den Zügel aufnimmt, desto mehr treibt man mit dem Bein gegen die Hand und nimmt dadurch das Tempo etwas zurück. Nach Möglichkeit geschieht das systematisch und konsequent, bis zu einem Tempo, in dem wir alle vier Beine des Pferdes und die Pausen zwischen den einzelnen Tritten gleichmäßig spüren – also bis man in der Lage ist, einen gleichmäßigen, fühlbaren Viertakt im Schritt zu reiten. In diesem Tempo werden wir merken, dass das Pferd weich im Genick wird, zu kauen beginnt und den Rücken loslässt.

Sollte das Pferd anfangen, dagegen anzukämpfen, nervig zu werden und sich zu spannen, arbeitet man es etwas schulterhereinartig auf dem Zirkel, sodass sich die überschüssige Energie durch einen leichten Seitwärtsdrift über die etwas geöffnete äußere Schulter entladen kann.

Bleibt das Pferd gelassen, beginnen wir – wie im Vorbild am Boden in der Rückenschule –, die Hinterhand auf dem Zirkel etwas nach außen zu arbeiten, achten aber darauf, dass das Pferd in sich gerade, nur mit leichter Stellung nach innen diese Übung ausführt. Anfangs arbeiten wir mit wenig Abstellung im Verhältnis der Hinterhand zur Vorhand, um mit etwas Rotation im Rücken das Pferd weiter zu lösen, und steigern die Abstellung im Zuge der Arbeit immer mehr bis auf 70 bis 80 Grad zur Zirkellinie. So bringen wir die tiefe Rumpf- und Bauchmuskulatur zum Einsatz, die durch die vorausgehende Lockerung des Rückens jetzt in der Lage ist, diesen zu heben. Dann beginnt das Pferd, sich zu schließen. Reiten Sie diese Übung aber nach dem in diesem Buch viel beschriebenen System: vom Bein zur Hand treibend. Achten Sie darauf, dass ihr Seitwärtsgehen nicht dadurch ausgelöst wird, dass Sie am inneren Zügel ziehen, um das Pferd zurückzuhalten, sondern dass Sie das Pferd vom Bein zu beiden Zügeln treiben, Ihre innere Schulter zurückdrehen und das Übertreten mit kleinen Arrêts am äußeren Zügel steigern.

Sollte das Pferd sich spannen, gegen den inneren Schenkel drücken und Ihr seitwärtswirkendes Aufnehmen nicht annehmen, dann halten Sie das Pferd an, treiben gleich darauf die Hinterhand einen halben Tritt nach außen und entlassen es so weit wie möglich vorwärts-seitwärts. Verlieren Sie die Seitwärtstendenz, halten Sie wieder an und treiben die Hinterhand erneut ein bis zwei Tritte zur Seite. Dies wiederholen Sie so lange, bis Sie Ihr Pferd schon beim Aufnehmen zum Anhalten ein, zwei Tritte zur Seite treiben können. Dann wiederholen Sie in Abständen von 3 bis 4 Metern dieses Prinzip des Aufnehmens und Zur-Seite-Treibens immer wieder, bis Sie am Ende in der gewünschten Ruhe und im Fluss seitwärts auf dem Zirkel arbeiten können.

Diese Übung macht man zuerst im Schritt. Später lässt sich das Übertreten im Schritt durch leichtes Touchieren mit der Gerte auch immer wieder in zwei bis drei kleine Tritte in den Trab steigern. Durch dieses wiederholte Antraben im Seitwärtsübertreten entwickelt das Pferd mehr Kadenz und findet leichter zu einem schwingenden, gut unterfußenden Hinterbein. Der daraus entstehende Trab, mit schöner, ruhig schwingender Kadenz, lässt sich immer wieder geradeaus aus dem Zirkel heraus auf die ganze Bahn reiten.

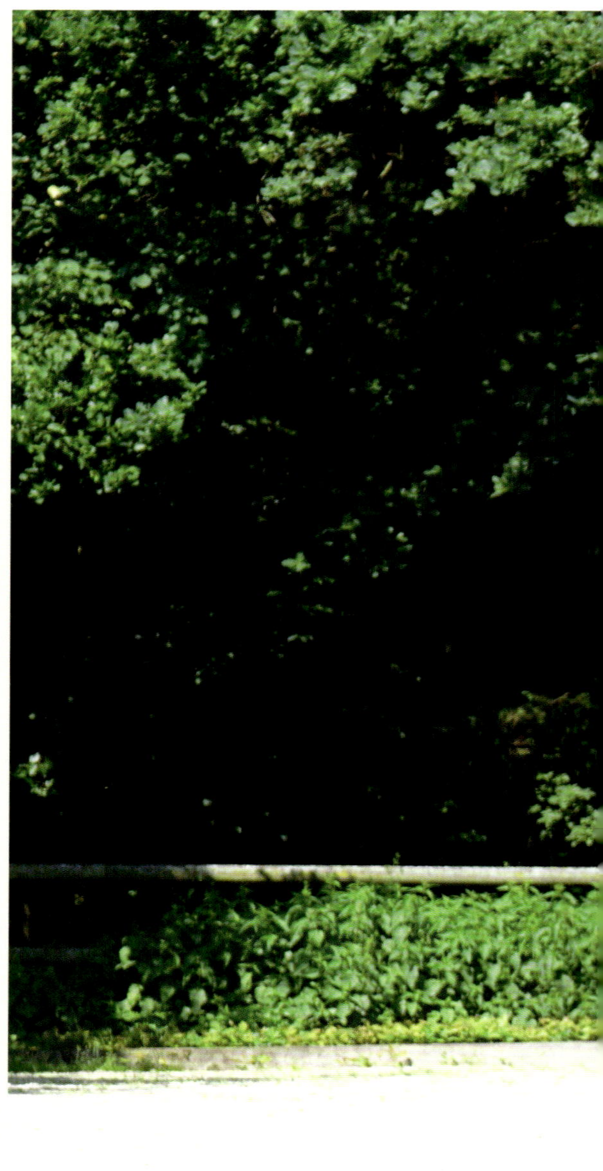

Übertreten im Schritt (Foto: Leonie Bühlmann)

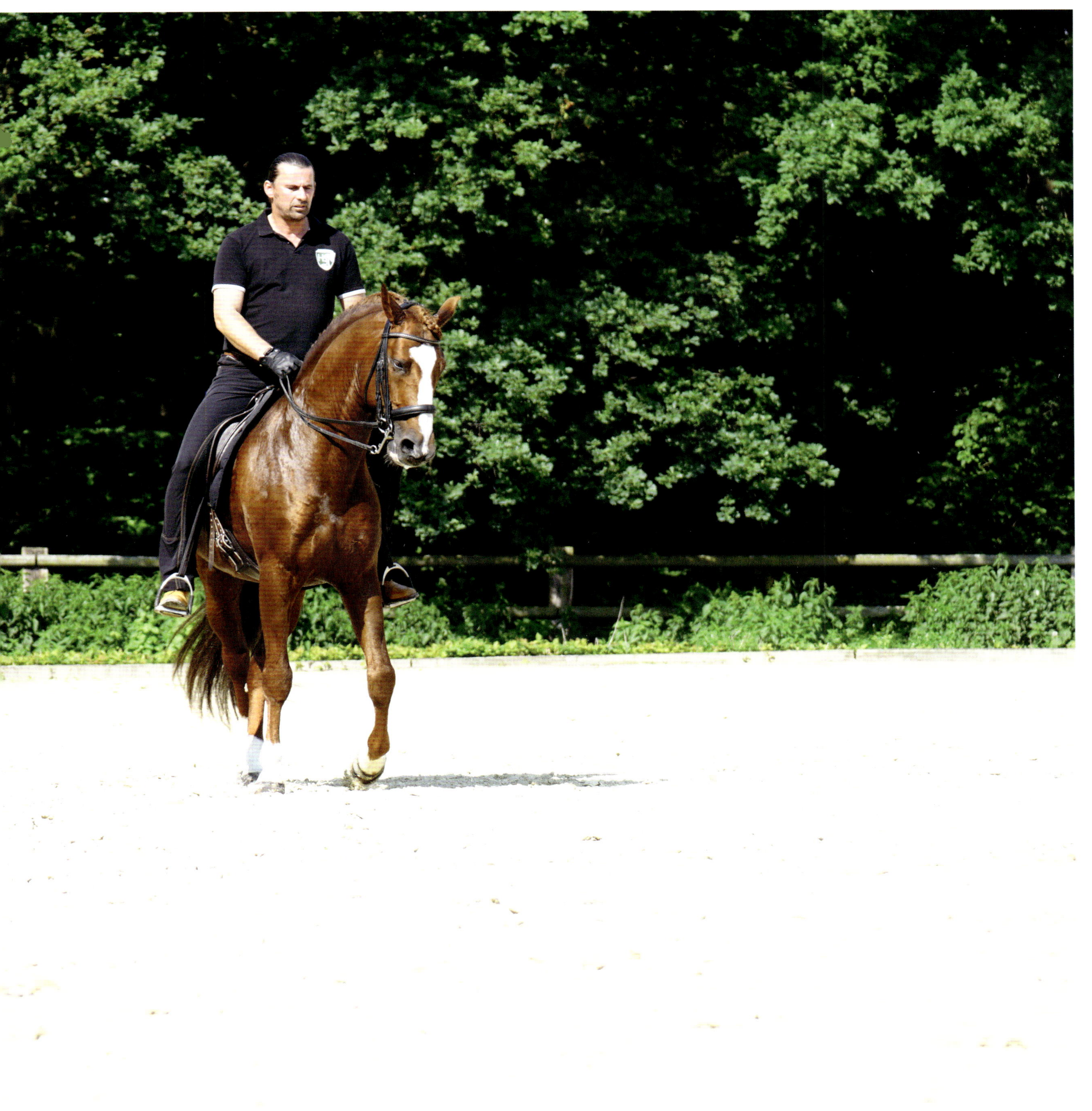

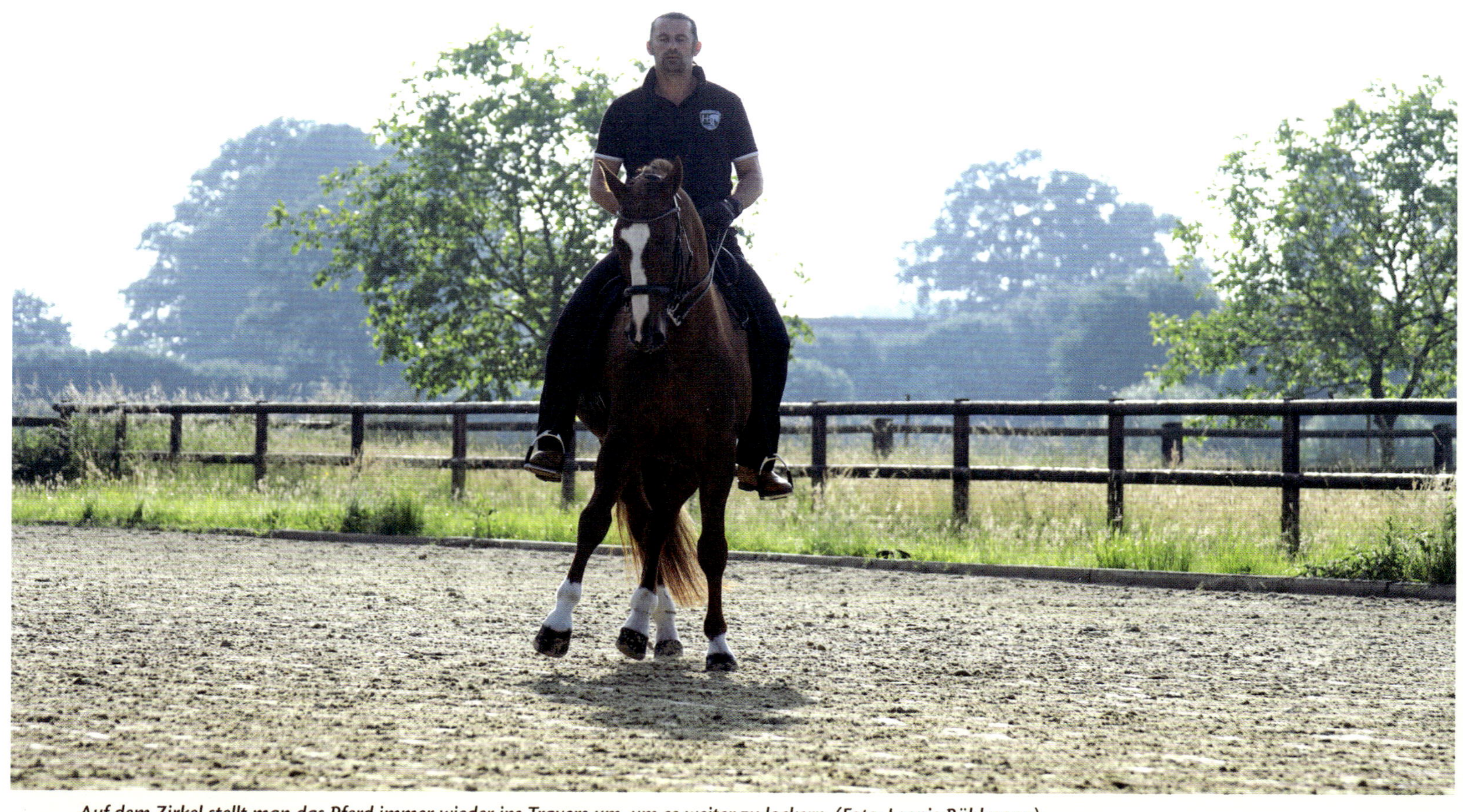

Auf dem Zirkel stellt man das Pferd immer wieder ins Travers um, um es weiter zu lockern. (Foto: Leonie Bühlmann)

„Kraft, Beweglichkeit und das Wichtigste: eine starke Bauchmuskulatur und somit ein starker Rücken."

Jetzt ist die Basis geschaffen für ein leichtes, lockeres Angaloppieren mit Arrêt am äußeren Zügel. Im gleichen Prinzip, wie man vom Schritt seitwärts in den Trab seitwärts fragt, mit der gleichen Geduld und der gleichen Konsequenz, was Takt und Tempo angeht, lässt man das Pferd jetzt immer wieder zwei bis drei Galoppsprünge anspringen. Nach dem Galopp holt man es in den runden, lockeren, ruhigen Trab zurück.

Dann beginnt man, im Schritt und Trab Schlangenlinien durch die ganze Bahn zu reiten, in denen man dann später zum Beispiel auch das Übertreten in die Wendungen zwischen den Geraden einbauen kann, um den gewonnenen Takt weiter zu zelebrieren und zu festigen.

Und natürlich können Sie dann auch alle weiteren Hufschlagfiguren, sowie zur Steigerung der reellen Biegung immer wieder ein kleines Schulterherein, auf dem zweiten Hufschlag reiten.

In der dem Reiten vorgeschalteten Bodenarbeit, im Reittraining begleitend zur Bodenarbeit, in der Rückenschule, und in der Doppellongenarbeit haben wir schon Kraft und Ausdauer aufgebaut und damit einen guten Einstieg in die Reitstunde gefunden. Nachdem wir durch diese lösende und lockernde Arbeit unter dem Sattel ein losgelassenes und lockeres Pferd haben, steht der nächste Fokus auf dem weiteren Aufbau von Kraft sowie auf verbesserter Beweglichkeit. Diese beiden Punkte gehören zusammen und sind nur schwer voneinander zu trennen: Im weiteren Krafttraining geht es nicht nur darum, dass wir jetzt immer wieder längere Reprisen in einem leicht versammelten, lockeren, ruhigen Cantergalopp galoppieren, sondern aus dem Übertreten im Schritt und Trab das Travers auf dem Zirkel

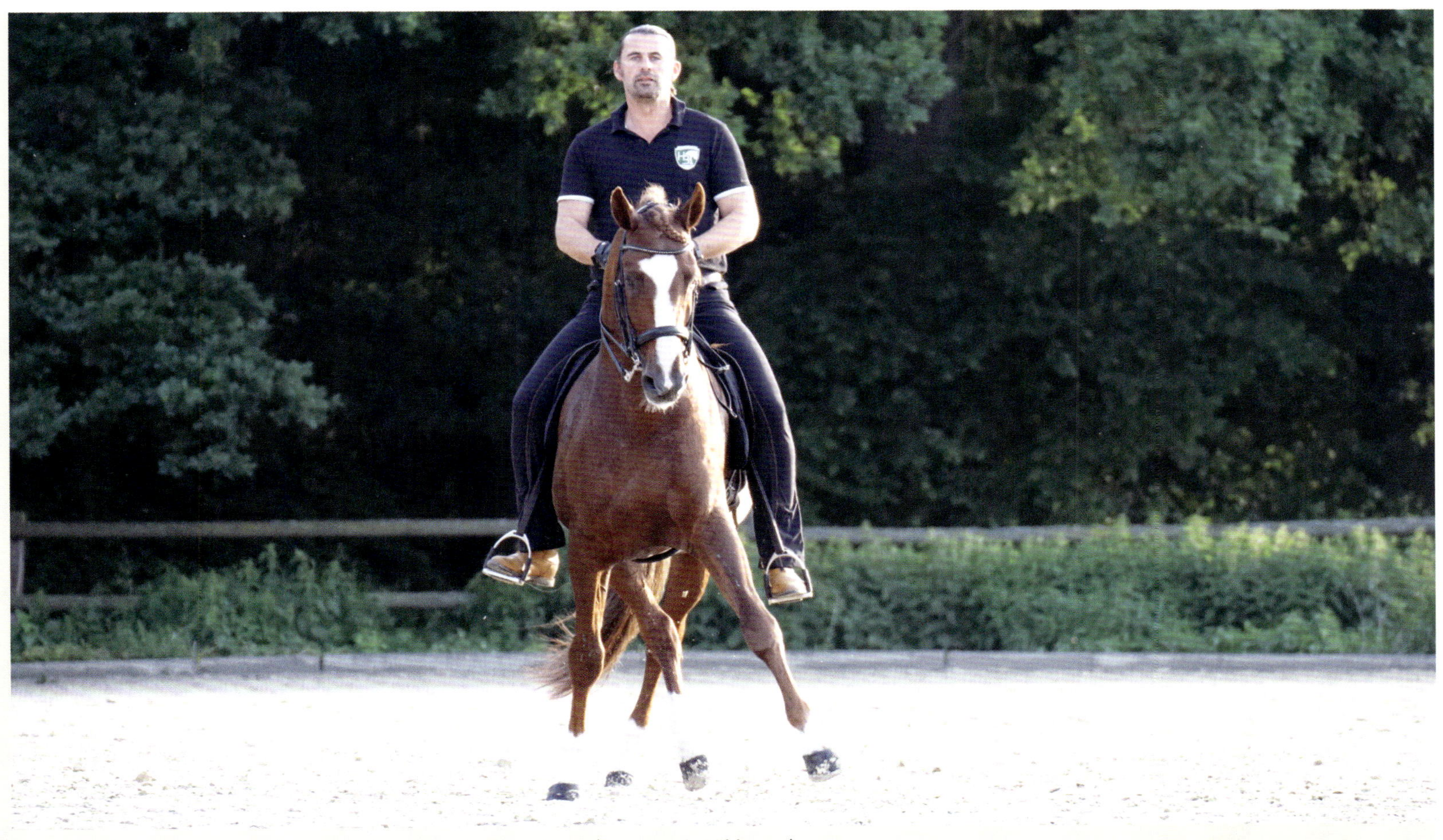

Wenn das Pferd in Bewegungsrichtung geht, kann man in dieser sitzen. (Foto: Leonie Bühlmann)

entwickeln. Das ist für das Pferd eine leichte Übung, wenn es ausgiebig und konsequent durch Übertreten auf dem Zirkel vorgebildet und trainiert ist. Denn das Travers ist eher die erleichterte Gegenübung zum Übertreten, also die entlastende Übung, in die das Pferd von allein sowieso gern gehen würde.

Man beobachtet immer wieder, dass ein Reiter sein Pferd korrekt auf dem Zirkel aufnimmt, das Pferd die Energie aber lieber in das Travers ableiten würde als in das Übertreten und somit die Hinterhand nach innen aus der Kraftlinie nimmt.

Also beginnen wir unsere Arbeit nach dem Lösen und Lockern, indem wir das Pferd im Schritt auf dem Zirkel immer wieder ins Travers umstellen. Lassen Sie das Pferd einige Tritte gehen, und zwar so lange, wie es das Travers, locker und korrekt gestellt, mit leichter Seitwärtstendenz halten kann. Dann treiben Sie das Pferd wieder vorwärts, nehmen die innere Schulter zurück, fangen es wieder über den äußeren Zügel ab und geleiten es so wieder zurück ins Übertreten. Diese Übung muss ganz spielerisch und fließend aussehen. Der Takt und das Vorwärts sollen gleichmäßig erhalten bleiben und, wenn wir wieder langsamer werden, weder zappelig noch hektisch in seiner Schrittfolge sein.

Gelingt diese Übung auf dem Zirkel im Schritt entspannt und fehlerlos, beginnen wir das gleiche Thema im Trab. Am besten ist es, leicht zu traben, so den Takt und die Geschwindigkeit vorzugeben und das Pferd dann immer wieder ruhig und fließend vom Übertreten ins Travers und wieder zurückzu führen. Das machen wir in derselben ruhigen, gleichmäßigen Energie, in der wir auch im Schritt gearbeitet haben. Spätestens bei dieser Übung im Trab spüren wir das Prinzip eines tanzenden Pferdes, das leicht und locker, gut balanciert in sich hineinhörend, konzentriert und gern mitarbeitet. Macht man die Reprisen nicht zu lange und wechselt mit ruhiger Energie, dann wird man nach kürzester Zeit feststellen, dass das Pferd dem Reiter motiviert etwas vorausgreift. Man sollte es dafür nicht strafen, sondern das freudig zur Kenntnis nehmen und klarer und konsequenter auf seine Hilfengebung achten. Als Reiter freue ich mich darüber, wenn das Pferd anfängt, seine Energie in die Lektion zu legen, schon aus meinen Gedanken erkennt, wo die Reise hingehen soll, und etwas vor meiner eigentlichen Hilfe bereits prompt an der Lektion arbeitet. Jetzt habe ich im Schritt und Trab alle Grundlagen erarbeitet: Seitengänge, das Übertreten und das Schulterherein. Und ich bin in der Lage, im Schritt und Trab vom Zirkel auf die ganze Bahn zu gehen und mit diesen Seitengängen so zu spielen, dass man zum Beispiel vom Zirkel auf die lange Seite das Travers verlängert, im Schulterherein über die kurze Seite geht und dann über die Diagonale eine Traversale anlegt.

Die alten Meister schreiben, dass das Pferd uns den Galopp schenkt, wenn man die Seitengänge im Schritt und Trab absolviert hat. Und im Grunde meines Herzens glaube ich an diese Aussage und bestätige sie. Aber ich denke, dass es einen großen Unterschied in der Fitness und im Training des Körpers eines Pferdes gibt zwischen der Renaissance, dem Barock und der heutigen Zeit. Man hat damals die Pferde sehr früh anpiaffiert, früh versammelt und zusammengestellt, und das bereits schon am Boden, ohne dass ein Reiter den Pferdekörper belastet hat. Dies ergibt eine viel bessere Grundmuskulatur, eine viel bessere Versammlungsfähigkeit und eine größere Balance. In der heutigen Zeit diskutiere ich mit dem Pferdebesitzer eines Trainingspferdes um jede Woche, die ich das Pferd länger longieren und länger auf das vorbereiten möchte, was ich dann unter dem Sattel verlangen und entwickeln möchte.

Für viele Pferdebesitzer ist das Wort Beritt gleichbedeutend mit Reiten. Und ich bin mir sicher, dass viele gute Profireiter die Pferde ihrer Kunden einfach reiten. Zum einen, weil sie lieber reiten als longieren, und zum anderen, um der Diskussion mit dem Kunden aus dem Weg zu gehen. Beobachtet man sie beim Training und bei der Ausbildung ihres eigenen Pferdes, ist die Longenarbeit oft ein weit größerer Teil der Ausbildung und begleitet auch die Zeit des Trainings unter dem Sattel immer wieder. Haben Sie sich schon mal gefragt, warum der Anteil der Schlaufzügelreiter immer noch so groß ist? Ich bin der Meinung, dass die fehlende Grundgymnastizierung des Pferdes, die mangelhafte Longenarbeit als Vorbereitung für die Arbeit unter dem Sattel und das mangelhafte Krafttraining am Boden mit den Pferden die Gründe dafür sind. Denn warum hebt sich ein Pferd aus der Zügelanlehnung? Das passiert, wenn es den Hals als Balancierstange benutzen muss, um sich auszubalancieren, oder weil es zu wenig Kraft hat, den Rücken nicht oben behalten und die Hinterhand nicht unter den Schwerpunkt schieben kann. Ein Pferd will seinen Reiter nicht ärgern. Wäre es so intelligent, würde es uns Reiter vielleicht nicht geben.

Ich kann es nur immer wiederholen: Geben Sie Ihrem Pferd genügend Zeit, die nötige Kraft und Balance richtig aufzubauen, und geben Sie auch Ihrem Bereiter, dem Sie das Pferd ins Training gegeben haben, genügend Zeit, um genau diese Arbeit zu tun. Die Basisarbeit ist die allerwichtigste. Wenn das Pferd genügend Kraft und Ausdauer hat, profitieren Sie am meisten davon. Denn es versetzt Sie in die Lage, komfortabel, harmonisch und locker anspruchsvolle Dressurarbeit zu machen und zu genießen.

Die Verstärkung der Gänge

Nun kommen wir zu einem Punkt in der Ausbildung des Pferdes, der meist viel zu früh positioniert wird: das Entwickeln von Verstärkungen. Früher hat man gesagt: Um auf dem Turnier eine L-Dressur starten zu können, muss man zu Hause eine M-Dressur reiten können.

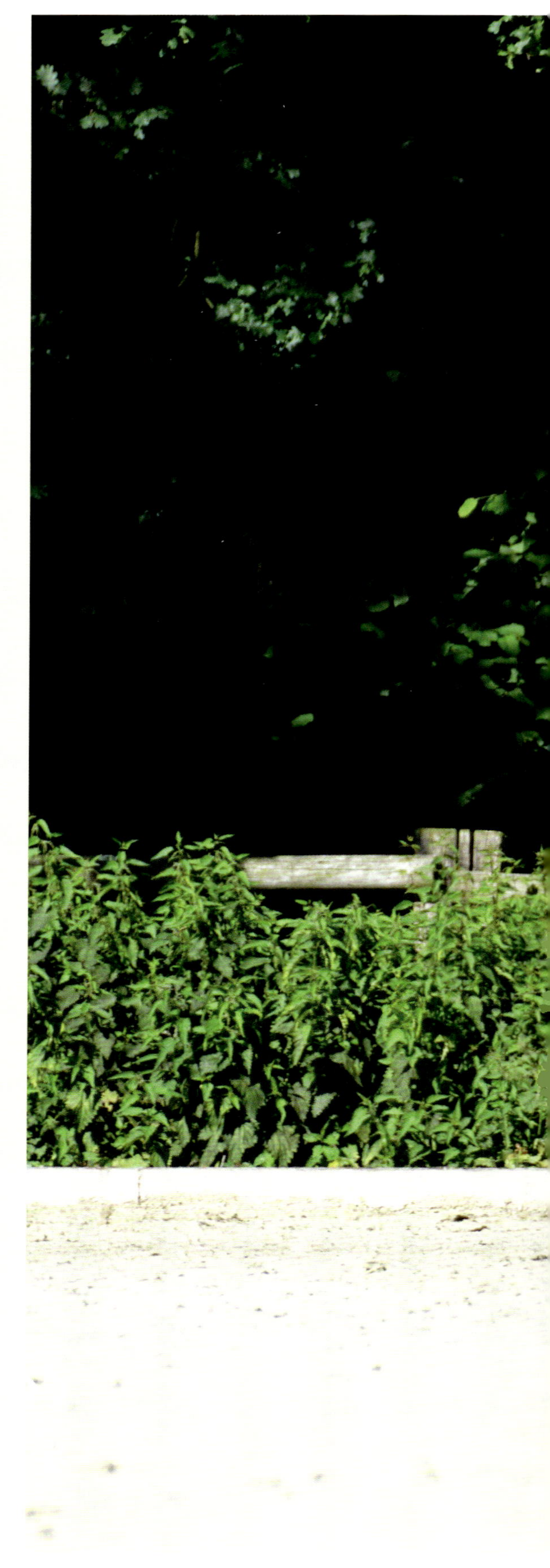

Der Lusitanohengst Boogie in der Trabverstärkung. Der Schub aus der Hinterhand ist deutlich zu erkennen. (Foto: Horst Becker)

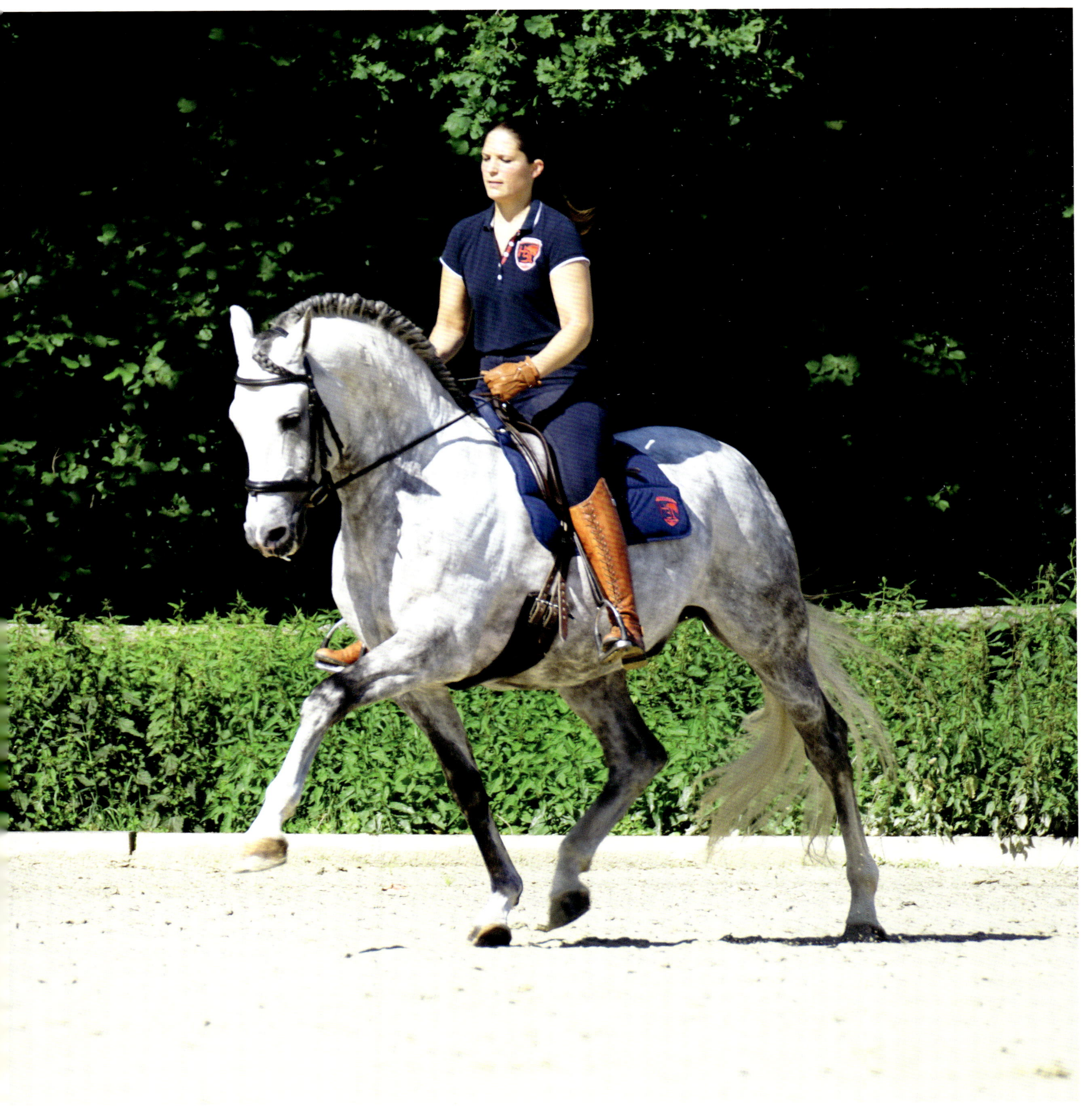

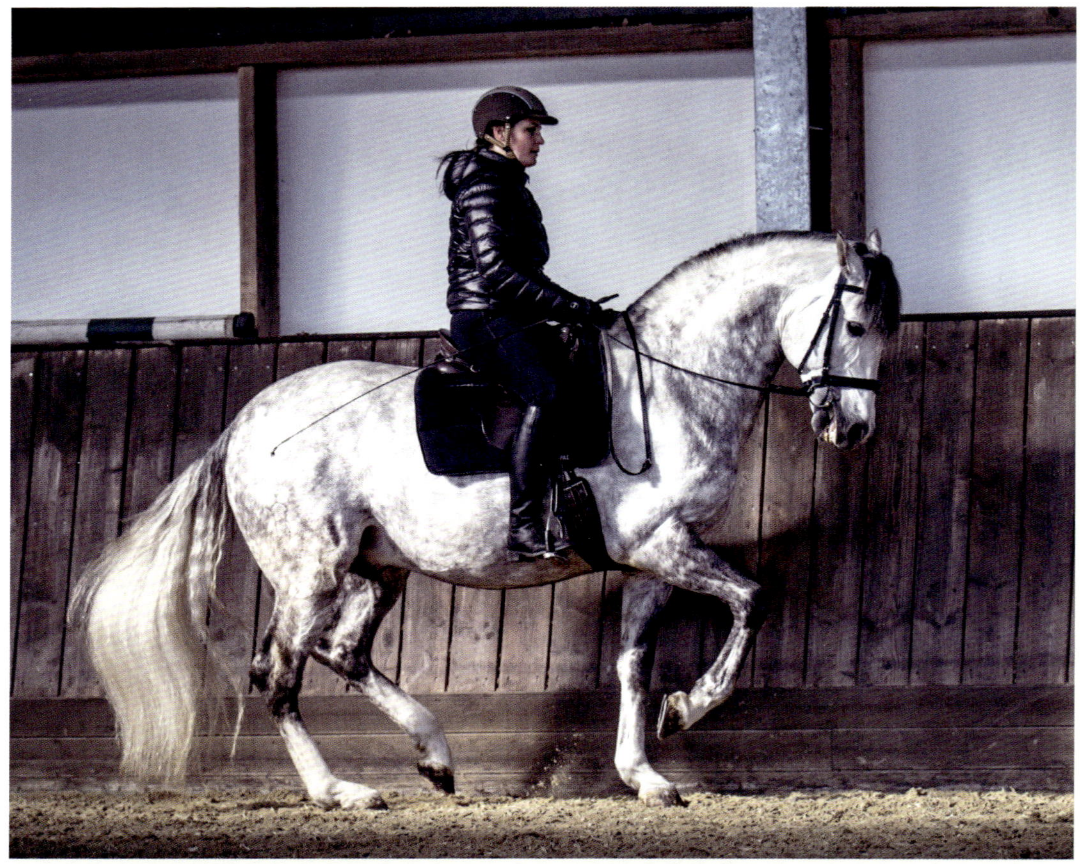

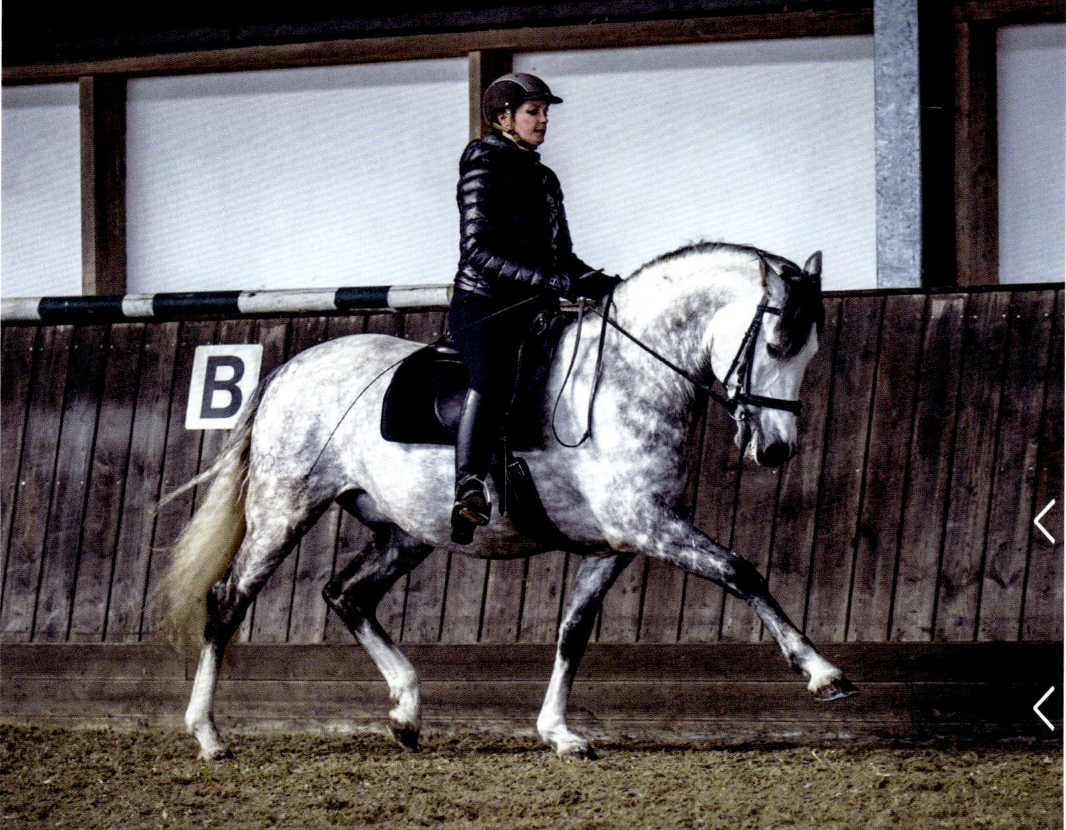

Es hatte nichts mit einem Sicherheitsempfinden zu tun, dass man zu Hause eine Klasse höher reitet, als man auf dem Turnier startet. Sondern der Grund ist: Um die in der L-Dressur geforderte Verstärkung entwickeln zu können, benötige ich die Versammlungsfähigkeit als Grundlage, die erst in der M-Dressur auf dem Turnier gefragt wird. Die Grundlage der Verstärkung ist nicht ein Pferd, das gelernt hat, schnell zu laufen. Viele Reiter meinen, wenn sie das Pferd erst langsam und versammelt arbeiten, würde es keine spektakulären Verstärkungen mehr zeigen, weil es ja verlernt hat, schnell zu laufen.

Ich stelle auf diese Aussage immer eine einfache Frage. Ich frage den Reiter, ob er nach einem gemütlichen Sonntagsspaziergang mit seiner Freundin am Montagmorgen noch in der Lage ist, knackig, sportlich und motiviert durch den Tag zu joggen. Der Reiter grinst und sagt: Natürlich kann ich das. Und ich erwidere, warum er davon ausgeht, dass sein Pferd das nicht kann. Warum scheuchen so viele Reiter ihre Pferde immer wieder an der langen Seite, auf der es letztlich immer länger wird? Es sieht so zwar in der Vorhand noch spektakulär aus, weil die Beine durch Fliegkräfte durch die Luft geschleudert werden, aber das Hinterbein kommt immer mehr ins Hintertreffen, und von Schub zur Hand kann man gar nicht mehr sprechen.

Oben:
In der Piaffe ist die Zügelanlehnung fein, das Pferd kaut und setzt sich hinten.

Unten:
In der Verstärkung hingegen zieht das Pferd mit Schub aus der Hinterhand in die Hand hinein.
(Fotos: Katharina Dick)

Verstärkung entwickelt sich aus Versammlung! Ich frage immer nur so viele Tritte ab, wie das Pferd auch gehen kann beziehungsweise die Hinterhand durch verstärkten Schub aushalten kann, um den Rahmen zu erweitern und die Tritte zu verlängern. Es geht nicht darum, die Frequenz der Tritte oder das gefühlte Tempo spektakulär zu erhöhen, sondern nur den Schub und die Länge der Tritte.

Für mich gibt es mehrere effektive Wege, Verstärkungen zu entwickeln. Man könnte über dieses Thema allein ein ganzes Buch schreiben, aber ich möchte die wichtigsten Wege kurz beschreiben. Die Grundlage ist die Versammlungsfähigkeit, und die Basisübung dazu ist die Schaukel, über die ich das Pferd immer mehr auf die Hinterbeine setze und spanne. So bin ich in der Lage, das Pferd aus einem höher versammelten Trab nach vorn gehen zu lassen.

Ich starte aus dem versammelten Tempo, treibe mein Pferd mehr nach vorn und ziehe fein, aber stetig und provokativ ganz leicht an beiden Zügeln.

In der Piaffe, in der Versammlung, werde ich dem Pferd eher den Zügel geben und nur mit kurzen Zügelimpulsen arbeiten, damit es sich selbst leicht aufrichten und sich durch Hals und Kopf balancieren kann, da es ja auf einer kleinen Fläche steht.

In der Verstärkung mache ich genau das Gegenteil: Ich ziehe ganz leicht an. Das Pferd drückt in der Bewegung gegen die Hand, und das geht nur mit verstärktem Schub aus der Hinterhand. Jeder Fahrer, der eine Trabverstärkung fährt, wird weder wie Ben Hur mit der Peitsche noch mit den Leinen wedeln. Er wird sein Pferd aus der Versammlung nach vorn motivieren und es darin unterstützen, indem er leicht und fein an den Leinen zieht. Das Pferd tritt verstärkt in diesen Zug und verlängert die Tritte.

Eine zweite effektive Möglichkeit, diesen ersten zündenden Moment zum Zulegen zu entwickeln, ist, das Pferd aus dem Trabübertreten gerade nach vorwärts zu entlassen. Ob auf den Zirkel, auf die Gerade oder auf die Diagonale, ist dem Reiter überlassen.

Das gleiche Prinzip wende ich an, wenn ich das Pferd aus einem Schulterherein auf vier Hufschlägen geritten, also mit höher versammelter Funktion, von der langen Seite in die kurze Seite entlasse. Das macht man normalerweise nicht andersherum, man sucht immer den kurzen Weg zum Ziel, denn der motiviert! Man benutzt die lange Seite, um in Ruhe die Versammlung zu entwickeln, kürzt die Ecke zur kurzen Seite ab und startet dabei in die Verstärkung. Nach zwei bis drei Tritten nimmt man das Pferd wieder zurück.

Die dritte Variante ist wieder das Prinzip der Schaukel. Zur Einstimmung schaukelt man das Pferd im Schritt hin und her. Dann entlässt man es in den Trab, fängt es über eine ganze Parade wieder ab und lässt es wieder rückwärtstreten. Nach einigen Wiederholungen dieser Übung lässt man das Pferd rückwärtsgehen und entlässt die aufgestaute Versammlung aus dem Schaukeln in einen kurzen knackigen Trab mit Schub aus der Hinterhand. Schon beim geringsten Anzeichen, dass der Schub sich minimiert, fängt man das Pferd über eine halbe Parade in einen ruhigen Trab oder über eine ganze in eine erneute Schaukel wieder ab.

Um das Vorwärtsgehen zu unterstützen, kann man das Pferd im täglichen Training nach der Galopparbeit leichtgetrabt in großem Gang auf dem zweiten Hufschlag nach vorn reiten. Es bietet sich auch an, diese Übung nach dem Dressurtraining ins Gelände zu verlegen und einen schönen, langen geraden Weg für diese Arbeit zu nutzen. Fällt das Pferd ein bisschen auseinander, fängt man es über eine halbe Parade ein und lässt es einige Sprünge angaloppieren. Danach setzt man das Leichttraben im großen Gang mit feinem Zug an die Hand wieder fort.

Für das Trainieren der Verstärkungen gibt es zwei wunderschöne Merksätze. Der eine lautet: Im guten Dressurstall wird galoppiert und im schlechten getrabt. Der schlechte Trainer fummelt viel zu früh an der Qualität des Trabs herum und vernachlässigt die Grundlagen der Arbeit im Galopp für einen guten und starken Trab. Der gute Trainer weiß um das Prinzip, dass der Trab nach dem Galopp besser ist als der Trab vor dem Galopp. Und genau diesen Effekt macht er sich zunutze. In der täglichen Arbeit werden die Verstärkungen immer nach der Galopparbeit gemacht und immer wird eine Versammlungsphase vorgeschaltet. Im Jahrestrainingsplan ist das Entwickeln des Galopps immer vorrangig zum Entwickeln des Trabs. Denn ein guter Galopp mit versammelten und verstärkten Sequenzen ist die Basis für einen spektakulären und ausdrucksstarken Trab.

Bis zur Traversale und Pirouette

Die Seitengänge sind das Zentrum und die Basis für viele Lektionen. Sie wirken wie ein Werkzeug, um Bewegung und Muskulatur sowie körperliche Funktionen des Pferdes zu beeinflussen, zu unterstützen und zu verbessern. Für den Einstieg in die Seitengänge verwende ich sehr gern das Übertreten auf dem Zirkel und wechsle wie oben beschrieben vom Übertreten ins Travers und zurück. Das Travers ist in erster Linie eine erleichternde Übung, eine im Vergleich zum Übertreten entlastende Übung. Deshalb wird das Pferd das Kanalisieren der aufgenommenen Energie vom Übertreten zum Travers gern annehmen.

Zuerst mache ich diese Übung im Schritt. Ich halte mein Pferd zwischen innerem Schenkel und äußerem Zügel. Drehe ich meine innere Schulter zurück, wird das Pferd ins Übertreten ausweichen. Drehe ich meine äußere Schulter zurück, wird das Pferd ins Travers, also mit der Kruppe nach innen, ausweichen.

Das Geheimnis, dass die Seitengänge in jeder Art und Weise gut gelingen, ist das zweidimensionierte Trainieren des Pferdes. Die eine Dimension ist das Vorwärts und Rückwärts in

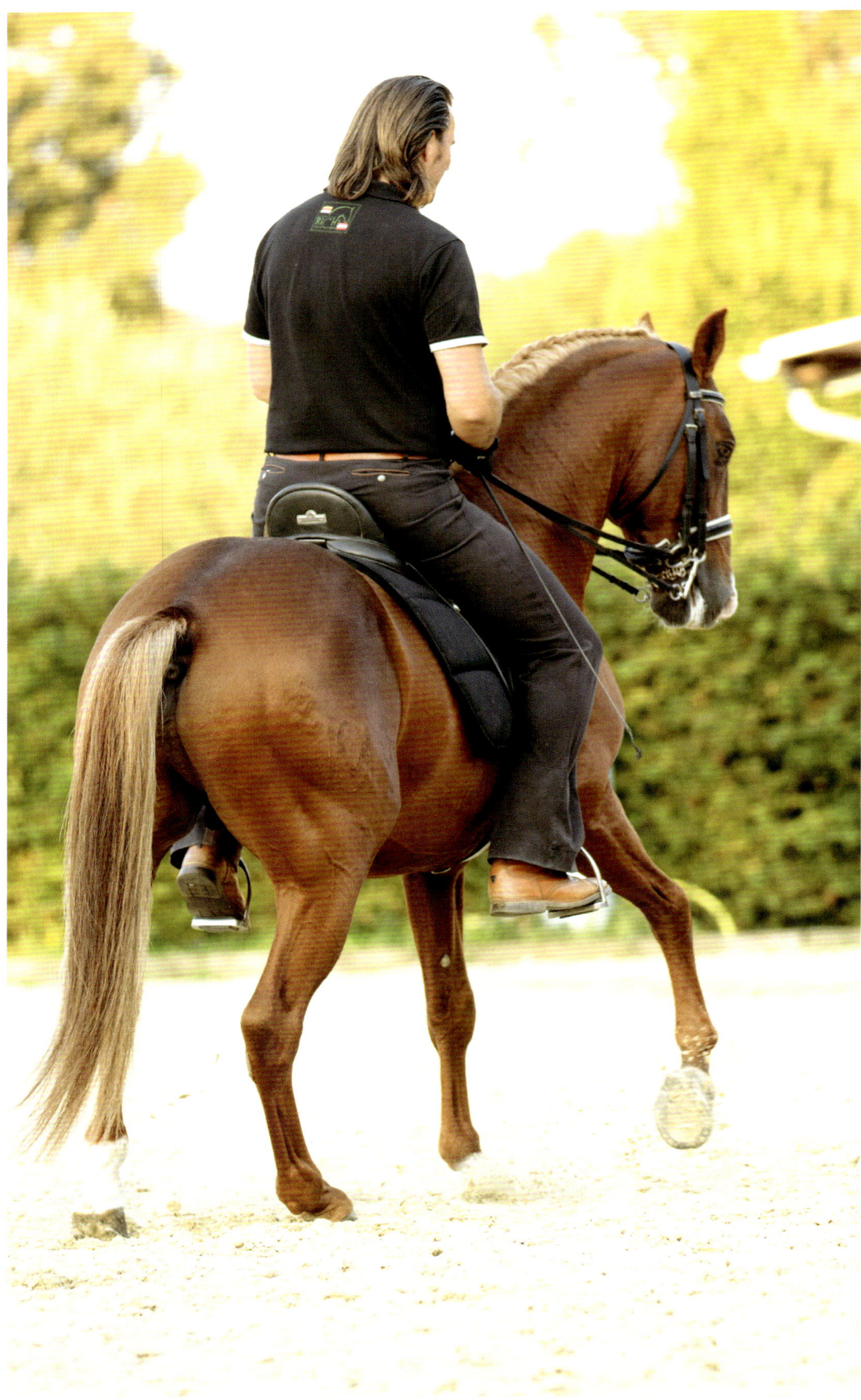

jeder Form. Also Schritt, Trab, Galopp, halbe Parade zum Aufnehmen, ganze Paraden zum Halten und Rückwärtsrichten. Die zweite Dimension ist das Arbeiten durch die Diagonalen, also vom inneren Hinterbein zum äußeren Vorderbein sowie vom äußeren Hinterbein zum inneren Vorderbein und die daraus folgenden Seitengänge. Eingeleitet und trainiert werden sie über das Übertreten auf dem Zirkel als Basis.

Wenn der Übergang vom Übertreten zum Travers im Schritt gut gelingt, beginnt man mit der gleichen Übung im Trab. Wichtig ist, dass ich das Pferd grundsätzlich immer nur so viel in die Seitengänge gehen lasse, wie der Takt und der lockere Fluss der Bewegung dies aushalten. Das bedeutet, dass ich am Anfang vom Pferd lieber wiederholt nur zwei bis drei Tritte abfrage und es dann wieder geradeaus gehen lasse. Diese kurzen Reprisen wiederhole ich immer wieder, bis das Pferd in den Übungen so locker und so stabil ist, dass ich es rundenweise auf dem Zirkel übertreten und Travers gehen lassen kann. Um den Horizont und die Bandbreite für das Pferd zu erweitern und besser zu gestalten, stellt man es vom Übertreten auch immer wieder ins Renvers. Das Renvers im Schritt und Trab ist die Grundvoraussetzung für die Ausbildung eines sicheren, rhythmischen und gut balancierten Außengalopps.

Der nächste Schritt ist, dass ich das Travers über die schon oft beschriebenen Arrêts am äußeren Zügel im Zirkel verkleinere, bis ich in der Lage bin, mit dem Pferd das Travers auf einer Volte zu reiten. Dies frage ich auch zuerst im Schritt und dann im Trab ab. Und schon sind wir beim Thema der Arbeitspirouette im Galopp.

Travers an leichter Hand im Galopp zur Vorbereitung der Pirouette. (Foto: Gina Mazza)

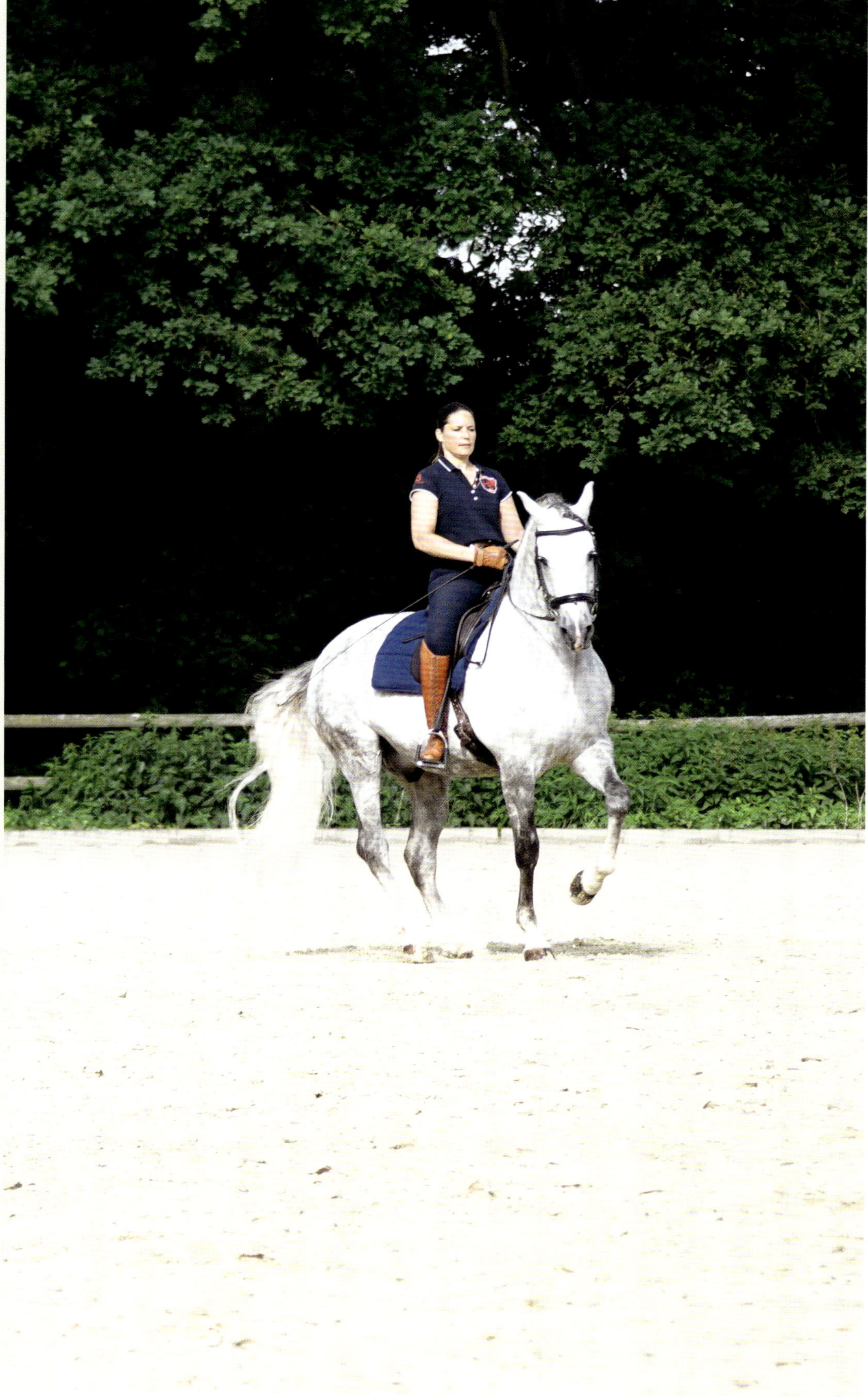

Man beginnt einerseits, im Galopp auf dem Zirkel Travers zu reiten und dann den Zirkel über die Arrêts am Außenzügel auf Voltengröße, aber nicht kleiner, zu verkleinern. Ist man zu engagiert und zu ehrgeizig, reitet man am Ende die Arbeitspirouetten zu klein. Überfordert man so das Pferd, bekommt es schnell Stress im inneren Hinterbein und Angst vor der Lektion. Oder aber der Takt und der Fluss gehen verloren und, was noch viel schlimmer ist, die positive Motivation des Pferdes.

Der zweite Weg zum Entwickeln der Pirouetten ist, wir reiten im versammelten Schritt vom Travers auf dem Zirkel in eine große Volte im Travers. Dann entlasten wir etwas im Sitz, belasten den Steigbügel etwas mehr, versammeln das Pferd noch ein bisschen am Schenkel und geben ein Arrêt am äußeren Zügel zum Angaloppieren. So lernt das Pferd den ruhigen Einstieg, den ruhigen ersten Sprung im Galopp in die Pirouette.

Die dritte vorbereitende Trainingslektion beginnt wieder im Trab im Travers auf dem Zirkel. Wir verkleinern die Volte mit Arrêts weiter und weiter, bis das Pferd von sich aus aus der Trabpirouette angaloppiert und von der Trabpirouette in die Galopppirouette, also vom Schweren zum Leichten, wechselt. Denn für den Reiter ist die Trabpirouette besser zu kontrollieren, weil die Anlehnung im Trab stabiler ist. Für das Pferd hingegen ist die Trabpirouette viel schwieriger und mit mehr Versammlung und Kadenz im Hinterbein verbunden und es wird sich gern in den Galopp entziehen.

Und das ist eine weitere Grundregel in der Ausbildung des Pferdes. Wenn es möglich ist, arbeitet man immer von der schweren

Ein ruhiger Einstieg in die Pirouette ist wichtig. (Foto: Horst Becker)

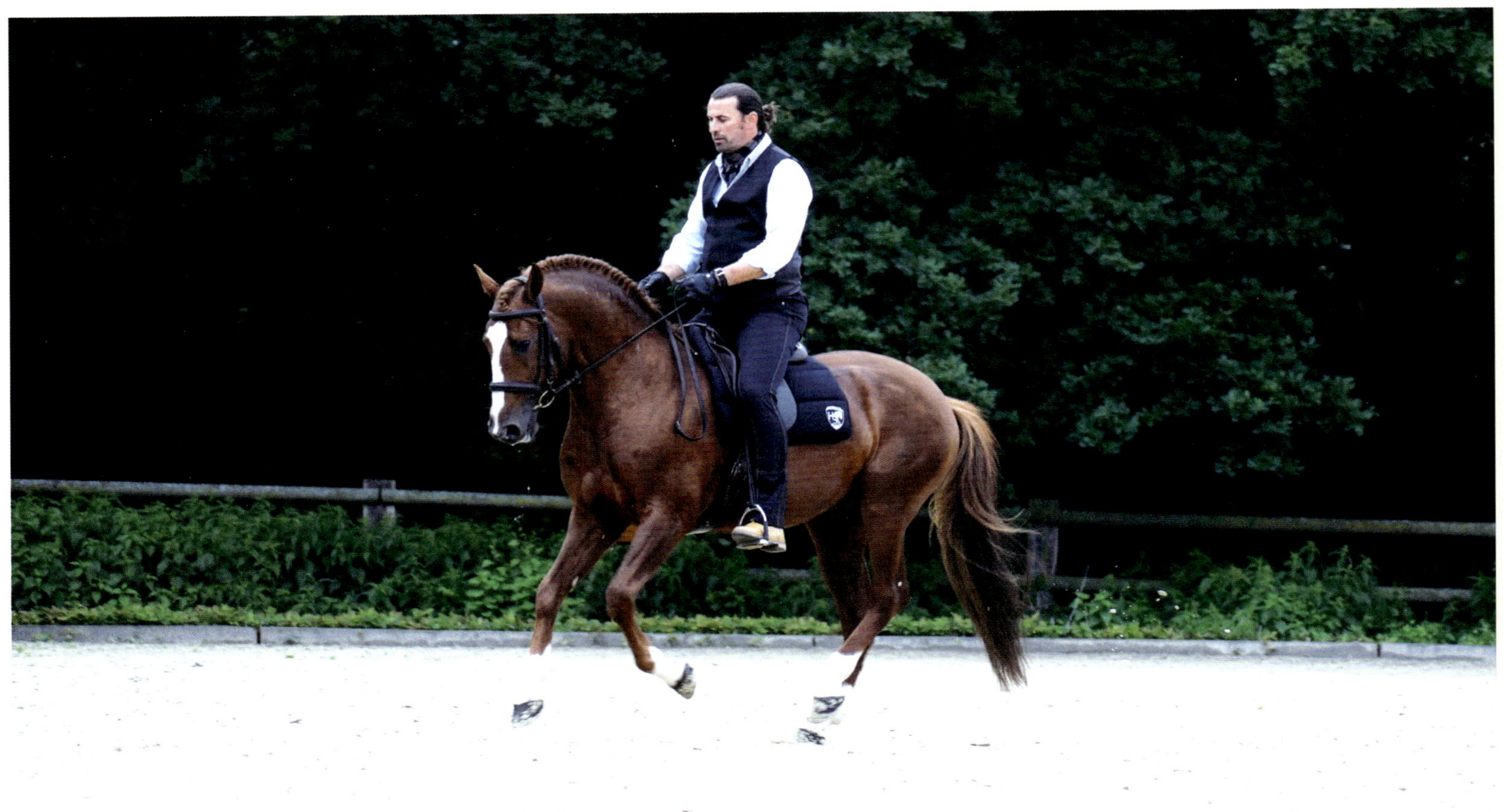

Espartaco im schönen Aufwärtsgalopp. (Foto: Leonie Bühlmann)

Variante zur leichteren. Das bedeutet, wir sollten die Arbeit so gestalten, dass unser Wunsch in der Ausbildung zu einer Lektion zum Bedürfnis des Pferdes wird. Das heißt, das Pferd sollte spüren, dass es sich in die von uns gewünschte Lektion entziehen darf. Dadurch hält man die Motivation des Pferdes und die Qualität in der Lektion hoch.

Eine Lektion oder eine Ansammlung von Übungen, die mir helfen, das Pferd sauber in der Pirouette zu arbeiten, sind auch die Wiener Linien, die ich schon beschrieben habe, oder eine Kombination aus ihnen. An der langen Seite reite ich Schulterherein am zweiten Hufschlag, zum Ende der langen Seite eine halbe Volte im Travers, die sich Passade nennt. Dann weiter auf einer parallelen Linie zur langen Seite, im Raum wieder zurück im Renvers und am anderen Ende des Reitplatzes reite ich zulegend in die Ecke kehrt. Und ich beginne wieder mit Schulterherein, um das Pferd erneut für die nächste Passade zu versammeln.

Über das Arrêt angaloppieren für bessere Galoppwechsel

Dies ist ein zentrales Thema in der Ausbildung eines Pferdes. Leider hat man in der heutigen Zeit das Arrêt fast komplett vergessen und aus der Reiterei gestrichen. Unter meinen Schülern, die das erste Mal zu mir zum Training kommen, gibt es nur ganz selten welche, die diese Technik kennen und beherrschen. Für einen qualitativ wertvollen Galopp, der aus Ruhe, Takt und Balance besteht, ist das Arrêt unerlässlich. Im Gegensatz dazu steht eine Galopphilfe, die bei vielen Reitern aus einer starken Schenkeleinwirkung besteht – oft kombiniert mit einem tiefen, leicht rückwärts orientierten Sitz, der zum Angaloppieren führen soll. Das Ergebnis ist meist, dass vor allem junge Pferde gern in den Galopp rennen und so das Grundtempo gleich von Anfang an viel zu hoch ist. Natürlich können Ruhe, Takt und Balance nicht entstehen, wenn das Pferd im Verhältnis zu schnell ist.

In diesem Buch finden Sie viele Anleitungen und Tipps, wie Sie das Arrêt sinnvoll in Ihre tägliche Arbeit einbauen.

Jetzt möchte ich noch einmal einige Trainingstipps zusammenfassen: Angaloppieren bedeutet zum Beispiel, dass wir die von der Frequenz her höhere Gangart Trab zurücknehmen, um den einen Sprung in den Galopp zu entwickeln. Genau das gelingt am

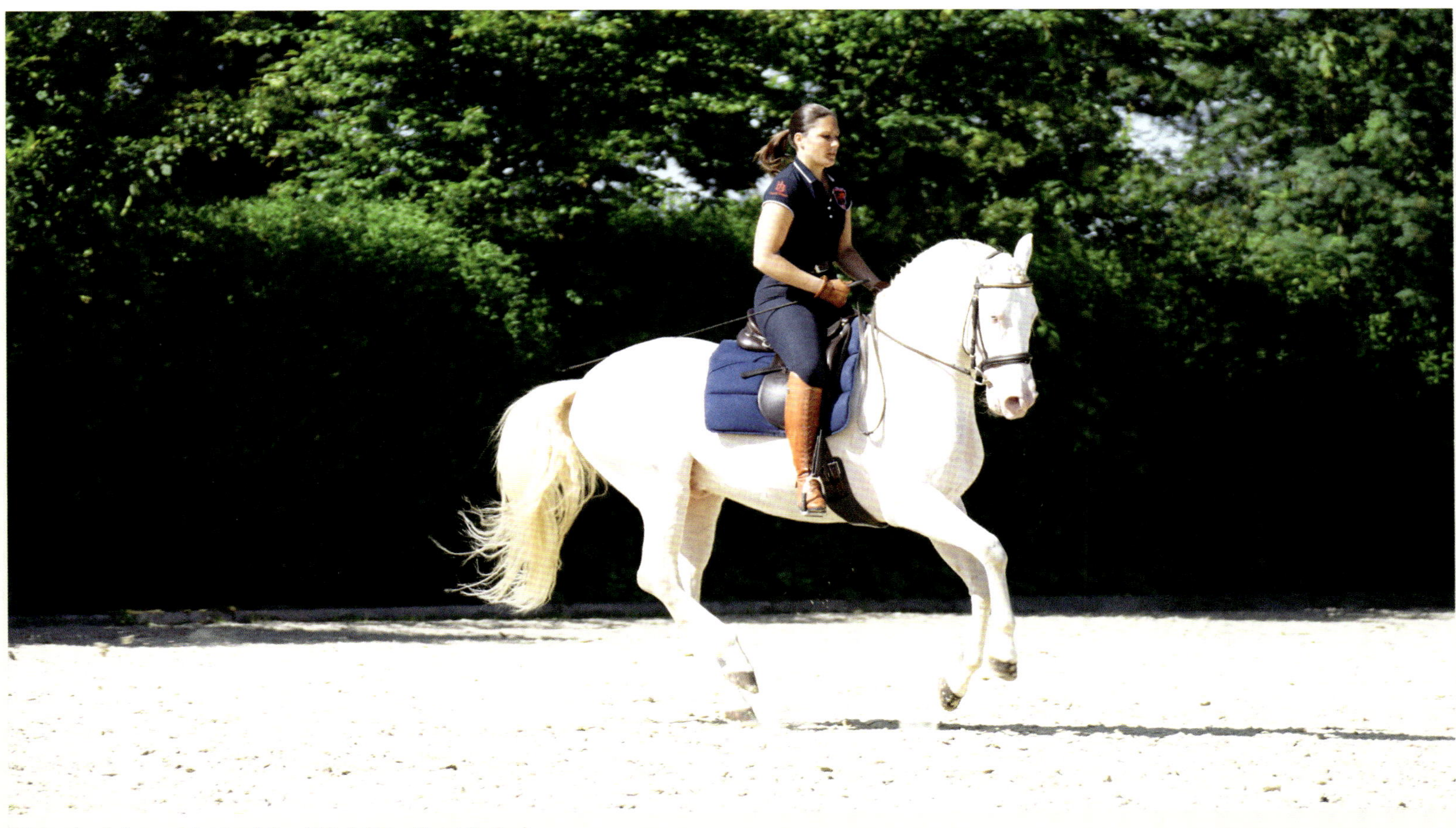

Fliegender Galoppwechsel auf dem Zirkel. (Foto: Horst Becker)

besten mit einem Arrêt. Der kleine, einfache oder doppelte Ruck an dem im elastischen Kontakt zum Maul stehenden äußeren Zügel motiviert das innere Hinterbein zum vermehrten Unterspringen. Gleichzeitig blockiert das Arrêt am äußeren Zügel die äußere Schulter ein bisschen und die innere Schulter wird automatisch aktiver, um dies auszugleichen. Das aktive Springen des inneren Hinterbeins in Kombination mit einem aktiven Vorderbein ergibt Galopp.

Einer der schönsten Momente, um anzugaloppieren, ist der Moment, wenn ich aus der Traversale mit dem Pferd den Hufschlag erreiche und auf die neue Hand umstelle beziehungsweise gerade richte. Viele Pferde bieten mir an dieser Stelle ein schönes, gesetztes Angaloppieren an. Und ich muss ehrlich gestehen, wenn ich mich gerade von der schönen Traversale und der dynamischen Bewegung in diesem Moment treiben lasse und etwas verträumt reite, lasse ich diese Energie zu, gebe ein ganz kleines Arrêt am äußeren Zügel und das Pferd galoppiert in aller Ruhe gesetzt, rund und harmonisch an.

Der kleine Ruck zum Angaloppieren wird schon an der Longe am Kappzaum entwickelt. Später wird das erste Angaloppieren an der Doppellonge und danach unter dem Sattel mit der gleichen Hilfe aktiviert.

Über die Parade zu mehr Aufwärtsgalopp

Und nun wollen wir aus der Kombination der Entwicklung der Seitengänge im Schritt und Trab, einer dadurch erhöhten Versammlungsfähigkeit sowie einer guten allgemeinen Galopparbeit erste fliegende Wechsel entwickeln. Die sicherste Variante und auch die, die dem Pferd nach vernünftiger Grundausbildung meist am einfachsten fällt, sind die Wechsel in Kombination mit Seitengängen.

In den im Buch beschriebenen Wiener Linien finden sich die Kombinationen aus Schulterherein und Renvers sowie aus Konterschulterherein und Travers. Im ersten Fall wechselt das Pferd vom Handgalopp zum Außengalopp, im zweiten Fall vom Außengalopp zum Handgalopp.

Eine weitere Variante ist, man galoppiert im Handgalopp auf dem Zirkel. Einige Meter vor X, also vor dem Wechselpunkt zum anderen Zirkel, lässt man das Pferd mit der Kruppe hinausweichen und treibt es gegen den neuen äußeren Zügel. Am Wechselpunkt, sprich bei X, stellt man das Pferd in seiner Körperbiegung auf die neue Hand ein und löst den Galoppwechsel wieder mit einem Arrêt am neuen äußeren Zügel aus.

Die dritte erfolgreiche Variante ist vor allem für Pferde geeignet, die im Außengalopp sehr gefestigt sind und eher in Stress geraten, wenn man versucht, sie fliegend wechseln zu lassen. Ich entwickle die Pirouetten zuerst im Schritt und Trab, dann erst im Galopp. Bin ich in der Lage, eine halbe Galopppirouette zu reiten, lasse ich beim Beenden der Galopppirouette wieder die Kruppe hinausweichen. Das Pferd springt hinten als natürliche Reaktion um. Nach dem Umstellen der Körperbiegung löst das Arrêt den eigentlichen Wechsel aus.

Der Ablauf im Pferd ist immer gleich. Man stellt die Körperbiegung des Pferdes auf die neue Richtung aus und setzt auf der neuen äußeren Seite das Arrêt als auslösendes Werkzeug für den Galoppwechsel ein.

Philosophie in der Entwicklung der Wechsel ist, das Pferd einerseits durch die Seitengänge, andererseits durch das saubere Training von halben und ganzen Paraden und zum Dritten durch eine gute, balancierte Galopparbeit als Basis bestens auf die bevorstehende Arbeit der fliegenden Wechsel vorzubereiten.

Der größte Fehler ist es, in Hektik und Aggression, unbalanciert und in zu großem Tempo die Pferde bei irgendwelchen Richtungswechseln zum Wechsel zu zwingen. Diesen Fehler beobachte ich leider sehr häufig auch bei den Reitern, die ihr Pferd bis dahin eigentlich wunderschön ausgebildet haben, auf Takt, Balance und Losgelassenheit geachtet haben und jetzt ihre ganze Harmonie mit dem Pferd über Bord werfen und stressig und am Ende sogar grob mit ihrem Pferd arbeiten, um die Wechsel zu entwickeln oder, besser gesagt, zu erzwingen.

Auch hier scheitert der Reiter, der die Philosophie verfolgt, dass mehr Einwirkung auch mehr Ergebnis bringt. Man sollte, wie so häufig in der Ausbildung eines Pferdes, vor allem Geduld haben. Wenn es Probleme gibt, sollte man sich immer zuerst und auch immer wieder, nicht auf das Endziel konzentrieren, sondern auf die Voraussetzungen, die nötig sind, und das Pferd in die Lage versetzen, die geforderte Lektion auch auszuführen.

Später ist es bei guter Vorbereitung, Geduld und Ruhe in der Entwicklung der ersten Wechsel kein Problem, auf dem Zirkel die Serienwechsel zu erarbeiten. Ich mache das nie auf der geraden Linie. In ganz schwierigen Fällen gehe ich den Kompromiss ein, dass ich die Reiter statt auf einem Mittelzirkel auf einem Mittelei reiten lasse. Sie reiten dann auf der langen Seite des Eis eine Innenkurve und lösen am tiefsten Punkt der Innenkurve den Wechsel nach außen aus. Beim Erreichen der Spitze oder des Fußes des Eis lässt man das Pferd wieder den Wechsel in den Handgalopp ausführen. Später reitet man vom Handgalopp über das Renvers mit einem Arrêt am neuen äußeren Zügel in den Außengalopp und dann vom Außengalopp mit einem Travers in den Handgalopp – immer ausgelöst über das jeweilige Arrêt am neuen äußeren Zügel. Man reitet das Ganze auf dem Zirkel, sodass es keine störenden Ecken gibt, sondern ein gleichmäßiger, harmonischer Fluss der Bewegung garantiert ist. Und zum Zweiten lässt sich ein Pferd nur auf gebogener Linie gerade richten, also lässt sich auch der Galoppwechsel nur auf gebogener Linie gerade richten. Das Wechseln der Biegung und Stellung, um den jeweiligen Wechsel auszulösen beziehungsweise das Pferd umzustellen, wird mit der Zeit immer kleiner, immer flacher, und am Ende bleibt neben der Veränderung der Sitzeinwirkung nur ein kleines Umstellen der Körperbiegung mit einem kleinen Arrêt am äußeren Zügel als Hilfe zum Galoppwechsel. Bei dieser Art der Entwicklung der Wechsel wird die Einwirkung sehr früh stark minimiert und das Pferd ist eigentlich immer in der Hinterhand schmal und gesetzt. So vermeidet man ein hektisches Wegrennen, hektisches Rennen durch den Wechsel oder auch schon das Aufkommen der Hektik, bevor der Wechsel überhaupt beginnt.

Natürlich könnte man allein über die Entwicklung des fliegenden Wechsels ein Buch schreiben, so vielschichtig sind die Möglichkeiten, ihn zu entwickeln. Ich habe mich jetzt hier einmal auf die Methoden konzentriert, die ich am häufigsten anwende und mit denen die Reiter und Pferde auch am besten klarkommen.

Ich kann mich nur immer wiederholen: Ausschlaggebend für den Erfolg ist nicht die Intensität, mit der man Galoppwechselübungen macht, sondern die Intensität der Konsequenz und Geduld, mit der man das Pferd auf seine Aufgabe vorbereitet.

Höhere Versammlung bis Piaffe und Passage

Häufig werden diese Lektionen falsch verstanden. Es gibt Reiter und Ausbilder, die diese Lektionen zu früh und ohne gute Vorbereitung des Pferdes angehen, zum Teil, um ihr eigenes Reiten aufzuwerten. Meist entwickelt sich die Piaffe dann zum Zappeln auf der Stelle mit und ohne Angst, aber immer mit Stress. Höhere Versammlung heißt nicht höhere Verspannung! Im täglichen Training kann das Arbeiten in Richtung Piaffe ein sehr wertvolles Werkzeug sein, den Gesamtausdruck des Pferdes, seine Versammlungs- und Balancefähigkeit sowie seine Kadenz zu verbessern.

Die ganze Parade, die halbe Parade und im Ergebnis die Schaukel sind Grundvoraussetzungen in der Entwicklung der Piaffe. Wie schon in diesem Buch beschrieben, beginnt

Im verkürzten Schritt ist schon die Piaffe erkennbar. (Foto: Horst Becker)

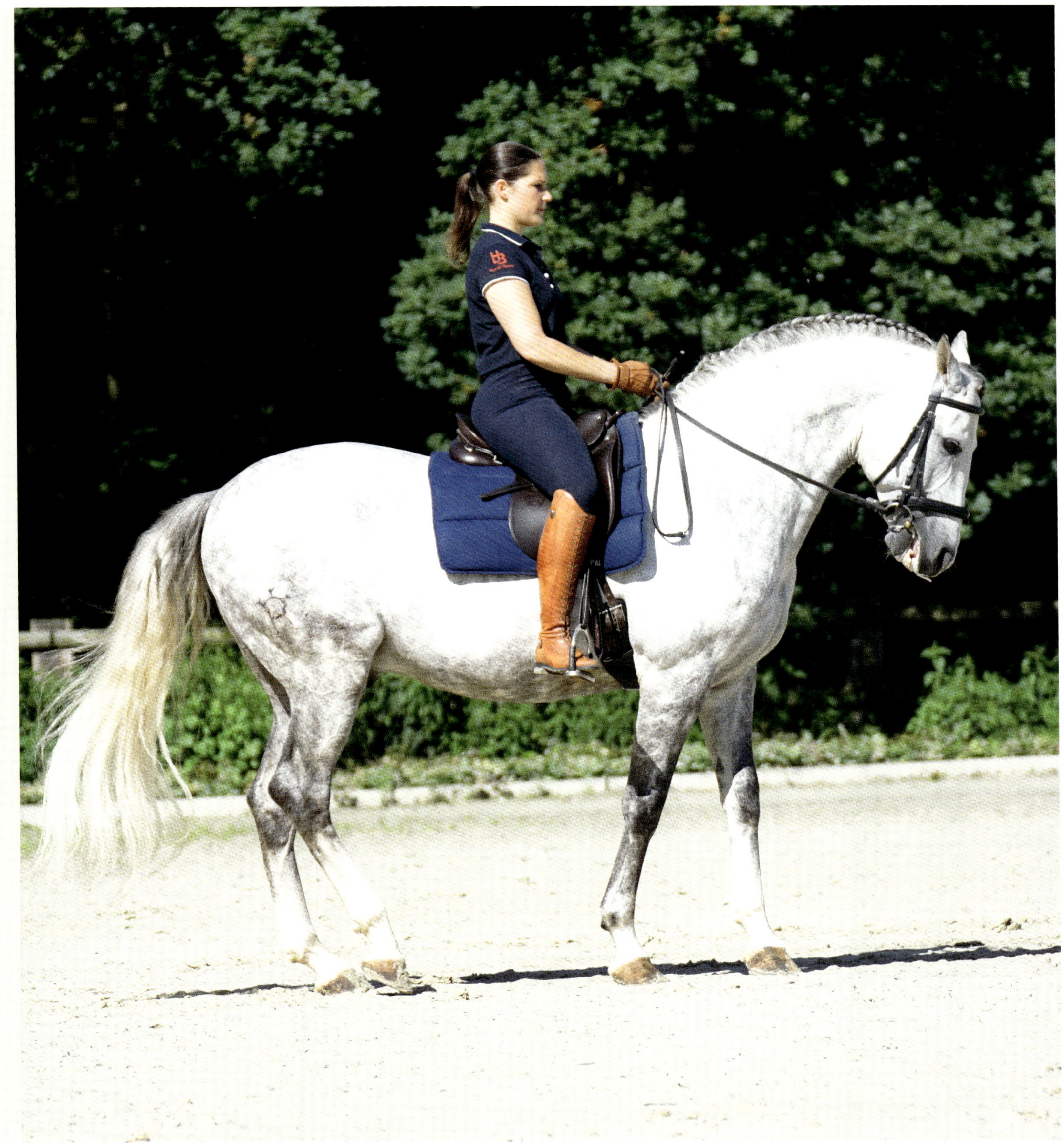

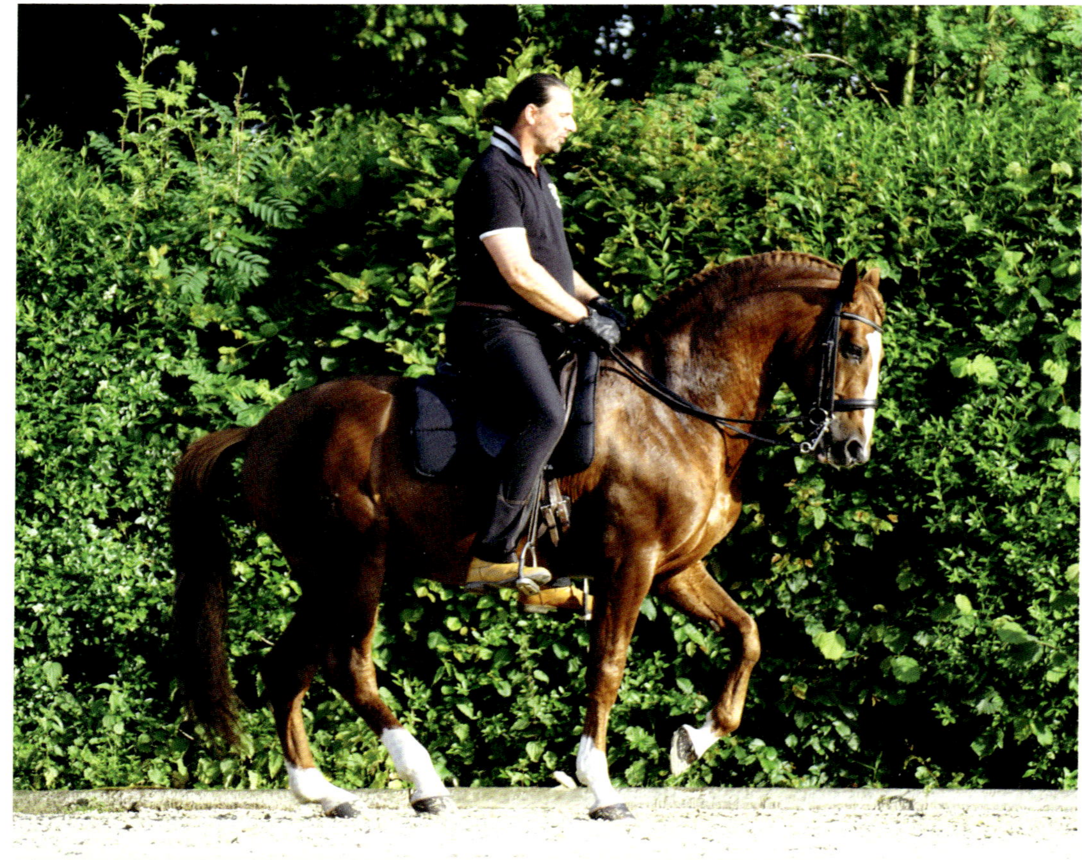

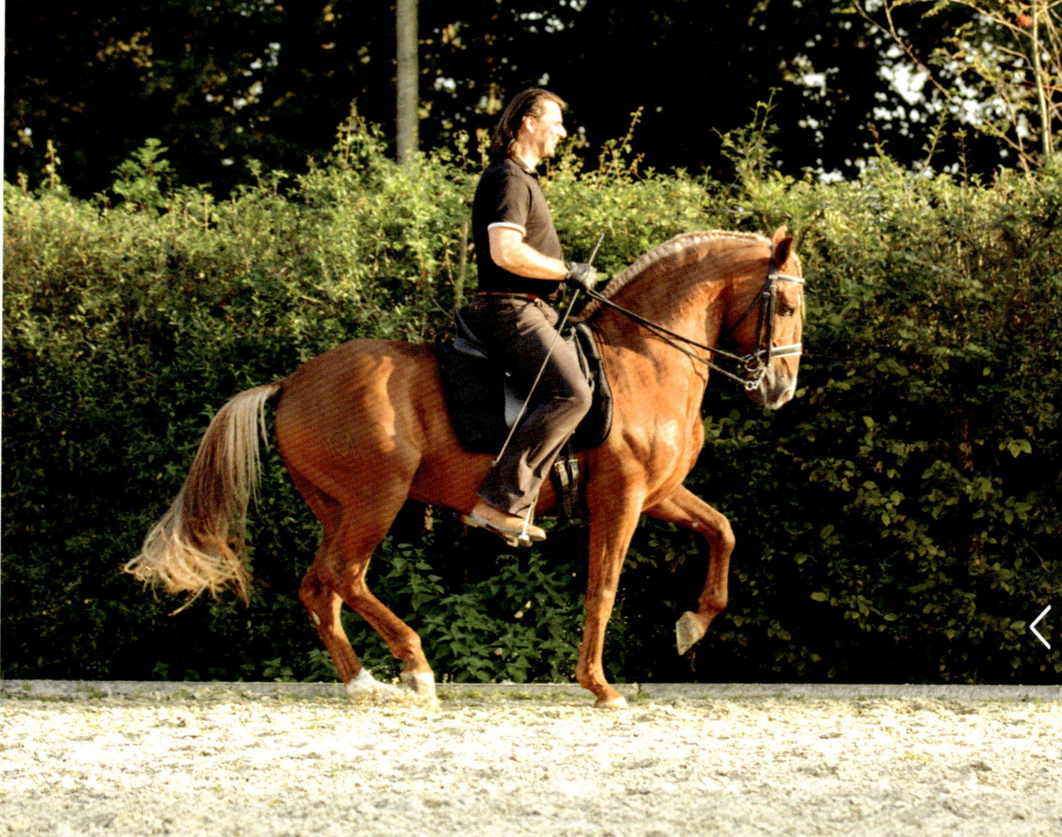

die Arbeit für diese Lektionen im Schritt. Das Verkürzen des Schritts ohne stressige Einwirkung durch wiederholte ruhige halbe Paraden bringt das Pferd in einen schwingenden Zustand, der sich schon ein bisschen nach Piaffieren anfühlt. Allerdings diagonalisiert das Pferd noch nicht. Hier liegt auch der größte Irrglaube in der Entwicklung der Piaffe: Das Pferd sollte weder so schnell wie möglich trabig, also diagonalisierend, noch auf der Stelle treten. Das Auf-der-Stelle-Treten ist ein weiterer Irrtum. Wie jede Lektion in der klassischen Dressur wird auch die Piaffe vorwärtsgeritten.

Auf der einen Seite beginnt man, wie schon angemerkt, den Schritt durch halbe Paraden immer mehr zu verkürzen, aber nicht unbedingt durch Gerten oder Zungenschlageinwirkung aktiv zu spannen. Das Pferd soll konzentriert und gelassen in der Arbeit bleiben. Diese Übung lässt sich am leichtesten entwickeln, wenn das Pferd durch die Schaukel im Schritt auf das Verkürzen des Schritts eingestimmt wird.

Später für die Kadenz reitet man die Schaukel immer wieder im Trab. Oder bei Pferden mit einem großen Vorwärtswillen geht man auf den Zirkel, lässt das Pferd unter dem Sattel leicht übertreten und touchiert es vorsichtig so lange, bis es im Übertreten bleibend antrabt. Durch das Zur-Seite-Weichen fängt sich die Energie nicht in der Hand des Reiters. Das Pferd kann Hankenbiegung und Kadenz entwickeln und sein Vorwärtsbedürfnis erst mal zur Seite ausleben. Denn das Festhalten und Blockieren des Vorwärtsbedürf-

Oben:
Der siebenjährige Espartaco lernt die Piaffe.
(Foto: Leonie Bühlmann)

Unten:
Xinfrim, Espartacos Vater, beherrscht schon eine ausdrucksstarke und gesetzte Piaffe.
(Foto: Gina Mazza)

nisses eines Pferdes bringen sicherlich keine entspannte und konzentrierte Balance auf der Stelle.

Ich habe viele Jahre im Schweizer Nationalzirkus Knie unter Fredy Knie sen. die Arbeit mit dem Touchierstock zur Begleitung und zur Entwicklung der Piaffe miterlebt und selbst ausgeführt. Und diese Erfahrung wende ich auch heute noch in meiner Arbeit an, denn es gab niemanden auf der Welt, der besser am Touchierstock und in der Entwicklung von Piaffen war als Fredy Knie sen. Ich versuche, in den Kursen und in den Seminaren das Thema Piaffe oder Versammlung früh ins Training einfließen zu lassen. Dazu lasse ich die Reiter immer wieder Manöver unter dem Sattel reiten, die sie langsam, aber sicher in Richtung einer guten Piaffe bringen.

Viele dieser Manöver und Übungen haben Sie in diesem Buch gefunden. Denn die Philosophie muss sein, nicht einige wenige Male einen guten Trainer mit einem Touchierstock zu haben, der dem Reiter hilft, das Pferd anzupiaffieren. Vielmehr muss ich als Trainer den Reiter so trainieren und coachen, dass er schon die meisten wichtigen Grundlagen für das spätere Anpiaffieren des Pferdes in seinem täglichen Training unter dem Sattel absolviert. Denn das verbessert auch den Allgemeinzustand und das allgemeine Bewegungsbild des Pferdes. Wie bei allem ist auch hier eine solide Grundausbildung und eine gute Basis an Kraft, Ausdauer und Gleichgewicht das Allerwichtigste!

Meist beginnt das Pferd, aus den halben Paraden den Schritt aus der Schaukel heraus

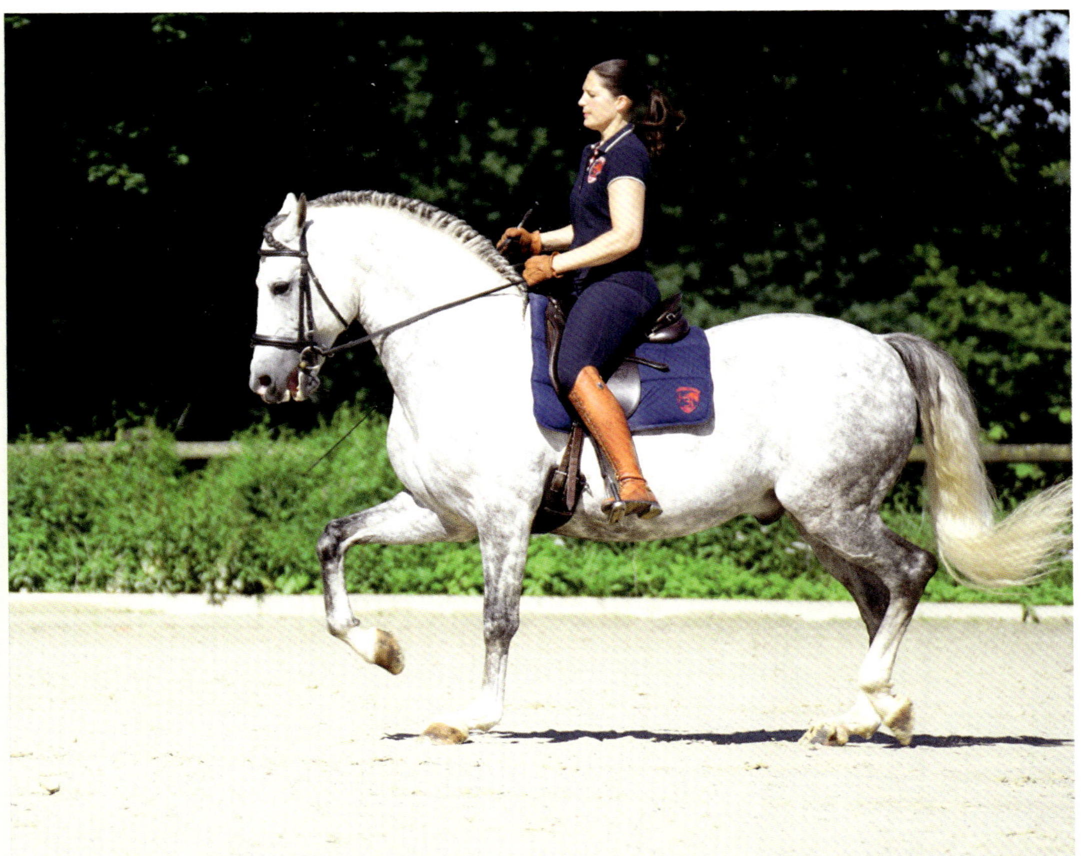

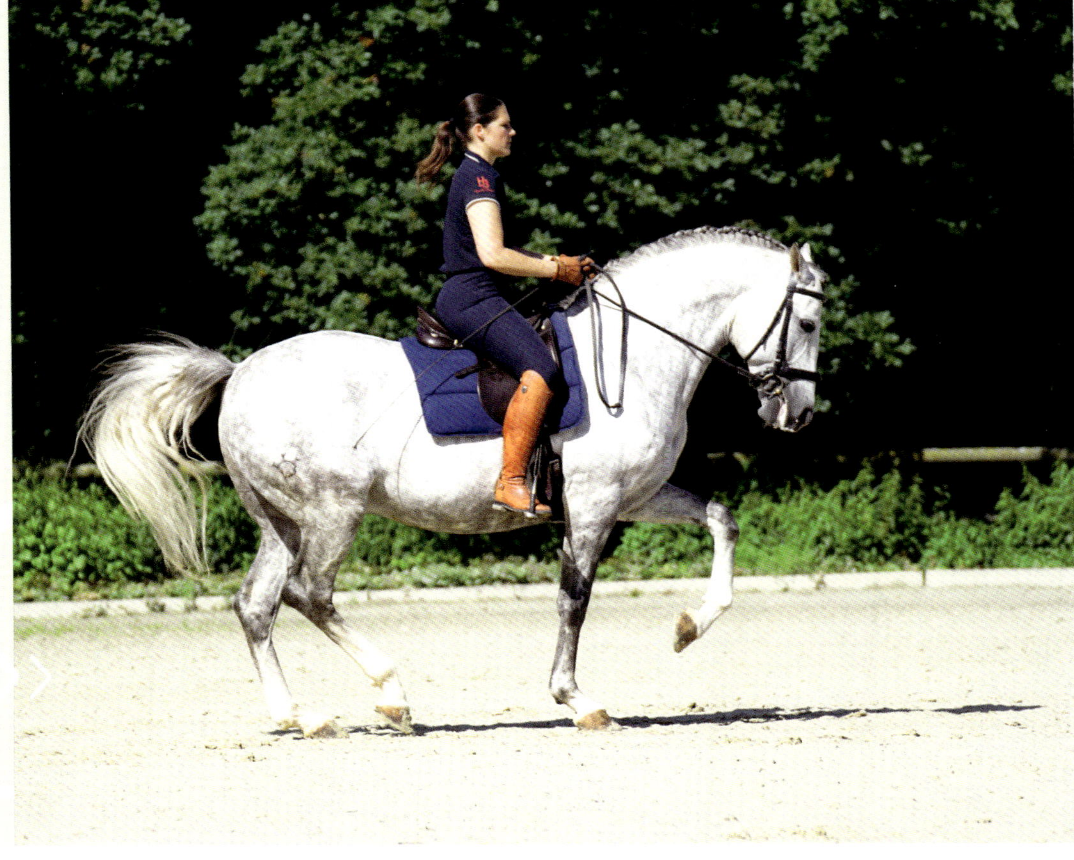

Entwickelt man die Passage aus dem Spanischen Schritt, erhält man eine Passage mit Vorhandaktivität, jedoch ohne Rücken und ohne Schub aus der Hinterhand und das Pferd legt sich dabei unschön auf die Hand. Entwickelt man sie hingegen aus der Piaffe, bekommt man eine korrekte Passage mit guter Hinterhandaktivität. (Fotos: Haus der Dressur)

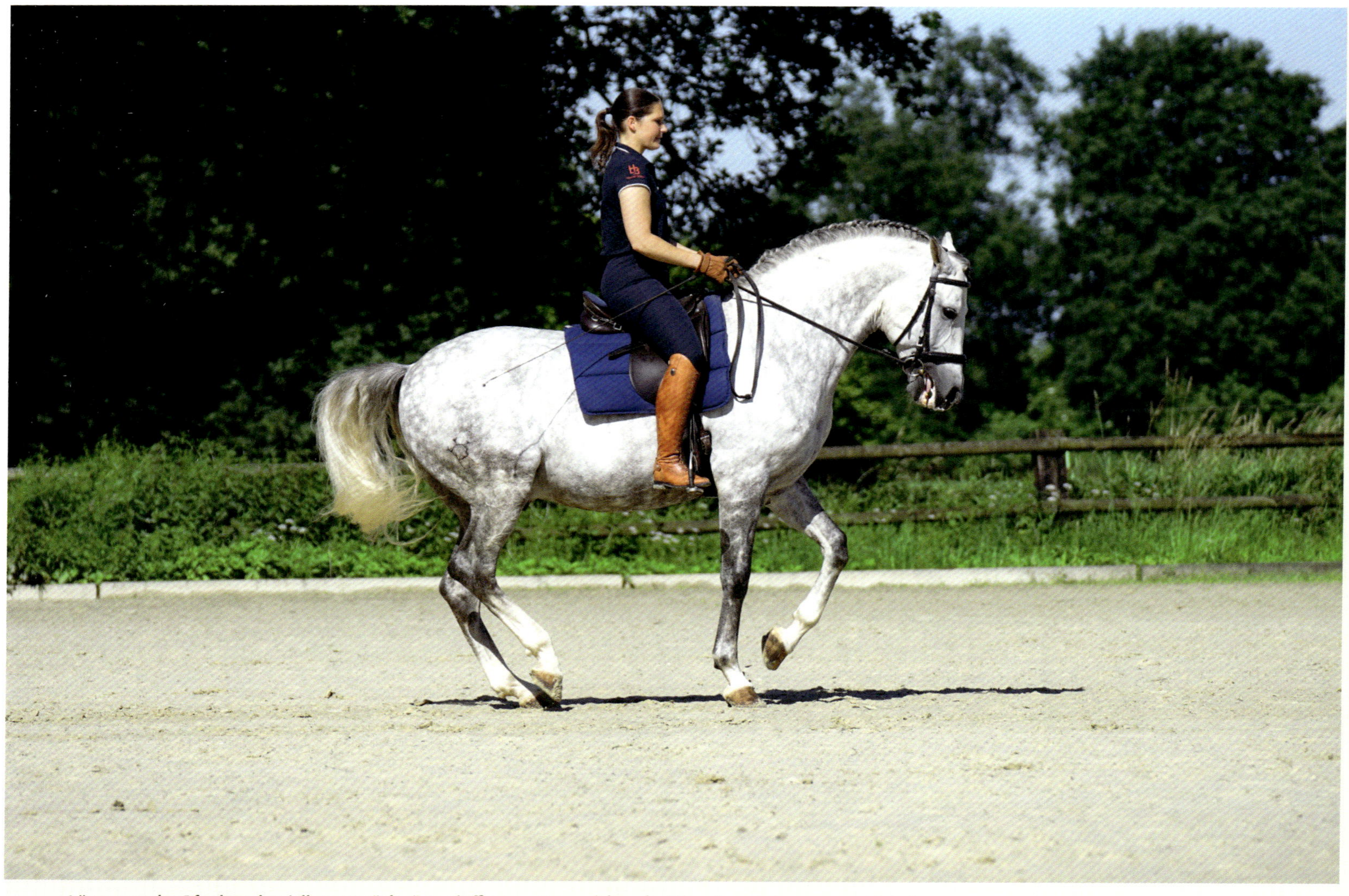

Lässt man das Pferd tendenziell etwas rückwärts piaffieren, setzt es sich mehr. Diese Energie kann man sich beim ...

gut gesetzt und trotzdem fleißig zu verkürzen. Und es findet über das daraus entstehende Schwingen im Körper die Diagonalisierung selbst. Denn gerade für einen Reiter, der die Piaffe für den Turniersport braucht, ist es wichtig, dass das Pferd aus sich heraus und durch die reiterlichen Hilfen gut piaffiert und nicht durch viel Einwirkung mit dem Stock. Später auf dem Turnier muss das Pferd ohne Gerte präsentiert werden.

Die Verbesserung der Qualität und der ruhigen Selbstverständlichkeiten in der Lektion kommt durch die Wiederholung. Bei einem sehr fleißigen und hektischen Pferd wird die Piaffearbeit eher später in der Trainingseinheit eingebaut. Bei einem etwas zu gelassenen Pferd, das dazu auch noch Mühe mit der Versammlung hat, kann die Arbeit an der Versammlung und der Piaffe eine Einstiegsübung werden, um das Pferd in seiner Energie im täglichen Training zu motivieren.

Der größte Fehler, den ein Reiter in dieser Übung begehen kann, ist, keine Geduld und keine Zeit zu haben. Das gilt auch gerade dann, wenn es darum geht, aus der vielleicht schon gut entwickelten Piaffe eine Passage zu entwickeln. Oft werden Sonntagstricks angewandt, die den Weg vermeintlich beschleunigen. Ein Beispiel ist der Spanische Schritt, den man zum spanischen Trab reitet und dies Passage nennt. Der Grundfehler liegt darin, dass das Pferd bei der Arbeit am Spanischen Schritt auf die Vorhand konzentriert ist und automatisch seine Hinterbeine vergisst. So geht der wichtige Schub aus der Hinterhand verloren.

Die Passage ist aber nichts weiter als die Steigerung der Piaffe, genauer gesagt, die Verstärkung. Also eine Piaffe, die vorwärtsgeritten ist, wobei sich der Versammlungsgrad aber nicht reduziert.

In der täglichen Arbeit übt man den Übergang zwischen Piaffe und Passage in erster

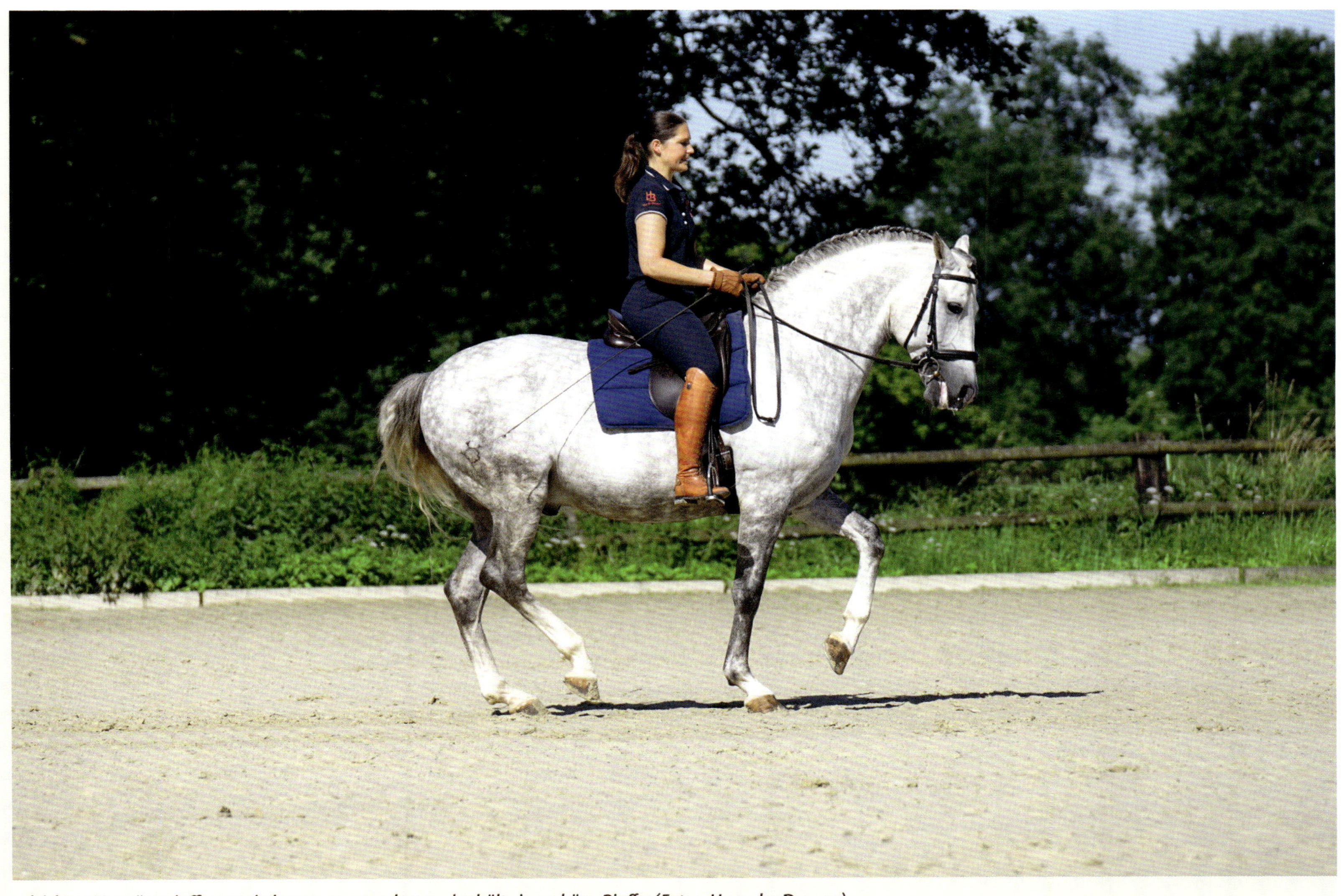

… leichten Vorwärtspiaffieren wieder zunutze machen und erhält eine schöne Piaffe. (Fotos: Haus der Dressur)

Linie nicht, um in die Passage zu kommen, sondern man piaffiert mehr vorwärts, wieder mehr auf der Stelle und sogar für kurze Momente etwas rückwärts. Dadurch lässt sich mehr Energie in die Lektion und ins Pferd bringen. Zweitens lässt man die Piaffe mehr auf- und abebben. Das bedeutet, das Pferd steigert sich und minimiert sich in der Kadenz im Heben der Beine bei gleichbleibender, kleiner Vorwärtstendenz.

Das Prinzip, das dahintersteht, ist einfach. Zum einen trainiert man mehr vorwärts bei gleichbleibender Versammlungsfähigkeit und zum anderen trainiert man unterschiedliche Versammlungsfähigkeiten bei gleichbleibender Vorwärtstendenz. So erhöhen wir den Horizont des Pferdes in der Lektion und verbessern seine Bandbreite und Belastbarkeit. Und so gelingt dann auch am Ende als Belohnung der saubere Übergang in die Passage.

Sie merken, die Schaukel und die daraus folgende Entwicklung von halben und ganzen Paraden, die sich schon das ganze Buch über in Lektionen und Übungen wiederfindet, kommt auch beim Thema Piaffe und Passage wieder vor. Ich empfehle, diese Arbeit mit einem erfahrenen, gefühlvollen und vor allem geduldigen Ausbilder zu entwickeln, der den Reiter in seinem Tatendrang immer wieder bremst und auf die Basics und Grundlagen zurückführt. Denn dort wird die Qualität einer Bewegung der Lektion entwickelt. Das Reiten einer Übung, einer Lektion ist nie dem Selbstzweck geschuldet, sondern immer als Basis für eine Weiterführung gedacht.

Natürlich könnte man auch über dieses Thema ein ganzes Buch schreiben. Denn letztlich muss man die Wege immer daran festmachen, wo die Stärken und Schwächen des Pferdes liegen, das ich gerade ausbilde. Aber bei allen Variationen und Stilen in der Reiterei gilt immer eines: Es muss sich gut anfühlen und harmonisch aussehen – dann kann es nicht falsch sein.

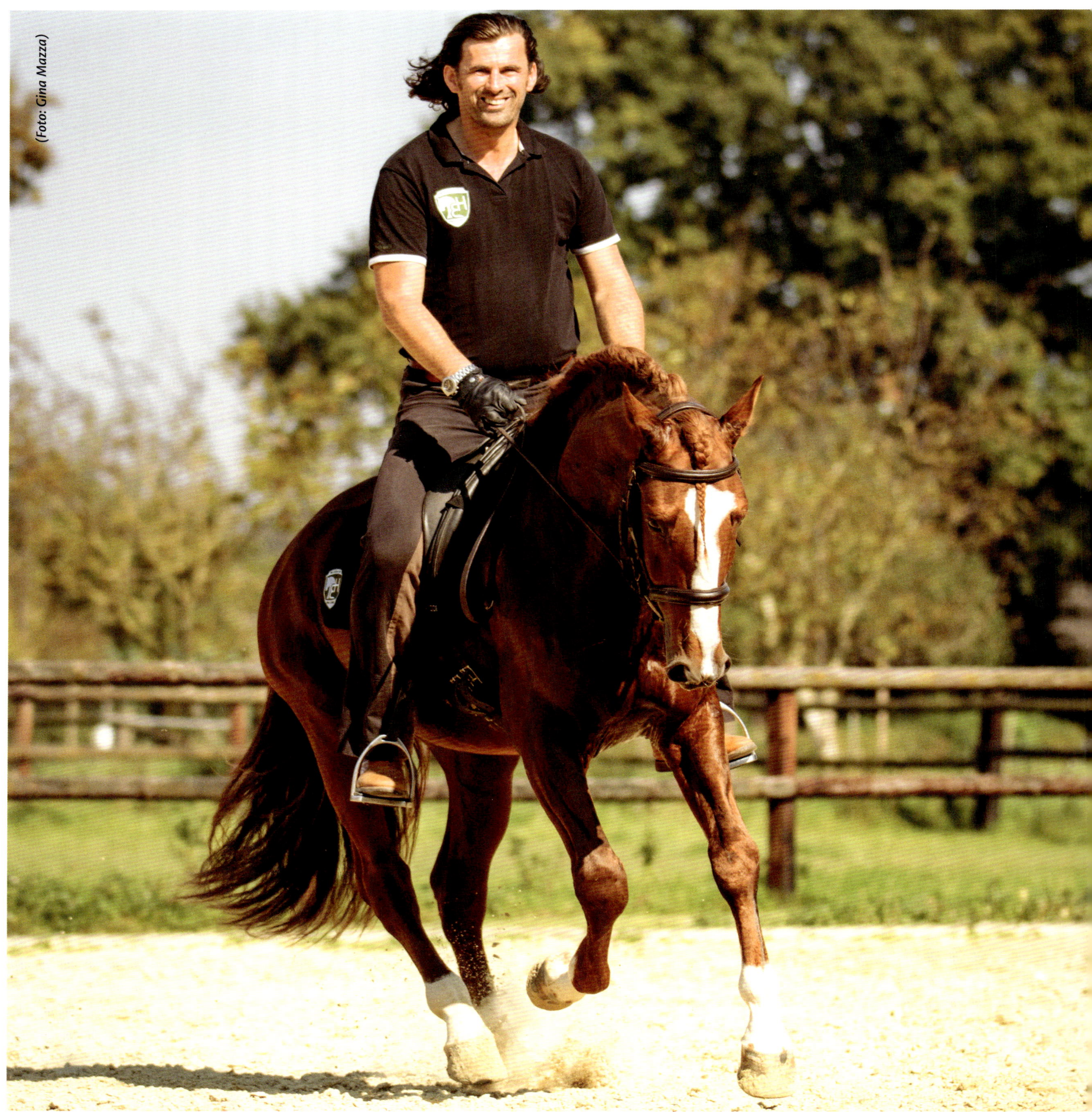
(Foto: Gina Mazza)

Nachwort

Verehrte Leser, dieses Buch soll helfen, die hundertmal wiederholten Dogmen in handwerklich umsetzbare Erklärungen zu fassen. Es möchte Gefühle beschreiben, die Sie erleben sollen. Ich hoffe, mir ist es gelungen, die simplen und doch komplizierten Abläufe in einer Parade und die dafür notwendigen Voraussetzungen so zu erklären, dass man sie versteht. Und zwar egal, ob man ein Dressurreiter, ein Springreiter, ein Westernreiter oder einfach ein Mensch ist, der es genießt, sein Pferd zu reiten, ohne sich an eine Glaubensrichtung zu halten. Denn relevant ist nicht, welchen Hut oder welche Stiefel wir tragen, geschweige denn, welche Pferderasse wir reiten. Jede Kreatur, jedes Pferd hat persönliche Stärken und Schwächen. Diese können durchaus mit der Rasse zusammenhängen, aber Ausnahmen bestätigen wie immer die Regel. Am Ende des Tages kommt es nur darauf an, ob wir gefühlvoll, in einer liebevoll konsequenten, aber geduldigen Art mit unserem Pferd den Weg gehen und gemeinsam das Ziel anstreben, ohne es zu verklären. Und auch nicht den Schuldigen suchen für ein Problem, sondern die Lösung, und diese geduldig und emotionslos umsetzen. Und manchmal muss man einige Tritte zurück, um einen besseren Weg nach vorn zu finden. Denn bedenken Sie: Ein Reiter ohne Pferd ist nur ein Mensch, ein Pferd ohne Reiter ist immer noch ein Pferd. Schaffen Sie respektvolle Freundschaft und liebevolle Partnerschaft ohne negative Emotionen. Diese kann ein Pferd nicht verstehen, denn es reagiert auf den Moment ohne böse emotionale Hintergedanken.

In diesem Sinne wünsche ich Ihnen viel Freude mit Ihrem Pferd und Ihrem Pferd mit Ihnen! Ich wünsche Ihnen, dass Sie gemeinsam den faszinierenden Weg beschreiten, die Kraft und die spektakuläre Bewegung Ihres Pferdes mit feiner Führung, gutem Timing und Balance zu erleben. Und ich hoffe, dass Sie tief in Ihrem Inneren spüren, wie sich das Pferd mit Ihnen vereint, jede kleinste Körperregung, die Sie geben, und am Ende sogar nur den Gedanken daran, richtig interpretiert und willig und motiviert zusammen mit Ihnen einen Tanz beginnt, den man Reiten nennt ...

Ihr
Horst Becker

Baden-Baden 2016

Danksagung

Am Ende eines Buches sagt man Danke. Nach 25 Jahren Trainertätigkeit und vielen Büchern und Filmen, die ich gemacht habe, möchte ich einem Menschen besonders danken, der vor 20 Jahren einen jungen, etwas verrückten Reiter auf einem Friesenfestival getroffen hat und ihm ein paar Monate später ein Buchprojekt angeboten hat. Lieber Hans Schmidtke, vor 20 Jahren warst du einer der wenigen, der an mich geglaubt hat. Du hast mich mit unserem ersten gemeinsamen Buch unterstützt und bestätigt in meinem Tun. Dafür ein großes Dankeschön! Und heute ist es eine große Ehre für mich, dass dieses Buch in deinem neuen Verlag erscheint!

Danke sagen möchte ich auch zwei großen Pferdemenschen und Vorbildern: Fredy Knie sen. und Prof. Kurt Albrecht, die leider beide bereits verstorben sind, mich aber immer noch auf meinem Weg, in meinen Gedanken und meinem Tun begleiten. Sie haben mich zu Lebzeiten immer unterstützt, bestärkt und geprägt haben.

Und dann möchte ich Leonie Bühlmann Danke sagen, ohne deren Hilfe dieses Buch nicht hätte entstehen können. Sie hat während meiner Abwesenheit auf Kurstour meine Pferde mittrainiert, den Großteil der Fotografie übernommen und meine Texte korrigiert und überarbeitet. Dankeschön für diese tolle Unterstützung!

Nicht zu vergessen das Lusitanogestüt La Perla in Spanien und Alberto Herranz für die Unterstützung und das wir auf dem Gestüt drehen und fotografieren durften. Fast alle Pferde, die in diesem Buch erscheinen, sind aus dieser Zucht. Wir erfreuen uns jeden Tag an diesen außergewöhnlichen Pferden! Muchas gracias!

No hay que olvidar Yeguada la Perla de caballos lusitanos en España y Alberto Herranz, por su apoyo y que nos permitió grabar vídeos y hacer fotos en la yeguada. Casi todos los caballos que aparecen en este libro son de Yeguada la Perla. Disfrutamos cada día de esos caballos tan extraordinarios! Muchas gracias!

Ich möchte mich auch für die Herausforderung bedanken, die meine Reitschüler und ihre Pferde seit 25 Jahren täglich an mich stellen. Die mich mit positiver und kritischer Energie jeden Tag antreiben besser zu werden und die der Impuls zu diesem Buch waren. Es ist von Herzen für Sie, liebe Leser und Reiter.

Ihr
Horst Becker

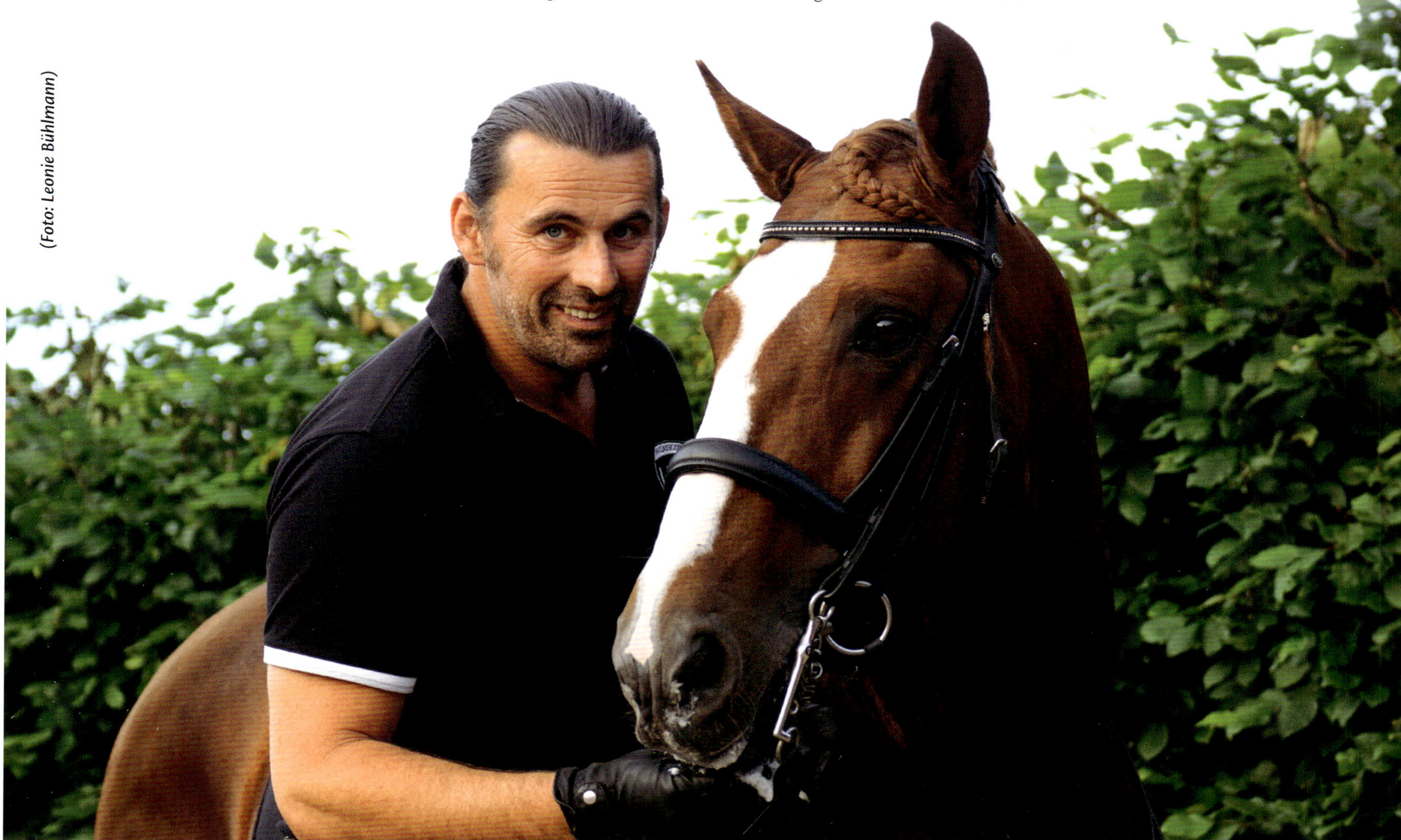

(Foto: Leonie Bühlmann)

Register

A
Angaloppieren 36ff., 73ff., 110, 113, 128, 140, 147ff.
Anhalten 25, 61, 97, 101, 116f., 138
Anlehnung 19f., 24, 27, 31, 49ff., 75, 85ff., 105, 112, 119, 122, 128, 137, 147
Anreiten 27, 38, 58ff., 95
Antouchieren 33, 116f.
Antraben 105, 116ff., 138
Appell 56ff.
Arrêt 10, 35ff., 43ff., 60, 95, 110ff., 121ff., 128ff., 138ff., 146ff.
Aufwärtsgalopp 36, 148f.
Ausbildungsskala 24, 31, 127ff.
Außengalopp 129, 146, 149f.
Außenzügel 114, 122f., 147

B
Balance 9f., 35ff., 49ff., 56ff., 80ff., 113ff.,148ff
Basisarbeit 38, 142
Bauchmuskulatur 17ff., 40, 51, 65, 84f., 93, 111, 138ff.
Bewegungsrichtung 14, 37, 97, 116, 122ff., 141
Bodenarbeit 110, 138ff.
Bügeltritt 124

C
Cantergalopp 140
Cavaletti-Arbeit 60ff.

D
Doppellonge 60, 137, 140, 149
Dreitakt 36
Druckwiderstand 23
Durch-die-Hand-Treiben 10, 95
Durchlässigkeit 64
Dynamik 35, 87, 130f.

E
Einwirkung 10ff., 31ff., 36ff., 46ff., 72ff., 80ff., 92ff., 112ff., 119ff., 148ff.
Energie 23ff., 33ff., 55f., 67ff., 73ff., 86f., 92f., 117ff., 152ff.
Englischtraben 44

F
Fitness 10, 62ff., 67, 75, 81, 142
Fliegender Wechsel 134, 149f.

G
Galopppirouette 128ff., 147, 150
Gangpferdereiter 9, 55
Grundfitness 16f.
Grundgangarten 9f., 33ff., 61, 90
Gymnastiklinien 130
Gymnastizierung 16

H
Halswirbelsäule 93
Handeinwirkung 41, 46
Handgalopp 149f.
Hilfszügel 30, 64, 95
Hinterhandaktivität 14ff., 98
Hohe Hand 38ff., 88
Horse Sense 53f.
Hyperflexion 46

K
Kadenz 15, 33ff., 106, 130, 138, 147, 150ff., 155
Kappzaum 38, 56ff., 64, 110, 149
Knie sen., Fredy 11, 16, 33, 90ff., 153
Knieschluss 86
Kommunikation 9, 33, 54, 74
Konterschulterherein 129, 149
Koordination 10, 62, 75
Kopfhaltung 23, 30, 41, 93
Körperspannung 27, 32, 74

L
Leichtigkeit 9ff., 27
Leichttraben 44, 81, 145
Longe 38, 43, 51, 56ff., 87, 109ff., 137, 149
Losgelassenheit 24, 50, 60, 67, 84, 150

M
Matthaei, Rita 14, 97f.

O
Oberlinie 24, 51, 93
Oliveira, Nuno 11

P
Passade 10, 130f., 148
Piaffe 10, 14f., 33, 82f., 97f., 114ff., 130f., 144f., 150ff.

R
Reiterhand 18ff., 85, 88, 92f.
Renvers 128ff., 146ff.
Rückenmuskulatur 17f., 111
Rückenschule 62ff., 110f., 138ff.
Rückwärts 9, 15, 24f., 32, 50, 60, 97, 103ff., 114, 119, 145
Rückwärtsrichten 25ff., 60f., 72, 85, 102ff., 113, 119, 146

S
Schaukel 9, 25, 32f., 60ff., 101ff., 113f., 117, 130, 145, 150ff.
Schenkeleinwirkung 41, 134, 148
Schlangenlinien 133f., 140
Schulterherein 23f., 113, 124, 128f., 133f., 140ff., 145, 148f.
Seitwärts 15, 121ff.
Seitwärtsgehen 60, 138
Seitwärtstendenz 37, 138, 141
Seitwärtsübertreten 62, 138
Senkrechte 17, 21ff.
Serienwechsel 150
Sitzbalance 79
Sitzfundament 27
Spanischer Schritt 153f.
Sporen 33, 84f., 93
Stabilität 9f., 20, 27, 33, 41, 58, 75, 79ff.
Standbalance 79
Steigbügel 27, 32, 72, 79ff., 86, 112, 147

T
Touchieren 33, 85, 138
Touchierstock 153
Trabpirouette 128, 147
Trabverstärkung 29, 84, 142, 145
Travers 10, 38, 113, 121ff., 129f., 140ff., 145ff.
Traversale 37ff., 113, 123f., 131, 142, 145, 149
Treiben 10, 15, 19ff., 30ff., 41, 50, 85, 95, 98, 101ff., 113

U
Über-Tempo-Reiten 22
Übertreten 51, 62ff., 111ff., 116, 121ff., 134, 138ff., 145f., 152

V
Versammlung 31, 35, 51, 95, 119, 145ff., 150, 153f.
Versammlungsfähigkeit 142ff., 155
Verstärkung 46, 50, 142ff., 154
Viertakt 24, 36, 49, 103, 110, 138
Volte 60ff., 65, 130, 133f., 146ff.
Vorwärts 15, 32, 36f., 50, 84f., 95, 103, 114, 141, 145
Vorwärts-abwärts 22ff.
Vorwärtsreiten 9, 85

W
Westernreiter 9, 14, 55, 124, 157
Wiener Linien 148f.

Z
Zirkel 23f., 38, 57, 60f., 65, 101, 113, 121ff., 133ff., 138ff., 145ff.
Zirkellinie 60ff., 138
Zügelhand 19, 40, 89
Zügelverbindung 18ff., 25, 32, 87, 91ff., 103
Zungenschlageinwirkung 152
Zweitakt 36, 103